JIAOYU XINLIXUE GAILUN

教育心理学概论

连 榕　罗丽芳◎主编

北京大学出版社
PEKING UNIVERSITY PRESS

图书在版编目(CIP)数据

教育心理学概论/连榕,罗丽芳主编. —北京:北京大学出版社,2009.11
ISBN 978-7-301-15891-3

Ⅰ.教… Ⅱ.①连…②罗… Ⅲ.教育心理学—师范大学—教材 Ⅳ.G44

中国版本图书馆 CIP 数据核字(2009)第 173604 号

```
书      名:教育心理学概论
著作责任者:连 榕  罗丽芳  主编
责 任 编 辑:郭 莉
标 准 书 号:ISBN 978-7-301-15891-3/B·0831
出 版 发 行:北京大学出版社
地      址:北京市海淀区成府路 205 号   100871
网      址:http://www.pup.cn
编辑部邮箱:jyzx@pup.cn
总编室邮箱:zpup@pup.cn
电      话:邮购部 62752015  发行部 62750672  编辑部 62753056  出版部 62754962
印  刷  者:三河市博文印刷有限公司
经  销  者:新华书店
            787 毫米×1092 毫米  16 开本  19.25 印张  410 千字
            2009 年 11 月第 1 版  2024 年 1 月第 15 次印刷
定      价:48.00 元
```

未经许可,不得以任何方式复制或抄袭本书之部分或全部内容。
版权所有,侵权必究
举报电话:(010)62752024 电子信箱:fd@pup.pku.edu.cn

编 写 说 明

教师资格制度是国家法定的教师职业许可制度。这一制度要求,凡在各级各类学校和其他教育机构专门从事教育教学工作的中国公民,必须具备教师资格。这是我国教育发展史上的一件大事,也是教师专业化发展的必然要求。2001年,教育部人事司会同教育部考试中心组织有关专家研究制定了教师资格认定《教育学考试大纲》和《教育心理学考试大纲》,分小学、中学和高校三个层次,推动教师资格制度实施工作顺利、健康地进行。近年来,我国新一轮基础教育课程改革持续推进和不断深化,对教师专业素养提出了新的要求。与此同时,教育心理学的研究发展迅速,取得了一系列新的进展。为了更好地帮助非师范教育类专业毕业的教师资格申请者学习教育心理学课程,全面了解和及时把握当代教育心理科学中的研究成果,培养和造就符合时代要求、具有合格专业素养的新型教师,我们以《教育心理学考试大纲》为蓝本,编写了这部中学教师资格考试教育心理学指导用书《教育心理学概论》。

本书在编写过程中,力求贯彻基础性与时代性、科学性与实用性统一的原则,在保证充分反映学科研究状况的前提下,尽量突出实用性的特点。首先,在编写体例的设计上,安排了"评价目标"、"关键词"、"正文"、"思考题"四个部分,便于学习者自学。其中,"评价目标"旨在说明本章的学习重点和学习要求。"关键词"旨在明确本章内容的核心。"正文"的内容确保科学,表述力求规范、通俗,注重引证相关的案例、数据和图表,以增强可读性。"思考题"旨在考核学习者对本章内容的理解程度,并进一步明确本章的学习重点。其次,在内容的组织和安排上,注重与教育教学实际接轨。一方面,在保留学科的基本结构和基本内容的基础上,突出了应用性强的内容,重视将有时代性、前瞻性的应用成果及时反映在书本中;另一方面,在阐述基本原理时注重对原理的应用作出指导,使学习者在把握心理学知识的同时知道在实际中如何运用。

本书由连榕组织编写,并负责全书的修改和审定,罗丽芳参与全书的修改和统稿工作。各章执笔者为:第一章、第三章由连榕撰写;第二章、第十章由刘建榕撰写;第四章、第十二章、第十五章由罗丽芳撰写;第五章、第六章由孟迎芳撰写;第七章、第十四章由张锦坤撰写;第八章、第十三章由游艳华撰写;第九章、第十章由黄向真撰写。

本书依托《教育心理学考试大纲》而形成,沿用了《教育心理学考试大纲》的框架和主要内容,在书中不一一标明,在此表示衷心的感谢。同时,本书在编写过程中还参阅和引用了大量其他研究人员的成果,在此一并表示深深的谢意。

  由于我们的水平有限,编写的疏漏和错误在所难免,敬请读者批评指正。

编 者

目 录

第一章 教育心理学概述 (1)
 第一节 教育心理学的研究对象与研究内容 (1)
 第二节 教育心理学的作用 (4)
 第三节 教育心理学的发展概况 (10)

第二章 中学生的心理发展与教育 (14)
 第一节 中学生的心理发展概述 (14)
 第二节 中学生的认知发展与教育 (18)
 第三节 中学生的人格发展 (21)
 第四节 个别差异与因材施教 (28)

第三章 学习的基本理论 (33)
 第一节 学习的实质与类型 (33)
 第二节 联结学习理论 (37)
 第三节 认知学习理论 (49)

第四章 学习动机 (59)
 第一节 学习动机概述 (59)
 第二节 学习动机的理论 (63)
 第三节 学习动机的培养与激发 (75)

第五章 学习的迁移 (82)
 第一节 学习迁移概述 (82)
 第二节 学习迁移的理论 (87)
 第三节 迁移与教学 (97)

第六章 知识的学习 (103)
 第一节 知识学习概述 (103)
 第二节 知识的获得 (109)
 第三节 知识的保持 (116)

第七章 技能的形成 (124)
 第一节 技能概述 (124)
 第二节 操作技能的形成 (128)
 第三节 心智技能的形成 (134)

第八章 学习策略 (142)
第一节 学习策略概述 (142)
第二节 典型的学习策略 (144)
第三节 学习策略的训练 (154)

第九章 问题解决与创造性 (160)
第一节 问题解决概述 (160)
第二节 创造性及其培养 (169)

第十章 态度与品德的形成 (179)
第一节 态度与品德的实质及其关系 (179)
第二节 中学生品德发展的基本特征 (182)
第三节 态度与品德学习的一般过程与条件 (187)
第四节 良好态度与品德的培养 (191)

第十一章 心理健康教育 (197)
第一节 心理健康概述 (197)
第二节 心理评估 (206)
第三节 心理辅导 (212)

第十二章 教学设计 (219)
第一节 设置教学目标 (219)
第二节 组织教学过程 (225)
第三节 选择教学策略 (232)

第十三章 课堂管理 (239)
第一节 课堂管理概述 (239)
第二节 课堂群体的管理 (245)
第三节 课堂纪律的管理 (250)

第十四章 教学测量与评价 (257)
第一节 教学测量与评价的意义和作用 (257)
第二节 教学测量与评价的方法和技术 (261)

第十五章 教师心理 (278)
第一节 教师的心理特征与职业成就的关系 (278)
第二节 专家型教师与新手型教师的比较研究 (285)
第三节 教师的成长与发展 (292)

参考文献 (298)

第一章　教育心理学概述

1. 识记教育心理学的定义与学科性质。
2. 明确教育心理学的研究对象。
3. 理解教育心理学的研究内容及学科体系。
4. 了解教育心理学对教师工作的作用。
5. 熟悉教育心理学的发展轨迹以及研究趋势。

研究对象　　研究内容　　发展历史　　研究趋势

第一节　教育心理学的研究对象与研究内容

教育心理学诞生于20世纪初。作为一门独立心理学分支学科，教育心理学与其他心理学分支学科一样，在一百余年的时间里飞速地发展着。教育心理学既是一门基础的理论性学科，又是一门具有较强的实践指导意义的应用型学科。教育心理学作为心理学与教育学的交叉学科，既不是普通心理学原理的简单应用，也不是儿童发展心理学等心理学分支与教育学相关知识的简单结合，而是有自己独特的学科定位。作为一门独立的学科，教育心理学的学科性质与研究范围是由这门学科特殊的研究对象所决定的。本章在叙述教育心理学的研究对象与内容的同时，还将讨论全书的结构体系，并简要介绍教育心理学的作用，以及教育心理学的发展历史与当前的研究趋势。

一、教育心理学的研究对象

教育是一种有目的、有计划、有组织的社会实践活动。教育过程中，受教育者与教育者必然产生各种心理活动，这些心理活动不仅有着人们在生活实践中产生的心理现象的普遍规律，更有着它自身的特殊规律。总的来说，教育心理学是研究教育中的心理现象，但不同的学者的看法并不完全一致。如美国的教育心理学家奥苏贝尔（D. P. Ausubel）的观点强调以学生为主线，把教学看做是影响学生学习的外部因素；与之相对的是美国斯坦福大学的盖奇（N. L. Gage），他编写的教育心理学教科书中是以教师为主线来安排教材的。而更多的学者认为教育心理学的研究对象必须包括教学情境中的教师教的心理与学生学的心理双方。

任何一门学科都有其特定的研究对象，教育心理学也不例外。要明确教育心理学的研究对象，必须要对它的学科性质有一个明确的界定。教育心理学作为心理学的分支学科，具有很强的实践性与应用性，可以归入应用心理学的范畴，是心理学与教育学的交叉学科。但是，这并不意味着它是一般心理学原理在教育中的应用。相反，教育心理学拥有自身独特的研究课题，那就是如何学、如何教以及学与教之间的相互作用。具体而言，教育心理学旨在理解学生的学习心理，如学习的实质、动机、过程与条件等，以及根据这些理解创设有效的教学情境，如学习资源的利用、学习活动的安排、师生互动过程的设计与学习过程的管理等，从而促进学生的学习。因此，本书认为教育心理学是一门研究教育情境中学与教的基本心理规律的科学。学是更基本的一个方面，教是为了学。教师的教要能够更好地指导学、帮助学、促进学，教师就必须了解学生学习心理的特征和规律，这样教师的教才有可能是真正为了学生的学。

二、教育心理学的研究内容

教育心理学的研究内容体系是根据对学与教的理解而构成的。

（一）学与教过程系统

教育心理学的具体研究范畴是围绕学与教相互作用过程而展开的，而学与教的相互作用过程是一个系统过程。该系统（图1-1）包含学生、教师、教学内容、教学媒体和教学环境等五大要素；并由学习过程、教学过程和评价/反思过程这三种活动过程交织而成。

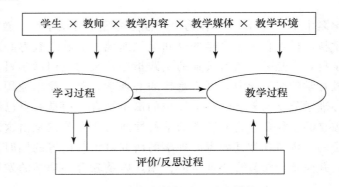

图1-1　学与教相互作用过程模式

1. 学习与教学的要素

学生、教师、教学内容、教学媒体、教学环境是学与教过程的五大要素。

首先，学与教的主体是教师与学生双方。学生的智力、性格、家庭文化背景、种族、动机、情感态度等都会影响学生的学习效果；教师的教学风格、知识结构、教育观念等因素都对教师的教学决策等产生影响。从学习过程与教学过程的相互关系来看，学与教其实是对同一过程不同角度的理解。学习过程是以学生的内部心理发展过程为主线，而教学过程是从教师的角度表现为物质活动的一种外部过程——即"教"。教学过程包括师生双方的活动，教师与学生在教学过程中是双主体地位，二者的主观能动性受制于各种认知与非认知因素。因此，教育心理学既要致力于研究影响学生学习的各种因素，以便于更好地帮助学生有效地学习，又得认真研究影响教师教学的各项因素，从而更有效地指导教师的教学行为。另外，学校教育是一个教师与学生双方互动的过程，二者为了完成共同的"教"与"学"的目标，彼此相互影响与制约，产生交互作用，引起双方心理活动与行为的改变，这种师生之间的互动也应该是教育心理学研究的一个方面。

其次，教学内容是教学过程中传递信息的主要部分，是教学活动的客体，它由社会发展所提供的要求决定。那么，在各个时期和地域范围内，教学内容就是社会需求的具体体现。例如：工业社会只强调知识技能的训练；信息社会要求学生掌握获得、检索和提取信息的能力，要求教会学生掌握学习策略等。而这些特殊的社会需求就成为教育心理学需要研究的现实内容了。例如：学校要给学生传授怎样的社会经验？培养学生成为怎样的新型社会人才？

再次，教学环境作为教学活动的载体也发挥着重要的作用。而教学环境中除了包括学校教学媒体、教室布置、温度等物理环境，也包括班级气氛、同学关系、师生关系、校风、社会舆论等人文环境。其中最重要的就是教学内容的载体——教学媒体，它是教师与学生之间传递信息的工具。教学媒体的作用体现在：它不仅制约教学内容的呈现方式和容量大小，而且对教师和学生在教学活动中的投入、教学组织形式、学生学习方法等多方面都有重要影响。随着科学技术的发展，教学媒体在不断更新完善，其他的教学环境也在不断变化，与之相适应的教育心理学理论和实践研究也需要日益更新。

2. 学习与教学的过程

（1）学习过程

学习过程指学生在教学情境中通过与教师、同学以及教学信息的相互作用获得知识、技能和态度的过程。学习过程是教育心理学研究的核心内容，如学习的实质、条件、动机、迁移以及不同种类学习的特点。

（2）教学过程

在教学过程中，教师设计教学情境（如教学目标的选择、题材的安排以及环境的设置等），组织教学活动（如讲演、讨论、练习以及实验等），与学生进行信息交流（如信息的呈现、课堂提问与答疑等），从而引导学生理解、思考、探索和发现，使其获得知识、技能和态度。此外，教师还要进行教学管理，调节教学的进程，以确保教学的有效性。

（3）评价/反思过程

评价/反思过程虽是一个独立的成分，但它始终贯穿在整个教学过程中。包括在教学之前对教学设计效果的预测和评判、在教学过程中对教学的监视和分析以及在教学之后的检验、反思。

教学结束后,教师要特别注意评价学习的结果。如果没有达到预期的效果,就需要对学生和教师自己的行为做出反思:错误出在哪儿?这些目标适合这些学生吗?教学方法适合这些目标吗?是否有必要全部或部分重教一遍?这些班级是否可以迈向下一个目标?等等,从而提出改进方案,修改教学过程中不同的成分,以提高教学的效果和效率。

在学与教的过程模式中,五种因素共同影响了三种过程,而且三种过程交织在一起,相互影响。学生的学习过程是以自身先前知识和学习发展水平为基础的,是在教学过程的背景下进行的,学习的进展因教学的质量而有所不同。反过来,教学过程要以学习过程为基础而进行,例如,学习目标的确定必须考虑学生的原有知识基础和学习能力,考虑所教内容的学习过程特点等,而且必须通过学习过程而起作用,依学生的学习进展情况而不断地作出改变。教学过程还要根据教师自身特点、教学内容的难易以及教学媒体和环境情况而加以调节。评价/反思过程随学习过程和教学过程的进行而侧重于不同方面,反过来又促进学习过程和教学过程,从而确保学习与教学收到最好的效果。

(二)学与教心理的内容体系

根据我们对教育心理学研究对象的理解,联系我国当前教育实践的特点和深化教学改革的客观需要,本书从以下几个方面来介绍教育心理学的内容体系:

1. 总论(第一章)

主要包括教育心理学的研究对象、研究内容、发展概况以及对教育实践的作用等。

2. 学生与学习心理(第二章至第十一章)

主要包括中学生的认知、个性和社会化等心理发展的基本特征;学习的基本理论,如学习的联结理论、认知理论等;学习的动机;学习的迁移;知识的学习;技能的形成;学习策略的掌握;问题解决与创造性;态度与品德的形成和改变;心理健康等。

3. 教学与教师心理(第十二章至第十五章)

主要包括教学计划与教学媒体的选择;课堂管理心理;教学测量与评价;教师心理等内容。

第二节 教育心理学的作用

教育心理学对教学实践具有描述、解释、预测和控制的作用。在实际应用中,这些作用往往交织在一起。首先,教育心理学能帮助教师准确地把握教学过程中出现的问题,如客观地评价教育现象,并形成新的科学认识。其次,它能为实际教学提供科学的理论指导,如对教育内容、教学对象、教学材料、教学环境乃至教学活动全过程提供科学规范的指导作用。再次,通过了解学生的心理与发展规律,能使教师更好地制订教学计划,做出合理的教学决策,同时能根据学生的差异特点进行个性化的差异教学,对个别问题学生进行有效的干预和辅导训练,使其健康成长。另外,教育心理学同样也能帮助教师结合实际教学进行教学研究。教育心理学为教师参与教学研究提供了可参照的丰富实证经验。通过提供进行科学研究的思路和研究方法，使教师不仅能理解、应用这些基本的原理和方法，还能结合自己的教学实际经验进行创造性的研究，去验证这些原理并解决特定问题。

一、帮助教师正确理解教育心理问题

课堂内外什么情况都可能发生，学生的情况是千差万别的，面对突如其来的状况，不同的教师会有不同的理解认识，也会采取不同的应对策略。教学活动中最容易遇上的就是学生的学习困难现象，例如：一名小学四年级的学生在语文阅读方面存在困难，我们就可以利用智力测验、阅读测验或者与此相关的生理指标的测查等多种形式来排除迷惑因素，找出问题的本质，从而"对症下药"。当然，阅读困难也可能与个人的生活经验密切相关，如：儿童遭遇重大生活事件（父母离异等）、由于受到不公平对待而使其学习动机受挫、师生关系与同伴关系不和谐、教师教学方法不当、受到过高与过低的期望或关注等，这些都能降低学生的学习兴趣从而影响学生的阅读水平。

背景资料

一位教师的困惑

1. 我该怎样做才能使弗兰克更努力地学习数学呢？
2. 我今天做了些什么使全班学习兴趣这么高？
3. 我怎么让孩子们在昨晚会话练习后把东西收好呢？
4. 拼写练习给我的烦恼甚至比给孩子们的还要多，我想如果我把它搞成游戏，是否可使孩子们学得更好些呢？
5. 苏茱要我再讲一遍下周的作业布置时，我为什么要厉声吼她呢？

[资料来源：（美）林格伦（H. C. Lindgren）. 课堂教育心理学[M]. 章志光等，译. 昆明：云南人民出版社，1983：3.]

一旦出现了如学生不良行为、阅读困难等特殊教育现象，教师很容易会产生类似的困惑。教育心理学可以采用多种方法帮助教师来正确认识这些教育现象的本质。教师可以运用教育心理学的理论和研究方法，透过教育现象准确地把握其本质，对学生学习过程或心理发展过程中出现的问题追根溯源，进而采用既有针对性又有高效性的方法来解决问题，最终使学生学业进步的同时也能拥有健康的心理。另外，教育心理学还有助于教师对教育现象形成新的科学认识，尤其是对传统的、常规的教学方法、教学行为进行分析和研究后，能提出更为科学的教学观点。

例如：在小学语文课堂上，教师应该采用什么方式来选择"让哪位学生起来朗读课文"，是随机点名还是按顺序点名？这个问题看上去似乎不值一提，不就是点个名吗？但是，如果依照教育心理学的科学原则，教师应该考虑不同年级、不同点名方式的利弊等诸多因素。这样，要选取一个恰当的点名方式就不是那么简单的事了。

二、帮助教师在科学理论指导下进行教学决策

教学是一个富有挑战的、复杂的过程,这个过程没有任何清晰的公式可遵循,也没有现成的解决办法。它需要教师知道如何制订计划以及如何对计划进行调整,从而使得班级的学习潜力最大化。如果你是一个正处于自己职业发展的最初阶段的教师,那么,教学是件既让人兴奋又让人忧虑的事。兴奋是因为它具有挑战性,并且有机会让人证明优秀教师的需求与价值。同时,它也是令人忧虑的,因为它需要教师做许多的准备和决策。要对事情做出迅速有效的决策是件高难度的事,这可能会使教师觉得局促不安、无所适从。

背景资料

课堂是个能量场。它可能是一个令人兴奋和充满惊奇的地方,并且已经成为一个塑造生命的场所。但是,这种充满能量、令人兴奋和有影响力的课堂并不是自然而然产生的。它们的缔造有赖于富有技巧的教师极其深刻的思考。

在一堂新加坡国立教育研究院的研究生教育课上,实习教师刚刚完成几个礼拜的中学实习回来。教授要求他们分享一下第一天当教师的所思所想,以下是他们的一部分回答:

我教的是何种类型的学生?
我如何接近他们并引起他们的兴趣?
我给了学生多少关注?
我该表现出严格还是友好?
记住学生名字最好的办法是什么?
我该怎样定位我的课程并且涵盖所需内容?
我怎样才能以一种有趣的方式来讲授我的主题?
对那些不能理解我的课程、能力较弱的学生,我可以做什么?
他们会对我作出反馈吗?会嘲笑我吗?会在课堂上打瞌睡吗?
我会遭遇纪律问题吗?如果有的话,我将如何来处理它们?
我能与我的同事融洽相处吗?

每个教师必须在现存的众多方案中进行选择来应对这些事情。举个例子,博伊尔(Boyle,1989)估计,在一天中,初中教师会与学生进行500次以上的互动。当30个或者更多的个体在较长一段时间内聚集在一个相对较小的空间里,并且每个人都有自己的特殊需要、特质以及使个人分心的事物时,教师所面对的各种因素可能是非常具有挑战性的。

〔资料来源:(新加坡)陈允成,(美)理查德·帕森斯等.教育心理学实践者——研究者之路 [M]. 何洁等,译. 上海:上海人民出版社,2007:3.〕

教师是个决策者。如果有一个关于"怎么做"的程序来指导教学决策,那么一切会变得很简单。然而,教学并不是呆板的,并没有一个单一的、简单的方案来指导教学。事实上,每个教师都必须做一系列的决策(decision making)。首先,作为

教师，你需要对许多计划进行决策，比如决定"你想在这节课上教什么内容"、"你想用什么新鲜的教具来吸引学生的注意力"。其次，你要在课堂安排上、在如何应对特定时间的任何特殊学生的问题上进行决策。每当面临决策的时候，教师需要从许多可能的选择中做出决策。

例如，李老师在课堂上碰到两个沉浸在足球杂志里的男孩。她缓慢地走向这两个学生，平静地让他们俩收好杂志、坐好，然后对大家说："我们开始上课。"李老师为什么这样处理？如果她忽略这两个学生的行为会怎样？或者，她只是在讲台上对着全班同学喊："请同学们把课外杂志收好、然后坐好，我们马上开始上课！"那么教室里的情形又会演变成什么样？

另外一种情况，当李老师在教室前面点名时，点到一半，发现一个迟到的学生两手空空闯进教室。那么，李老师会在这个学生进教室之前惩罚他，并命令他在教室外站着吗？还是，她先让学生进教室，继续点完名，然后开始上课，等整堂课结束后再走到这个学生跟前问他为什么迟到，并提醒他下次上课要带课本呢？

教师的每一个决策（反应），都是怎样影响课堂上每个学生的学习过程的呢？教师如何知道哪种行为最能促进学生学习或成长？教师的决策又基于什么？如果学生比以前更多，遇到的教学情况比以前更复杂，那就需要更完善的理论来支撑教学工作。许多教师没有花必要的时间、精力去检验和发展自己的观点，他们只是套用他们所经历的旧的教学模式或理论。个人的教学经验既不是形成一个有效的教学模式唯一的来源，也不是最佳的来源。

生活中的方方面面，我们都会有一套假设和信念来指导我们的选择和决策。教学也一样，教师需要有一套假设、信念和理论来指导决策。而实际教学活动又能很好地验证这些已有的假设、信念和理论。当然，任何决策都具备一定的风险，教学决策一旦失败，带来的是教师教学失败。教师通过教学反思和策略调整，能很快掌握把握课堂和学生的能力，加速自己成为专家型教师的进程。那么，想要有效地决策和选择真正能促进学生发展的行为，我们必须了解自己的假设并对假设的有效性进行评估。教学目标是指导教师作出教学决策的决定性因素。那么，教师在作出教学决策之前，必须要明确自己的教学信念是否与预期的教学目标相一致。

下面列举一个由 Good 和 Borphy 提出的一般决策模型（图 1-2）[①]，从中我们可以清楚地了解教师拟定一项教学决策的各个环节。

[①] Thomas L. Good & Jere Brophy. 当代教育心理学[M]. 李素卿,译. 台北:五南图书出版公司,1999:15.

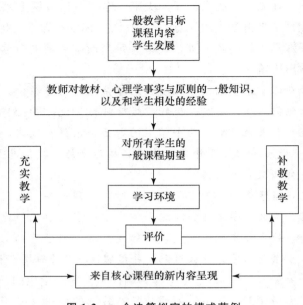

图 1-2 一个决策拟定的模式范例

三、帮助教师预测并干预学生

利用教育心理学原理，教师不仅可以正确分析、了解学生的表现，还可以预测学生将要发生的行为或者发展的方向，并采取相应的干预或者辅助措施，对学生进行科学的指导。例如，如果在日常教学活动中发现某个学生的智力超常或者有特殊的才能，那么这就要求教师调整教学方案，为特殊学生提供更为充实、更有利于其潜能发展的环境和教学内容；另外，教师也需要对智力落后或学习困难的学生提供额外的学习帮助或者具体的矫正措施，使其能达到最大程度的发展。

四、帮助教师开展教学研究

（一）教育心理学研究为实际教学提供了一般性的原则、技术与例证

教育心理学研究为实际教学提供了一般性的原则和技术，教师可以结合教学内容、教学对象、教学材料等，将这些原则转化为具体的教学程序或者活动。例如：根据学习动机规律的研究成果，在课堂教学中可以采取创设问题情境、积极反馈、恰当控制动机水平等手段来激发和培养学生的学习动机；根据学习迁移的规律，可以在教学内容的选编、教学程序的编制上采取有效措施，促进学生发生良好的学习迁移。

教育心理学不仅为实际教学提供了一般性的理论指导，也为教师参与教学研究提供了可参照的丰富例证。教育心理学并非给教师提供解决一切特定问题的具体模式。有效教学要求教师做到因人、因事、因时、因地而异地灵活性调整教学模式，因为学生、班级、学校以及相应的社会环境不同，教学内容、教学时段、教学方法

等也有所差异,可以套用的教学模式是不存在的。这需要教师结合教学实际、创造性地将教育心理学的基本规律应用于教学实践中。

(二)教育心理学为教师提供教学研究的方法

理解研究方法的价值与局限对于想要成为教学研究能手的教师来说是至关重要的。关于学与教的过程,有许多不同类型的研究。掌握好这些研究方法有助于教师进行有效、科学的教学研究。

1. 描述性研究(descriptive research)

描述性研究通常使用于自然条件下的情境,比如说课堂。设计这些研究是为了收集关于特定情境或者教学现象的细节性信息。描述性研究运用调查、问卷和观察编码这些程序来系统性地描述、观察现象。常用的描述性研究包括:课堂行为、课堂正式对话的记录或者师生互动的记录。

比如说,研究者可能对某一阶段课堂教师采用的互动方式感兴趣。那么这个研究者可以首先对自己希望区分的互动类型加以界定(比如:提问、解答、纠正、身体接触等),然后,采用随堂观察或者课后对学生访谈的方式来搜集研究数据。如果我们想要知道一位教师在课堂上对学生是否有影响力,那么我们最可能观察并记录的是这位教师使用幽默、调整与提高嗓门以及在教室里走动这些行为。

描述性研究中最有代表性的就是行动研究。要想成为成熟的专家型教师,重要的是学会运用系统的课堂观察,在观察中对特定的行为的频率、持续时间、强度等因素进行测量、评估。这样系统的观察和资料收集有助于教师将教学反思转化为行动研究。行动研究的执行者是课堂中的教师,教师首先得对调查研究感兴趣,然后再将研究结果整合进他们的教学计划与今后的教学实践中去,从而达到教学研究成果为实际教学服务的目标。

2. 相关研究(correlational research)

相关研究的主题是验证两个变量之间的关系。研究者的描述性研究是为进一步的相关研究做资料搜集的准备,也就是说用来进一步论证教师的某些行为与学生某些行为之间是否有联系。比如,研究者想要了解布置的家庭作业量与学生的学业成绩之间是否有什么必然联系时,就可以用到相关研究的方法。研究者的工作重点就是运用各种技术与手段去确定可能存在相互联系的两个变量的各种数据。

教师可能会发现,所研究的两个变量之间确实存在相关关系。这种相关可能有两种情况:一种是正相关(positive correlation),即一个变量与另一个变量的变化方向是一致的,表现为同增减的关系;另一种是负相关(negative correlation),这种情况下,两个变量的变化方向是相反的,表现为此消彼长的关系。还有一种特殊的情况是两个变量之间存在"零相关"——两个变量之间没有相关关系。这种变量之间的相互关系通常用"相关系数"(correlation coefficient)这一统计学术语来表示。

但是,研究者必须明确的是,这种相关研究能确定的只是两个研究变量之间是否有相关关系,而不能确定因果关系。例如,我们可以确定教师说粗话的频率与学生说粗话的频率之间有正相关关系,但是我们不能因此断言前者是后者的诱因。

3. 实验研究(experimental research)

实验研究就是对变量的主动、深思熟虑的处理,目的是观察其他变量的变化。实验研究包括:实验室实验、随机现场实验和个案实验。对于一名普通的教师而言,实验室实验用得并不多,我们在这主要介绍随机现场实验。随机现场实验,即真实情境下的实验。

例如:一位教师想要研究运用一种新的教学手段对学生的学业成绩是否有影响。那么,这位教师可能会有这样的假设——使用视听设备来呈现学习材料会比运用单纯的传统讲授更有效。为了验证这一假设,教师将其班级分成两个独立的学习小组,在分组的时候使用随机数字点名的方式让学生进入不同的组,然后进行分组教学。教师的实验处理是:给其中一组学生上课时穿插视听资料,而另外一组学生按传统方法照常进行教学。一段时间后,比较两组学生单元测试的平均成绩是否有显著差异,从而验证之前的假设是否成立。

在上述这个实验中,自变量(independent variable)是使用不同的教学手段,也就是研究者选择处理的变量;因变量(dependent variable)是两组学生的单元测试平均成绩,它是由对自变量的处理产生的。但是两组学生的学业成绩差异是否还受到其他因素的影响呢?在我们的例子中,如果教师仅仅在自己的班级使用视听设备辅助教学,并把本班的学业成绩与另外一个没有使用视听设备、而只是使用传统教学材料班级的学生成绩进行简单比较,那么这两个班级学生的成绩即使存在显著差异也不能说明问题。你能排除诸如不同教师授课、不同的年级水平等可能造成成绩差异的其他因素吗?在这个简单的例子中,除了自变量的处理之外,其他因素都得进行严格的控制,这就是实验研究中的控制变量原则。

个案研究也是教学实践中常用到的研究方法之一。教师常常会遭遇一些具有问题行为的学生,对于这些学生往往使用行为矫正的方法来进行特殊教育。行为矫正就是个案研究的一种具体实践应用。个案研究的对象通常是学生可观察、可重复记录的行为,例如:上课吃零食、随意走动、打瞌睡、在学校说脏话、打架等行为。

总之,教师的教学研究是用来探究有效教学的规律性,或者是为教学组织制定特殊指导方针服务的。教学研究的成果为教师理解教学现象、拟定教学策略、选用教学内容等环节提供基础性参考依据。同时,教学研究有利于教师专业水平的提升,促进教师更快成长为专家型教师。

第三节 教育心理学的发展概况

一、教育心理学的发展历史

教育心理学的发展经历了一个蜿蜒曲折的过程,遵循学科发展的一般性历史发展规律。从最初被附庸于普通心理学或被融合于发展心理学,到成为一门独立的学科并形成比较完整的体系，大致经历了以下四个时期。

（一）初创时期（20 世纪 20 年代以前）

1903 年，美国心理学家桑代克（Edward L. Thorndike）出版了《教育心理学》，这是西方第一本以教育心理学命名的专著。1913—1914 年，又发展成三大卷《教育心理学大纲》。桑代克从人是一个生物的存在这个角度建立自己的教育心理学体系。他的教育心理学分为三部分：第一部分讲人类的本性，第二部分讲学习心理，第三部分讲个别差异及其原因。这一著作奠定了教育心理学发展的基础，而西方教育心理学的名称和体系也由此确立。在此后的 20 多年里，美国的同类著作几乎都师承了这一体系。但是，这一时期的著作内容多是以普通心理学的原理解释实际的教育问题，主要是一些有关学习的资料。

（二）发展时期（20 世纪 20 年代到 50 年代末）

20 世纪 20 年代以后，西方教育心理学吸取了儿童心理学和心理测量方面的成果，大大地扩充了自己的内容。30 年代以后，学科心理学发展很快，也成了教育心理学的组成部分。到 40 年代，弗洛伊德（Sigmund Freud）的理论广为流传，有关儿童的个性和社会适应以及生理卫生问题也进入了教育心理学领域。50 年代，程序教学和教学机器兴起，同时信息论的思想为许多心理学家所接受，这些成果也影响和改变了教育心理学的内容。

这一时期美国出版的教育心理学教科书及教育心理文选之类的书籍多达上百种，但由于没有统一的理论指导，版本种类繁多，体系五花八门，内容大多取自普通心理学和儿童心理学等各科心理学。受行为主义影响，只有学习这一课题是各书共有的。可以说，这时的教育心理学尚未成为一门具有独立理论体系的学科。

（三）成熟时期（20 世纪 60 年代到 70 年代末）

20 世纪 60 年代开始，西方教育心理学的内容和体系出现了某些变化。教育心理学的内容日趋集中，有几个方面的研究似乎为大多数人所公认，如教育与心理发展的关系、学习心理、教学心理、评定与测量、个别差异、课堂管理和教师心理等，教育心理学作为一门具有独立理论体系的学科正在形成。

这一时期，西方教育心理学比较注重结合教育实际，注重为学校教育服务。60 年代初，由布鲁纳（J. S. Bruner）发起课程改革运动，自此，美国教育心理学逐渐重视探讨教育过程和学生心理，重视教材、教法和教学手段的改进。人本主义思潮也掀起了一场教育改革运动。同时，美国教育心理学比较重视研究教学中的社会心理因素。不少教育心理学家开始把学校和课堂看做是社会情景，注意研究其中影响教学的社会心理因素。如有人用社会心理学理论研究学习动机。还有人重视教学组织形式中的社会心理问题，如班级的大小、学生的角色等。随着信息科学技术尤其是计算机的发展，美国教育心理学对计算机辅助教学（CAI）的研究也方兴未艾，对计算机辅助教学的教学效果和条件做了大量的研究。

（四）完善时期（20 世纪 80 年代以后）

20 世纪 80 年代以后，教育心理学的体系越来越完善，内容越来越丰富。随着皮亚杰（Jean Piaget）和维果斯基（Lev S. Vygotsky）的理论被大量介绍到美国，加之认知心理学研究的深刻影响，人们对学习概念的理解发生了很大变化，对学习和教学过程及其条件也研究得越来越深入细致，如从认知层面研究问题解决过程、学习策略以及学习动机等。同时，教育心理研究越来越注重为教学实践服务，发展了许多有效教学模式，如合作学习等。布鲁纳在1994年美国教育研究会的特邀专题报告中，精辟地总结了教育心理学十几年来的成果，主要表现在这样四个方面：第一，主动性研究，研究如何使学生主动参与教与学的过程，并对自身的心理活动作更多的控制；第二，反思性研究，研究如何促使学生从内部理解所学内容的意义，并对学习进行自我调节；第三，合作性研究，研究如何使学生共享教与学过程中所涉及的人类资源，如何在一定背景下将学生组织起来一起学习，如同伴辅导、合作学习、交互式学习等，从而使学生把个人的科学思维与同伴合作相结合；第四，社会文化研究，研究社会文化背景是如何影响学习过程与结果的。此外，80年代后期信息技术的迅猛发展，使得信息技术教育应用的研究达到了一个新的水平，探讨在多媒体网络环境下学生学习过程的特点、探讨如何为学生创造有利的学习环境来促进其获得知识并培养其学习能力等，这些研究为学习和教学理论的发展注入了新鲜血液。

我国的教育心理学最初是从西方引进的，1924年廖世承编写了我国第一本《教育心理学》教科书，此后，又出现了几本翻译介绍和自主编写的教育心理学书籍。直到建国前，某些学者结合我国的实际对学科心理尤其是汉语教学心理、教育与心理测验进行了一定的科学研究，但研究问题的方法和观点，大都模仿西方，没有自己的理论体系。新中国成立后，主要学习和介绍苏联的教育心理学理论和研究，做了一些有关教学改革和儿童入学年龄的实验研究。20世纪60年代前期，在学科心理方面做了大量的实验研究。60年代后期到70年代前期，教育心理学的研究一度中断。自70年代后期起，教育心理学重新复苏繁荣，自主编写的和翻译介绍的教育心理学教科书越来越多。目前我国教育心理学的工作者们正在不断地吸收国外的先进科研成果，结合我国教育教学的实际，开展理论和应用研究，对教育教学实践产生着越来越大的影响。

二、教育心理学的发展趋势

美国教育心理学专家根据他们近期的研究成果，总结出教育心理学研究与发展的趋势，主要体现在以下几个方面：

1. 在活跃的认知加工领域背景下，对"问题解决"的深入细致的研究。
2. 教育情境中的动机与社会认知的研究。
3. 能力和策略的个性差异以及与之有关的元认知的研究。
4. 写作与修改技能获得的研究。

进入21世纪后，我国教育心理学研究与发展的热点问题主要集中在：心理素质教育（包括心理潜能开发、创新教育、人格教育、心理健康教育）；学与教的策略

（包括学习策略、教学策略、问题解决策略、技能训练策略）；特殊教育与学科心理；教师与学生心理；教育文化与社会适应心理；教育心理学元认知研究（包括学科独立性、研究方法改进与自身建议）。陈琦认为，当前教育心理学研究表现出了以下重要趋势：

1. 在学习观上重视学习者的主体性，突出了学习过程中的主动加工、高级思维和探究性活动；越来越重视学习者的社会文化互动。

2. 在研究领域上日益向纵深发展，一方面，关于认知与学习机制的研究与脑科学研究结合在了一起，成为基础研究的新方向；另一方面，超越人工化的实验室研究，研究真实社会文化情境中复杂的认知、学习和人际互动过程，深入研究不同学科（如科学、数学、语言等）的学习和教学问题，研究新信息技术环境下的学习和教学问题，以及研究学校以外的各种情境中的学习问题（如成人学习、基于工作的学习、终身学习等）。

3. 在研究方法上呈现出多元化的趋向。

4. 研究的国际化与本土化，一方面，各国学者与国际教育心理学界的交流、合作日益加深，在研究方法、研究内容上与国际接轨；另一方面，又强调研究的本土化，从各国教育的实际需求出发确定研究选题，并在学习和教学理论上逐步强调自己的创新和文化特点。

5. 教育心理学越来越综合化和跨学科化，除了教育学与心理学的视角之外，它还越来越多地吸收了脑科学、文化人类学、信息科学、复杂性系统科学、科学哲学（知识论）等学科领域的思想和方法。

思 考 题

1. 试析教育心理学的学科性质、研究对象与内容体系。
2. 学与教的基本要素是什么？
3. 教育心理学能给教师什么帮助？
5. 简述教育心理学的发展历程。
6. 教育心理学的研究趋势对于教学改革有什么意义？

第二章 中学生的心理发展与教育

评 价 目 标

1. 解释心理发展的含义。
2. 解释心理发展的基本性质。
3. 举例说明青少年心理发展的特征。
4. 理解中学生心理发展的教育含义。
5. 阐述皮亚杰的认知发展阶段理论。
6. 阐述维果斯基关于认知发展的社会文化理论。
7. 举例说明认知发展与教学的关系。
8. 阐述艾里克森的人格发展八阶段理论。
9. 举例说明影响中学生人格发展的社会环境因素。
10. 了解什么是自我意识以及自我意识的发展。
11. 阐述中学生的智力差异表现在哪些方面。
12. 举例说明如何利用中学生的智力差异进行因材施教。
13. 举例说明中学生在认知风格上的差异表现在哪些方面。
14. 举例说明如何根据中学生认知风格差异进行因材施教。

心理发展　　青少年　　认知发展　　人格发展　　个别差异

第一节 中学生的心理发展概述

中学生正值青少年阶段，是人生的第二加速期，其心理发展受到社会各界的关注。本章将讨论中学生的心理发展与教育的相关话题。

一、心理发展的含义与基本性质

（一）心理发展的含义

所谓心理发展，是指人类个体从受精卵开始到出生、成熟，直至衰老、死亡的生命全程中所发生的一系列连续而又稳定的心理变化。在这一变化过程中，个体的行为反应表现出以下的变化趋势：从混沌未分化向分化、专门化演变；从不随意、被动向随意、主动演变；从认识客观事物的外部特点向认识客观事物的内在本质演变；从不稳定向稳定演变。

（二）心理发展的基本性质

心理发展一般具有以下五方面的基本性质：

第一，心理发展的连续性和阶段性。心理发展既有量的积累，又有质的飞跃，是一个由量变到质变的过程。当某种新质要素还比较弱，其量的积累还未达到一定程度时，发展表现为连续的变化；当新质要素的量积累到一定程度取代旧的要素而占据优势地位时，就会产生质的飞跃，使发展表现出阶段性。每一阶段的发展都是在前一阶段发展的基础上进行的，又都是后一阶段发展所必需的前提条件，这种阶段与阶段的衔接也表现出了连续性。

各流派的心理学家对心理发展阶段的划分有不同的标准，我国目前常见的是将个体的心理发展分为以下几个阶段：婴儿期（0—3岁）、幼儿期（3—6岁）、学童期（6—12岁）、青春期（12—18岁）、成年早期（18—35岁）、成年中期（35—60岁）和成年晚期（60岁以后）。

第二，心理发展的方向性与顺序性。在正常的情况下，心理发展具有一定的方向性和先后顺序，既不能逾越也不能颠倒。例如，婴儿的动作发展遵循从上到下、从中央到边缘、由近及远的原则；儿童对方位的认识表现为先认识上下方位，再认识前后方位，然后是以个体为中心认识左右方位。

第三，心理发展的不平衡性。心理发展的不平衡性指的是个体的心理发展并非匀速进行，不同的心理机能系统在发展的速度、起讫时间和达到成熟的时间上不同；同一心理机能系统在发展的不同时期也表现出不同的发展速率。

第四，心理发展的个别差异性。从总体上看，正常个体心理发展总要经历一些共同的发展阶段，但他们在发展的优势领域、发展的速度、发展所能达到的最高水平上却有着不同，表现出发展的个别差异性。例如，有的学生抽象思维能力很强，有的学生却擅长形象思维；有的个体少年早慧，有的个体却大器晚成。

第五，心理发展的关键期。"关键期"来自动物习性学方面的研究。20世纪30年代，奥地利的动物习性学家洛伦茨（K. Z. Lorenz）描述了"印刻（imprinting）"现象，即小鸭、小鹅常将出生后第一眼看到的对象当作自己的母亲，并对其产生偏好和追随反应。印刻发生的时期称为关键期。心理学家将动物的"关键期"概念引入儿童的行为学习领域，认为儿童的心理发展同样也存在关键期，即在此期间，儿童对某种外界刺激特别敏感，某种心理现象形成发展特别迅速。已有研究发现，0—4岁是形象视觉发展的关键期，1—3岁是口语学习的关键期，5岁左右是掌握数概念的关键期等。

二、青少年心理发展的阶段特征

青少年时期包括了少年期和青年初期，是一个人从幼稚走向成熟的时期。此时

的青少年面临着一系列的改变,这种改变使青少年时期呈现出与其他年龄阶段不同的特点:

第一,过渡性。青少年时期是童年向成年过渡的时期,表现出生理、认知和社会地位的过渡。生理上的过渡表现为生长发育的高峰,个体经历了身体各方面的迅速发展和性的逐步发育成熟。这些生理上的突变使青少年在外形上像个成年人,在身体机能方面也基本接近成熟的成年人。认知上的过渡主要表现在新质认知结构的出现,如抽象逻辑思维占主导地位,能运用假设、推理去解决问题,思维有了很强的预见性,出现了反省思维等。社会地位的过渡指的是随着青少年个体的生理成熟和认知的改变,其社会角色发生了变化,人们不再把他们当作儿童来看待,而开始把他们当作成人来对待了,对他们提出了新的更高的要求。

第二,闭锁性与开放性。闭锁性是指青少年的内心世界日趋复杂,不轻易将自己的内心活动表露出来。这种闭锁是针对一定对象的,即他们是对父母、教师等成人闭锁。这种闭锁也使他们产生了强烈的孤独感,他们十分渴望与人交往,希望有人来关心、理解他们。于是,他们就将目光投向了同龄人。他们对同龄伙伴是很开放的,愿意向对方敞开心扉,愿意暴露自己的真实情感。

第三,社会性。与儿童期相比,青少年受社会环境的影响越来越大。随着社会交往范围的扩大,青少年在认识方面已不再拘泥于儿童时那种仅仅对自己或自己周围生活中的具体事物的关心,而是以极大的兴趣观察、思考和判断着社会生活中的种种现象与问题,政治、历史、文化艺术、法律道德、社会风气、人际关系等都成了他们认识和思考的对象。他们也很容易受到社会现象的影响,如追逐明星、追求时尚等。

第四,动荡性。它指的是青少年思想敏感、偏激,敢于行动,情绪不稳定,容易激动、不安。这是因为他们童年的模式被打破,成人的模式尚未建立,呈现出一种不平衡、不稳定的状态,这就以矛盾和动荡的心理现象表现出来。

(一)少年期

少年期是指十一二岁到十四五岁的时期,大致相当于初中阶段,具有半幼稚半成熟的特点,是独立性与依赖性、自觉性与幼稚性错综矛盾的时期。少年的抽象逻辑思维已经开始占据优势,但仍是经验型的;思维的独立性和批判性有所发展,但仍存在片面性和表面性,缺乏全面客观的分析、解决问题的能力;思维具有自我中心性。

由于身体的迅速发育、成人体貌的出现以及社会要求和心理上的改变,少年期的自我意识高涨,产生了强烈的独立感和成人感,要摆脱对成人的依赖,称为"心理性断乳"。他们开始对自己的内心世界和个性品质十分关注,努力思考"我是谁"的问题。同时,他们在情绪情感方面具有明显的矛盾性,表现为情绪不稳定、心态不平衡,常表现出反抗情绪。此时的同伴关系在少年的生活中越来越重要,少年时期的友谊建立在相互理解、相互信任的基础上。少年期在道德方面虽然已经具备了伦理道德的特点,但仍不成熟,还具有较大的动荡性。他们的自我控制能力也正处于初步发展之中，初中二年级是个关键时期，表现出从外部力量控制为主转变为开始以内部力量控制为主。

（二）青年初期

青年初期是指十四五岁至十七八岁的时期，大致相当于高中阶段。他们在生理和心理上已经趋于稳定和成熟。高中生的抽象逻辑思维属于理论型，已具有充分的假设性、预计性和内省性，辩证逻辑思维迅速发展起来。高中生的自我意识高度发展，理想自我和现实自我的分化使他们产生判断和控制自身言行的要求与体验。他们的自我评价趋于成熟，开始较稳定而持久地控制自己。青年初期是道德趋向成熟的开始。他们能较自觉地运用一定的道德准则来调节自己的行为。他们的人生观、世界观初步形成，但还不稳定。

三、中学生心理发展的教育含义

中学生的心理发展与教育有着密切的联系，我们必须按照中学生心理发展的特点和规律对他们进行教育，为他们的发展创设良好的条件，促进他们的全面发展。

（一）教育必须以一定的心理发展特点为依据

首先，我们的教育要结合学生的心理发展特点进行，不能脱离学生的发展实际。中学阶段正值青春期，是一个由童年向成年过渡的时期，学生面临着身心发展的巨大变化，在心理上呈现种种矛盾的特点。基于这样的心理发展现状，教育必须充分考虑学生的发展特点和发展需要。例如，神经系统科学家杰伊·吉德（Jay Giedd）在研究中发现青少年的大脑变化中最剧烈的大多出现在脑前部，这片区域对推理、判断和自我控制等高级的大脑功能来说至关重要，有专家认为这与青少年的许多反叛、冲动行为有密切的关系。这就提醒我们的教师在对青少年的反抗行为进行教育时，不能只是进行简单粗暴的批评制止，而应从青少年的大脑特点以及心理发展特点出发，更多采用理解的态度，以民主的方式对青少年进行教育。

其次，教师在教育的过程中要注意学生心理发展的个体差异。虽然中学生在心理发展上有共同的特点，但学生与学生之间也存在着诸如认知、个性等方面的差异。因此，教师在教育中除了以心理发展的共性为依据外，还要考虑学生的个体差异因材施教。例如，对于不同气质类型的学生要采取不同的教育方法，对于多血质的学生要注重培养坚持性，对于胆汁质的学生要注重培养自我控制能力，对于黏液质的学生要注重灵活性的培养，对于抑郁质的学生要注意教育的方式方法，注重培养其自尊和自信。

第三，要抓住关键期对学生进行教育。心理发展具有关键期，在关键期内，学生对某些刺激特别敏感，该刺激会对其产生较大的影响。因此，我们要抓住关键期的有利时机，对学生施加适宜的刺激，使教育产生事半功倍的效果。

（二）教育对心理发展起主导作用

一方面，教育要以学生的心理发展特点为依据，另一方面，教育又要对学生的心理发展起主导作用。在影响学生心理发展的因素中，环境和教育能将遗传所提供的发展的可能性转变为现实性。一个人即使拥有了良好的遗传素质，也要依靠一定的教育环境才能很好地发展起来。阿威龙野人、印度狼孩、王安石的《伤仲永》等事例说的就是这个道理。对于中学生而言，其大部分时间是在学校中度过的，因此学校教育对其发展将产生重大的影响。有研究者总结了教育与发展之间的关系，指出教育对发展具有主导作用，具体表现如下：第一，学生心理的发展依赖于教育提出的要求和方向；第二，教育能够促进学生的心理发展；第三，教育可以加速或延缓学生心理发展的进程；第四，教育能够使心理发展的可能性转化为现实性。

第二节 中学生的认知发展与教育

认知是指用以适应和理解世界的人类智力的各种表现[1]，认知发展则是这些表现随着年龄而发生的发展变化。本节从认知发展的重要理论——皮亚杰和维果斯基理论出发，探讨中学生的认知发展及其教育含义。

一、认知发展的理论

（一）皮亚杰的认知发展阶段论

瑞士心理学家皮亚杰对儿童的认知发展进行了创造性研究，发现了儿童认知发展的特点和规律，形成了关于儿童认知发展的阶段理论。

1. 皮亚杰的认知发展观

皮亚杰认为，儿童的认知发展是儿童主体的图式在与外界环境相互作用的过程中通过不断的同化与顺应，达到平衡的过程。

图式是动作的结构和组织。最初的图式是先天遗传获得的非条件反射，如吮吸、抓握等。儿童在与外界环境相互作用的过程中，图式不断获得丰富和发展。在这一过程中，同化和顺应起到了重要的作用。同化是将环境刺激纳入主体已有的图式，以加强和丰富原有的图式，引起图式量上的变化。当个体的原有图式无法适应新的环境刺激时，必须调整原有图式或建立新的图式，引起图式质的改变以适应环境，这就是顺应。皮亚杰认为，同化和顺应是相辅相成、协调统一的过程。儿童就是在这样不断的同化、顺应中，达到与环境的平衡。

2. 影响认知发展的因素

皮亚杰认为，儿童的认知发展至少受四个因素的共同影响：（1）成熟，主要指有机体的生理成熟，尤其是大脑和神经系统的成熟，这是儿童认知发展的必要条件。（2）物理环境，主要是指儿童与外界环境接触而获得的经验，包括物理经验和数理逻辑经验。物理经验是儿童的个别动作作用于物体而获得的关于物体大小、轻重、颜色等特征的经验；数理逻辑经验是儿童在与外界环境不断相互作用的过程中建立

---

[1] （英）H. Rudolph Schaffer. 发展心理学的关键概念[M]. 胡清芬等，译. 上海：华东师范大学出版社，2008：89.

的一系列动作之间关系协调的经验。(3) 社会环境，指的是社会互动，主要有语言、文化、教育、社会生活等的影响。(4) 平衡，指儿童在发展的过程中，保持其认知结构处于相对稳定的倾向性，这种平衡是动态的，当儿童面临的环境新刺激不能与已有的图式相匹配时，就产生了不平衡，儿童会努力消除这种不平衡，以达到新的平衡。儿童的认知发展就是从相对平衡，到打破平衡，再到建立新的相对平衡。皮亚杰认为平衡是儿童认知发展的决定性因素。

3. 认知发展阶段的特点

皮亚杰是个阶段论者，他认为在儿童的认知发展的每一个阶段都有独特的认知结构，使得不同发展阶段的儿童表现出不同的认知能力。这些阶段出现的先后顺序固定不变，不能逾越也不能颠倒，每一阶段都是后一阶段形成所必需的前提。皮亚杰将儿童的认知发展分为四个阶段，即感知运动阶段、前运算阶段、具体运算阶段和形式运算阶段。

(1) 感知运动阶段（0—2岁）

在这一阶段，婴儿主要通过感知动作来认识世界。这一阶段婴儿发生了一次"哥白尼式的革命"，获得了客体永久性的概念，即当某个客体在婴儿的视野中消失时，婴儿认为该客体仍然存在。客体永久性的获得为以后时间、空间、因果关系的产生提供了前提。在这一阶段的后期，儿童建立了魔术现象主义的因果观念，产生最初的因果认识。

(2) 前运算阶段（2—7岁）

这一阶段的儿童在思维上有了质的飞跃，出现符号功能和象征性功能，使思维和动作分离。但这一阶段的儿童也存在认知上的局限性。皮亚杰通过其著名的"三座山"实验证实，前运算阶段的儿童总是从自己的观点和角度看待世界，不能意识到他人有不同的认识视角，思维带有明显的自我中心性。并且，由于该阶段的儿童还不能很好地区分物理现象和心理现象，思维上存在"泛灵论"，即认为非生命的物体也具有生命的特点。他们对事物的理解还受到事物的知觉特征的限制，不能理解整体和部分的关系，尚未建立守恒概念。

(3) 具体运算阶段（7—11岁）

具体运算阶段的儿童的思维具有内化性、守恒性、可逆性和整体性。皮亚杰认为，守恒是具体运算阶段区别于前运算阶段的重要标志。守恒指的是物体的外表虽然已经发生了变化，但物体的实质并没有改变。皮亚杰通过一系列守恒实验，发现具体运算阶段的儿童在不同领域获得守恒的时间不同，如6—8岁获得数的守恒和长度守恒、7—9岁获得物质守恒、8—10岁获得面积守恒、9—10岁获得重量守恒、11—12岁获得体积守恒。虽然这一阶段的儿童已经获得了运算能力，但他们的思维还无法摆脱具体事物的支持。

(4) 形式运算阶段（11岁以后）

皮亚杰认为，形式运算阶段是认知发展的最高阶段，它克服了具体运算阶段的局限，在思维中摆脱了具体事物的限制。即儿童能将思维的内容和思维的形式相分离,能进行"假设-演绎"推理,能从许多不同的角度和观点看待事物,思维具有了真正的抽象逻辑性。

(二) 维果斯基的社会文化理论

苏联的心理学家维果斯基是与皮亚杰同时代的人物,是社会文化历史学派的创始人。

1. 社会文化理论

维果斯基强调,人类心理的发展基本上不再受生物进化规律所制约,而是受社会历史发展的规律所制约。以他为代表的社会历史学派对心理机能从心理本质上进行了划分,区分出低级心理机能和高级心理机能。所谓低级心理机能,是依靠生物进化所获得的心理机能,是在种族的发展过程中出现的,这是人与动物共有的心理机能,如感知觉、无意记忆、无意注意、形象思维、情绪等。所谓高级心理机能,是以精神生产工具——语言符号为中介,是社会历史发展的结果,受社会历史发展规律所制约,这是人类所特有的心理机能,如有意注意、语词记忆、抽象逻辑思维、高级情感等。

2. 心理发展的实质

维果斯基认为,一个人的心理发展,是在环境和教育的影响下,在低级心理机能的基础上,逐渐向高级心理机能转化的过程。他归纳了低级心理机能向高级心理机能发展的四个标志:(1)心理活动的随意性,即心理活动具有主动性、目的性;(2)心理活动的抽象概括性,表现为儿童能通过抽象、概括形成各种概念,并加以运用;(3)形成以语言符号为中介的心理结构;(4)心理活动的个性化,即心理活动越来越带有个人的特点。

维果斯基强调,儿童的心理发展是在与社会环境相互作用的过程中发生的,必须经过一个外部阶段,然后再内化为个人的心理机能,社会环境决定了儿童内化的大部分内容。

3. 教学与发展的关系

维果斯基对于教学和发展的关系,提出"最近发展区(zone of proximal development)"的概念。他认为,教师在教学过程中必须考虑儿童的两种发展水平:一是儿童现有的发展水平,也就是儿童利用自己已经具备的心理机能所达到的独立解决问题的水平;二是即将达到的发展水平,也就是儿童在他人,尤其是成人的帮助下所能达到的解决问题的水平。这两者之间的差距就是最近发展区。教学要创造最近发展区。

二、认知发展与教学的关系

学生的认知发展水平是教学的基础,为教学提供必要前提,教学又能促进学生的认知发展。

(一) 认知发展制约了教学的内容与方法

学校的教学活动要建立在学生一定的认知发展水平的基础上。皮亚杰认为,学生的认知发展是一个逐步建构的过程,每一发展阶段都要以前一阶段的发展作为前提,学生只有获得了一定阶段的认知结构,才能进行该阶段的学习。因此,教学的内容和教学的方法必须与学生一定的认知发展阶段特点相适应。例如，中学生在认知发展阶段上已进入了形式运算阶段，已经能够对抽象的命题进行思考、能够进行逻辑推理，因此中学生可以学习抽象的概念和规则。但是，对于刚刚进入中学阶段的学生来说，他们虽然已经获得形式运算，但其形式运算还很不成熟，因此对其进行教育教学时还需考虑运用具体的经验作为支持。著名的教育心理学家奥苏贝尔十分强调学习过程中学生已有的认知结构的作用，他曾说过："假如让我把全部教育心理学仅仅归结为一条原理的话，那么，我将一言以蔽之：影响学习的唯一最重要的因素，就是学习者已经知道了什么。要探明这一点，并应据此进行教学。"[1]

(二) 教学促进了学生的认知发展

良好的教学能够对学生的认知发展起到积极的促进作用。维果斯基的社会文化理论强调社会文化对学生认知发展的作用，他基于自己"最近发展区"的概念提出，教学要走在发展的前面，教学要创造最近发展区。维果斯基认为：教学"可以定义为人为的发展"，要使教学发挥最大的作用，在教学过程中必须抓住学生学习的最佳期限（learning optimal period）。维果斯基认为："任何教学都存在最佳的，也是最有利的时期。这是基本原理之一。对这个时期任何向上或向下的偏离，即过早或过迟实施教学的时期，从发展观点看，总是有害的，对儿童的智力发展产生不良影响。"[2] 对儿童来说，任何广义的教学都与年龄有关，儿童的成熟若未达到一定程度，不可能学习某一学科，但如果超越了学习的最佳年龄，教学效果也会大打折扣。也就是说，教学要建立在学生一定成熟的基础上，在学生刚开始但尚未形成的心理机能之上，走在其心理机能的形成之前。

第三节　中学生的人格发展

"人格（personality）"一词源于拉丁语，它的原意是指演员所戴的面具，后来用于指演员本人，即一个在生活中具有某种特性的个体。目前，学术界关于人格的定义不一，有罗列式、整合式、层次式、适应性、区别性定义等。黄希庭在其《人格心理学》一书中，对人格做了如下阐述："人格是个体在行为上的内部倾向，它表现为个体适应环境时在能力、情绪、需要、动机、兴趣、态度、价值观、气质、性格和体质等方面的整合，是具有动力一致性和连续性的自我，是个体在社会化过程中形成的给人以特色的心身组织。"[3]

一、人格的发展

(一) 人格的发展阶段

美国著名的心理学家艾里克·艾里克森（Erik H. Erikson）认为，个体的人格

---

[1] 邵瑞珍. 教育心理学[M]. 上海：上海教育出版社，2003：47.
[2] 转引自王振宇. 儿童心理发展理论[M]. 上海：华东师范大学出版社，2003：261.
[3] 黄希庭. 人格心理学[M]. 杭州：浙江教育出版社，2002：8.

发展是一个逐渐形成的过程，是个体自我与社会环境相互作用的过程，个体在发展的不同时期面临着不同的心理与社会的矛盾，艾里克森将其称为心理社会危机。他根据个体在不同时期的心理社会危机的特点，将个体的人格发展划分为八个阶段：

1. 基本信任对不信任（0—1.5岁）

这一阶段的发展任务是建立对世界的信任感，克服不信任感，建立起希望的品质。这一时期的婴儿主要需满足其生理需要，如果父母或主要的抚养者能够及时、正确地满足婴儿的需要，则婴儿会对父母或主要的抚养者产生信任感，会认为这个世界是值得信赖的。如若父母或主要的抚养者不能满足或错误地理解了婴儿的需要，久而久之，则会让婴儿对世界产生不信任感。

2. 自主对羞怯与怀疑（1.5—3岁）

这一阶段儿童的目标是获得自主感，克服羞怯和怀疑，体验意志品质。此时的儿童在身体能力方面已有了充分的发展，已经获得了如行走、爬楼梯等许多动作技能，活动空间增大了，他们希望能以自己的方式来掌控世界。如果父母能够敏感地理解他们的需要，能为他们提供自主行动的机会，鼓励他们从事力所能及的活动，他们就能够逐渐体验到依靠自己的力量满足自己的需要，体会到自己所拥有的能力，发展出自主性。如果父母过分约束儿童的行为，对儿童的一切包办替代，对儿童的自主行为批评嘲笑，则会使儿童丧失行为的自主，对自己的能力产生怀疑、对自己的行为过失产生羞怯感。

3. 主动对内疚（3—6岁）

这一时期的发展任务是进一步获得主动性，克服内疚感，体验目标的品质。此时的儿童在身体能力和言语等方面的技能进一步发展，活动的空间进一步扩大，独立性大大增强。如果父母或其他的教育者能够对儿童的行为提出一定的挑战和要求，鼓励他们在能力范围内的主动探索，并对其行为做出适当的评价，则会使儿童发展出主动性，培养道德感。如果父母或教育者对儿童的行为不予评价，儿童的道德感则得不到发展；如果父母或教育者对儿童过于严厉、过高要求，则会使儿童对自己的行为有强烈的内疚感、失败感，会降低他们的自尊水平，对他们的探究行为产生限制。

4. 勤奋对自卑（6—12岁）

这一阶段的儿童大多进入小学，学习成了主导活动。此时的主要任务是培养勤奋感，克服自卑，获得能力品质。儿童在学校中一方面要努力学习，争取学业成绩的优秀、获得同伴地位，另一方面也害怕失败。此时教师的作用显得十分重要，如果一个教师认可、赞赏和接纳一个儿童，就会激发他努力学习，获得良好的学业成就，产生勤奋感；相反，他若被教师拒绝、否认，则会自感失望，体验到不胜任感与自卑。

5. 同一性对同一性混乱（12—18岁）

这一阶段的儿童开始进入了青春期，生理上的剧变以及新的社会要求使他们在自我认识上产生了新的变化。这一时期很重要的发展任务是形成同一性，避免同一性混乱，体验忠诚的实现。同一性主要是个体对自己是谁（包括过去、现在和将来）、自己要发展成什么样的人、自己在社会中处于什么角色的连续、稳定的想法。

青少年个体必须对自己进行深入的思考，确定自己的生活目标和社会角色。如果个体在这一时期未能建立自我同一性，就会产生同一性混乱或消极的自我同一性。艾里克森认为，青少年需要一个"合法延缓期"来为将来做准备，"合法延缓期"起到"暂停"的作用，可以缓冲青少年的内心冲突，延缓承担成人的义务和责任，为进入成人期做充分的准备。

6. 亲密对孤独（18—25岁）

这一阶段的个体进入了成年时期，需要获得亲密感，避免孤独，体验爱情。此时的青年男女已经具备了独立的承担社会责任的能力，他们可以承担工作、生育、娱乐等生活。只有在获得了同一性的基础上，他们才能建立与异性伴侣的亲密关系，才能获得真正的亲密感。如果个体没有建立自我同一性、过分关注自身，就无法与伴侣产生真正的情感共鸣，导致孤独感。

7. 繁殖对停滞（25—50岁）

此时的个体已经建立了家庭，兴趣开始扩展到下一代，此时的任务是获得繁殖感，避免停滞，体验关怀的品质。但此处的繁殖不仅指生儿育女，还包括创造新事物、新思想，在自己的专业领域中发挥才智，指导和关心下一代。如果没有繁殖，个体的人格就会产生停滞。

8. 完善对绝望（50岁直至死亡）

这是人生的最后阶段，发展任务是获得完善感，避免绝望，体验智慧的实现。如果一个人对自己比较满意，拥有幸福的生活，则在人生的最后阶段回首往事时会体验人生的完满。如果个体达不到这种感觉，觉得自己的人生充满了遗憾，则会产生深深的绝望，因为人生不可重来。

艾里克森认为，个体在每一阶段的发展过程中，发展任务能否顺利完成，会直接影响个体的人格和未来的生活，他十分强调社会环境在每一发展阶段中的重要作用。

（二）影响人格发展的社会环境因素

影响中学生人格发展的社会环境因素，可以从家庭、同伴关系、社会传媒等方面加以考虑。

1. 家庭

家庭是个体社会化的重要场所，被喻为是"创造儿童性格的工厂"。家庭中父母的教养观念、教养方式等都会对中学生的人格发展产生重要的作用。

父母的教养观念指的是父母基于对儿童及其发展的认识而形成的对儿童教养的理解。父母的教养观念包括儿童观、儿童发展观、亲子作用观。父母的儿童观指的是父母对儿童角色及其在发展过程中的作用的理解，即对儿童的自身价值的理解，这将影响父母对待儿童的方式以及对儿童的期望。儿童发展观指父母对儿童发展规律的认识和理解。亲子作用观指的是父母对自己和子女的关系以及自身在儿童发展过程中的作用的认识和看法。邹萍、杨丽珠将父母教养观念分为积极型、不协调型和低标准型，发现积极型的父母对教育孩子具有较高的自信，有比较明确的培养目标，对儿童成长有正确的看法，对儿童个性等发展目标态度积极，在各方面对孩子有高的要求与期望，愿意积极主动承担教育孩子的职责，教育上付出多，注重与孩子的交往，他们的观念对孩子个性特质发展有着相对积极的影响；不协调型的父母的教育方法理念与实际做法不协调，他们能与孩子交往，但自我教育价值、信心不充足，他们在价值观、个性培养方面有好的教育期待，但缺乏对独立性、语言表达能力、交往等个性方面培养的要求，他们能关注教育方法，但批评教育孩子略多，其孩子的个性特质发展相对较差；低标准型的父母对自我教育孩子的能力估计不足，他们放任孩子、顺其自然，重现实、低要求、期望低，对孩子关注较少，对孩子批评教育少，与孩子游戏交往时间也比较少，其孩子在自尊心、自信心、探索性、利他性、社交及活动能力方面一般，但在适应性、主导心境和语言表达方面较低，可见低标准型父母的教育观念对孩子个性发展也存在着不利的影响。

父母的教养方式是父母的教养态度、行为及言语表达的集合，它反映了亲子互动的性质，具有跨情境的稳定性。美国心理学家鲍姆令特（Diana Baumrind）通过对儿童的行为观察以及对父母的访谈发现，父母的教养方式可分为专断型、权威型和纵容型。专断型是一种限制性的教养方式，父母希望孩子能够严格遵守他们为之设定的规则，他们通过权力迫使孩子顺从；权威型是一种灵活的教养方式，父母给孩子自主，通过讲道理的方式谨慎地向孩子说明规则，保证孩子能够遵从指导；纵容型的父母几乎不对孩子提出任何要求，也不控制孩子的任何行为。鲍姆令特将三种教养方式与儿童的特征相联系，发现权威型父母的孩子心情愉快、有社会责任感、自立、有成就定向、与人合作好；专断型父母的孩子一般情绪不太稳定，大多时间不愉快、不友好、易激怒、对周围事物不感兴趣；纵容型父母的孩子尤其是男孩攻击性、冲动性较强，较粗鲁，较以自我为中心，控制性差，缺乏独立性和成就性。鲍姆令特对孩子的成长进行了追踪，结果见表 2-1：

表 2-1 父母教养方式与儿童的发展

父母教养方式	结果	
	儿童时期	青少年时期
权威型	较高的认知和社会能力	较高的自尊，非常好的社会技能，较强的道德、亲社会关注和较高的学业成就
专制型	一般的认知和社会能力	一般的学业表现和社会技能，比纵容型教养方式下的青少年更为顺从
纵容型	较低的认知和社会能力	较低的自我控制能力和学业成就，比权威型和专制型教养方式下的青少年更容易吸毒

2. 同伴关系

同伴关系，指的是个体与其具有相同社会权利的同伴之间形成的一种关系。这种关系的性质是平等的、互惠的。安娜·弗洛伊德等（Anna Freud & Sophie Dann）对二战后六个德国犹太裔孤儿进行追踪，发现这六个在出生后父母就惨遭杀害的、在集中营里度过了依恋关键期的孩子，正因为有了同伴之间的相互支持，才避免了出现更多的发展问题。

在中学阶段，同伴交往由原先的同性别交往发展到异性交往的出现，同伴群体作为参照群体的作用越发显现。林崇德认为，同伴关系有利于儿童社会价值的获得、社会能力的培养以及认知和人格的健康发展。他把同伴关系的意义总结为四个方面：一是同伴关系可以满足儿童归属和爱的需要以及尊重的需要；二是同伴交往为儿童提供了学习他人反应的机会；三是同伴关系是儿童特殊的信息渠道和参照框架；四是同伴关系是儿童得到情感支持的一个来源。例如，青少年在日常生活穿着方面和流行的"暗语"上，随着年龄增长，越来越接受同伴群体的影响。托马斯·伯恩特（Thomas Berndt）在研究中发现，随着年龄的增长，个体对同伴所倡导的亲社会行为的顺从没有什么改变，而对同伴倡导的反社会行为的顺从却急剧增加，在大约15岁时达到高峰，到了高中又下降。初、高中学生在相似的衣着打扮、参加社会活动、取得好成绩、听父母的话等方面具有很强的从众压力。

3. 社会传媒

社会传媒的影响包括了电视、网络、广播、书籍等。中国儿童中心在2001年对中国少年儿童素质状况进行抽样调查时发现，城市少年儿童周一到周五每天平均接触四种媒介约86.7分钟，其中看电视、听广播平均为57.8分钟，阅读课外书22.7分钟，电脑游戏6.2分钟；周末时间更长，大约149.3分钟。农村少年儿童周一到周五每天平均接触四种媒介大约73.8分钟，其中看电视、听广播平均为57.1分钟，阅读课外书15.1分钟，电脑游戏1.6分钟，周末大约花122.8分钟。可见，社会传媒对青少年的影响不可忽视，它能为青少年提供多样化的选择，能满足其多元化的需求，对青少年的习惯、道德、兴趣、自主意识等的培养都有重要影响。

看电视在几乎所有国家都是非常普遍的现象。根据班杜拉的社会学习理论，电视节目可能成为个体进行社会学习的榜样。班杜拉（A. Bandura）等人最先在实验室中用芭比玩具进行研究，发现儿童观看了成人攻击芭比娃娃的情景后会模仿成人的攻击行为；后来利伯特和巴伦（Liebert & Baron）在实验室中利用测量攻击行为的仪器对儿童观看暴力电视后的攻击行为进行测量，发现暴力节目促进了儿童的攻击行为；此后又有勒恩斯（Leyens）等在自然情境中对暴力电视和攻击行为的关系进行研究，也发现了同样的结果。由此，可以对暴力电视节目的影响做个小结，即暴力电视节目会提高儿童对攻击行为的敏感性，为儿童提供了众多的攻击范型，使儿童对现实生活中的攻击性行为反应淡漠。与暴力电视节目相反，某些电视节目也会提高个体的亲社会倾向。例如，美国的类似《芝麻街》等节目，为儿童和青少年提供了亲社会的榜样。此外，电视节目对引领个体的消费观和消费行为也起了很大的作用。

随着信息技术的发展，网络对青少年的人格发展产生了非常重要的作用。网络犹如双刃剑，有积极的作用，也有消极的影响。网络具有快捷性、方便性、同步性，对青少年的观念系统会产生影响，它给青少年提供了极大的信息空间，提供了无限的交往范围，提供了自由、平等的交往机会。但如果过分沉迷于网络，则会有不良的影响，网络成瘾就是描述这一消极作用的概念之一。网络成瘾指的是由于过度使用互联网而导致明显社会、心理损害的一种现象。网络成瘾的青少年在学习压力、人际关系上存在更多的问题，在人格特征上存在着攻击性、无序感、自我与经验的不和谐等，他们的主观幸福感比非网络成瘾的青少年低。

二、自我意识的发展

（一）什么是自我意识

自我意识是个体对自己存在的觉察，即认识自己的一切，包括自己的生理状况、心理特点以及自己与他人的关系。自我意识是个多维度多层次的系统。从形式上，自我意识可分为自我认识、自我体验和自我控制；从内容上，自我意识可分为物质自我、心理自我和社会自我。

（二）自我意识的发展

自我意识不是与生俱来的，它是随着个体的生理成熟，在个体与社会环境相互作用的过程中逐步发展起来的。个体初生时，主客体还未分化，个体不能区分自己与自己以外的东西，还没有自我意识；到七八个月时，个体能意识到自己的身体，听到自己的名字会有反应，自我意识萌芽；3岁左右，自我意识发生一大飞跃，即个体会说"我"；3—14岁，自我意识客观化，能听从他人的评价认识自己，主要服从权威或同伴的评价。青春期开始到青春后期，自我意识主观化，个体关注自己的内心世界，喜欢用自己的眼光和观点去认识和评价外界，产生自我塑造、自我教育的紧迫感和实现自我目标的动力。

（三）中学生自我意识的发展特点

青春期是自我意识发生飞跃的时期，其原因有三。一是生理上的原因：青春期是身体生长的第二高峰期，体形逐渐像成年人使青少年意识到自己不再是个小孩子，出现了"成人感"。二是心理上的原因：青少年的思维在改变，能对自己的心理过程、内心活动加以分析、评定，具有了反省思维，即青少年可以把自己作为思考对象，把自己的心理活动清晰地显现在思维的屏幕上，按照内化了的社会化标准审视自己的个性特点等。三是社会的原因：进入中学，青少年在家庭和学校中的地位发生了变化，父母和教师不再把他们当作小孩了，向他们提出了更高的要求，如独立性上的要求，做事有自己的观点、不依赖别人等；同时，他们自己也面临着许多社会抉择问题，如选择专业、职业准备等，这些都使青少年要重新正视自己、了解自己；还有，同龄群体的作用也越来越大，他们要不断调整与同龄人的关系（处理与同性、异性的关系等），以使自己在集体中占有一定的地位，能受到同伴的尊敬，他们喜欢注意与评论别的同龄人的心理特征和品质，并自觉地把自己的特点与别人的进行比较，找出自己的优缺点。以上这些都促使青少年的自我意识发生质的改变。

1. 独立意识发展，产生"成人感"

随着身体的成长、思维的改变和社会要求的变化，青少年产生了强烈的"成人感"，他们认为自己已经长大成人，希望别人像对待成人那样对待他们，不要再把他们当作小孩。他们的独立意识增强了，希望能摆脱成人的束缚，希望能独立自主地处理自己的学习、生活。当遇到问题时，他们不再向成人求助，而是希望凭借自己的认识和能力去解决问题。他们在社交中常以成人自居，常常模仿成人的行为，如抽烟、喝酒等，以此来证明自己是个成人了。

一旦他们的独立意向受到阻碍，就会产生强烈的不满和反抗行为。有人总结了反抗的三种形式，即硬抵抗、软抵抗和反抗的迁移。硬抵抗表现为态度强硬，用十分粗暴的态度和行为对待成人的建议与要求；软抵抗表现为不理不睬、漠不关心，对成人的言语冷淡相对；反抗的迁移表现为对成人不敢直接采取抵触行为，而将不满迁怒于他人或其他东西。

2. 关注自己的身体形象

伴随着青春期的到来，青少年在身体外形上发生了很大的变化，身高、体重、外貌都成了他们关注的焦点。这些变化会直接影响青少年对自我形象的认识。一般来说，与男孩相比，女孩在整个青春期对自己的身体更不满意，对身体形象的认识更加消极，这种不满意随着身体脂肪的增加而不断增加。女孩更关心自己的体重，希望拥有苗条的身材。男孩对自己的身体相对更为满意，这可能与他们的肌肉与体力增加有关。男孩更喜欢中等的运动员的身材，不会像女孩那样感到自己超重，也不喜欢太瘦。青少年的这种反应在很大程度上是对父母、大众媒介和其他文化传播途径传递他们的社会标准和期望的折射。

3. 关注自己的内心世界和心理品质

随着年龄的增长，青少年逐渐将目光转向自己的内心世界，探索"我到底是个什么样的人？我要发展成为什么样的人？"。这种对内心世界和个人心理品质的关注常常体现在青少年间的谈心和他们的日记里。

4. 自我意识出现新的分化

青春期的自我意识分化出了理想自我和现实自我。理想自我指的是个体按照社会标准和自身的道德准则所形成的关于自己要成为什么样的人的设想；现实自我是个体关于自己现在是一个什么样的人的看法。青少年一方面在观察、评定现实的自我，另一方面也在积极追求和实现理想的自我。理想自我可以是现实的，也可以是一种幻想。有些临床心理学家认为，现实自我若与理想自我相距太远，可能是心理不健康的表现，他们担心青年沉溺于自我观察和陶醉之中，会脱离现实，陷于孤立，乃至怀疑自己的不真实性，导致人格解体。一般说来，现实自我与理想自我有一定距离是个体发展中的正常现象，这种距离正是儿童自我意识成熟的表现。

5. 强烈的自尊需求

青少年独立意向的发展使他们的自尊敏感而强烈，他们希望别人尊重和承认自己，期望在群体中取得适当的地位，期望受到好评和重视。他们极易表现出争强好胜。他们极易大喜大悲，容易因一点成绩而沾沾自喜，又容易因一点小事而陷入自卑。

6. 自我评价趋于成熟和自我控制能力的提高

儿童期的自我评价主要依从于成人，以成人的评价作为自我评价的依据。青少年时期，自我评价能力逐渐发展成熟，表现为能独立评价自己，不盲目听从成人及同伴对自己的评价；自我评价从片面性向全面性发展，对自己的评价更加全面，判断更加准确；对自己的评价从身体特征和具体行为向个性品质方向转化，评价的抽象程度大幅度提高。在自我控制方面，自我控制的欲望提高了许多。天津市的一项调查表明，有46.43%的学生认为为了实现重要目标可以控制自己的某些欲望，38.94%的学生表示在落实计划时如果遇到困难，总能设法克服，决不轻易放弃。但青少年学生的自我控制能力还有待进一步提高。

第四节 个别差异与因材施教

在学校教育中，教师要面对各种各样的学生，即要面对学生的个别差异，所以也就有了根据学生的个别差异进行因材施教的主题。从心理发展的角度看，学生的个别差异体现在认知、社会性发展等方面。本节重点介绍学生在认知方面的差异，以及如何根据这些差异因材施教。

前已述及，认知是指用以适应和理解世界的人类智力的各种表现，而学生的认知差异则主要体现在智力表现和认知风格上。

一、学生的智力差异与因材施教

智力发展是学生认知发展中一个很重要的领域。学生在智力发展上存在着差异，主要体现为个体差异和团体差异。

（一）智力发展的个体差异

学生的智力受到遗传、环境等多种因素的影响，在发展上体现出学生与学生之间智力的不同，这种不同表现在智力水平、智力结构和智力发展的速度上。

1. 智力水平差异

（1）智力测验

智力测验是衡量学生智力水平高低的重要方法，目前有关的智力测验种类繁多，这里只介绍比较著名的斯坦福—比纳量表和韦克斯勒智力量表。

斯坦福—比纳量表是斯坦福大学教授推孟（Terman）在法国心理学家比纳（Binet）和西蒙（Simon）1905年编制的"比纳—西蒙智力量表"的基础上修订而成。我国心理学家吴天敏修订了中国的版本，适用于2—18岁儿童。该量表的题目从易到难按年龄分组。斯坦福-比纳量表采用了智商的概念作为衡量个体智力水平的相对指标。其智商公式如下：

$$IQ = \frac{智力年龄（MA）}{实际年龄（CA）} \times 100$$

其中的智力年龄是根据智力测验得到的相对年龄，实际年龄是儿童从出生到实际进行智力测验时的年龄。该智商称为比率智商。由于个体智力的增长与年龄的增长不是同步的,而且不是所有的智力都是终生增长的,所以比率智商不适用于成年人。

韦克斯勒智力量表是美国的韦克斯勒(Wechsler)在1936年编制的另一套智力量表,它分为三种:韦克斯勒学龄前智力量表(WPPIS,适用于4—6岁半儿童)、韦克斯勒儿童智力量表(WISC,适用于6—16岁儿童)和韦克斯勒成人智力量表(WAIS,适用于16岁以上个体)。韦克斯勒智力量表包括言语量表和操作量表,可以测量个体的言语智力和操作智力。该量表采用了与斯坦福-比纳量表不同的智商概念,测量个体智力在同年龄群体中的相对位置,称为离差智商,即个体的测验分数与同年龄组受测者的平均测验分数相比较所得到的分数。离差智商的计算公式为:

$IQ=100+15Z$,其中 $Z=(X-\bar{x})/S$(其中,X 是个体智力测验的分数,$\bar{x}$ 是个体所处的同年龄群体的平均分数,S 为该年龄群体的标准差)

离差智商克服了比率智商的缺陷,在智力测验中的应用更广。

(2)智力水平差异

智力测验能够反映出学生个体在智力水平上有高低差异。大量的研究表明,全人口中的智力分布呈现两头小、中间大的正态分布,即人口中智力超常和智力低下的占少数,中等智力水平的人占绝大多数。一般来讲,智商在140以上的属于极优秀水平,人群中的比例大约只有1.3%,而智商在70以下的属于智力落后,人群中的比例大约为2.9%。

2. 智力结构差异

智力并非单一的心理品质,例如,美国心理学家加德纳(H. Gardner)认为,智力是复杂而多维度的。他提出多元智力理论,将智力分解为九种,即言语智力、数理逻辑智力、空间智力、音乐智力、身体—运动智力、人际智力、自我反省智力、自然智力和存在智力。加德纳认为,所有个体都有这些智力,但由于遗传、早期训练等因素的不断交互作用,某些个体在某些智力方面的发展要比其他个体好,有的擅长数理逻辑方面,有的擅长身体—运动方面,有的则在人际智力上占有优势。这就体现了个体之间在智力结构方面存在的差异。

3. 智力发展速度的差异

智力发展速度的差异指的是个体智力表现的早晚。有的个体在幼年时期就崭露头角,表现出了非凡的才智,我们称之为"早慧";有的个体则要到较晚的时期才表现出聪明才智,我们将之称为"大器晚成"。

(二)智力发展的团体差异

智力发展的团体差异最突出地体现在性别差异上。男性和女性在智力方面的差异体现在智力水平分布与智力结构上。男性和女性在总体智力水平上大致相等,但男性智力分布的离散程度比女性大,在智力分布的两端(即特别聪明和特别愚笨),男性均多于女性。另一方面,男性和女性在智力结构的不同方面确有差异,表现出不同的优势领域。例如，男性在视觉的空间知觉能力方面优于女性，而女性在言语能力上占优势，特别是词汇、阅读理解和言语创造性等方面。

（三）智力差异与因材施教

教师在教育教学过程中应充分考虑智力的个体差异和团体差异。首先，对于不同智力水平的学生教师要给予不同的期待，应创设适合他们智力水平的教学内容和教学方法。前已述及，教学是要建立在一定认知发展水平的基础上的，对于智力发展水平不同的学生，教师所给予的任务应有所区别，评价指标也应有所不同。

其次，教师应该了解学生的优势领域，不能以单一的智商衡量学生的表现，而要用全面的观点对待学生。加德纳的多元智力理论为我们提供了很好的借鉴，教师应该充分发挥学生智力优势领域的长处，使其更好地发展。

最后，教师也不能盲目轻信智商，而应该科学地对待智力测验的结果。目前对于智力的定义与构成，心理学家们各有各的观点，智力测验也是根据各自所信奉的智力理论编制的。可以说，传统的智力测验并没有说明智力的全部，对社会文化因素、实践性因素等对智力的作用并没有充分重视。因此，学生在智力测验中所得到的智商并不能完全说明学生的全部情况，有些得出高智商的学生未必在实际领域的每一方面都表现出比其他学生更高的才智，而有些得出一般智商的学生却有可能在某些领域表现出色。而且，中学生还处于智力发展之中，发展速度各有差异，教师应从发展的角度看待学生，不能因为学生一时的智力表现就给学生贴上某些标签。

二、学生的认知风格差异与因材施教

认知风格是个体对外界信息感知、注意、记忆、思维以及解决问题中表现出来的独特而稳定的信息组织和信息加工方式。

（一）学生的认知风格类型

中学生的认知风格可以从以下几方面理解：

1. 场依存型与场独立型

威特金（Witkin）在对个体知觉过程的研究中发现，人在知觉时会受到不同因素的影响，有的受环境的影响大，有的受环境的影响小。威特金将前者的知觉风格称为"场依存型"，将后者称为"场独立型"。场独立型的个体属于内部定向，在判断客观事物时以自身内部作为参照，不容易受外来因素的影响和干扰；他们在认知方面独立于周围的背景，倾向于在更抽象和分析的水平上进行加工，独立对事物做出判断。场依存型的个体属于外部定向，在判断客观事物时以外部参照作为依据，容易受环境因素的影响，特别容易受权威人士的影响。

场依存型和场独立型的认知风格与学习有密切关系。有研究表明，场依存型者和场独立型者在学习特点上存在不同特点，如表2-2所示：

表 2-2 场独立型者和场依存型者的学习特点①

	场独立型者	场依存型者
学科兴趣	自然科学	社会科学
学科成绩	自然科学成绩好，社会科学成绩差	自然科学成绩差，社会科学成绩好
学习策略	独立自觉学习，受内部动机支配	易受暗示，学习欠主动，由外部动机支配
教学偏好	结构不严密的教学	结构严密的教学

2. 沉思型与冲动型

中学生在信息加工、解决问题等方面存在着速度和准确性上的差异，根据这种差异，中学生的认知风格可以分为沉思型与冲动型。沉思型学生遇到问题时往往深思熟虑，用充足的时间审视各种解决办法，再从中选取最佳方案，错误较少。冲动型的学生遇到问题时却反应很快，常常在尚未对问题做全面分析时就快速做出决定，容易发生错误。一般来说，沉思型学生在阅读、再认、推理方面的成绩要优于冲动型学生；而冲动型学生则在某些涉及多角度的任务中表现较好。

3. 整体型与系列型

整体型与系列型的认知风格是根据学生在问题解决过程中所依赖的逻辑推理方式来划分的。整体型学生在解决问题时常常从问题的全局考虑，而系列型的学生在解决问题中容易将注意力集中于具体的细节。因此，整体型学生学习时常常对问题做整体分析，将大问题分解为一系列问题组合，从整体方面入手；系列型学生则常把重点放在解决系列子问题上，注重子问题的逻辑顺序，按顺序一个一个解决，直至最后才形成对学习内容比较完整的看法。

4. 聚合型与发散型

聚合型与发散型的认知风格是由吉尔福特（Guilford）提出的。聚合型的学生在解决问题时会表现出聚合思维的特点，收集各方条件，一步步缩小解答的范围，直至找到最恰当的唯一解答。发散型的学生在解决问题中表现出发散思维的特点，思维会沿着不同方向展开，最终可能产生多种可能的解答而不是唯一的答案。

5. 齐平化型与尖锐化型

齐平化型与尖锐化型的认知风格是根据学生在将信息"吸收"进记忆时表现出的差异进行划分的，由豪兹蔓和科莱因（Holzman & Klein）在 1954 年首先使用。具有齐平化风格的学生容易将相似的记忆内容混淆起来，常常放弃记忆内容的细节；而尖锐化风格的学生则相反，倾向于不将记忆中相似的内容混淆，甚至夸大其间的小差异。

（二）学生认知风格差异与因材施教

学生认知风格上的差异是教师进行因材施教的前提。对于这些差异，教师首先要进行观察、识别，了解学生的认知风格，而后根据学生的认知风格特点，采用有

---

① 皮连生.教育心理学(第三版)[M].上海:上海教育出版社,2004:311.

的放矢的策略。一方面，教师要采用与学生认知风格的长处或其偏爱的方式相一致的教学对策。帕斯克曾用实验证明，与学生匹配的学习方式有助于学生成绩的提高。另一方面，教师要针对学生认知风格中的短处采用有意识弥补的策略。例如，对于冲动型的学生，教师应指导他们审慎、认真地对待相对较难的问题，并且要教给他们具体分析问题的策略，指导他们克服冲动的认知行为。

思 考 题

1. 什么是心理发展？心理发展具有哪些基本性质？
2. 青少年心理发展具有哪些特征？
3. 比较少年期和青年初期在心理发展特点上的差异。
4. 中学生的心理发展对于教育有哪些启示？
5. 皮亚杰把个体的认知发展分为哪几个阶段？每个阶段各有什么特点？
6. 皮亚杰认为，影响个体认知发展的因素有哪些？
7. 维果斯基认为心理发展的实质是什么？
8. 学生的认知发展与教学有什么关系？
9. 艾里克森把人格发展分为哪几个阶段？
10. 社会环境如何影响学生的人格发展？
11. 中学生自我意识的发展有什么特点？
12. 中学生智力发展的差异表现在哪些方面？如何根据其智力发展差异进行因材施教？
13. 中学生在认知风格方面有什么特点？如何据此进行因材施教？

第三章　学习的基本理论

评价目标

1. 理解学习的定义和特点。
2. 了解学习的分类。
3. 掌握不同学习理论的基本观点。
4. 描述经典条件作用的形成过程。
5. 比较正强化、负强化和惩罚。
6. 比较经典条件作用和操作性条件作用。
7. 了解操作性条件作用的实际应用。
8. 熟悉观察学习的特点及过程。
9. 记住信息加工理论的模型及学习阶段。
10. 比较布鲁纳的发现学习和奥苏贝尔的接受学习。
11. 叙述建构主义的主要观点。

学习　　学习理论　　联结学习理论　　认知学习理论

第一节　学习的实质与类型

人一出生就如同一张白纸。随着时间的流逝，我们从一无所知的婴儿成长为能够认识各种事物和掌握各项技能的成年人，就像在这张白纸上画满了一个个成长印记。在这个过程中，学习无疑发挥着重大作用。比如，儿童时期，我们通过模仿大人，学会了拿筷子、系鞋带等基本的生活技能；少年时期，我们通过老师的讲授，学会了加减乘除和写作……随着年龄的增长，我们也逐步学会了交往的技巧和做人做事的道理。因此，学习发生在日常生活中的每个角落。学习是人的天性，也是人类生存发展的需要。既然学习如此重要，它有什么规律？怎样才能进行有效的学习？

一、学习的实质

学习是人类永恒的主题。人们通过学习告别了茹毛饮血的时代，进入了高科技的时代。"吾生有涯而学无涯"。在今天提倡"终身学习"的时代，学习尤为重要。只有了解了学习的实质，掌握了学习心理知识，学生才能更好地"学"，老师也才能更好地"教"。

（一）学习的定义

日常生活中的学习包罗万象。一提到学习，人们最容易联想到是学习知识和技能。但是在心理学家看来，这只是人类学习的一个方面。不仅人需要学习，动物也有学习。在马戏团里，小猴学会算数，大象学会走钢丝，海豚学会顶皮球……因此，在心理学中，学习包括人和动物的学习。由于学习现象的复杂性和多样性，心理学家对学习的看法并不完全一致。但一般认为"学习是指人和动物在生活过程中，凭借经验而产生的行为或行为潜能的相对持久的变化"。这个定义包含了三个方面的内容。

1. 学习表现为行为或行为潜能的变化。从不知到知，从不会到会，从不懂到懂，这就是变化过程。当人们做某些事情的方式有所改变时，我们就可以说学习发生了，比如一个学生学习了二元一次方程原理，解相应应用题的速度就明显提高了。当然，这种变化可以是知识、技能、能力的获得，也可以是兴趣、信仰、价值观的形成，还可以是情感、态度、人格的养成。人们通过学习获得的一般性知识经验和道德规范，不一定在当前的行为中立即表现出来，但却影响着人们未来的行为潜能。比如，人们通过鉴赏东方艺术，形成了美的概念，但是这些并不马上表现在可观察的行为中，他们获得的是行为潜能的改变，它可以影响人们日后的生活——如选择什么样的衣服和饰品。

2. 学习所引起的行为或行为潜能的变化是相对持久的。一旦我们学会了游泳、骑车、打球等，这些技能往往是终身不忘的。药物、疲劳、疾病等因素也能引起行为或行为潜能的变化，但这些变化都是短暂的。例如，运动员因服用兴奋剂使竞赛的成绩有所提高，但是一旦药效消失，他的成绩又和过去等同。虽然我们习得的知识也会发生遗忘，但相对于因药物或疲劳等引起的短暂性变化来说，它们保持的时间仍是比较久的。

3. 学习是由反复经验引起的。比如我们学习英文单词，是通过反复地记述才学会；学习骑车也是通过反复练习才学会。因此，学习是由经验和练习引起的变化。个体的成熟乃至衰老也会使行为发生持久的变化，如青春期少年嗓音的变化，这是生理成熟的结果，与经验无关，因此不能称为学习。到了一定年龄的儿童自然就会爬、站、走、跑，这主要是成熟引起的变化。

（二）人类的学习和学生的学习

人类的学习是学习中最普遍的形式，它不同于动物的学习。它是指人在社会生活实践活动中，以语言为中介，自觉地、积极主动地掌握社会和个体的经验的过程。

人类的学习最典型的形式是学生在学校中的学习。它是指学生在教师的指导下，自主而策略地获取间接经验的过程。

二、学习的分类

学习是一种复杂的现象，涵盖的范围比较广，因此种类繁多。在课堂上接受老师传授的知识是一种类型的学习；在生活中发现和摸索有趣的自然现象也是一种类型的学习；在社会中，观察他人的言行而习得一些社会道德，同样也是学习。学习的类型多种多样。为了更好地理解学习，许多心理学家根据不同的目的和维度对学习进行了分类，以期更好地概括学习的性质。

（一）依据学习目标分类

美国著名教育心理学家布卢姆（F. S. Bloom）认为，教育目标即预期的学生的学习结果，应该包括认知学习、情感学习和动作技能学习三大领域。认知学习由低到高分为六级：（1）知识，指学习具体的知识，能记住先前学过的知识；（2）领会，指对所学习的内容的最低水平的理解；（3）应用，指在特殊和实际情况下应用概念和原理，应用反映了较高水平的理解；（4）分析，指对事物的内部结构进行区别，并能了解它们之间的关系；（5）综合，能把已有经验中的各部分或各要素组合成新的整体；（6）评价，指对所学的材料能根据内在标准和外部证据做出判断。

（二）依据学习内容分类

我国教育心理学家冯忠良认为，依据所传递经验的内容不同，可以将学生的学习分为知识学习、技能学习和社会规范学习。知识学习即知识的掌握，是通过领会、巩固与应用三个环节完成的，解决的是知与不知、知之深浅的问题。技能学习是通过实践和练习，建立合乎法则的活动方式的过程，有心智技能学习和操作技能学习两种，解决的是会不会做的问题。社会规范学习，是把外在的行为要求转化为主体内在的行为需要的内化过程，既包含规范的认知，又包含执行及情绪体验，因此，它比知识、技能的学习更复杂。

（三）依据学习方式分类

美国的心理学家奥苏贝尔根据学习主体所得经验的来源不同，将学习分为接受学习和发现学习。接受学习是在教师指导下，学习者通过教师的传授和自己的主动建构接受事物意义的学习。发现学习则是在主体的活动过程中，通过对现实能动地反映和发现创造，构建起一定的经验结构而实现的。许多科学的创造发明就属于发现学习。

同时，他根据所得经验的不同，将学习划分为有意义学习和机械学习。有意义学习是指在学习知识过程中，符号所代表的新知识与学习者认知结构中已有的适当观念建立实质性和非人为的联系的过程。实质性的联系是指新知识和学习者认知结构中的旧知识之间能建立起内在联系。比如，学习"等边三角形是三条边都相等的三角形"，学生会在头脑中调出已有的"三角形"的概念，然后和新学的等边三角形知识产生联系。非人为的联系是指符号所代表的新知识与认知结构中的有关观念表象建立的是符合人们所理解的逻辑关系上的联系，而不是一种任意附加上去的联系，比如，三角形和等边三角形是一般和特殊的关系。而机械学习是指学习中所得与经验间无实质性联系的学习，如让两岁的儿童背唐诗，儿童并不能理解唐诗的意义，只能死记硬背，机械地记忆。

（四）依据学习层次分类

美国著名的认知教育心理学家加涅（R. Gagne）早期根据学习情境由简单到复杂、学习水平由低级到高级的顺序，把学习分为八类，构成了一个完整的学习层次结构。这八类学习依次是：（1）信号学习，指学习对某种信号刺激做出一般性和弥散性的反应；（2）刺激—反应学习，指学习使一定情境或刺激与一定反应相联结，并得到强化，学会以某种反应去获得某种结果；（3）连锁学习，指学习联合两个或两个以上的刺激—反应动作，以形成一系列刺激—反应动作联结；（4）言语联结学习，指形成一系列的言语单位的联结，即言语连锁化；（5）辨别学习，指形成一系列类似的刺激，并对每种刺激做出适当的反应；（6）概念学习，指学会认识一类事物的共同属性，并对同类事物的抽象特征做出反应；（7）规则或原理学习，指学习两个或两个以上概念之间的关系；（8）解决问题学习，指学会在不同条件下，运用规则或原理解决问题，以达到最终的目的。

（五）依据学习结果分类

为了更好地与教学实际相结合，加涅后来在上述八类学习的基础上，进一步提出了五种学习结果，并把它们看做是五种学习类型，它们分别是：（1）言语信息的学习，指有关事物名称、时间、地点、定义以及特征等方面真实信息的学习，即我们通常所称的"知识"。它是帮助学生解决"是什么"的问题。例如中国的首都是北京，中华人民共和国于1949年10月1日成立。（2）智力技能的学习，指运用符号或概念与环境交互作用而产生的学习。它是学习解决"怎么做"的问题。例如：代数中的运算规律、加法交换律、乘法分配率等。（3）认知策略的学习，指调控自己注意、学习、记忆和思维等内部心理过程的技能的学习。它是学习者用以"管理"自己的学习过程的方式。比如，在英语单词记忆中，我们经常用前缀构词法进行记忆，"agree"表示同意，"disagree"就是不同意。（4）态度的学习，指影响个人对人、事或物采取行动的内部状态。例如：父母经常跟孩子讲大灰狼和小白兔的故事，久而久之，孩子就会对大灰狼产生厌恶之情，而对小白兔心生怜悯。（5）动作技能的学习，指通过身体动作的质量（如敏捷、准确、有力和连贯等）不断改善而形成的整体动作模式的学习。例如：学会骑自行车、游泳等。

（六）依据学习的意识水平分类

随着认知心理学研究的深入，在学习领域，可以按照学习的意识水平分为内隐学习和外显学习。内隐学习是指有机体在与外界环境接触的过程中不知不觉地获得了一些经验并因之改变其事后某些行为的学习。例如，在英语的学习中，人们常说

"语感"很重要,它能够帮助人们辨别哪些语句符合语法规则,但是人们却不一定能够说出这些语法规则是什么。就像人们练习多次接球,就产生了球感,但是让他说出为什么会接到球时,他却说不出来。

外显学习则是受意识支配、需要付出心理努力并需按照规则做出反应的学习,例如,儿童在学校中通过努力获得的知识。

第二节 联结学习理论

学习是怎样发生的?哪些因素影响了学习?我们是如何认识事物的?我们怎样学会新东西?学习的规律和法则是什么?学习的内部心理过程是什么?这就是学习理论要回答的问题。学习理论是教育心理学最基本也是最核心的内容,它是对学习的实质及其形成机制、条件和规律的系统阐述,其根本目的是要为人们提供对学习的基本理解,从而为人们形成自己的教育、教学观奠定较为科学的基础。学习理论经过长期的发展日趋完善。20世纪上半叶,行为主义成为心理学的主流学派,联结学习理论占据着主导地位;50年代至60年代的认知革命,使认知主义的观点逐渐取代了行为主义,认知学习理论让人们以新的眼光看待学习。总之,学习理论的不断发展,为更好地解释学习现象提供了理论基础,也使我们可以从不同角度认识学习。

联结学习理论是行为主义学派所提倡的学习观点。该学派认为,学习过程是有机体在一定的条件下形成刺激和反应的联系而获得新的经验的过程。从巴甫洛夫的经典性条件作用理论到桑代克的试误说再到斯金纳的操作性条件作用理论,都十分强调刺激和反应的联结。不过,后来的新行为主义代表人物班杜拉开始重视认知因素,改变了传统学习理论过于重视行为的倾向。

一、经典性条件作用论

为什么有的学生讨厌上课,有的学生喜欢上课?为什么有的学生会产生考试焦虑……这些现象都可以用经典条件反射来解释。经典条件反射认为学习是自动化情绪或生理反应和新刺激建立的联系,也称S—R(刺激—反应)学习模式。

(一)巴甫洛夫的经典实验

经典性条件作用可以追溯到俄国生理学家巴甫洛夫关于条件反射的实验研究。在他的经典实验中,他将狗置于严格控制的隔音实验室内。肉末通过遥控装置可以送到狗面前的食物盘中,狗的唾液分泌量通过仪器可以随时测量并记录。实验开始后,首先向狗呈现铃声刺激,铃响半分钟后便给予肉末,于是,可观察并记录到狗的唾液分泌反应。当铃声与肉末反复配对呈现多次以后,仅呈现铃声而不出现食物时,狗也会做出唾液反应。

在这个实验中,肉末本身就可以自动引起狗的唾液分泌反应。肉末被称为无条件刺激（简称 US），狗分泌唾液的反应因为无需任何训练和经验而自动出现，被称为无条件反应（简称 UR）；给狗呈现铃声，狗不会产生唾液分泌的反应，铃声被称为中性刺激；将中性刺激与无条件刺激反复多次配对呈现，中性刺激就成为条件刺激（简称 CS），能够引起原先只有无条件刺激引发的反应，也就是唾液分泌的反应，这种反应被称为条件反应（简称 CR）。这个过程被称为经典性条件作用。表 3-1 列出了经典条件作用的形成过程。

表 3-1　经典性条件作用的形成过程[①]

建立前	无条件刺激（食物） →	无条件反应（唾液分泌）
	中性刺激（铃声） →	引起注意（无唾液分泌）
建立中（多次重复）	中性刺激（铃声） 无条件刺激（食物） →	无条件反应（唾液分泌）
建立后	条件刺激（铃声） →	条件反应（唾液分泌）

经典性条件作用可以解释很多现象。比如一个学生非常喜欢篮球，但是，在一场比赛中，由于投篮时用力过猛，脚扭伤了。现在，尽管他也经常打篮球，但是每当投篮的时候，他就非常紧张，并出现心跳加快、退缩不前的现象。脚扭伤导致疼痛这是无条件反应，当投篮和脚扭伤近乎同时出现时，投篮这一中性刺激就转变为条件刺激，形成条件反应。因此在投篮时，容易想到脚扭伤的不愉快经历，产生紧张焦虑的反应。

（二）经典条件反应的基本规律

1. 获得和消退

在条件反应的获得过程中，条件刺激和无条件刺激之间的间隔十分重要。一方面，条件刺激和无条件刺激必须同时或近乎于同时呈现，间隔太久则难于建立联系；另一方面，条件刺激作为无条件刺激出现的信号，必须先于无条件刺激呈现，否则也将难以建立联系。

条件反应建立以后，如果条件刺激重复出现多次而没有无条件刺激相伴随，即不予强化，则所形成的条件反应就会逐渐减弱并最终消失，这个过程称为消退。在巴甫洛夫的实验中，狗听到铃声会分泌唾液，如果只呈现铃声，而不给予食物，过一段时间后，狗听到铃声分泌唾液的行为就会消退。许多条件反应随着时间而逐渐减弱或消退，但是有些条件反应却可以持续很久。比如，有的人对数学的紧张焦虑

[①] 埃克斯特兰德.心理学原理和应用[M].韩进之,吴福元等,译.北京:知识出版社,1985:129.

会持续很多年，因为他们总是会尽量避免能导致数学焦虑的情景发生，因此，他们就根本不可能学会战胜焦虑——根本没有机会去体会反应的消退。

2. 泛化和分化

人和动物一旦学会对某一特定的条件刺激做出条件反应以后，其他与该条件刺激相类似的刺激也能诱发相同的条件反应。这就是条件反应的泛化。我们常说的"一朝被蛇咬，十年怕井绳"，就是属于条件反应的泛化。在日常生活中，泛化现象也随处可见。比如，一个学生对数学感到焦虑，当该学生在准备物理考试时，他同样也会感到紧张焦虑。由于这两门学科同属于自然科学，关系密切，他自然地把对数学的焦虑泛化到物理上。泛化刺激所引起的泛化反应，有时是不准确或不精确的，这就需要刺激的分化。

刺激分化是指通过选择性强化和消退使有机体学会对条件刺激和与条件刺激相类似的刺激做出不同的反应。比如，有数学焦虑的学生在语文考试中可能就不紧张了，因为这两个学科的差别很大。

刺激的泛化和分化是互补的过程，泛化是对事物的相似性的反应，分化则是对事物的差异性的反应。泛化能使我们的学习从一种情景迁移到另一情景中，而分化则能使我们对不同的情景做出不同的恰当反应，从而避免盲目行动。

（三）条件性情绪反应

在经典条件反应中，情绪是可以习得的。心理学家华生（J. B. Waston）就用小阿尔伯特实验很好地说明了这一点。小阿尔伯特是一个11个月大的婴儿，起初，他并不害怕小白鼠。但是，在实验中，当他走近小白鼠时，实验人员就在他背后用铁锤敲击一根铁棒，巨大的响声吓坏了小阿尔伯特。对这一巨大的响声的惊吓反应和悲伤的情绪使小阿尔伯特学会了对小白鼠的出现产生恐惧反应。仅仅7次试验，小阿尔伯特的恐惧便形成了。而且，这种条件反应会泛化到其他有毛的东西上，如小兔子、小狗，甚至圣诞老人的面具。

从这个实验可以看出，当小白鼠和令人害怕的巨大响声联系在一起时，小阿尔伯特就形成了恐惧的条件反应。这就可以解释在现实生活中为什么一些中性的刺激可以使人们产生巨大的情感反应。当某一刺激与高兴放松的事物联系在一起，它就能让人感到高兴和放松。当某一刺激与紧张、害怕的事物联系在一起，它就让人紧张、害怕。因此，当学生把学校与积极的刺激（表扬、令人愉快的活动等）联系起来的时候，他们就会认为学校是一个他们想去的地方；反之，如果学校与消极的刺激（批评、不断的失败和绝望等）联系起来，他们就不喜欢学校、老师了。

在学校生活中，考试焦虑是一种普遍的现象。考试焦虑的形成也和经典条件反应有很大的关系。学生可能因某次考试不及格受到批评，由此产生焦虑情绪。之后，他将考试和焦虑情绪联系起来，因此，考试则成为焦虑情绪的条件刺激，就易形成考试焦虑症。

背景资料

系统脱敏法

系统脱敏法要求个人循序渐进地想象引起越来越多焦虑的情境，并在此过程中通过与极度放松的联结达到减轻焦虑的目的。利用系统脱敏法可以有效地帮助学生摆脱考试焦虑。第一步，可以与学生探讨和罗列导致考试焦虑的各种情境，并将焦虑程度从最轻微到最严重排出等级，听到考试—考试前一天晚上—去考场的途中—走入考场—拿到试卷。第二步，教学生学会通过想象愉快的场景（如，看到蔚蓝的大海）提示自己放松。第三步，学生一边放松，一边想象最轻微的焦虑情景，重复多次后，想象下一个严重一点的焦虑情景，直到想象最严重的焦虑情境而不感到焦虑为止。在这里，导致放松的场景（无条件刺激）引起放松（无条件反应），引起焦虑的情境（条件刺激）与导致放松的场景（无条件刺激）多次同时出现，引发放松（条件反应）。

［资料来源：申克.学习理论：教育的视角［M］.韦小满等，译.南京：江苏教育出版社，2003：40．］

总之，经典条件作用能有效地解释有机体是如何学会在两个刺激之间进行联系，从而以一个刺激取代另一个刺激并与条件反应建立起联系。它特别有助于理解学生的焦虑和恐惧形成。因此，经典条件作用对教育实践具有一定意义，尤其在解决学生的厌学情绪、考试焦虑等问题方面。如：在课堂教学中，教师可以把学习任务与愉快的刺激相联系，使学生建立起对学习的积极情绪。比方说，让平时不敢发言的学生在鼓励、肯定、舒适的氛围下上台发言，学生逐渐将来自发言的良好感觉与发言这项活动联系起来。然而，经典条件作用却不能解释有机体为了得到某种结果而主动做出某种随意反应的学习现象，比如，学生为了某个考试而勤奋学习，为了得到老师和同伴的认可而努力学习，喜欢语文课胜过数学课。

二、尝试—错误理论

（一）桑代克的经典实验

桑代克（E. L. Thorndike）是现代教育心理学的奠基人。他把人和动物的学习定义为刺激和反应之间的联结。他认为这种联结的形成是通过尝试—逐步减少错误—再尝试这样一个循环反复过程习得的。他的著名实验是对猫打开迷箱的学习过程的研究。他把一只饥饿的小猫放入迷箱，把食物放在箱外，然后记录小猫在迷箱中的行为表现。刚放入迷箱时，小猫竭力想从任何缺口中逃出来，咬栅栏或铁丝，直至碰巧抓住线、环或扣，打开门逃出迷箱。第二次再把小猫放入迷箱时，它的表现和第一次差不多。但重复多次以后，小猫的那些盲目乱冲、乱抓、乱咬的行为逐渐减少，它从迷箱中逃出来所需的时间也越来越短。最后，把小猫一放入箱中，它就能很快地用一定的方式抓住门上的环或扣，逃出迷箱。

据此，桑代克认为，初次进入一只新的迷箱时，动物的活动都不是根据对迷箱性质的理解，而是依据某种一般的冲动行事，随着错误反应的逐渐减少，正确反应

逐渐巩固，最终形成稳定的刺激—反应联结。因此，桑代克提出了尝试—错误的学习理论。他认为学习的实质在于形成刺激—反应的联结，这种联结是通过尝试与错误过程而自动形成的，不需要观念作中介。桑代克认为动物学习所展现的那种基本的机械现象也同样适用于人类学习。

（二）尝试—错误学习的基本规律

1. 准备律

当刺激与反应之间联结，事前有一种准备状态时，实现则感到满意；当此联结不准备实现时，实现则是烦恼的。例如在课堂上，当学生举手要求回答问题时，老师给他机会，他会感到满意；但是当学生没有准备回答，却被老师点名时，他就会感到烦恼。

2. 练习律

在尝试—错误学习的过程中，任何刺激与反应的联结，一经练习运用，其联结的力量逐渐增大。而如果不运用，则联结的力量逐渐减少。这就是所谓的"熟能生巧"、"业精于勤"。

3. 效果律

学习者对刺激情境做出特定反应之后能够获得满意的结果时，其联结就会增强；得到烦恼的结果时，其联结就会削弱。桑代克认为"光有练习，没有热情，在成功和失败时都得到同样的安慰，是不会达到熟练地步的"[①]。

尝试—错误学习是个体探索世界的重要学习方式。科学史上的许多发明创造和技术革新都是通过尝试—错误学习的过程获得的。如爱迪生就尝试了6000多种灯芯材料后，才找到最好的材料做电灯灯芯；诺贝尔研制炸药，也是经过多次尝试—错误的失败经历后，最后才成功的。尝试—错误的学习对人类有重大意义。在教育实践中，也应特别强调"做中学"，即在实际的操作过程中学习有关的概念、原理、技能和策略。在这一过程中，教师应该允许学生犯错误，并鼓励学生从错误中进行学习，这样获得的知识才会终身不忘。同时，在实际的教育过程中，教师应该努力让学生从学习中得到满意的积极结果，防止一无所获或得到消极结果。同时，应注意在学习过程中加强合理练习，并注意在学习结束后不时地进行练习。此外，任何学习都应该在学生有准备的状态下进行，也就是要有积极的学习状态。

三、操作性条件作用论

在日常生活中，奖励和惩罚是司空见惯的事。老师表扬认真听讲、按时完成作业的学生，批评调皮捣蛋、不遵守纪律的学生。这对一个学生的影响到底有多大？这是不是一种有效的教育手段？操作性条件作用理论将会给出答案。操作性条件作用理论认为学习是自发行为受到后续刺激的强化作用的结果。因此，它不仅关注如何习得某种反应，还关心如何增强和减弱某种行为。

（一）斯金纳的经典实验

在桑代克的基础上，斯金纳（B. F. Skinner）改进了实验。他用白鼠等动物为

[①] G. H. 鲍尔，E. R. 希尔加德. 学习论[M]. 邵瑞珍等，译. 上海：上海教育出版社. 1985：44.

被试,进行精密实验研究,运用了一种特殊的实验装置——斯金纳箱。箱内有一个伸出的杠杆,下面有一个食物盘,只要白鼠按压杠杆,就会有一粒食丸滚到食物盘内,白鼠便可得到食物。斯金纳将饥饿的白鼠关在箱内,白鼠便在箱内不安地乱跑,活动中偶然压到了杠杆,一粒食丸滚到食物盘内,白鼠吃到了食丸。以后白鼠再次按压杠杆,又可得到食丸。由于食物强化了白鼠按压杠杆的行为,白鼠后来按压杠杆的速度迅速上升。由此,斯金纳发现,有机体做出反应与其随后出现的刺激条件之间的关系对行为起着控制作用,它能影响以后反应发生的概率。

在实验的基础上,他认为学习实质上是一种反应概率上的变化,而强化是增强反应概率的手段。如果一个操作(自发反应)出现以后,有强化尾随,则该操作的概率就增加;已经通过条件作用强化了的操作,如果出现后不再有强化刺激尾随,则该操作的概率就减弱,甚至消失。因此,斯金纳的实验揭示了这样一个原理:当某种行为能够带来期望的结果,这种行为就会不断地出现,反之,则不断减少直至最后消失。

斯金纳把人和动物的行为分为应答性行为和操作性行为。应答性行为由特定刺激所引起的,是不随意反射性反应,是经典条件作用研究对象。而操作行为则不与任何特定刺激相联系,是有机体自发做出的随意反应,是操作性条件作用的研究对象。由此可见,与经典条件作用的 S—R(刺激—反应)过程相比,操作性条件作用是 R—S(反应—刺激)的过程。表 3-2 比较了这两种条件作用的差异。

表 3-2　两种条件作用的比较[①]

比较范畴	经典性条件作用	操作性条件作用
主要代表人物	巴甫洛夫	桑代克、斯金纳
行为	无意的、情绪的、生理的	有意的
顺序	行为发生在刺激之后	行为发生在刺激之前
学习的发生	中性刺激与无条件刺激的匹配	行为后果影响随后的行为
例子	学生将课堂(开始是中性的)与教师的热情联结在一起,课堂引发出积极情绪	学生回答问题后受到表扬,学生回答问题的次数增加

(二)操作性条件作用的基本规律

1. 强化

强化是操作性条件作用中一个重要的概念。强化是一种操作,它的作用在于改变同类反应在将来发生的概率。强化物是一些刺激物,它们的呈现或撤销能够改变反应发生的概率。强化物分一级强化物和二级强化物。一级强化物能满足人们最基本的生理需要,如食物、水、氧气等。二级强化物并不是满足生理需要,而是通过长期与其他刺激联系在一起,从而形成了一种强化刺激,如奖品、表扬等。二级强化物是习得的。以分数为例,分数本身对儿童并没有多大的意义,当儿童明白考出好成绩可以引起老师的表扬时,它才有强化的性质。二级强化物可分为具体强化物(玩具、奖品、钱等)、社会强化物(微笑、拥抱、注意、表扬等)和活动强化物

---

① 陈琦,刘儒德.教育心理学[M].北京:高等教育出版社,2005:106.

（自由地玩、听音乐等）。在日常生活中，应尽量避免用具体的强化物，因为此类强化物可能会分散学生对手头学习任务的注意力，把行为归因于外部强化。

强化物的作用也是因人而异的，如大多数学生喜欢表扬，而也有少数学生不喜欢此类强化物。当刺激物是为每一个学生量身定做的时候，强化的作用远远好于对所有学生使用相同的强化物。因此，教师可以先了解学生所喜欢的强化物，可以询问学生有什么对他们特别有吸引力，也可以观察学生的行为，随时注意他们喜欢的东西，而不能凭主观臆断，使用相同的强化物。

在选择强化物时，还可以遵循普雷马克原理，即用高频的活动作为低频活动的有效强化物，或者说用学生喜爱的活动去强化学生参与不喜爱的活动。对于一个爱好交际的外向型儿童，与朋友一起玩耍可以用来强化枯燥的写字练习。对于一个害羞的儿童，读一本新书可以用来强化与其他同学交往。因此，对于一个喜欢阅读而不喜欢做数学题的学生来说，老师可以让他先完成一定的数学作业再去阅读。这一原则也叫做祖母原则：首先做我要你做的事情，然后才可以做你想做的事情。

强化有正强化和负强化之分。所谓正强化是指某种反应后紧接着出现奖励性刺激，该反应出现的频率增加。例如，老师表扬了一个学生上课积极回答问题，在以后的课堂中，该学生回答问题的次数明显增加。上课回答问题的行为（反应）受到表扬（愉快刺激），该行为出现的次数增多。负强化是指某种反应发生之后令人厌恶的刺激的消除，该反应的频率增加。例如，父亲不停地催促孩子做功课，孩子为了避免父亲的喋喋不休，抓紧把功课完成。儿子的反应（做功课）消除了令人反感的刺激（父亲的喋喋不休），因此，以后该孩子及时做好功课的行为增加（反应增加）。

强化程序是指强化出现的时机和频率，也能增强或减弱行为。强化程序可以分为连续强化程序和断续强化程序。如果每一个适当反应之后呈现一个强化，这叫做连续强化程序；如果只在有些而非所有反应之后呈现强化，这叫做断续强化程序。断续强化程序又可分为间隔程序和比率程序，间隔程序是根据历次强化之间的时间间隔而安排强化；比率程序是根据历次强化之间学习者做出适当反应的数量而安排强化。表3-3是四种断续强化程序的效果对比。

表3-3　四种断续强化程序表[①]

	间隔程序	比率程序
固定的	固定间隔程序 每隔固定时间长度予以强化 例如，计时工资、每月月考等 强化来临时反应率增多，强化过后反应率下降 维持效果弱。过了强化时间而不出现强化时，反应率急剧下降	固定比率程序 每隔固定反应次数予以强化 例如，计件工资、每5次按时完成作业就表扬 反应率高，强化过后就暂停 维持效果弱，过了如期次数而不出现强化时，反应率急剧下降

---

① 陈琦，刘儒德．教育心理学[M]．北京：高等教育出版社，2005：111．

续　表

	间隔程序	比率程序
变化的	变化间隔程序 每隔不定时间长度予以强化 例如，冲浪运动、随时小测验等 反应率平缓而稳定，强化过后几乎没有暂停 维持效果较好，停止强化后反应率逐渐下降	变化比率程序 每隔不定反应次数予以强化 例如，老虎机、钓鱼等 反应率非常高，强化后少有暂停 维持效果最好，停止强化后，反应率一度保持高，然后逐渐下降

当学生学习新行为时，如果给予连续强化，他们就学得比较快。当他们掌握这个新行为时，如果给予断续强化，他们就能很好地维持这一行为。变化比率强化程序对维持稳定的反应最为有效，赌博就是一例。人们并不知道什么时候会赢钱，但每次无法预测的赢钱都是对自己最好的强化。因此，人们总是会把希望寄托于下一次，所以赌博就容易上瘾。在实际教育中，教师可能无意间对学生的不良行为进行了变化比率强化，一次侥幸可能会使学生永远记住这个行为。

2. 惩罚

惩罚是指刺激的呈现使反应的行为减少，例如一个学生在课堂上讲话，老师皱眉表示不悦，该学生讲话的次数就减少了，这个皱眉的举动就是对学生上课讲话的惩罚。人们很容易混淆惩罚和负强化。其实，两者的区别就是惩罚的结果使行为反应的频率减少，而负强化的结果使行为反应的频率增加。表 3-4 列出了正强化、负强化和惩罚的例子比较。

表 3-4　正强化、负强化、惩罚的例子比较

类型	行为	结果	今后行为
正强化	学生按时交作业	老师表扬了学生	学生按时交作业的次数增加
负强化	学生按时交作业	老师不再批评学生	学生按时交作业的次数增加
惩罚	学生没有按时交作业	老师批评了学生	学生按时交作业

惩罚并不能使行为发生永久性改变，它只能暂时抑制行为而不能根除行为。因此，惩罚的运用必须慎重。日常生活中矫正不良行为，要尽量避免单独运用惩罚，应该把惩罚和正强化结合起来，这样才能取得预期的效果。

背景资料

温和的惩罚

在教育活动中，不提倡用惩罚，因为惩罚容易产生副作用，使学生对学习产生厌倦和逃避，因此在课堂中，教师们使用惩罚要特别小心谨慎。但是，教育并不意味着一味地赏识和鼓励，惩罚也是一种必要的教育手段。一些温和的惩罚方式，也可以有效地减少课堂中的不良行为。

(1) 提前告诉学生什么样的行为会受到惩罚及其原因。明确地告诉学生不应该做什么，否则会受到惩罚。当学生提前知道某些行为会受到惩罚时，那么他们一般就不会去做已经被明令禁止的行为。如果有人还是因为违反了而受到惩罚，他们也不会感到吃惊或怨恨了。

(2) 把特定的结果贯彻到底。惩罚要言出必行。教师常犯的一个错误就是经常威胁要惩罚但是却又没有坚持到底。警告一次是必要的，多次则是无效的。一位教师常说："如果在上课中睡觉，就把课文抄两遍。"但是他从来没叫上课睡觉的同学抄课文。这就给学生传递了这样的信息：某种警告行为根本不会带来惩罚。

(3) 不要公开惩罚。通过不公开的惩罚，可以保护学生，使其避免尴尬或羞辱，也可以减少其他同学对惩罚的注意。

(4) 解释为什么受到惩罚的行为是不能接受的。在对学生进行惩罚时，必须明确地解释为什么这样的行为是不能接受的（干扰了学习、破坏了财产等）。惩罚要和说理结合在一起，讲清楚受到惩罚的原因，这样才能使学生心悦诚服。

(5) 同时讲授和强化其他期望的行为。在惩罚不恰当行为的同时要强化期望行为，这样做的效果会很好。这样可以给学生传递一个积极的乐观的信息——行为是可以改善的。

[资料来源：Jeanne Ellis Ormrod. 教育心理学[M]. 彭运石，译. 西安：陕西师范大学出版社，2006：354.]

3. 消退

如果一种行为发生后不再得到强化，该行为发生的频率就会减少。在课堂上，某同学小声地说话，老师如果对这种行为不理会，该同学就会逐渐不讲了，这就是一种消退；如果老师批评了该同学，而批评意味着老师的注意，这正是他想要的结果，讲话的行为得到了强化，在以后的课堂中，他还是会讲话。许多老师也发现，使用消退比较困难。例如，在课堂上老师即使不理会上课讲话的同学，但这个同学还是一直在讲话，消退似乎没有什么作用。产生这种现象的原因在于老师没有完全消除强化物。该同学上课讲话可能不只是为了吸引老师的注意，还可能是为了引起其他同学的注意。所以，老师应该消除所有的强化物，这样才能使行为减少。因此，在教学实践中，老师可以结合消退使用其他方法，如强化适当行为，表扬一些上课认真听讲的同学。

总之，根据操作性条件学说，在教育过程中，教师应多用正强化的手段来塑造学生的积极行为，用不予强化的方法来消除消极行为，慎重使用惩罚，因为惩罚只能让学生明白什么不能做，但不能让学生知道什么能做和应该怎么做。

4. 泛化和分化

一旦人们在某一情境中特定的行为得以强化，他们就会在类似的情境中出现同样的行为。泛化是指将习得的行为、技能或概念从一个情境迁移到另一个情境中，它最容易在相似的情境中发生。学生在数学课上认真听讲受到老师的表扬后，这种行为也可以泛化到语文课上；学生学会了在学校如何交朋友，他就会把这种交友的技巧泛化到社交活动中。

分化是指某些反应只有在某一特定的环境条件下才能得到强化而在其他的环境

条件下得不到强化。例如，在人际交往中，他人对自己的微笑可以强化自己对他人的友好行为，而怒目而视会减弱这种已习得的行为。在驾驶培训的时候，绿灯出现时驾驶员驶过十字路口的行为会受到教练的强化，红灯出现时这类行为就会受到教练的惩罚，因此，驾驶员才学会了辨别红绿灯的行为反应。当人们知道有些反应只有在一种情形下才能发生，其他任何情形，哪怕是再相似，也不能激发该反应，他们就懂得了两种刺激之间的区别。分化对于学习非常重要，利用刺激的分化，学生们可以学会对不同的视觉刺激做出不同的反应。例如，教学生对英文字母 p 发音为［pi］，当学生对 p 的发音正确时，就给予表扬；而对字母 b 发音为［bi］才给予表扬。通过比较区别，学生就学会了字母 p、b 的发音。

操作性条件作用的泛化和分化和经典条件作用的泛化和分化很相似。它们的不同点在于经典条件作用的泛化和分化是自动的、非自觉的反应；而操作性条件反射的泛化和分化是自觉的。

（三）操作性条件作用的应用

操作性条件作用的最大优点就是操作性强，解释了如何有效地预测和控制人的行为，对行为的塑造和教学改革产生了积极影响。

1. 行为塑造

行为塑造是指通过一系列小步强化达到最终目标。具体而言，将目标行为分解成一个个小步子，每完成一小步，就给予强化，直到最终的目标行为的形成。在杂技团中，训练人员就是通过行为塑造使小动物们学会各种简单的技能。该原理在教育情境中可用于学生行为的形成和改造，可参考以下步骤[①]：

① 了解学生现在能做什么（起点行为）；
② 了解希望他表现的（终点）行为；
③ 识别学生所在环境中的潜在强化物；
④ 把终点行为（第二步）分解成可以按顺序掌握的细小步骤；
⑤ 经过不断地强化每一个接近终点的行为，使学生由起点行为逐渐地向终点行为靠近。

比如改变一个害羞女孩的行为。目标行为是让她接近一群同伴并和他们交谈。刚开始，当她对某位同学微笑时，就对她进行强化；接着，当她和同学说话时才予以强化；再后来，只有她和同学长时间交谈时才予以强化；最终，只有她实施目标行为，加入一群同伴，并与他们交谈时，才予以强化。

2. 程序教学

斯金纳根据操作性条件作用原理提倡程序教学和机器教学，他认为学习的关键在于如何呈现教材和及时强化。程序教学的五个基本原则是：小步子呈现、积极反应、及时反馈、自定步调和提高效果。首先，行为目标具体地规定了在教学完成后学生应该表现出的行为；其次，整个学习单元被分解成按顺序出现的画面，每个画

---

① 申克.学习理论：教育的视角[M].韦小满等，译.南京：江苏教育出版社，2003：59.

面只出现少量知识和一道要学习者回答的题目；第三，学习者按照自己的速度进行学习；第四，学习者一边学习教材一边回答问题；第五，根据学习者回答予以反馈，如果他答对了，就出现下一道题，如果答错了，就要提供补充材料继续进行学习。

程序教学重视学生的独立学习能力，对于独立性较强的学生，效果较好，将它应用于算术、阅读、拼写等教学任务也取得了不错的效果，影响了后来流行的计算机辅助教学。

三、社会学习理论

班杜拉（A. Bandura）认为，人类的学习有两种形式，一种是直接学习，另一种是间接学习。观察学习是一种间接学习的形式，是指人类通过观察他人的行为以及他人行为的后果而习得行为。

在班杜拉的经典实验中，他让三组儿童都观看一个成年男子踢打一个充气塑料娃娃的场面。第一组的儿童观察到的是这个成人榜样的行为得到奖励（"你是一个强壮的冠军。"）。第二组的儿童观察到的是榜样的行为受到惩罚（"喂，住手！我以后再看到你这样欺负弱者就给你一个巴掌！"）。第三组的儿童观察到的是榜样的行为既没有受到奖励也没有受到惩罚。然后，让儿童进入一间游戏室，里面放有一个同样的充气塑料娃娃，研究人员观察儿童单独和玩具娃娃在一起时的情景。结果发现，看到成人榜样的攻击行为受到奖励的第一组儿童的攻击行为最多，而看到榜样的攻击行为受到惩罚的第二组儿童的攻击行为最少。

（一）观察学习的特点

班杜拉的实验，证实了观察和模仿在学习中的作用。从这个实验中，我们可以看出观察学习有其明显的特点。

1. 观察学习并不依赖直接强化。实验中的儿童通过观察榜样得到奖励或惩罚而学习了行为，不需要自己亲自体验强化。因此，强化在观察学习中并非关键因素，没有强化，观察学习照样可以发生。

2. 观察学习不一定具有外显的行为反应，人们可以通过观察他人的示范行为，在自己尚未表现行为时就已经学到了如何去做，这样就可以避免许多不必要的错误和危险的结果。例如，我们可以通过听他人讲述、看书、看电影等来了解毒蛇的危害性，而不必亲身去体验被毒蛇咬的那种难受的结果。

3. 观察学习具有认知性。个体通过观察他人的行为就能学到复杂的反应，这种学习就具有认知性。

（二）观察学习的过程

班杜拉根据信息加工模式对观察学习的心理历程进行分析，把观察学习的过程分为注意、保持、动作再现、动机四个子过程。

1. 注意过程：对榜样的知觉

注意过程调节着观察者对示范活动的探索和知觉，决定着观察者在大量的榜样影响中选择什么作为观察的对象，抽取榜样的哪些信息。注意行为受榜样的特征和观察者的特点的影响。例如，与地位较低的示范者相比，学生对地位高的示范者更有可能表现出关注。在大多数情况下，教师是学生眼中地位较高的示范者，因此，教师的一言一行可能都是学生模仿的对象。

2. 保持过程：示范信息的储存

为了重现示范者的行为，必须对信息进行编码并储存在记忆里，以便提取。这就要求我们在记忆中应用多种策略使信息得到保持，例如，一个栩栩如生的画面有助于学生保持记忆。因此，在教学中，可利用多媒体辅助教学，这样有助于学生对学习内容的记忆。

3. 动作再现过程：记忆向行为的转变

观察者在记忆中对自己目睹的情景进行编码，并把这种记忆转换为行为。仅通过观察某些动作技能，而能力不足，无法重现示范者的举动时，也是无法习得该技能的。例如，一个儿童看到著名钢琴家精湛的表演，由于能力有限，也无法模仿他们的行为。因此，观察者只有不断地进行练习，在信息反馈的基础上，对自身的行为操作状态与示范行为加以对照，经过自我矫正和调整，才能形成熟练的动作技能。

4. 动机过程：从观察到行为

观察者往往会注意示范者的一言一行，将信息保存在记忆里，并掌握实施该行为的动作技能，但是，如果他们没有实施这些示范行为的动机，就不会表现出行为。在班杜拉的实验中，孩子们目睹了示范者因攻击行为受到惩罚，就没有模仿此行为。然而，当有强化物或刺激物时，他们却模仿了示范者的行为。因此，学习和表现是不一致的。有时，学习到的行为不一定要表现出来，学习者是否要表现出习得的行为主要受强化的影响。

在动机过程中，主要有三种强化影响行为表现：（1）直接强化，直接强化的作用并不是增强行为，而是提供了信息和诱因。观察者对强化的期望影响了他注意榜样行为，激励了他编码并记住可以模仿的、有价值的行为。（2）替代强化，指观察者因看到榜样受到强化而受到强化。例如，当教师表扬了一个学生的助人行为时，随后，班上的其他同学也会帮助他人。（3）自我强化，指人能够自发地预测自己行为的结果，并依靠信息的反馈进行自我评价和调节，它强调学习的认知性和学习者在学习中的主观能动性。例如，学生为自己设立了一个成绩标准，他将根据成绩，对自己的行为进行自我奖励或自我批评。

背景资料

社会学习理论的强化和惩罚——期望的作用

根据社会学习理论，人们对结果的期望值来源于不同的行为。当我们发现自己的某种行为每次出现都得到强化，那么我们就预期它在以后出现时也能得到强化。当我们发现某种行为经常带来惩罚，那么我们就预期该行为在以后发生时也能得到惩罚。因此，只有学生在认为或知道某种行为的反应—强化关系时，强化才能提高该行为出现的频率。作为教师应该告诉学生强化的是什么。比如，一个学生的作文得了"优"，老师却不告诉他得优的原因，那么下次也就不一定知道该怎样才能再拿到一个"优"。为了使他表现更好，老师应该告诉他得优的原因是由于论证充分、语言得体。

然而，当期望结果未能出现时，又会发生什么样的反应呢？当你某次违反了纪律，想着自己会被惩罚，但是却没有受到惩罚。你观察到，其他人违反了纪律也没被惩罚。当这种期望的结果未能出现，这种行为就会受到强化。因此，惩罚就转化为强化。学生违反了纪律而没得到惩罚，那么下一次他很可能会再次违反纪律。作为教师，应该把承诺的强化坚持到底，把学生对不良行为的期待结果表现出来。

[资料来源：Jeanne Ellis Ormrod. 教育心理学[M]. 彭运石，译. 西安：陕西师范大学出版社，2006：367.]

（三）社会学习理论的应用

在现实生活中，观察学习无处不在。教师和家长应意识到观察学习的重要性，并利用观察学习有效地指导学生的学习。

1. 教师的榜样和楷模作用。在学生眼里，教师是重要他人和权威的化身。作为教师，应该认识到学生每时每刻都在观察和倾听你的一言一行。从你的言行中，学生会汲取大量的信息。学生会观察到你如何思考问题、解决问题。因此，你可以有意识、明确地说出自己的思维过程，这有利于学生创造性思维和逻辑思维的形成。学生们也会通过观察，习得教师的态度和热情。如果一个教师对自己的学科不感兴趣并停滞不前、不继续进行学习，那么他在学生心目中的形象会大打折扣。学生也会习得他的这种态度，对这个学科失去兴趣。如果教师对学习抱有持续的热情，这种热情定会感染学生，为学生树立良好的榜样，激励学生不断学习。

2. 同伴的示范作用。在学校生活中，同伴也是学生观察学习的一个来源。学生的可塑性和模仿能力很强，但是又没有足够的能力辨别善恶美丑。因此，这就需要老师在学校中树立典型和榜样，对品学兼优和有亲社会行为的学生进行表彰。

3. 父母的言行一致。父母对孩子的行为和道德的发展起重要作用，其教育方式会对孩子产生重大影响。例如，很多父母经常用体罚"教育"孩子不要去打架，但是，他们在体罚的时候，无意间传递了一种信息"武力带来权威"，结果，无意间使孩子打架变本加厉了。因此，在教育孩子时，一定要注意自己的言行举止。

第三节 认知学习理论

人是如何形成概念、进行思维和解决问题的，这些问题是联结主义学习理论所不能解释的。随着心理学走向认知取向，人们也越来越关注学习者对环境刺激的内部加工过程和机制，因此形成了认知学习理论。该理论的基本观点是：学习过程并不是在强化条件下形成刺激和反应的联结,而是有机体通过积极主动的信息加工形成新认知结构。认知学习理论包括了信息加工学习理论、认知结构学习理论和建构主义学习理论。

一、信息加工学习理论

信息加工理论把学习看成是一个信息加工的过程。学习者是信息的主动加工者,他们必须选择、组织相关信息,通过自己已有的知识对信息加以解释,从而理解信息。学习过程就是接受、编码、操作、提取和利用信息的过程。

学习的信息加工的观点是一种计算机模拟的思想,是把人的学习过程比喻为计算机的加工过程。加涅无疑是这种学习观的代表。他所提出的学习的信息加工模式理论已成为广泛引用的经典性观点,如图3-1所示[①]。

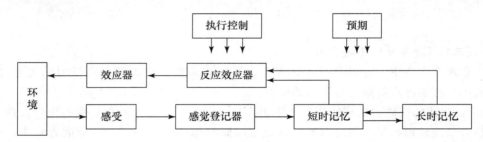

图3-1 加涅信息加工学习过程模式

这一模型表明,当学生注意环境中某一特定的刺激时,来自环境的刺激信息经感受器在感觉登记器上作短暂的寄存,此时贮存的是原先刺激的某些主要特征,然后通过选择性知觉进入短时记忆,能保持的信息项目可能要经过内心默默复述。在随后的阶段,信息经过语义编码的重要转换而进入长时记忆,即进入长时记忆的信息是根据其意义来贮存的。当学生做出反应时,需要对这些已贮存的信息进行搜索和提取,然后通过反应效应器将它们转变成行动。"执行控制"选择和启动认知策略是对信息流程予以监控和修正,"预期"是学生对达到目标的期望,即动机系统对信息加工的影响。这就是信息从一个结构到另一个结构的完整流程。

根据这一流程,加涅认为学习过程是由一系列事件构成的,每一个学习行动都可分成八个阶段。图3-2展示了学习流程图中包含的八个学习阶段之间的关系,以及这些阶段所对应的教学事件。

1. 动机阶段,有效的学习离不开学习动机。在教育和教学情境中,首先要考虑的是激发学生的学习动机,形成学习期望。期望的重要性在于它代表了学习目标的具体动机。期望确定了完成目标的方向,它使学习者在随后的每个信息阶段都能够选择合适的刺激。

2. 领会阶段,即学生对学习材料的注意和觉察过程。通过这一过程,刺激才会

[①] 莫雷.教育心理学[M].广州:广东高等教育出版社,2002:55.

被知觉编码，存储在短时记忆。因此，教师要采取各种手段来引起学生的注意。

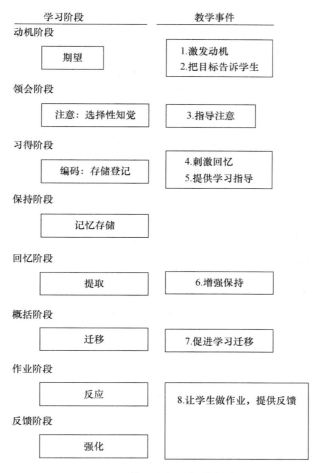

图 3-2　学习阶段和教学事件

激发学生注意力的策略

（1）使学习变得富有趣味性。如果学生对学习失去兴趣，注意力也会随之减退。将讲解的观点和学生的兴趣联系起来，能够延长他们的注意，为课堂注入新鲜、特别或令人惊奇的内容也能引起学生的注意。

（2）有效利用多媒体技术手段，改变课堂单一节奏。多媒体技术中的电视和录像具有栩栩如生的图像和切换的背景，这有助于变换课堂的节奏和提高学生注意力。

（3）重视积极有趣的学习形式，使学习过程轻松愉快。别具一格的练习、嘉宾、实地考察等都能增强学生的学习兴趣。

3. 习得阶段，即学生把感知到的材料在短时记忆系统中进行编码的过程。在比过程中，教师可以给学生提供各种编码方法，鼓励学生选择使用最佳的编码方法，可以教授学生"组块"的编码方式，把大量信息分组或打包成高级信息，而不是对知识进行机械的死记硬背。

4. 保持阶段，即把习得的信息以语义编码的形式传输入长时记忆储存。如果对学习材料作适当的安排，可以减少干扰，提高信息保持的程度。

5. 回忆阶段，即学生对已经在长时记忆系统中保持住的信息给予重视的过程。

6. 概括阶段，即学生把已经获得的知识推广到更广泛的领域中去的过程。这就是学习迁移的问题，教师必须让学生在不同的情境中进行学习，并提供在不同情境中应用提取过程的机会；同时，更为重要的是要引导学生概括和掌握其中的原理和原则。

7. 作业阶段，一个完整的学习过程只有通过作业才能反映学生是否已习得所学内容。教师要提供各种形式的作业，使学习者有机会表现他们的操作。

8. 反馈阶段，即对操作的效果进行评价的过程。教学过程中教师应及时给予反馈，让学生知道自己的作业是否正确，从而强化其学习动机。

加涅的学习模式是在吸收行为主义学派和认知主义学派学习观的优点的基础上提出来的。它关注人类学习的特点，关注学生如何以认知模式选择和处理信息并做出适当的反应，主张给学生以最充分的指导，使学习沿着仔细规定的程序进行。这是当前比较有代表性的学习模式。

二、认知结构学习理论

认知结构学习理论是从格式塔学派发展起来的，兴起于20世纪50年代末。该理论的基本观点是：既强调学生已有的认知结构是学习新的知识的重要先决条件，又强调学习的实质在于主动形成或提升自己的认知结构。

（一）格式塔的完形—顿悟说

顿悟是格式塔学派学习观的重要概念，对认知结构学习理论产生了一定的影响。该学派的代表人物苛勒（W. Kohler）通过黑猩猩的经典实验阐释了学习和顿悟的关系。

在实验中，黑猩猩被关在笼子里。笼外放有香蕉，笼内放着两根竹竿，用其中任何一根都够不着笼子外面的香蕉。只见它一会儿用这根竹竿，一会儿用那根竹竿来回拨香蕉，但怎么也拨不着，它只得把两根竹竿拿在手里挥舞着。突然间，它无意把一根竹竿的末端插入另一根竹竿，使两根竹竿连成了一根长竹竿，并马上拨到了香蕉。黑猩猩为自己的这一"创造发明"而高兴，并不断地重复这一接棒拨香蕉的动作。在第二天重复这一实验时，苛勒发现黑猩猩很快就能把两根竹竿连起来取得香蕉，而没有漫无目的的尝试。

从以上的实验和随后的系列实验中，格式塔学派总结了学习的规律。

1. 学习是通过顿悟过程实现的

学习是个体利用本身的智慧和理解力对情境及情境与自身关系的顿悟，而不是动作的积累或盲目尝试。学习是通过顿悟过程实现的。尝试—错误学习往往是顿悟的前奏，顿悟则是练习到某种程度时出现的结果。顿悟虽然常常出现在尝试和错误学习之后，但并不是桑代克所说的那种盲目的、胡乱的冲撞，而是在做出外显反应之前，在头脑中进行一番的"验证假说"的思索。动物解决问题的过程似乎是在提出一些"假说"，然后验证一些"假设"，并抛弃一些错误的"假说"，只有在清楚地认识到整个问题情境中各种成分之间的关系时，顿悟才会出现。

2. 学习的实质是在主体内部构造完形

完形是一种心理结构，是对事物关系的认知。学习过程的问题解决是由对事物关系的理解而构成一种完形来实现的，黑猩猩最后能取得香蕉，是对香蕉（目标）和竹杠（手段或工具）之间关系的理解而实现的，即完形的过程。因此，学习要通过觉察特定情境中的关键要素，了解这些要素的联系，识别其中的结构和关系。

顿悟学说对教育实践有一定的指导意义，它更关注学生提出问题和解决问题的能力。教师应该帮助学生理解问题的结构，而不是简单地让学生死记硬背一些"考试要点"或采用"题海战术"，培养学生的认知结构和"领会"问题情境的方式非常重要。如果学生能利用过去的经验，归纳总结经验教训，正确"看清"情境，就能产生顿悟。

（二）布鲁纳的认知—结构学习论

布鲁纳是美国著名的认知教育心理学家，他主张学习的目的在于以发现学习的方式，使学科的基本结构转变为学生头脑中的认知结构。因此，他的理论常被称之为认知—结构论或认知—发现说。

1. 学习的实质是认知结构的形成和发展

认知结构就是人关于现实世界的内在编码系统，是人推理活动的参考框架，其核心是一套类别及类别编码系统。布鲁纳认为学习的实质是形成和发展认知结构，也就是形成各学科领域类别编码系统。认知结构既是在先前学习活动中逐步形成的，又是理解和学习新知识的重要内部因素和基础。布鲁纳强调学科结构的重要性，一门学科的教学一定要促进学生对该学科的基本结构的理解。教学不能只是着眼于一门学科的事实和技巧的掌握，学习一门学科的关键是理解、掌握那些核心、基本的概念、原理、态度和方法，抓住它们直接的意义联系。因此，在教学过程中，应该在主要内容上下工夫，在可以派生出来的内容上，要放手让学生去思考、推演，切忌平均用力，眉毛胡子一把抓。

2. 学习包括获得、转换和评价三个过程

布鲁纳认为，学习活动首先是新知识的获得。新知识可能是以前知识的精炼，也可能与原有知识相违背。获得了新知识以后，还要对它进行转换，我们可以超越给定的信息，运用各种方法将它们变成另外的形式，以适合新任务，并获得更多的知识。评价是对知识转化的一种检查，通过评价可以核对我们处理知识的方法是否适合新任务，或者运用得是否正确。因此，评价通常包括对知识的合理性进行判断。

3. 发现学习是学习的最佳方式

布鲁纳认为应采用发现的方式进行学习，所谓发现是指用自己的头脑亲自获得知识的一切形式。他说："教师不能把学生教成一个活动的书橱，而应教学生如何思维；教他如何像历史学家研究分析史料那样，从求知过程中去组织属于他自己的知识。"① 发现学习强调的是学生的主动探索，教师的任务不是讲解和灌输现成的知识，而是创造条件，鼓励学生独立思考、积极探究，自行去发现材料的意义，从而自主地获得基本原理或规则。当然，发现学习并不是简单地让学生做他们想做的事。发现应当是一些"有指导"的活动，即由教师安排活动，让学生在活动中搜索、操作、探究和调查，学生进而获得与活动领域相关的新知识，并获得问题解决的一般技能。例如，代数中的交换律是代数这门学科的基本结构，如何通过发现来学习？布鲁纳根据学生玩跷跷板的经验（如果对方比自己重，自己就得往后移；如果对方比自己轻，就得往前移，这样两人才能玩跷跷板）设计了一个天平，让学生来调节砝码数量和砝码离支点的距离。他让学生先动手，然后使用想象，最后用数学来表示，进而掌握乘法交换律。布鲁纳认为，发现学习有利于学生直觉思维、批判性思维、创造性思维的发挥和提高智力的潜力；有利于使外在动机转化为内在动机，提高学习的积极性；有利于学会发现的最优方法及策略和信息的保持和检索。但是，发现学习在应用上也有局限性。比如费时太多，不能保证学习的进度，而且学生必须具有相应的知识和技能，否则无法进行发现学习。

（三）奥苏贝尔的有意义接受学习论

奥苏贝尔认为布鲁纳的理论过分强调发现式、跳跃式学习，轻视知识的系统性、循序渐进性，从而忽视系统知识的传授，这会造成学生基础薄弱、教育质量滑坡等不良后果。因此，他认为"有意义接受学习"才是学习的最佳方式形式。

1. 有意义学习

有意义学习是指在学习过程中，符号所代表的新知识与学习者认知结构中已有的适当观念建立实质性和非人为的联系的过程。

他认为要进行有意义学习，个人必须具备三种内部条件：（1）学习者必须具备有意义学习的心向。（2）学习者认知结构中必须具有适当的知识，以便与新知识进行联系。（3）学习者必须积极主动地使这种具有潜在意义的新知识与其认知结构中有关的旧知识发生相互作用，结果旧知识得到改造，新知识就获得实际意义，即心理意义。

有意义学习是产生在学生已有的认知结构的基础上的，因此，在教育中，老师应该对学生经验能力有所了解，并给予清楚的讲解，只有教师想方设法地让学生了解所学知识的意义，根据学生的能力教学，学生才会产生有意义学习。

2. 接受学习

接受学习是在教师的指导下，学习者接受事物意义的学习。在接受学习中，所要学习的内容大多是现成的、已有定论的、科学的基础知识，包括一些抽象的概念、命题、规则等，通过教科书和老师的讲述，用定义的方式，直接向学生呈现。因此，教师给学生提供的材料应该是经过仔细考虑的、有组织的、有序列的、完整的形式，学生接受的是最有用的材料。这种接受式学习比较适合年龄较大、有丰富知识和经验的人。

---

① 张春兴.教育心理学[M].杭州:浙江教育出版社,1998:213—214.

3. 先行组织者

奥苏贝尔认为影响接受学习的关键因素是认知结构中适当起固定作用的观念的可利用性。因此，他提出了"先行组织者"的教学策略。所谓的"先行组织者"是先于学习任务本身呈现的一种引导性材料，它的抽象、概括和综合水平高于学习任务，并且与认知结构中原有的观点和新的学习任务相关联。因此，老师在刚开始讲课时的广泛性陈述，可以帮助学生在新知识和先前的知识间建立联系。奥苏贝尔曾研究过先行组织者对学习有关钢的性质的材料的影响。实验组学生在学习该材料之前，先学习了一个"先行组织者"，强调了金属和合金的异同、各自的利弊和冶炼合金的理由。控制组学生在学习该材料之前，先学习了一个有关炼铁和炼钢方法的历史说明以提高学习兴趣，但没有提供可作为理解钢的性质的观念框架的概念。结果两组学生在学习钢的性质的材料之后，实验组的平均成绩高于控制组。先行组织者对教学有很大的启发意义。在传统教学中，学生对教材进行机械学习的主要原因在于学生在还没有具备起固定作用的先前知识时，教师就要求他们学习某种新内容。由于学生认知结构中还没有可以与新教材建立联系的有关观念，因而使得教材内容失去了意义。因此，在学习新内容时，教师要给学生提供有助于新内容理解的"先行组织者"。

三、建构主义的学习观

认知主义学习理论的进一步发展在 20 世纪末出现了一个崭新的方向，即现代建构的思想。这种在人种学、生态心理学和情境认知研究基础上产生的观点，认为学习是学习者主动建构知识的意义的过程，对知识的理解只能由学习者在自己经验背景的基础上建构起来。建构一方面是对新信息的意义的建构，同时又包含对原有经验的改造和重组，是新旧经验之间的双向的相互作用过程。这种思想被认为是当代教学和课程改革的基础，成为今天合作学习、情境学习、研究性学习、基于问题的学习、锚式学习、交互学习等新的学习方式的理论来源。那么它到底新在哪里而得到人们的重视呢，从以下几个方面我们或许可以得到答案。

（一）知识观

对知识的意义，信息加工的认知主义强调的是知识对现实世界描述的客观性，而建构主义强调的是人类知识的主观性。知识是学习主体在原有经验基础上对新知识进行积极建构的结果，是被创造的而不是发现的。建构主义认为，人类的知识只是对客观世界的一种解释、一种假设，并不是对现实的准确表征，它不是最终的答案，而是会随着人类认识的进步而不断地被新的解释和新的假设所推翻、所取代。牛顿的物理学说已被爱因斯坦更好的解释所代替，爱因斯坦的学说也必定会被更完善的理论所取代，人类的知识具有高度的不确定性、相对性。学生学习的书本知识是一种对现实世界较为可靠的假设，而不是最可靠的解释。

对知识的应用，信息加工的认知主义强调的是应用的普遍性，而建构主义强调的是应用的情境性。建构主义认为，知识不可能放之四海而皆准，不可能适用于所有的情境。人们面临现实问题时，不可能仅靠提取已有的知识就能解决好问题，而是需要针对具体问题对已有知识进行改组、重建和创造。例如在思维定势的实验中，要求个体利用螺丝刀将两条不可能同时抓住的绳子绑在一起。此时，个体就应在这一特殊问题情景中，重新组织有关螺丝刀功能的知识，利用螺丝刀的重锤功能，将两条绳子绑在一块。知识是参与实践的能力，知识的高度主观性和情境性决定了学习是终身的活动，决定了学生的学习更重要的是对知识的猜测、质疑、检验和批判。

建构主义的这种知识观尽管过于激进，但它向传统的教学和课程理论提出了巨大的挑战，值得我们深思。按照这种观点，课本知识只是一种关于各种现象的较为可靠的假设，而不是解释现实的"模板"。科学知识包含真理性，但不是绝对正确的最终答案，它只是对现实的一种更为可能的正确解释。而且，更重要的是，这些知识在被个体接受之前，它对个体来说是毫无权威可言的，不能把知识作为预先决定了的东西教给学生，不要用我们对知识正确性的强调作为个体接受它的理由，不能用科学家、教师、课本的权威来压服学生。学生对知识的"接受"只能靠他自己的建构来完成，以他们自己的经验、信念为背景来分析知识的合理性。学生的学习不仅是对新知识的理解，而且是对新知识的分析、检验和批判。另外，知识在各种情况下的应用并不是简单套用，具体情境总有自己的特异性，所以知识不能满足于教条式掌握，而是需要不断深化，把握它在具体情境中的复杂变化，使学习走向"思维中的具体"。

（二）学生观

信息加工的认知主义把学生看成是信息的主动吸纳者，建构主义则认为学生是信息意义的主动建构者。古宁汉（Cunningham）认为："学习是建构内在的心理表征的过程，学习者并不是把知识从外界搬到记忆中，而是以已有的经验为基础，通过与外界的相互作用来建构新的理解。"学生在学习新知识时并不是一个经验的无产者，而是能够在已有知识经验的基础上，通过新旧知识经验间反复的、双向的相互作用过程建构起新的意义，从而充实、丰富和改造自己的知识经验。他们是自己知识的建构者。因此，学习不是简单的信息输入、贮存和提取的过程，不是简单的信息累积，而是在已有经验、心理结构和信念基础上去形成新知识的意义，实现新旧知识的综合和概括，形成新的假设和推论，在应用中加深对知识的理解。这种学生观更进一步强调了学生学习的主动性、自主性、探索性，主张学生进行自我调节，确保了"以学生为中心"的教学观的落实。

背景资料

自我调节的学习者

自我调节的学习者（self-regulated learners）是那些拥有有效的学习策略并知道如何以及何时应用这些策略的学习者。比如，他们知道如何将复杂的问题分解为简单的几步或尝试其他不同的方案；知道如何以及何时略读或精读以达到深层理解；知道如何写作以说服他人、如何写作以提供信息等。不仅如此，自我调节的学习者还受学习活动本身所激励，而不受分数或其他人的赞赏所驱。他们能够坚持一项长期的工作，直至完成。当学生不但拥有有效的学习策略，

而且还有动机去坚持使用这些策略,直至满意地完成活动时,他们就更可能成为有效的学习者,更可能具有终身学习的动机。

[资料来源:(美)Robert E. Slavin. 教育心理学理论与实践[M]. 姚梅林等,译. 北京:人民邮电出版社,2004:192.]

(三) 教师观

信息加工的认知主义更多地把教师看成是学生学习的指导者、设计者,而建构主义更愿意把教师看成是学生学习的帮助者、合作者。建构主义认为教学不是由教师到学生的简单的转移和传递,而是在师生的共同活动中,教师通过提供帮助和支持,引导学生从原有的知识经验中"生长"出新的知识经验,为学生的理解提供梯子,使学生对知识的理解能逐步深入;帮助学生形成思考、分析问题的思路,启发他们对自己的学习进行反思,逐渐让学生对自己的学习能自我管理、自我负责;创设良好的、情境性的、富有挑战性的、真实的、复杂多样的学习情境,鼓励并协助学生在其中通过实验、独立探究、讨论、合作等方式学习;组织学生与不同领域的专家或实际工作者进行广泛的交流,为学生的探索提供有力的社会性支持。因此,在教学实践中,教师应该重视学生对各种现象的理解,倾听他们的看法,洞察他们这些想法的由来,以此为依据,引导学生丰富或调整自己的理解。这不是简单的"告诉"就能奏效的,而是需要与学生共同针对某些问题进行探索,并在此过程中互相交流和质疑,了解彼此的想法,彼此做出某种调整。此外,建构主义者还认为教师在复杂内容的教学过程中,应注重用多种途径来表征,例如类比、例证和比喻等,以促使学生从深层次上理解所学的内容和促进知识的良好应用。因此,建构主义的教师观不是排斥教师在教学中的作用,而是对教师提出了更具有挑战性的新职责。

(四) 教学观

建构主义的教学观建立在其知识观、学生观和教师观的基础上。

1. 帮助学生主动建构知识

建构主义认为,学习不是知识由教师向学生的传递,而是学习者主动建构知识的过程。每个学生都是以自己原有的知识经验为基础建构自己的理解,教师要充分利用学生已有的知识经验,通过反思性教学、研究性教学等帮助学生理解知识的意义。

2. 学习的社会互动性

传统观点往往把学习看做是每个学生单独在头脑中进行的活动,往往忽视了学习活动的社会情境,建构主义强调对知识的理解需要群体的协调、对话,这一过程常常需要通过一个学习共同体的合作互动来完成。所以,它提倡合作学习和交互教学。由于经验背景的差异,学生对问题的理解常常各异,因此,合作学习可以使学生超越自己的认识,看到别人与自己不同的理解,看到事物的另外侧面,从而形成丰富而全面的理解。因此,教学就是要增进学生间的合作,使他们看到那些与他们自己不同的观点,从而促进学习的进行。

3. 学习的情境性

传统教学观念对学习基本持"去情境"的观念，认为概括化的知识是学习的核心内容，这些知识可以从具体情境中抽象出来，让学生脱离具体情境而学习。然而知识是不可能脱离具体情境而存在的，学习者应该与情境化的社会实践结合起来，在现实的情境中学习和发现问题。在情境教学中，教师不是将已经准备好的内容教给学生，而是提供解决问题的原型，并指导学生探索，提倡师徒式教学、基于问题的教学、真实情境的学习等。

思 考 题

1. 学习的定义和特点是什么？
2. 学习的分类有哪些？
3. 结合具体实例，谈谈强化原理如何在教育中应用。
4. 操作性条件反射在现实中的应用有哪些？
5. 观察学习的特点和过程有哪些？
6. 在教育过程中，怎样利用观察学习促进学生的成长？
7. 信息加工的学习观对教育活动的启发是什么？
8. 认知结构主义的学习观对教师有哪些启发？
9. 建构主义学习观的意义是什么？

第四章　学习动机

 评价目标

1. 识记学习动机的含义与结构。
2. 解释内部动机与外部动机的含义及其作用。
3. 陈述奥苏贝尔的学习动机分类观。
4. 举例说明学习动机与学习效果的关系。
5. 说出强化理论对于学习动机的解释。
6. 根据需要层次理论,分析学生的需要与其学习动机之间的关系。
7. 阐述成就动机理论的基本观点。
8. 阐述自我效能感理论的基本观点。
9. 根据归因理论,分析学生的学习行为与归因的关系。
10. 举例说明习得性无助感的形成及其表现。
11. 阐述成就目标理论的基本观点。
12. 了解学生成就目标的发展特点及其原因。
13. 知道自我决定理论的基本观点。
14. 掌握培养和激发学生学习动机的有效方法。

 **关键词**

学习动机　　内部动机　　外部动机　　学习动机理论　　学习动机培养　　学习动机激发

第一节　学习动机概述

动机一词对于人们来说并不陌生,在现实生活中,人们常常去分析、推断他人以及自己行为背后的动因,"为什么"几乎成了人们的口头禅。而在学校情境里,教师也试图分析某些学生不愿学习的原因,并想方设法提高他们的学习动机水平。心理学家在动机领域所取得的丰硕成果对教师深入了解动机的实质、提高教学效率具有重要的意义。

一、学习动机的含义与结构

动机是指激发、维持个体行为并使行为指向特定目标的一种内在过程或内部心理状态。人类的各种活动都是在动机的作用下，朝着某一目标进行的。形象地说，动机就好比汽车的发动机和方向盘，它既为个体的活动提供动力，又对个体的活动方向进行调节。

学习动机是指向学习活动的动机类型，具体而言，所谓学习动机，即是激发、维持个体的学习行为并使这一行为朝向一定学习目标的一种内在过程或内部心理状态。它包括两个基本成分：学习需要和学习期待，两者相互作用形成了学习的动机系统。

（一）学习需要与内驱力

学习需要是指个体在学习活动中感到有某种欠缺而力求获得满足的心理状态。它表现为学习的愿望和意向，包括学习的兴趣、爱好、求知欲和学习的信念等。当个体的学习需要没有得到满足时，就会产生相应的内驱力，促使个体去从事满足学习需要的行为活动。一旦个体的学习需要得到满足，内驱力就降低，学习的动机和行为也就减弱和停止。可见，需要与内驱力基本上是同义的，学习需要就其作用而言即为学习的内驱力。

（二）学习期待与诱因

学习期待是指个体对学习活动所要达到目标的主观估计，是学习目标在个体头脑中的反映。诱因则是指能够激起有机体的定向行为、并满足有机体需要的刺激或情境。根据性质的不同，诱因又可分为正诱因和负诱因两种。前者是个体趋向的目标，如食物、水、奖励、名誉、地位等；后者是个体回避的目标，如危险、灾难、惩罚等。学习期待是静态的，而诱因则是动态的，它将静态的期待转换成目标，因而，学习期待就其作用来说即为学习的诱因。

学习需要和学习期待是学习动机的两个基本成分，两者密切相关。学习需要是个体从事学习活动的最根本动力，如果没有这种自身产生的动力，个体的学习活动根本不可能发生。学习期待则指向学习需要的满足，促使个体有更强的动力去达到目标，因而也是学习动机结构中必不可少的成分。

二、学习动机的分类

对学习动机的分类方式多种多样，下面仅介绍对教学实践影响较大的两种分类。

（一）内部动机与外部动机

根据学习动机的动力来源不同，可把学习动机分为内部动机与外部动机。

内部动机，指由个体内在兴趣、好奇心或成就需要等引发的动机。它是由学习者本人自行产生的，动机的满足在活动之内，不在活动之外。如有的儿童对阅读文艺作品很感兴趣，一有空就读文艺作品，虽然并不因此获得奖赏或高分，但却乐在其中。

外部动机,指由某种外部诱因所引起的动机。它是在外界的要求或作用下产生的,动机的满足不在活动过程本身,而在活动之外。这时学生努力学习并不是对学习本身感兴趣,而是对学习所带来的结果感兴趣。例如,为了获得好的考试分数、得到教师或家长的表扬、避免惩罚而学习等等。

动机的不同来源决定着个体能否持续地从事某一活动。外部动机的产生依赖于特定的刺激情境,一旦情境消失,学习动机便会下降。相比之下,反映个体自身需求的内部动机更能强烈持久地推动个体学习。因此,对教师来说,最理想的做法是激发学生的内部动机。当然外部动机在一定条件下也可以转换为内部动机。

(二)认知内驱力、自我提高内驱力和附属内驱力

这是奥苏贝尔的分类。他认为,学生所有指向学业的行为都可以从三个方面的内驱力加以解释:认知内驱力、自我提高内驱力和附属内驱力。

认知内驱力,指一种要求获得知识、技能以及阐明和解决问题的需要。它发端于儿童的好奇心和探究环境的倾向性,例如,儿童很早就开始探索他们的周围世界,对新异事物特别感兴趣,不断地摆弄和装拆玩具或物品,总爱向成人发问"这是什么?""那是什么?""为什么这样?"等等。然而,儿童的这些倾向或心理素质最初只是潜在的而非真实的动机,还没有特定的内容和方向,它要通过个体在实践中不断取得成功才能真正表现出来,并具有特定的方向。可见,学生对某一学科的认知内驱力或兴趣绝非天生的,主要是获得的,有赖于特定的学习经验。这种动机指向学习任务本身(为了获取知识),满足这种动机的奖励是由学习本身提供的,因而也被称为内部动机。它对学习有着巨大的推动作用,是三种动机成分中最重要、最稳定的部分。目前,教育心理学家越来越重视这类动机的作用。他们指出,教育的主要职责之一,是要让学生对获得有用的知识本身发生兴趣,而不是让他们为各种外来的奖励所左右。

自我提高内驱力,指因自己的能力或成就而赢得相应地位的需要。这种需要是由人的基本需要——尊重和自我提高的需要所派生出来的。它在学龄前儿童期已开始萌芽,入学后日益发展,逐渐起重要作用,成为学生学习动机中的主要组成部分之一。与认知内驱力不同的是,自我提高的内驱力并非直接指向学习任务本身,而是把成就看做赢得一定地位和自尊心的根源,它显然是一种外部动机。在课堂学习中认知内驱力(内部动机)固然重要,但适当激发学生自我提高的动机也是必要的。事实上,很少有人能形成足以推动他掌握大量学科内容的强烈的认知内驱力。

附属内驱力,指为了获得长者(家长、教师等)、伙伴等的赞许和认可而努力学习的需要。之所以会产生这种动机是因为学生与长者在感情上具有一定的依附性,长者是学生追随和效法的人物,而且长者的赞许和认可往往可以使学生获得一种派生的地位。这种动机在儿童早期最为突出,是学生学习动机的重要来源。在此期间,学生努力学习以求得好成绩,只是为了满足家长的要求,从而获得父母的赞许。到了儿童后期和青少年时期,附属内驱力不仅在强度方面有所减弱,而且开始从父母转向同龄的伙伴。在这期间,来自同伴的赞许和认可就成为一个强有力的动机因素。

显然，附属内驱力既不直接指向学习任务，也不是为了自我提高，而是为了博得他人的褒奖，它也是一种外部动机。

由上述可见，学生的学习是受多种动机推动的。而且，认知内驱力、自我提高内驱力和附属内驱力在动机结构中所占的比重，通常会随年龄、性别、人格结构、社会地位、文化背景等因素的变化而变化。教学的艺术，在于如何识别、控制和调节这些因素，使学生始终充满学习的动机。

三、学习动机与学习效果的关系

学习动机与学习效果之间的关系十分复杂，综合已有研究，可将二者之间的关系概括如下：

（一）学习动机提高学习效果

这一点已经得到大量研究的证实。但动机对学习的促进作用并不是直接的，而是通过一些中介机制间接地起增强与促进学习的效果，其作用具体表现在：（1）唤醒学习的情绪状态。可引起如好奇、疑惑、喜欢、兴奋、紧张或焦虑乃至冲动等情绪。（2）加强学习的准备状态。易于激活相关背景知识，降低在学习过程中对事物的知觉和反应阈限，缩短反应时间，从而提高学习效率。（3）集中注意力。将学习活动指向认知内容和目标，克服无关刺激的影响。（4）提高努力程度和意志力。延长学习时间，加大心理投入，遇到困难甚至失败时坚持不懈，直到达到学习目的。因此，学习动机是有效学习不可缺少的因素，对于学校中进行的长期的有意义学习而言，是十分重要的。也正因为如此，几乎所有的教师都十分注重培养和激发学生的学习动机。

（二）学习效果反作用于学习动机

学习动机影响学习效果，但这种影响关系并非是单向的。奥苏贝尔就明确指出："动机与学习之间的关系是典型的相辅相成的关系，绝非一种单向性的关系。"动机推动学习，学习又能产生动机，二者相互关联。因此，教师在强调动机对学习的重要作用的同时，也应看到所学的知识反过来又可以增强学习的动机。对于那些尚无学习动机或者学习动机不高的学生，教学的最好办法是，把重点放在学习的认知方面而不是动机方面，致力于有效地教他们掌握有关知识，让他们获得成功的体验。学生尝到了学习乐趣，就有可能产生或者增强学习的动机。

（三）学习动机与学习效果的不一致性

尽管动机确实可以提高学习效果，但这并不意味着高水平的学习动机总能导致好的学习效果。造成学习动机与学习效果之间的这种不一致性的原因有二：一是动机本身的强度过高，二是其他影响因素的制约。

1. 学习动机对学习效果的作用取决于动机本身的强度。一般认为，动机水平增加，学习效果也会提高。但耶基斯和多德森（R. M. Yerkes & J. D. Dodson）的研究表明，在一定范围内，随着动机强度的增加，学习效果不断提高；而当动机强度超过某一最佳水平时，随其强度的增加，学习效果反而不断下降。这一规律在心理学中被称为"耶基斯—多德森"定律(见图4-1)。这项研究说明,过强的学习动机和过弱的学习动机一样降低学习效果。因为动机过于强烈,会使个体处于高度的紧张和焦虑状态,致使注意和知觉的范围缩小,思维受到抑制,给学习造成不良影响。在重要的考试中常有人发挥失常即与此有关。就一般而言,最佳动机水平为中等强度。但这种最佳水平并不是固定不变的,它与学习的复杂程度有关。对于简单的学习,其最佳水平为较高的动机强度。对于复杂的学习,其最佳水平则为较低的动机强度。在学校教育中,教师应该考虑的一个重要问题就是要使学生处在适当的动机水平,一定要注意防止给学生提出过高的目标,施加太大的压力,以避免给学生造成不必要的损害。

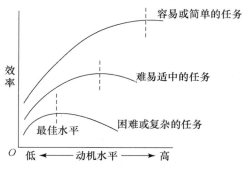

图4-1 耶基斯—多德森定律

2. 学习动机对学习效果的作用还受到其他影响因素的制约。学习动机只是影响学习效果的众多因素之一。除了动机之外,学生的知识基础、智力水平、学习策略、学习习惯、个性特点、健康状况以及教师的指导等都会对学生的学习效果产生重要影响。因此,在日常教学中,会出现这样的现象:有的学生学习动机水平较高,但学习成绩却不理想。这种现象并不否定动机对学习的作用,只是说明学习动机并非决定学习活动的唯一因素。这就提醒教师,在教学中,培养和激发学生的学习动机固然是重要的,但也要注意改善各种主客观条件。只有这样,才能保持动机与效果的一致性。

第二节 学习动机的理论

动机问题的复杂性导致了对学习动机的解释也多种多样。不同流派的心理学家分别从各自不同的角度出发,提供了对学习动机的不同理解。行为主义心理学家在解释动机时强调强化、惩罚等外部事件对行为的增强和削弱作用,他们重视的是外部动机的作用;认知心理学家则相反,他们认为人们对外部事件或对象的理解(认知)影响了行为的动机,他们重视的是内部动机的作用;人本主义心理学家强调人们由内心产生的、希望成功、追求卓越的驱动力,其观点与认知心理学家存在一致之处，都强调内在动机的作用。下面介绍几种主要的学习动机理论。

一、强化理论

行为主义心理学家不仅用强化来解释学习的发生，而且用它来说明动机的引起和作用。在他们看来，由于强化可以增加行为重复出现的可能性，因此，动机仅仅是强化历史的产物。那些在学习中受到强化（赞许、奖品、给予权利、高分数等）的学生将会产生进一步学习的动机；没有受到强化的学生将缺乏学习动机；受到惩罚（训斥、嘲笑、低分数、剥夺权利）的学生，则可能逃避学习。

这种观点在教育实际中的应用，就是要采用奖赏、赞扬、评分、等级、竞赛等各种外部手段激发学生的学习动机。但是，由于过分强调引起学习行为的外部力量，忽视甚至否定了人的学习行为的自觉性和主动性，因此，这一学习动机理论存在较大的局限性。

二、需要层次理论

需要层次理论是人本主义心理学理论在动机领域中的体现，其提出者马斯洛（A. H. Maslow）认为，人的动机是由多种不同性质的需要组成的，这些需要由低级到高级分为七个层次：（1）生理需要，指维持生存及延续种族的需要，如吃、喝、睡眠、性欲等。（2）安全需要，指希望受保护与免遭威胁从而获得安全感的需要，如有困难时求人帮助、有危险时求人保护、有病痛时求医等。（3）归属和爱的需要，指被人或群体接纳、爱护、关注、鼓励和支持的需要。（4）尊重需要，指寻求被人认可、赞许、关心、爱护等需要。（5）认知需要，指个体希望了解自己、他人以及各种事物变化的需要，如探索、实验、观察、阅读、询问等。（6）审美需要，指对美好事物欣赏追求的需要，如希望事物有秩序、有结构、顺自然、循真理等。（7）自我实现的需要，指充分发挥和表现自己潜能的需要，如创造、追求自我理想等。

上述各层需要之间不但有高低之分，而且有前后顺序之别。只有低一层需要获得满足之后，高一层的需要才会产生。马斯洛把较低的前四层需要称为缺失需要，较高的后三层需要称为成长需要（如图4-2）。缺失需要是由于生理或心理上有所缺失产生的，对生理和心理的健康是很重要的，必须得到一定程度的满足。但一旦得到了满足，由此产生的动机就会消失。例如，个体非常饥饿时，饱餐一顿之后，很可能就解除了他寻找食物的需求。成长需要则不同，它是在低层需要得到基本满足的基础上产生的，但其强度并不随需求满足而减弱，反而因此获得增强。也就是说，在成长需要的推动下，个体所追求的目标是无限的。无论求知还是审美，都是永无止境的。

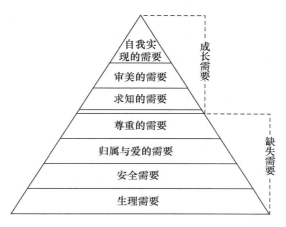

图 4-2 马斯洛需要层次图

根据马斯洛对于动机的这一理解，教师首先要关心学生的缺失需要，使学生感到有安全感和自尊感。当这些基本需要适当满足后，则应充分相信自己的学生。他们天生有学习、求知和实现自己价值的愿望，关键是要善于引导，使其充分发挥出自己的潜能。

三、成就动机理论

成就动机的概念始于默里（H. A. Murry）在 20 世纪 30 年代提出的"成就需要"。所谓"成就需要"，按默里的说法，即"克服障碍，施展才能，力求尽快尽好地解决某一难题"。麦克里兰（D. C. Mcclelland）和阿特金森（J. W. Atkinson）接受了默里的思想，并将其发展为成就动机理论。

所谓成就动机，是激励个人乐于从事自己认为重要的或有价值的工作，并力求取得成功的内在驱动力。阿特金森认为，它由力求成功和避免失败两个部分组成。根据这两个部分在个体的动机系统中所占的相对强度不同，可以将个体分为力求成功者和避免失败者。力求成功者的动机成分中力求成功的成分多于避免失败的成分，他们旨在获取成就，并且最有可能选择成功概率为 50% 的任务，因为这样的任务给他们提供了最大的现实挑战性。那些根本不可能成功或稳操胜券的任务反而会降低他们的动机水平。避免失败者的动机成分中避免失败的成分多于力求成功的成分，他们旨在避免失败，因此倾向于选择容易的任务，以使自己免遭失败；或者选择极其困难的任务，这样即使失败，也可为自己找到适当的借口，减少失败感。而对于成功概率为 50% 的任务，他们则会采取回避态度。

麦克里兰在 20 世纪 50 年代末、60 年代初做了一系列的实验研究证实这一点。其中一个实验是以五岁的儿童为被试的。实验者让孩子们逐个走进一间屋子，用手中的绳圈去套房子中间的一个木桩。这些孩子可以自由选择自己站立的位置，并且需要预测自己能够套中多少绳圈。结果发现，追求成功的孩子选择了距离木桩适中的位置，而避免失败的孩子却选择了要么距离木桩非常近，要么距离木桩非常远的地方。麦克里兰对此作了如下解释：追求成功的孩子选择了具有一定挑战性的任务，但同时也保证了具有一定的成功可能性，因此选择了适中的距离。避免失败的孩子关注的不是成功与失败的取舍，而是尽力地避免失败以及由此导致的消极情绪。因此要么距离目标很近，这样可以轻易成功；要么距离目标很远，这样绝大多数人都无法达到的，因此也不会带来消极情绪。麦克里兰在不同年龄、不同任务的实验中取得了一致的结果。

根据这一理论，在学校教育中，一方面应对不同成就动机水平的个体安排不同的情境和难度不同的任务以充分调动其积极性。例如，对力求成功者，应当提供新颖且有一定难度的任务，安排竞争的情境来激发他们的学习动机；对避免失败者则应尽量提供那些能使其取得成功的任务，要安排少竞争或竞争性弱的环境等等。另一方面，由于力求成功的动机比避免失败的动机具有更大的主动性，因此，对学生还应增加他们力求成功的成分，使他们不以避免失败为满足，而以获取成功为快乐，这样才能真正调动一个人的积极性。

四、自我效能感理论

（一）自我效能感的概念

自我效能感是指人们对自己能否成功地完成某一成就行为的主观判断。这一概念最早由班杜拉提出，他把自我效能感作为人类动机过程的一种重要的中介认知因素看待，并用它解释人类复杂的动机行为。

班杜拉认为，人的行为不仅受行为的结果因素的影响，而且受先行因素的影响。行为的结果因素就是通常所说的强化，但他认为行为的出现不是由于随后的强化，而是由于人认识了行为与强化之间的依赖关系后，形成对下一步强化的期待。班杜拉把期待分为两种：一种是传统意义上的结果期待，另一种是效能期待。所谓结果期待，是指人对自己的某一行为会导致某一结果（强化）的推测。如果人预测到某一特定行为将会导致特定的结果，那么这一行为就可能被激活和被选择。例如，学生认识到只要上课认真听讲，就会获得他所希望的好成绩，那他就很可能认真听讲。所谓效能期待，是指人对自己行为能力的主观推测。它意味着人是否确信自己能够成功地进行带来某一结果的行为。当人确信自己有能力进行某一活动时，他就会产生高度的"自我效能感"，并会去进行那一活动。例如，学生不仅知道注意听讲可以带来理想的成绩，而且还感到自己有能力听懂教师所讲的内容时，才会认真听课。

在两种期待中，班杜拉十分强调效能期待，即自我效能感对人们行为的调节作用。他指出，过去的动机理论研究停留在提供什么强化（诱因）才能促进行为上，但是人们知道行为可能带来良好的结果后，也并不一定去从事某种活动或做出某种行为，因为这要受到自我效能感的调节。例如，学生虽然清楚取得好成绩的重要性，但如果感到所期望的成绩力所难及就会望而却步。所以，在有了相应的知识、技能和目标（诱因、强化）时，自我效能感就成了行为的决定因素。

（二）自我效能感的作用

自我效能感一经形成，将对人的行为产生极为深刻的影响，主要体现在：（1）决定人们对活动的选择。一般说来，人们倾向于回避那些他们认为超过其能力所及的任务和情境，而承担并执行那些他们认为自己能够干的事情。因此，高自我效能感的个体倾向于选择富有挑战性的任务，而低自我效能感的个体往往采取拖延、试图回避的方式来处理困难的任务。（2）影响个体的努力和对待困难的态度。个体的自我效能感越强，其努力越具有力度，越能够坚持下去。当被困难缠绕时，那些对自己能力存在怀疑的个体会放松努力，或完全放弃，但有很强的自我效能感的个体则会以更大的努力去迎接挑战。（3）影响个体的思维模式和情感反应模式。自我效能感低的个体在与环境作用时，会过多地考虑个人的不足，将潜在的学习困难看得比实际更严重。这种思想会产生心理压力，使其将更多注意力转向可能的失败和不利的结果，而不是如何有效地运用其能力实现目标。有充分自我效能感的个体则将注意力集中于情境的要求上，并被障碍激发出更大的努力。

自我效能感对行为的影响作用得到了研究者的支持。柯斯林（Collins）选取了数学能力高、中、低三种学生，并区别出这些学生的自我效能感分属高、低组，即每个能力组中都有高自我效能感和低自我效能感的学生。数学测验结果表明：每个能力组中高自我效能感的学生比低自我效能感的学生做对更多的题目，并愿意在困难题目上持续思索。

背景资料

自我效能感影响行为的一个例子

几年前，比尔作为一名老生来上我的课。我安排了教程结构，学生在学习下一单元之前必须掌握上一单元。每个单元测验，他们可参加三次，可以获得"A"、"B"、"C"三种等级。学期初的一天，比尔参加了一次单元测验，并得了个"B"。我问他："比尔，你想再测验一次来得到 A 吗？"他回答："哦，不，老师。我并不属于能得到 A 的学生。"过了段时间，比尔走过来对我说，他认为在他的试卷评分中可能有错误。我检查后发现，原本正确的一道题目确实给判错了。这就把他的等级提高到了"A"，我指给他说："你看，比尔，你终究是可以得到 A 的学生。"从那以后，当在单元测验中未达到"A"时，比尔几乎总是尝试第二次测验。

[资料来源：德里斯科尔.学习心理学——面向教学的取向（第三版）[M].王小明,译.上海：华东师范大学出版社,2008:271.]

（三）自我效能感的形成

自我效能感作为个体对自己与环境发生相互作用的效验的主体自我判断，不是凭空作出的，而要以一定的经验或信息为依据。班杜拉的研究表明，自我效能感的形成主要受以下因素的影响：（1）行为的成败经验。一般来说，成功经验会提高自我效能感，反复的失败会降低自我效能感。但成败经验对自我效能感的影响还要受个体的归因方式的左右。例如，把成功归因于自身之外的因素如外力援助或任务简单等就不会增强自我效能感，把失败归因为诸如缺乏努力之类的因素则不一定会降低自我效能感。因此，归因方式直接影响自我效能感的形成。(2)替代经验。学习者通过观察示范者的行为而获得的间接经验对自我效能感的形成也具有重要影响。看到与自己相当的示范者成功能增强自我效能感，反之，则降低自我效能感。(3)言语说服。即通过说服性的建议、劝告、解释和自我指导，来改变人们的自我效能感，但缺乏经验基础的言语说服其效果是不巩固的，在直接经验或替代经验基础上的劝说效果最大。(4)情绪和生理状态。过于强烈的情绪常常会妨碍行为表现而降低自我效能感。积极的稳定的情绪下，生理状态则会提高自我效能感。

五、归因理论

(一)韦纳的归因理论

归因是人们对自己或他人行为结果的原因的知觉或推断。归因理论假设，寻求理解是行为的基本动因。学生们常常试图对他们所取得的成就作出各种各样的原因解释，这些原因将会影响其后来的学习动机和行为。

韦纳(B. Weiner)在总结前人研究的基础上提出了系统的成就归因理论。他认为能力、努力、任务难度和运气是人们解释成败时知觉到的四种主要原因，并将这些原因分为内外源、稳定性和可控性三个维度。所谓内外源是指所知觉到的原因是个人因素(如能力、努力)还是环境因素(如任务难度、运气)；所谓稳定性是指所知觉到的原因是稳定的(如能力)还是不稳定的(如努力、任务难度、运气)；所谓可控性是指所知觉到的原因是个人自身能控制的(如努力)还是不能控制的(如能力)。上述每个维度都具有特定的心理意义，分别与期望、情感相联系，成为后继行为的动力。具体而言：

第一，稳定性维度与期望有关。把成功归因于稳定的原因将保持高成功期望，归于不稳定的原因则很少增强成功期望；把失败归因于稳定的原因将保持低成功期望，归于不稳定的原因则能增强成功的期望。

第二，内外源、可控性维度与情感有关。其中，内外源维度影响自豪与自尊的情感。例如，把成功归于自己比归于外部可以导致更高的自尊和自豪感；把失败归于自己比归于外部更容易产生低自尊甚至自卑感。可控性维度则与内疚、惭愧等情绪体验相联系。例如，把失败归于可控性因素如努力则感到内疚，归于不可控因素如能力则感到惭愧。

可见，不同的归因方式会产生不同的效果。积极的归因有助于个体保持成功的高期望和积极情绪，从而提高动机水平。与之相反，消极的归因则易降低个体的成功期望，使个体体验到消极的情绪，并降低个体的动机水平。如果一个学生长期处于消极的归因心态，如总是把失败归因于缺乏能力这样内部的、稳定的不可控因素，则会有碍于人格成长。这种不利的归因方式将使其对未来丧失信心，悲观失望，并最终陷入"习得性无助感"。

背景资料

归因的动机作用

数学试卷发下来了,小林瞟了一眼分数,脸唰地一下红了。试卷上写着 80 分,这可是他从来没有考过的分数。不用抬头,小林也能感受到数学老师责备的目光。唉,都怪自己,这段时间花太多的时间在新买的电脑上了,结果就……

与小林的懊丧相比,他的同桌小刚则显得有些高兴。他考了 70 分,这个分数大大出乎他的意料。小刚的数学一贯不好,他也知道自己不是学数学的料,因此这个分数多多少少让他有些吃惊。大概是那些选择题碰巧选对了吧,他想,否则,怎么能得这样的分数呢?……

下课铃响了,小刚迫不及待地抱着球冲出教室,而小林还坐在座位上,检查自己做错的题目。

……

这是一个典型的归因影响动机和行为的例子。案例中的小林把自己的失败归因为努力不足,由于努力是一种不稳定的、内部的、可控制的因素,小林产生了在将来取得成功的合理期望和内疚的动机性情绪,并因此提高了动机水平。于是,他在课间休息时间继续学习,希望以更大的努力争取成功。与此相反,小刚则把自己一贯的失败归因为能力不足,把偶然的成功归因为运气,因此,他对未来缺乏信心,动机水平一直很低。

(二)归因与习得性无助感

所谓习得性无助感,是指个人在经历了失败与挫折后,面临问题时产生无能为力的心理状态。这一现象最初是由心理学家塞利格曼(M. E. P. Seligman)研究动物行为时发现的。

在实验中,研究者先将狗固定在架子上进行电击,狗既不能预料也不能控制这些电击。在这之后,他们把狗放在一个中间用矮板墙隔开的实验室里,让他们学习回避电击。电击前 10 秒室内灯亮,狗只要跳过矮板墙就可以回避电击。对于一般的狗来讲,这是非常容易学会的,可是实验中的狗绝大部分没有学会回避电击,它们先是乱抓乱叫,后来干脆趴在地板上甘心忍受电击,不进行任何反应。塞利格曼认为,这一实验结果表明,动物在有了"某些外部事件无法控制"的经验后会产生一种叫做习得性无助感的心理状态,这种无助感会使动物表现出反应性降低等消极行为,妨碍新的学习。很多以人为被试的研究也都得出了同样的结论。

研究发现,无助感产生后有三方面的表现:(1)动机缺失:积极反应降低,消极被动,对什么都不感兴趣。(2)认知缺失:失去正常的判断能力,形成外部事件无法控制的消极心理定势,在进行学习时表现出困难,本应学会的东西也难以学会。(3)情绪缺失:指缺乏积极的情绪体验,最初烦躁,后来变得冷淡、悲观、颓丧,陷入抑郁状态。

关于习得性无助感的形成,塞利格曼指出,消极的行为事件或结果本身并不一定导致无助感,只有当这种事件或结果被个体知觉为自己难以控制和改变时,才会产生无助感。当个体把失败归因于缺乏能力等不可控制的因素时，他们认为自己的反应是无法影响结果的，所以听任失败，出现冷漠、压抑、退缩、自暴自弃等一系列消极反应，影响后来的学习。因此，要消除习得性无助感，帮助个体改变其不良的归因模式是极其关键的。

六、成就目标理论

成就目标指个体从事成就活动所要达到的目的。越来越多的研究表明，成就动机中的目标系统决定了学生的动机模型，并影响着与之相联系的认知、情感和行为反应，从而使学生表现出不同的成就。

（一）德威克的成就目标理论

德威克（C. S. Dweck）指出，由于对智力与能力概念的理解不同，在成就情境中，儿童主要追寻的成就目标具体可分为学习目标与成绩目标。追寻学习目标的个体认为智力是可以培养、可以发展的，因而力求掌握新的知识和提高自己的能力；追寻成绩目标的个体则认为智力或能力是天生的、固定不变的，因而力求搜集与能力有关的证据以获得对自己能力的有利评价，避免消极评价。不同的目标定向引发不同的动机模式。通常，学习目标形成积极的、适应性的掌握模式，成绩目标则形成消极的、非适应性的无助模式。德威克具体描述了两种动机模式在认知、情感和行为方面的特征。

在认知方面，具有不同动机模式的个体在学习过程中（特别是面对困难时）对结果表现出不同的关注。无助模式个体主要关心对自身能力的测量和评价结果，失败意味着个人能力不足。相反，掌握模式的个体关心能力增长，关心学习的过程，所以失败意味着在此项任务中努力和策略还不充分或需要变更，他们会继续努力，并将失败归因于策略。

在情感方面，德威克认为，一个具有无助模式的个体在面临失败时，其自尊心受到严重威胁。这种威胁可能首先导致焦虑和羞耻感，使个体采取更保守的自我保护姿态，而对完成任务表现出厌倦，他们更向往低努力的成功。而对于掌握模式的个体，即使失败也仅仅意味着需要付出更多努力和进行策略方面的变化，所以他们在努力时会产生愉悦感。与无助模式的个体相反，掌握模式的个体厌倦低努力的成功。

在行为方面，具有无助模式的个体倾向于选择较易的、更能保证成功的任务。他们回避挑战，认为挑战将意味着令人厌恶的经历。对于掌握模式的个体来说，理想的任务能增加知识、发展能力并带来愉快，以此为出发点，个体更愿意寻求挑战性任务。他们并不在意结果以及别人对自己的评价，而是注重在完成任务的过程中学习新东西和提高能力水平。表 4-1 列出了两种目标定向的动机作用差异。

表 4-1 两种目标定向的动机作用差异①

	学习目标	成绩目标
认知	关注能力增长和学习过程,将失败归于不够努力	关注对自身能力的评价和学习结果,将失败归于稳定的能力不足
情感	对努力后取得的成功感到自豪和满足,对不够努力感到内疚,对学习抱有积极态度,有内在的学习兴趣	失败后产生消极情绪
行为	选择有个人挑战性的任务,敢于冒险,对新任务较开放,较高的成就水平	选择容易的任务,较少冒险和尝试新任务的意愿,较低的成就水平

总之,以往研究普遍认为学习目标导致有利于学习的动机模式,而成绩目标导致对学习具有消极影响的动机模式。但近年来一些研究发现,成绩目标也可能引起积极的结果,如促进学习策略的运用,提高动机水平等。对此,埃利奥特（Elliot）等认为,这是因为以往研究忽视了成绩目标中的接近—回避倾向。他们主张进一步将成绩目标划分为成绩—接近目标和成绩—回避目标。这两种目标取向都关注自身表现的结果,但前者关注于表现得比他人更好或更聪明,指向于得到对能力的积极判断;后者关注于不比别人更差或更愚笨,指向于回避对能力的消极判断。这样,成就目标就可划分为学习目标、成绩—接近目标和成绩—回避目标三种类型。目前,这种新的分类方式已得到国内外越来越多研究的支持。这些研究表明,成绩—接近目标对认知和动机具有积极的促进作用:如促进学习策略的运用,提高学习兴趣和任务价值等。但成绩—接近目标能引发焦虑以及其他的消极情感,不利于其他一些适应性策略如学业求助的运用。而且这些结果受个体特征（如个体的成就需要、效能水平）和情境特征（如环境的竞争水平）的影响。比如对高成就动机的个体或对处于高竞争环境中的个体而言,成绩—接近目标引起的消极作用更为显著。成绩—回避目标引起的是非适应性的动机模型,导致消极的认知、动机、情感和行为表现。比如更少地使用策略、降低内部动机、产生焦虑,等等。

看来,尽管与成绩—回避目标相比,成绩—接近目标有着更为积极的动机模式,但三种成就目标及其动机模式相比较,学习目标无疑是一种最佳的目标取向。在教育实践中,培养学生的成就目标定向主要应促使学生形成学习目标。

（二）影响成就目标的课堂结构因素

成就目标理论家认为,成就目标作为个体对成就活动目的的认知,是个人因素与环境因素相互作用的结果。因此,可以通过改变环境气氛来引导个体在成就情境中的目标定向情况。艾米斯（C. Ames）认为,影响学生成就目标的课堂结构因素主要有:课堂任务、学习活动的设计,评价学生的方式以及课堂中的责任定位。教师可以通过调节这几种课堂结构因素来创造有利于学生形成学习目标的课堂气氛。

---

① 转引自郭德俊.动机心理学:理论与实践[M].北京:人民教育出版社,2005:291.

第一，课堂任务的性质是影响学生采取何种目标取向的首要因素。艾米斯认为，课堂任务常常会引导学生对自身的能力、是否采用与努力相关的策略以及对学习结果的满意程度做出判断。具有变化性和差异性的任务更容易激发学生的兴趣，促使他们采取学习目标。

第二，评价学生的方式是影响他们目标取向的重要因素。艾米斯指出目前课堂学习中对学生的评价往往是以成绩为标准的，这在客观上鼓励了学生的成绩定向。例如，一个教师可能忠告所有的学生通过努力来取得成功（学习暗示），但同时又不自觉地挑选出更有能力的学生（成绩暗示）作为榜样。

第三，教师对学生自律所持的态度以及教师让学生参与决策的程度也直接影响学生的目标取向。艾米斯认为，如果教师在课堂学习活动中给予学生较多的自主选择和主动参与的机会，会使学生产生自我决定感，提高学习的内在动机并倾向于采取学习目标定向。

（三）成就目标的发展

1. 小学生更倾向于采用学习目标。年幼儿童一般持有能力增长观，相信通过努力就可以提升自己的能力水平，倾向于将成功或失败归于努力而非能力。在面临成就任务情境时，他们更倾向于关注自己完成任务的情况，而不是与同伴相比较的结果。如果他们完成了一项任务或者觉得自己在工作中有所提高，就会认为自己是胜任的和成功的。

2. 中学生的目标定向开始转向成绩目标。随着年龄的增长和认知水平的提高，经历成绩评价的次数增多，他们对成绩差异原因的思维也相应增加，对能力的看法逐渐由增长观转变为实体观，因而中学生更多采用成绩目标。

此外，埃克尔斯（Eccles）指出，处于发展阶段的中学生采取成绩目标，其代价可能远超过其收益，但随着时间的推移，大学生采取成绩目标，会有更多的积极影响。

对于成就目标的这一发展特点存在多种解释。有的学者认为这是儿童自身认知水平发展的结果。如尼科尔斯（Nicholls）等人认为，不同年龄段的儿童对能力和努力的关系有着不同的认识：（1）五岁以前的儿童往往将能力、努力和结果混为一谈，相信用功的人当然是聪明的，而聪明的人也就是用功的人；（2）六七岁的儿童开始形成能力和难度的常模概念，相信努力的程度决定着活动结果。不过，这时他们还不懂得如何解释努力程度不同但结果相同的话题；（3）儿童接着开始形成能力与努力共同作用影响结果的概念，知道如果他们很用功却达不到别人的成绩水平，就说明自己某些能力欠缺，但他们仍然认为同样的努力会产生同样的结果；（4）大约在12岁，儿童开始表现出类似成人的能力与努力的关系概念，能力被理解成可以制约努力效果的潜在因素，如果能力不行，即使很努力，成绩的提高也是很有限的，而能力强的人若是很努力，就可以达到一个很高的成就水平。一旦儿童开始形成能力是一种稳定的、不易改变的特质，获得同等成绩付出的努力越多说明能力越差等信念时，就会变得关心成绩及其所反映的能力水平，成绩目标定向由此发展起来。

有的学者（Eccles & Midgley）则认为这是环境中评价信息作用的结果。随着年级的升高，学校对能力重要性的强调增加了，特别是中学阶段频繁的社会比较，使学生逐渐认识到努力和能力并不总是一致的。努力学习甚至是一种冒险，可能会降低他人对自己的评价，威胁自尊，因为如果一个人很努力却仍然失败了，通常说明这个人不能胜任该项任务，是缺乏能力的一种表现。因此，与小学生相比，中学生更倾向于成绩定向。连榕等的一项研究支持了这一观点。他们发现，与竞争压力很大的普通高中生相比，竞争压力小的职高学生更倾向于采取学习目标。这说明，年龄增长带来的认知变化可能影响个体的目标定向，但环境因素在其间也扮演了重要的角色。[1]

七、自我决定理论

自我决定理论是由美国心理学家德西和瑞安（Deci & Ryan）等人在 20 世纪 80 年代提出的一种关于人类自我决定行为的动机过程理论。该理论认为，人是积极的有机体，具有先天的心理成长和发展的潜能。内在心理需要的满足与否是人类这种天然的自我动机发展和个性整合的关键。研究者们总结出了三种基本的心理需要：自主需要、胜任需要和归属需要。自主需要即自我决定的需要，这种需要的满足最为重要。当个体在某个活动上的自我决定程度高时，他体验到的是一种内部归因，感到能主宰自己的活动，他参加活动的内部动机就很高；胜任需要与班杜拉的自我效能感同义，指个体对自己的行为能够达到某个水平的信念，相信自己能胜任该活动；归属需要即个体需要来自周围环境或他人的理解、支持、关爱，体验到归属感。如果社会环境支持并促进这三种需要的满足，那么人类的动机和天性就会得到积极的发展，人类自身也能健康地成长。

自我决定理论包括两个分支理论：认知评价理论和有机整合理论。前者分析了外在事件对内部动机的影响，后者解释了外部动机的不同形式以及对外部动机的内化起促进和阻碍作用的外部因素。下面分别对这两个理论作一介绍。

（一）认知评价理论

认知评价理论认为，个体总是要对外部事件进行一定的认知评价，这种评价将会导致自主感和胜任感发生变化，进而影响内部动机。这里的外部事件包括奖励、设置期限、竞争、目标等。其中围绕奖励对内部动机的影响，研究者们进行了大量的探讨。根据认知评价理论，奖励对个体具有两方面的作用：信息性的和控制性的。控制性的奖励要求人们按照奖励的要求去做，常常无视个人的自我决定，促使人们把行为认知为由外部所决定，降低个体的自主感，从而削弱内部动机；信息性的奖励提供行为结果的积极反馈（并非控制行为），促进自主感和胜任感的产生，从而提高内部动机的水平。一般说来，言语的奖励主要是信息性的，而预期的物质奖励则主要是控制性的。

---

[1] 郭德俊.动机心理学：理论与实践［M］.北京：人民教育出版社，2005：300—301.

**背景资料**

奖励对内部动机的影响

20世纪70年代初,一些心理学家对奖励与内部动机的关系问题发生了兴趣并开展了系统的研究。德西可以说是对这个问题进行实证研究的第一人。他让被试进行一种类似于"七巧板"的智能游戏。事先的调查表明,大学生对这种游戏很感兴趣,经常在闲暇时间玩这种游戏。实验分三天进行,在实验中,让被试每天摆放四个规定的图形。在第二个图形摆完之后,主试会借口离开实验室,让被试休息八分钟,告诉他们随便做什么都可以。研究者通过单向玻璃观察被试在休息阶段里的活动,记录被试是否选择继续游戏以及游戏时间的长短,以此作为评估其内部动机水平的指标。被试分为实验组和对照组,两组的唯一区别是在第二天的实验中,实验组的被试每摆成一个图形就会得到一美元的报酬,而对照组则没有任何报酬。对两组被试第一天和第三天在休息时间的表现进行比较,结果发现,实验组第三天的内部动机水平明显低于第一天,而对照组则没有出现这种变化。德西认为是"第二天的奖励降低了大学生对智力活动的内部动机"。

[资料来源:郭德俊.动机心理学:理论与实践[M].北京:人民教育出版社,2005:211.]

莱珀(Lepper)等人对学前儿童的实验也得到了类似的结果。许多儿童本来是很喜欢用彩笔绘画的,但研究者将儿童随机分为三组:第一组儿童被事先告知,在画完之后会受到奖励;第二组儿童并未事先告知,但在画完之后也会意外得到同样奖励;第三组儿童不接受任何奖励。四天后,对儿童自由活动情况的记录发现,第一组儿童用于绘画的时间是第二、三组儿童所用时间的一半。卡梅伦(Cameron,2001)对奖励影响内部动机的有关研究总结后指出:"任务本身具有较强的趣味性,不管任务完成的水平如何,都预先提供物质化奖励,那对内部动机的影响是致命的。"

[资料来源:陈琦,刘儒德.教育心理学[M].北京:高等教育出版社,2005:195.]

(二)有机整合理论

有机整合理论根据个体对行为的自我决定程度,把外部动机分为四种类型:(1)外在调节型。这是自我决定程度最低的外部动机形式,个体的行为完全受外部事件的影响。如果外部事件消失了,那么行为也将不复存在。(2)内摄调节型。这是相对受控制的动机类型,它是指个体吸收了外在规则,但没有完全接纳为自我的一部分。在内摄调节中,个体是为了逃避内疚和焦虑感或是展示自己的能力而采取行动。(3)认同调节型。这是含有更多自主成分的动机类型,它是指个体认识到行为的价值,从而把它作为自我的一部分来接受。但认同某种价值观仅意味着这种价值观作为自我的一个独立的部分存在,并未整合到自我之中。(4)整合调节型。这是最具自主性的外部动机形式。它是指个体产生与其价值观和需要相一致的行为。当认同性调节与自我充分同化时,就出现整合调节。整合的外在动机由对任务结果的关注所推动,而不是由活动的内在兴趣所推动,所以还是外部动机,但它与内部动机有许多共同的特征,人们常常把整合的外部动机和内部动机合称为自主动机。

根据有机整合理论,外部动机的内化与社会环境存在密切的关系。如果社会环境满足个体对胜任、归属尤其是自主的需要，就会产生深层次的内化，使行为更具自我决定性，并给个体带来强烈的满足感。反之，则内化过程受到阻碍，使那些外在的规则和价值观无法作为自我的一部分发挥作用，个体的行为仍处于外在控制的状态。

第三节　学习动机的培养与激发

培养和激发学生的学习动机不仅是实现教学目标的前提，其本身也是教育的重要目标之一。心理学家关于动机的研究为如何培养与激发学生的学习动机提供了坚实的理论基础。下面分别从内部动机和外部动机两个角度探讨相关的培养措施。

一、内部动机的培养与激发

关于内部动机的培养与激发措施主要来自于认知心理学家和人本主义心理学家对动机的研究。根据这些研究，人类天生地倾向于：（1）从事自己感兴趣的活动；（2）从事自以为胜任的活动；（3）自主或按照自己的意志从事活动。此外，学习目标定向的个体更有可能在内部动机的支配下进行活动，而基本需要的满足则是内部学习动机产生的前提。

（一）激发学生的兴趣和求知欲

1. 注意教学内容和方法的新颖性

低年级学生的学习兴趣还不稳定，比较笼统、模糊，易对学习过程的形式感兴趣并从中得到满足，任何新颖的、形象的、具体的事物都会引起他们极大的兴趣。因此，小学课堂教学更应注意教学方式灵活多样、教学内容生动活泼以及教具的新颖具体。例如，可以采用图画、幻灯、录像、实验演示、游戏等多种形式来培养学生浓厚的学习兴趣。尤其是随着计算机的普及，各种教育软件将在激发学生的兴趣和动机方面发挥越来越大的作用。

2. 创设问题情境，激发学生的求知欲

高年级学生的学习兴趣开始明显分化并趋向稳定，兴趣的范围也不断扩大，开始注重学习的内容。那些复杂的疑难问题、能引发较高的智力活动的内容常常吸引着他们的注意。与此同时，和学习形式相关的直接兴趣则相对减少了。因此，对中学生的教学就不能仅仅满足于教学方法的生动活泼，而应注意从教材内容中挖掘深度，提出能引起他们积极思索的问题，激发其求知欲。"创设问题情境"就是一条有效的途径。

创设问题情境就是在讲授内容和学生的求知心理之间制造一种"不协调"，将学生引入一种与问题有关的情境中。创设问题情境时应注意问题要新颖有趣，有适当的难度，有启发性，善于将要解决的课题寓于学生实际掌握的知识基础中，造成心理上的悬念。

3. 利用原有动机的迁移

当学生没有明确的学习目的，缺乏学习动力时，教师可利用学习动机的迁移，因势利导地把该生已有的对其他活动的兴趣转移到学习活动中。在运用动机迁移原理时，教师必须让学生感受到原有活动与新的学习内容之间的密切关系，从而激发学生学习新知识的动机。例如，某个学生很喜欢看电视，教师可以将电视的原理与物理课联系起来，使之对物理课的内容也产生兴趣。

（二）增强学生的自信心和自我效能感

自我信念是动机系统的核心成分，只有当人们感到自己能够胜任某些活动，认为自己在这些方面是有能力的，才会产生对这些活动的内在动机。因此，培养对自身能力的信念是激发与维持学生内部动机的根本策略之一。

1. 让学生获得成功的体验

对自我能力的积极信念在很大程度上是成功经验的结果，这就需要教师为学生创设更多的成功机会，让学生在学习活动中，通过成功地完成学习任务、解决困难来体验和认识自己的能力。实践证明，以下措施对学生是有效的：为学生设置明确、具体和可以达到的目标；让学生根据自己的实际水平开始某项新的学习任务；强调学生从自身的进步中体验成功。

2. 观察学习能力相近者的成功行为

当一个人看到与自己水平差不多的示范者取得成功，就会增强自我效能感，认为自己也能完成同样的任务。同时，学习者也可以从示范者的表现中学到有效的解决问题的策略或方法，这对自我效能感的建立也会发生作用。

3. 进行归因训练

如前所述，归因影响自我效能信念，许多学生学习差正是由于把失败归因于能力不足，导致对学习失去信心，并丧失了进一步学习的动力。因此，通过归因训练改变其不良的归因模式，有助于提高其自我效能感，增强学习动力。

积极的归因训练有两层含义，一是"努力归因"，引导学生将学习成败归结于努力程度的结果。这样，当学习困难或成绩不佳时，学生不会因一时的失败而降低对将来成功的期望，而是通过更大的努力去争取成功。二是"现实归因"，针对一些具体问题引导学生进行分析，帮助学生了解除了努力之外，还有哪些其他因素影响着学业成绩。"现实归因"之所以必要，是因为在任何时候都进行"努力归因"显然是不合适的，有些学习上的问题仅仅依靠增大努力并无补于事，相反，如果更大的努力仍然不能够带来进步，学生就会陷入更大的无助感之中。研究表明，当儿童失败时，使他们归因于学习方法更能够提高学习积极性。因为这样的归因一方面可以使学生继续努力，另一方面又会使他们考虑如何加强认知技能、掌握正确的学习方法和使用各种策略，即考虑如何去努力，不是蛮干，而是巧学。

在归因训练的过程中，教师要注意对学生的努力给予反馈，告诉他们努力获得了相应的结果，使他们不断感到自己的努力是有效的。同时，对已经形成低自我效能感的学生，教师还要强调努力带来的成功也是能力的体现，培养其对自己能力的信念。

归因训练的实验研究

我国研究者集中于 20 世纪 90 年代展开了归因训练的实验研究。隋光远（1993）对初中生进行归因训练。训练的基本过程是创设成就情境，让学生产生成就行为并对行为结果进行归因。训练者给予及时反馈，对理想的归因加以肯定、强化，对不正确的归因及时引导、纠正。每周一次，共进行七周。训练结果表明，实验班学生训练后明显增强了积极的归因倾向。13 年后，对训练效果的追踪研究（2005）发现，与对照组相比，受训组在任务选择、行为强度和坚持性方面均表现出较高水平；成功期望较强烈；对成功倾向作能力和努力归因。这一结果说明，归因训练能够对人产生深远影响，动机的改善具有长期效果。

[资料来源：隋光远.中学生成就动机归因训练效果的追踪研究[J].心理科学,2005,28(1):52—55.]

韩仁生（1996）采用集体干预与个别干预相结合的方法对中小学生进行归因训练。集体干预主要采用说明、讨论、示范、强化矫正等方法定期进行，活动内容紧紧围绕如何提高学生的自信心，使其充分认识到能力和努力对于成功的重要性而展开。个别干预与集体干预同步进行，主要采用咨询和定向训练两种方法。通过两个月的训练，小学生和初中生基本上掌握了适当的归因方式，产生了积极的情感变化并提高了学习的坚持性，但对高中生的效果不明显。这说明单一的归因训练并不能解决所有学生的学习动机问题，培养与激发学生的学习动机还应与其他方法和手段结合。

[资料来源：韩仁生.中小学生考试成败归因的研究[J].心理学报.1996,28(2):140—147.]

（三）发展学生的自主性和责任心

自我决定理论认为，人的内部动机与自我抉择意向密切相关，当人做自己愿意做的，或者自己决定做的事时，往往会表现出更大的主动性和热情，具有更强的内部动机。一个有意思的例子就是，两个学生阅读同一本书，自己选择来阅读这本书的人，会读得津津有味，而当成作业来完成的人则可能敷衍了事。对青少年学生来说，这种自我决定的权利尤为重要。因为他们正处于一种追求独立、渴望自由的阶段，如果允许他们做出选择，那么即使学习本身并不"有趣"，他们也会认为学习是重要的，从而使教育目标内化成自己的目标。有经验的教师正是通过给予学生自主性，把他们引导到自己特别喜欢且值得学习的事情上。下面三种特定的教育行为有助于提高学生的自主性和责任心。

1. 允许和鼓励学生做出选择

例如，在布置任务时给予学生选择的机会，允许学生选择达到学习目标的方法（论文或测验），鼓励学生评价自己的学习等。这不仅满足了学生的自我决定需要，而且也给学生更多的学习和结果的个人责任感。

2. 帮助学生管理自己的课堂行为

支持自主性的课堂并非不需要课堂管理，但与控制性课堂从外部向学生施加约束和限制不同的是，支持自主性的教师可能会花更多的时间来帮助学生学会自我管理。为了达到这个目标，丹波（Dembo）建议：首先，让学生更多地投入课堂规则的制定；其次，用较多的时间让学生反思需要某些规则的原因以及他们不良行为的原因；第三，给学生机会考虑他们将如何计划、监视和调节自己的行为；第四，让学生回顾一下课堂规则，提一些必要的修改建议。

3. 采用非控制性的、积极的反馈

学生并非天然成熟的学习者，因此，支持自主性的课堂也难免产生问题。当学生表现不佳或者行为不恰当时，教师应该把这些不好的表现或行为当成需要解决的问题，而不是批评的对象，应尽可能地使用积极的反馈而不是消极的批判性反馈。例如，老师可以对学生说："我注意到你的数学最近没有提高，能告诉我是什么原因吗？"而不是："你的表现太糟糕了！"同时，教师还应尽量避免使用控制性的语言，如"应该"、"必须"做什么等等。

（四）引导学生确立学习目标

毫无疑问，与那些试图通过成绩表现自己能力的学生相比，那些致力于知识的理解和掌握，关注自身能力提高的个体更容易受内部动机的激发，学习的自主性更强。因此，关于学习目标和成绩目标研究的最重要含义是，教师应让学生明白学习的目标是掌握知识，而不是获得分数。为此，教师可以通过控制课堂教学的诸方面来鼓励学生采用这一适应性目标。前面陈述的培养与激发内部动机的措施都是有利于学习目标定向的，除此之外，最重要的可能就是要进行合理的信息性评价。

学生们如何被评价是影响其成就目标取向的最突出因素之一。传统的评价常常是单一的总结性评价，即给学生打分，评判学生的成绩和不足，将学生置于同伴比较地位，使得学生把大量的时间和精力花在比较和关心他人的分数上，而不是关心任务本身，这显然是一种成绩目标导向的评价。关注评价的信息反馈功能而不是社会比较功能的评价，则更多的是针对学生在学习过程中使用的学习策略、所取得的进步情况等进行形成性评价，分阶段、视具体情况为学生提供有关学习优点和缺点的有用信息。在这种评价方式下，学生关注自己对学习任务的掌握状况以及是否取得了进步、提高，并且更能从自身的不断进步中增强能力感，从而巩固学习目标定向。

（五）培养学生的成就需要

成就需要是学习动机的基础，是推动个体学习的直接动力。马斯洛的需要层次理论认为，力求成功和实现自我价值是每一个个体都具有的高级需要，但必须以爱和自尊等低级需要的满足为前提。如果学生感到自己不被老师所喜欢，不被同学所认可和接纳，他们就不可能有强烈的动机去实现较高的目标。因此，对班级中那些受到忽视、成就感较差甚至自暴自弃的学生，激励其学习的前提就是，教师（包括同伴）改变原先的不良态度，给予他们足够的关爱和尊重。有些教师在这些方面做得特别好，他们很善于捕捉这些学生身上的闪光点并加以发扬，从而有效地激发和培养了学生的成就需要。这些教师的成功经验值得借鉴，因为只有当学生感到自己被理解并受到尊重时,他们才会渴望学习并力图获得成功。

二、外部动机的激发和培养

关于外部动机的激发与培养措施主要来自于行为主义动机理论。根据这一理论,在学校教育中,应通过奖惩、反馈、竞争等外部手段来激发学生的学习动机。

(一)合理奖惩

对正确的行为进行表扬和奖励,对错误的行为进行批评和惩罚,这是中小学教师最常用的激发学生外部动机的方法。心理学家赫洛克(E.B. Hurlock)的实验充分证实了表扬与批评的效果。他把106名四、五年级的学生分成四个等组,在四种不同的情况下进行加法练习,每天15分钟,共进行五天。其中,第一组为受表扬组,每次练习后给予表扬和鼓励;第二组为受训斥组,每次练习后,严加训斥;第三组为受忽视组,每次练习后,既不给予表扬,也不给予批评,只让他们静听其他两组受到表扬和挨批评;第四组为对照组,让他们与另外三组儿童隔离,单独练习,不给予任何评价。最后的成绩测验结果如图4-3所示。就学习的平均成绩来看,三个实验组的成绩均优于对照组,受表扬组与受训斥组的成绩又明显优于受忽视组,而受表扬组的成绩不断上升。这表明对学习结果进行评价,可以激发学习动机。

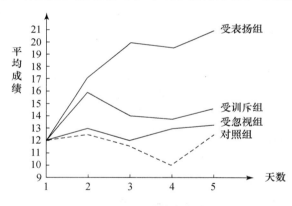

图4-3 不同诱因对算术成绩的影响

1. 有效奖励

尽管表扬和奖励的效果得到了肯定,但这并不意味着教师可以滥用奖励。因为外部奖励使用不当,可能会损害学生原有的宝贵的内部动机。为了使外部奖励有助于引发和巩固学生的内部动机,发挥积极的作用,教师在使用表扬、奖励等强化手段时必须注意:

(1)奖励必须针对学生不感兴趣但需要完成的任务

当学生对学习有明显的浓厚兴趣时,教师完全不必进行外部奖励。因为此时施加外部奖励,很有可能会使学生把注意力集中在奖励而不是任务本身上,从而削弱其活动的内部动机。而当学生对活动缺乏明显的兴趣时,奖励则可以在某种程度上增加其对该任务的兴趣，使学生表现出完成任务的行为并通过在活动中不断的成功而增强行为的动机。

(2) 奖励要针对真正的进步与成就

奖励不是目的，而是辅助性评价，给予奖励意味着对个人学有成效的肯定。当学生取得了进步与成就时，恰如其分的适时奖励，可以增加学生的胜任感，从而持久地激励其学习。反之，如果不加区分地进行奖赏，有时非但无助于增强动机，反而可能损害学生的动机。试想，当学生完成了一件极其容易的任务时，教师大张旗鼓地进行表扬，会有什么效果？对学生来说，教师这种行为无异于一种惩罚，因为如此特别的表扬恰恰传递了一个信息，他的能力是低下的。

(3) 尽可能采用社会性而非物质性的奖励

与物质性奖励相比，社会性奖励（微笑、关切的目光、赞赏）不仅更容易增强学生的内部动机，而且伴有情感色彩的鼓励和赞扬还可以加强师生之间的情感联系。所以教师应多采用社会性奖励。

(4) 奖励要针对学生的年龄特征

不同年龄的学生，能够激发他们学习的事物也不尽相同。对低年级的学生，可能一颗红星、一包糖果就是有效的强化物，而高年级的学生则可能觉得在期末的总评分中加分较有价值。因此，必须对不同年龄的学生提供相应的有力的强化刺激和事件。

2. 合理惩罚

惩罚通过给学生带来消极体验而遏制不良行为的再次出现。尽管它不一定能保证学生出现好的行为，但毕竟能抑制不良行为，削弱产生同类行为的动机。但值得注意的是，惩罚不是正面教育，必须谨慎使用。有人（O'Learg & O'leary）提出了七条有效而人道地使用惩罚的原则：(1) 偶尔使用惩罚。(2) 使儿童明白为什么要受惩罚。(3) 给儿童提供一个可选的方法以获得某种积极的强化。(4) 强化儿童与问题行为相反的行为。(5) 避免使用体罚。(6) 避免在你非常愤怒或情绪不好时使用惩罚。(7) 在某个行为开始而不是结束时使用惩罚。

(二) 及时反馈

反馈就是让学生了解自己的学习结果。这种信息不仅可对学习活动本身起检验、核对、调节作用，而且让学生了解自己的学习活动的进展情况，本身就是一种巨大的推动力量，会激发学生进一步学习的愿望。学生在了解学习结果后，可以看到自己的进步，提高学习热情，增强努力程度；同时又能看到自己的不足，激发上进心，克服缺点，争取更好的成绩。如果学生在很长的时间之后，仍不能知道自己的进展情况和所取得的成就水平，则不能指望学生会继续保持巨大的学习热情。

罗斯（Ross）等的实验对此提供了有力的证据。他把一个班的学生分为三组，每组给予不同的反馈。对第一组，学习后每天告诉其学习结果；对第二组，每周告诉其学习结果；对第三组，则不告诉其学习结果。如此进行八周之后，更换条件，除第二组仍旧每周告知学习结果外，对第一组不再告知其学习结果，而对第三组则每天告知其学习结果。结果发现,第八周后,除了第二组显示出稳定的进步以外,第一、第三组情况变化很大。第一组成绩逐步下降,而第三组迅速上升。由此可见,反馈在学习上的效果是很显著的,尤其是每天及时反馈,效果更佳。"及时"是利用学生刚刚留下的鲜明的记忆表象,满足其进一步学习的愿望,增强学习信心。此外,反馈还应尽可能全面、有针对性,这样可以让学生准确了解自己学业的进展情况及取得的成就,从而受到鼓舞和激励。

(三)适当开展竞赛

竞赛常常被看成是激发学生学习积极性的一种有效手段。因为竞赛可以极大地激发学生的好胜心和求成需要,增强学生的学习兴趣和克服困难的毅力,所以多数人在竞赛情况下学习和工作的效率会有很大的提高。而且,通过竞赛还可获得对自己能力比较实际的估计,较好地发现自己的不足和尚未显示出来的潜力,这也可以起到促进动机、提高成绩的作用。

然而,竞赛也有消极作用。过多的竞赛不仅会失去激励作用,还会造成紧张气氛,加重学生负担,有损学生身心健康。有些人在竞赛情况下反而学得更差,这或是因为他们被刺激过分而超出承受力,或是因为失败而丧失信心和兴趣。为了克服竞赛的负面影响,教师在组织竞赛的过程中应尽可能做到:(1)按能力分组,使更多的学生有获胜的机会;(2)按项目分组,使不同特长学生有施展才华的机会;(3)鼓励学生自我竞赛,使学生通过与过去比较,从现在的进步中获取学习的动力。

思 考 题

1. 什么是学习动机?它的基本成分是什么?
2. 什么是内部动机、外部动机?它们对学习的影响有什么不同?
3. 什么是认知内驱力、自我提高内驱力和附属内驱力?它们对学习的作用如何?
4. 学习动机与学习效果的关系如何?
5. 根据马斯洛的需要层次理论,学生的学习动机是如何产生的?
6. 什么是自我效能感?自我效能感的形成主要受哪些因素的影响?
7. 不同的归因对学生的学习会产生什么影响?
8. 什么是习得性无助感?产生习得性无助感的主要原因是什么?
9. 分析不同目标定向的学生在学习表现上的差异。
10. 影响成就目标的课堂结构因素主要有哪些?
11. 根据认知评价理论,怎样认识外部奖励的作用?
12. 根据自我决定理论,怎样认识内部动机与外部动机的关系?
13. 如何培养与激发学生的学习动机?

第五章　学习的迁移

评价目标

1. 能说出对学习迁移含义的理解。
2. 掌握并能举例说明不同类型的学习迁移。
3. 分析比较早期的各种学习迁移理论。
4. 理解现代的三种学习迁移理论。
5. 掌握促进学习迁移的条件。
6. 了解学习迁移的教学原则。
7. 根据学习迁移的规律，谈谈如何在教学中促进学习迁移。

关键词

学习　　学习迁移　　认知结构　　迁移教学　　知识应用

第一节　学习迁移概述

学生对知识的学习过程一般分为三个阶段：获得、保持和应用，其中应用阶段是检验知识掌握与否以及掌握程度的一个重要手段。学习迁移就是原有知识在新的学习情境中的应用，因此了解学习迁移的概念及相关理论有着重要的意义。

一、什么是学习迁移

（一）学习迁移的含义

学习迁移是指一种学习对另一种学习的影响，即获得的知识经验、认知结构、动作技能、学习策略和方法等与新知识、新技能之间所产生的影响。比如，学会了骑自行车有助于学习骑摩托车；掌握了英语，有助于学习法语、德语等外语；数学学得好有助于物理、化学的学习；阅读能力的提高有助于写作能力的形成；学生在生活中养成了爱整洁的习惯，有助于在各科作业上也保持这种习惯；在学校人缘好的学生到社会中人际关系也不错等等。可以说，学习的迁移现象无处不在，它是伴随着学习过程而出现的一种平常却重要的现象。人的知识经验是对客观事物的反映，而客观事物存在着普遍联系和相互制约，因此人的知识、经验也不是彼此割裂、互不相关的，人们在掌握新知识、技能时总会尽可能与旧知识、技能联系起来，这就发生了迁移。只有通过迁移才能使已有的知识技能得到进一步检验、充实与熟练。学习迁移也是一种对已有知识、经验的应用与巩固的过程。只要人类学习，就会有学习迁移现象发生。迁移现象不仅存在于知识、技能的学习之中，也存在于兴趣、情感、意志、态度、品德等方面的学习中。

（二）学习迁移的作用

学习迁移一直是教育心理学的核心课题，对这一课题进行研究具有重要的理论意义和实践价值。

首先，学习迁移理论是学习理论的必要组成部分，对其进行研究可以丰富学习理论。完善的学习理论，不仅要说明学习是如何引起的，学习过程是如何进行的，还要说明学习结果（知识、技能、行为方式、态度、策略等）在今后的学习中是如何变化和产生影响的。学习迁移不仅关系到已有知识经验的变化和应用，而且它本身又是影响学习的一个重要条件。因此，对学习迁移的实质与规律的揭示，有助于建立完善的学习理论。

其次，学习迁移机制是知识、技能向能力转化的心理机制，它是检验教育目的的重要指标。教育的最终目的是促使学生习得的知识、技能向能力转化，促进学生的全面发展。根据现代心理学对能力的理解，能力的形成一方面依赖于知识、技能的掌握，另一方面也依赖于所掌握知识和技能的类化。在知识、技能的掌握过程中，必然存在着先前经验对新学习的影响，即存在着迁移；而知识、技能的掌握过程也只有在学习的迁移过程中才能实现。能力的形成和发展是通过知识、技能的获得及广泛迁移，从而使这些经验不断整合及类化来实现的。通过探讨学习迁移的规律，可为知识、技能向能力转化提供科学的依据。能否发生学习迁移，成为检验教育目的的一个重要指标。

再次，学习迁移的作用在于使习得的经验得以概括化、系统化，它直接影响到问题的解决，并有助于学生认知结构的不断完善。学习的目的不是把经验贮存于大脑之中，而是最终要将所获得的经验应用于实际的各种不同情境中去，以解决现实世界的各种问题。但如何有效地应用这些经验，并有效地解决问题，这都要通过迁移才能实现。已有经验在应用的过程中，一方面解决了当前的问题，另一方面又使得原有的心理结构更为完善、充实，形成一种稳定的调节机制，广泛有效地调节人的活动，以更好地解决现实中的问题。

二、学习迁移的分类

迁移现象在学习中是普遍存在、多种多样的。根据迁移的特点，可以从以下几个不同的角度对迁移进行分类：

（一）正迁移和负迁移

这是从迁移产生的效果来划分的。正迁移，又称为积极迁移，是指一种学习对另一种学习产生的积极影响或促进作用。如会写铅笔字，就容易学会写钢笔字；先学加法，就容易学会乘法；会骑自行车，就容易学会骑摩托车。已有的知识、技能在学习新知识和解决新问题的过程中，能够很好地得到利用，产生"触类旁通"的学习效果时，正迁移就出现了。在教育工作中所说的"为迁移而教"，就是指正迁移在教学中的应用。如孔子要求自己的学生要做到"由此以知彼"，就是要求学生在学习中要多利用正迁移（积极迁移）。

负迁移，又称为消极迁移，是指一种学习对另一种学习产生的消极影响或阻碍、干扰作用。如在立体几何中搬用平面几何的"同垂直于一条直线的两直线相互平行"的定律，可能干扰学生的学习效果。在外语学习中，当母语与目的语的某些特点相异时，学习者若借助于母语的一些规则，就会产生负迁移现象。中国学生英语写作中的大量错误就证明了这点。如"Every morning there are so many people do morning exercises in the park.", "There are many people like sports."，将两个句子译成汉语时就不难看出汉语的负面影响："每天早晨公园里有许多人做早操"和"有许多人喜欢运动"。在以上两个英语句中，学生试图将动词 do 和 like 前面的部分作为主语，却违背了英语的语法规则。[①]

负迁移常在以下两种情境下出现：一是对旧技能、旧习惯改造时的干扰。如一个人学会了一种动作技能，现在需要掌握新的技能，那么旧姿势的趋向总会影响新动作的掌握，增加学习的困难。另一种是新技能虽已掌握，旧技能常出现被干扰现象。负迁移可以通过反复练习而加以排除。一般说来，如果在掌握新技能时，一开始就注意动作的精确性，注意与旧动作的区别，经过反复练习，达到熟练程度，干扰作用就会大大减少或消除。另外，学习的迁移与干扰并不是绝对的，有时两种技能既有迁移也有干扰。中国人学习日语，一开始汉语对学习日文（含有大量汉字）有正迁移，而随着学习的深入，汉语句子里的词序与日语句子里的词序有些是相反的，就产生了干扰作用。

（二）顺向迁移与逆向迁移

这是从迁移产生的方向来划分的。顺向迁移是指先前学习中所获得的经验对后继学习的影响。当学生面临新的学习情境和问题时，如果利用了原来的知识和技能获得了新知识，解决了新问题，这种迁移就是顺向迁移。用认知派的观点来看，顺向迁移是一种"同化"作用，它是把已有的知识经验运用到同类事物中去，以揭示新事物的意义和作用，从而把新事物纳入到已有的认知结构中去。如在学习了物理概念"平衡"以后，就会对以后所学习的化学平衡、生态平衡、经济平衡等产生影响。日常生活中所说的"举一反三"即是顺向迁移的例子。顺向迁移有助于新知识的理解和掌握，如果教师在教学过程中明确教材中前后、新旧知识间的内在联系，找到旧知识的延伸点和新知识的生长点，就能有效地促进顺向迁移。如制图课为了教基本几何体的投影，制图大纲的安排是先点投影，继而线投影，最后面投影，在

---

① 朱中都. 英语写作中的汉语负迁移[J]. 解放军外国语学院学报，1999,22(2):28—30.

此基础上再过渡到基本几何体的投影。这种教材内容的编排是旧知识的延伸形成新知识的生长点,从而使问题迎刃而解。

逆向迁移是指后继学习对先前学习的影响,即后继学习引起先前学习中所形成的认知结构的变化。用认知派的观点来看,逆向迁移是一种"顺应"作用,它是要把已有知识经验用到新的异类事物中,对已有的知识经验进行重新改组,以形成能包含新事物的新的认知结构的过程。如在学习了动物概念之后,再学习植物、微生物的概念,就会使原有的动物概念发生变化,特别是在动物和植物、微生物的联系与区别上,丰富了动物的概念。逆向迁移有助于对已有知识的巩固和完善,但在教学中,逆向迁移的应用远不如顺向迁移充分。教师只重视对学习落后的学生补差补缺,结果是延长学习时期,加重学生课业负担。能否利用后续学习的时机,在完成后续教学任务的同时,借助后续学习某些教学环节和具体训练过程解决先前的遗留问题呢?这是完全可能的。因为学生对某一概念、性质、法则、定理的认知、理解、运用本来就不是一次可以完成的,允许有一个多次反复过程,才能达到认识全面、理解深刻、运用自如的程度。从认知结构看,学生的旧知识结构和有待形成的新知识结构之间有相关性,有共同要素,因此二者之间具有互补性。

(三) 纵向迁移与横向迁移

这是从迁移产生的层次来划分的。纵向迁移,也称为垂直迁移,是指不同抽象概括层次的各种学习之间的相互影响。认知心理学家认为,学习者原有的认知结构中的经验是按照抽象、概括的不同水平而有层次地组织在一起的。从学习内容的逻辑关系来说,有的学习内容的抽象性和概括性较高,这种学习内容在其形成的认知结构中是一种上位结构;有些学习内容的抽象性与概括性较低,其形成的认知结构属于下位结构。以"角"和"直角"这两个概念来讲,其抽象性与概括性就不同,前者抽象性与概括性较高,属于上位概念;后者抽象性与概括性较低,属于下位概念。这两个概念在认知结构中形成两个不同的层次。纵向迁移也就是指上位的较高层次的经验与下位的较低层次的经验之间的相互影响。这类迁移又可分为两种:一是自上而下的迁移,即上位结构向下位结构的迁移。例如,已掌握的"心理学"原理有助于向"教育心理学"知识迁移。二是自下而上的迁移,即下位结构向上位结构的迁移。例如,已经掌握了有关猴子、猩猩、猫、狗、牛、马等的知识,有利于向"哺乳动物"概念迁移。在学习中,我们经常有这样的经历:遇到一部分较难的内容,怎么学都觉得没有学透,但是由于时间的原因,只能往下学习新的更难的内容。出人意料的是,学完了更难的内容回头一看,豁然开朗。原来没学透的内容现在变得一点都不难了,这就是不同层次的学习间所产生的一种纵向迁移。

横向迁移,又称为水平迁移,是指处于同一抽象概括层次的学习间的相互影响。此时,学习内容间的逻辑关系是并列的,抽象性和概括性程度相当。例如,数学课上学习了三角方程式后能够促进物理课学习计算斜面上下滑物体的加速度;有关写钢笔字的经验可以向写毛笔字迁移等。横向迁移是以对一个事物的思考转到与之相似或相关事物的思考,学生的知识是在同一个水平层次上进行迁移。教学中除了在纵向上遵循由一般到具体、不断分化的原则以外，教师还应从横向加强学习内容之间的联系，引导学生探索学习内容之间的异同，培养学生综合分析问题、解决问题的能力。通过横向比较，不仅可以拓宽学生的思维范围，把相关知识一线相连，促进学生形成良好的认知结构，也可以减少思维定势的干扰。加涅非常强调纵向迁移与横向迁移的分类，他认为，个体通过学习所要形成的心理结构是一个网络化的结构，要解决其上下左右的沟通与联系，必须通过纵向迁移与横向迁移才能实现。

（四）特殊迁移与普遍迁移

这是从迁移的内容来划分的。特殊迁移，也称为特殊成分的迁移，是指具体知识或动作技能的迁移。在这种迁移过程中，学习者原有经验的组成要素及其结构没有发生变化，即抽象的结构没有变化，只是将一种学习中习得经验的组成要素重新组合并移用于另一种学习之中。例如，在跳水比赛的各个项目中，其基本动作都是一样的：弹跳、空翻、入水等。如果运动员在某一项目中将这些基本动作熟练掌握了，那么他在学习新的跳水项目时，就可以把这些基本动作加以不同组合，新的学习内容就能迅速掌握。在这里仅是把旧的动作经验成分组合于新的动作序列中，原有经验成分并没有发生变化。新手与老手在学习一个项目时的差别，在于他们对各个基本动作的熟练掌握程度以及组合的程度。再如小学生在学完加减乘除以后，在四则混合运算的学习中，就可以把已有经验加以重新组合来解决问题，在后者的学习中并没有增加新的心智动作。

普遍迁移，也称为非特殊成分的迁移，是指一种学习中所习得的一般原理、原则和态度对另一种具体内容学习的影响，即将原理、原则和概念具体化，运用到具体的事例中。布鲁纳非常强调这种迁移。他认为，普遍迁移是"教育过程的核心"，"原理和态度的迁移在本质上，一开始是学习一个普遍的观念，而不是学习技能，然后这个普遍的观念可以用作认识……后继问题的基础，这些后继问题是开始所掌握的观念的特例"。如果将习得的这些原理、态度应用于以后的各种学习情境中，则后继学习将会变得较为省力、有效。也就是说，所掌握的知识、技能和态度越基本，则对于新情况、新问题的适应性就越广。例如，学习金属热胀冷缩原理后，很容易掌握各种金属的一般特征；掌握了有理数的计算，直接影响到其他各种运算的学习。

除了上述的几种划分外，还可以从迁移发生的领域把迁移划分成知识的迁移、动作技能的迁移、习惯的迁移、态度的迁移等。如掌握了加、减法的学生，容易学好乘法运算，这就是一种知识的迁移；学会在走路中掌握身体平衡的孩子，会将这种保持身体平衡的技能运用到跑步中去，这就是一种技能的迁移；而一个受到了老师不公正对待的孩子，一提到学习就很厌烦，甚至连游戏也不想参加，这就是一种情感和态度的迁移。

通过从不同的角度来分析迁移的种类，可以帮助我们拓宽对迁移的认识，从整体上把握迁移。同时，迁移的种类不同，其教学要求的条件也不一样，因此了解迁移的分类也有利于促进对不同类型迁移规律的研究。这样，才能在教育工作中充分认识并灵活应用迁移规律，以提高教学成效。

第二节 学习迁移的理论

自从有了学习活动以来,学习迁移的现象就一直为人们所关注,但从理论上对迁移进行系统的解释和研究却仅仅始于18世纪中叶。这之后,不同的研究者从不同的理论基础和哲学基础出发对迁移发生的原因、过程以及影响因素等进行研究和解释,形成了众多的有关迁移的理论。

一、早期的学习迁移理论

(一) 形式训练说

最古老的迁移理论应首推"形式训练说",它在开辟学习迁移理论研究的先河方面,具有重大的历史价值。形式训练说是以官能心理学为理论基础的。官能心理学认为人的心智是由许多不同的官能组成的,这些官能包括注意、意志、记忆、知觉、想象、推断、判断等,每一种官能都是一个独立的实体,分别从事不同的活动。如利用记忆官能进行记忆和回忆,利用思维官能从事思维活动。由于对各种官能施加的训练不同,各种官能及其组成的活动会有不同的强弱,也就是各种官能可以像训练肌肉一样通过练习增加力量(能力),记忆的官能通过记忆的训练而得到增强,推理和想象的官能则通过推理和想象的训练得以增强。

在此基础上,形式训练说认为,迁移就是官能得到训练而发展的结果,也就是说,迁移是要经过一个"形式训练"的过程才能产生。这一理论认为,若两种学习涉及到相同的官能,则前次学习会使该官能的能力得到增强,并对后来也涉及到该官能的学习产生促进作用,从而表现出迁移效果。不仅如此,由于心智是由许多不同的官能组成的整体,一种成分的改进会加强其他的各种官能,可见,从形式训练的观点来看,迁移是通过对组成心智的各种官能的训练,以提高各种能力如注意力、记忆力、推理力、想象力等而实现的,而且迁移的产生将是自动的。

形式训练说把训练和改进心智的各种官能作为教学的最重要目标。它认为,学习的内容不甚重要,重要的是学习的东西的难度和训练价值,学习要收到最大的迁移效果,就应该经历一个"痛苦的"过程。在它看来,某些学科可能具有训练某一或某些官能的价值,如难记的古典语法(如拉丁语等)、深奥的数学及自然科学中的难题,这些内容能够训练记忆、推理和判断等心智官能,一旦新的官能在这些学习中得到训练,就可以迁移到其他类似问题的解决中。因此学校应该重视古典语法和数学的教学,而不必重视实用的英、法语的学习或其他实用知识的学习。因为学习的具体内容是会忘记的,其作用是有限的,而只有通过这种形式的训练而达到的官能发展才是永久的,才能迁移到其他的知识学习上去,会终生受用。

一些受官能心理学影响的教育学家认为,学校教材的选择不必重视其实用价值,只应重视它们在心理官能训练上所具备的形式。如果某种教材所代表的学校活动属于记忆形式,则不管它的内容如何,它就具备训练记忆官能的价值。同样,如果某种教材具有推理活动的形式,那它就有助于训练推理的官能。以此类推,所有的官能都可以通过某种形式的学科而加以训练。

形式训练说的观点曾在欧美盛行了两百多年之久,至今在国内外仍有一定的影响。但是"心智"的各种官能是否可以分别训练,使之提高,从而自动地迁移到一切活动中去呢?教学的主要目标是不是训练心智的各种官能呢?形式训练说对这些问题的回答虽然十分肯定,但它的鼓吹者和信奉者并没有拿出经得起科学检验的证据。早期的以及近现代的心理实验研究都对这一学说提出了挑战。詹姆斯(W. James)1980年的记忆实验是对形式训练说的初次挑战。他做的是关于诗歌的记忆迁移实验,想了解记忆一个作家的材料是否能促进对另一作家材料的记忆。但其结论与形式训练说相悖,即记忆能力并未因形式训练而得到改善,记忆能力的迁移也不是无条件的、自动的。另外,桑代克1913年的实验发现,训练可以迁移到类似的学习活动中,对不相似的学习活动却无迁移现象,如学习拉丁文能促进对有拉丁字根的英文的学习,却不能促进对有盎格鲁—萨克逊字根的英文的学习。其他人的研究结果也显示对某种材料做的观察、记忆或思维的训练,对于某种特殊材料的感知、记忆或思维有显著的促进,而对于其他的材料则促进甚微,对某些材料甚至有负迁移作用。

这些早期的关于迁移的实验研究虽然略显粗糙,不能作为定论,但为此后的严密的实验研究开辟了道路。形式训练学说关于迁移的解释是从唯心主义的观点出发的,缺乏足够的实验依据,因而必将被更进步的学说所代替。但形式训练学说对学校教学课程的确立、教材选择的影响直到目前仍未完全消除。

(二)相同要素说

在对形式训练说进行批驳的基础上,桑代克以刺激—反应的联结理论为基础,提出了学习迁移的相同要素说,认为"只有当两种心理机能具有共同成分作为因素时,一种心理机能的改进才能引起另一种心理机能的改进"。也就是说,只有当学习情境与迁移情境具有共同成分时,一种学习才能对另一种学习产生影响,即产生学习迁移。当然,桑代克所谓的相同要素或共同成分,指的只是共同的刺激—反应的联结而已。

桑代克在1901年所做的"形状知觉"实验是相同要素说的经典实验。他以大学生为被试,训练他们判断各种形状、大小的图形面积。被试先接受预测,估计了127个矩形、三角形、圆形和不规则图形的面积,使他们判断形状、面积的能力达到一定水平。然后,用90个10平方厘米~100平方厘米大小的平行四边形,让被试进行判断面积训练。最后被试接受两个测验:第一个测验是要求被试判断13个与训练图形相似的矩形面积;第二个测验是要求被试判断27个三角形、圆形和不规则图形的面积,这27个图形在预测中使用过。研究结果表明:通过平行四边形的判断训练，被试对矩形面积的判断成绩提高了，而对三角形、圆形等不规则图形面积的判断成绩却没有提高。

后来，桑代克进一步做了长度和重量的估计实验。如让被试估计1英寸～5英寸的线段，经过练习，取得相当的进步。但要求他们对6英寸～12英寸的线段进行估计时，其估计能力并不因为先前的训练而有所改进。在记忆和注意方面，桑代克也做过类似的实验。桑代克在这些实验中发现，经过练习，被试的成绩取得明显提高，这些训练可以迁移到类似的活动中去，不过迁移的成绩远不如直接训练的成绩。在知觉、注意和记忆方面的训练，并未迁移到不相似的活动中去。桑代克认为，迁移效应的产生，是由于练习所用的特殊方法、观念或者有用的习惯被带到最终测验中。

桑代克的实验结果证明形式训练说的迁移理论显然与实际情况不相符。他的实验结果证明，特殊的训练确实存在着一定的迁移，但是，这只是特殊经验的事实、技能、方法乃至态度的迁移，其训练并不能提高一般的观察力、记忆力、注意力等。为此，桑代克提出了迁移的相同要素说。他认为，只有当两种训练机能具有相同的要素时，一种机能的变化才能促进另一种机能的习得，也就是说，只有当两种学习在某些方面有相同之处时，才有可能进行迁移。并且，相同情境相同的因素越多，迁移的可能性就越大。后来，伍德沃斯将桑代克的相同要素说修改成为共同成分说，意指只有当学习情境和迁移测验情境存在共同成分时，一种学习才能影响另一种学习，即产生迁移。例如，在活动 A_{12345} 和活动 B_{45678} 之间，因为有共同成分 4 和 5，所以它们才会有迁移出现。

背景资料

桑代克在1924年和1927年做了两次规模很大的实验，比较了不同学生（共研究了8564＋5000名学生）选修不同科目后的智商的变化情况。如果学习前智商相当的学生选修了不同的科目，就可以通过比较其学习后智商的变化来了解不同科目对学生智商的迁移情况。如在一年内甲、乙、丙三个班学生的修课情况如下表：

表5-1　三个班学生的修课情况

学生	几何	拉丁语	公民课	戏曲	化学	簿记	法语
甲	无	有	有	有	有	有	无
乙	有	有	有	有	有	无	无
丙	有	无	有	有	有	无	有

桑代克认为，如果大量学生选修类似的课程，就可以测量经过整个学期的学习智商变化的情况，并确定各种课程的一般迁移效应。如：比较甲班和乙班的智商可以确定几何和簿记两门课的一般迁移效应，因为两班所修的科目中，其他各项都相同，只有几何和簿记课不同。比较乙班和丙班的智商测量分数则可以确定拉丁语和法语学习中的一般迁移效应。利用这一方法，

> 桑代克发现除了两个测验中共同要求的知觉能力和动作行为等要素外，任何学科对一般智力都没有大的迁移效应。但他发现在学习时，智力高的学生在这一年里学得的知识最多，智力测验成绩也最高，不论他们选什么课在智力方面都能得到最大的收获。桑代克的迁移实验研究启示人们，要提高教学效果，如果忽视学生对知识、技能、学习方法等的掌握，而一味追求提高其观察力、记忆力、注意力，那只是一种天真的幻想。
>
> [资料来源：陈琦，刘儒德．当代教育心理学[M]．北京：北京师范大学出版社．1997：109．]

桑代克的相同要素说解释了迁移现象中的一些事实，对迁移理论作出了重要贡献。并且，对当时的教育界也起过积极的作用，使学校脱离了形式训练说的影响，在课程设置上开始重视应用学科，教学内容也开始与实际应用相结合。但是，相同要素说事实上是从联结主义的观点出发的，所谓相同要素也就是相同联结，那么学习的迁移不过是相同联结的转移而已，根据这种观点，人们在特殊情境中需要的每一种知识、技能、概念或观念，一定要作为一种特殊的刺激—反应的联结来学习，这样，迁移的范围就大为缩小了。根据相同要素说，在两种没有相同要素或共同成分的过程之间，两个完全不相似的刺激—反应联结之间，不可能产生迁移，这会使人们对迁移产生悲观态度。因此这种未能充分考虑学习者的内在训练的观点，仍然具有一定的局限性，用来解释动物学习和人的机械学习有一定的正确性，但用来解释有意义学习就很困难了。

（三）概括说

桑代克的理论把注意力集中在先期与后期的学习活动所共有的那些因素上，而心理学家贾德（Judd）的理论则不同。贾德并不否认两种学习活动之间存在的共同成分对迁移的影响，但也不同意像相同要素说那样将共同成分看做是迁移产生的决定性条件。他认为，两种活动之间存在共同成分只是产生迁移的必要前提，而迁移产生的关键在于学习者能够概括出两组活动之间的共同原理。而且，概括化的知识是迁移的本质，知识的概括化水平越高，迁移的范围和可能性越大。所以，贾德的迁移理论称为"概括说"。

贾德在1908年所做的"水下击靶"实验是概括说的经典实验。该实验以小学五、六年级的学生为被试，根据教师的评定把他们分为能力相等的甲、乙两组，训练他们射击水中的靶子。其中甲组在练习射击之前让他们充分学习了水的光学折射原理，乙组则不学习该原理。在开始射击练习时，靶子置于水下12英寸处，结果教过和未教过折射原理的学生成绩基本相同。这说明在开始的测验中，理论对于练习似乎没有起作用，因为所有的学生必须学会运用镖枪，理论的说明并不能代替实地的练习。但当情景改变后，把靶子置于水下4英寸时，两组的差异便明显表现出来，没有给予折射原理说明的乙组学生表现出极大的混乱，他们射击水下12英寸靶的练习，不能帮助改进射击水下4英寸靶的练习，错误持续发生。而学习过折射原理的甲组同学迅速适应了水下4英寸的条件，不论在速度上还是在准确度上，都大大超过了乙组同学。贾德认为这是由于甲组被试在第一次射击中将折射原理概括化，并运用到特殊情境中去了。他在解释实验结果时说："理论曾把有关的全部经验——水外的、深水的和浅水的经验——组成整个的思想体系，……学生在理论知识的背景上，理解了实际情况以后，就能利用概括了的经验，去迅速地解决需要按实际情况作出分析和调整的新问题。"

概括说这一理论解释了原理、原则等概念化知识在迁移中的作用，已涉及较高级的认知领域中的迁移问题，为迁移理论的发展作出了重要的贡献。但概括化经验只是影响迁移成功与否的条件之一，并不是迁移的全部。

根据概括化理论，在课堂中讲授教材时，最主要的是鼓励学生对基本概念、基本原理进行概括，而同样的教材内容，由于教学方法不同，会使教学结果大相径庭，学生的迁移效果也不尽相同。但应看到，原则的概括有着较大的年龄差异，年幼的学生要形成原则的概括就不容易，因为通过概括化而产生迁移的前提是学会原理、原则，这与学习材料的性质以及学生的能力等因素密切相关。原则概括化的能力会随着年龄的增长而提高，但在每一年龄阶段上，有意识地培养概括能力的教学会有助于学生概括能力的提高和积极迁移的发生。同时，应注意到在对知识进行概括时常会出现两种错误，一种是过度概括化，即夸大了两种学习情境之间的相同的原则，忽略了差异，在学习中表现为把已学到的原则生搬硬套到新知识的学习中；一种是错误的概括化造成对学习的机械的定势，从而导致负迁移的产生。

后来，亨得瑞克森（Hendrickson）等人1941年在贾德"水下击靶"实验的基础上，进行了更为严格的控制实验。他们把被试分成三组而不是两组：第一组不加任何的原理指导；第二组被试学习折射原理，知道水、陆之间物体的位置有折光差异，目标不在眼睛所见的位置；第三组则进一步加以指导，给他们解释水越深目标所在位置离眼睛所见的位置越远。第一次实验时靶在水深6英寸处，第二次靶在水深2英寸处。其实验结果如下：

表5-2 水下击靶迁移实验中水深和练习次数与迁移程度

被试分组	击中靶所需的练习次数		迁移的进步（%）
	水深6英寸	水深2英寸	
机械学习	9.10	6.03	34
了解折射原理	8.50	5.37	37
了解折射原理和深浅比例	7.73	4.63	40

这一结果表明，在学习射击时，由于第二、三组被试了解原理，成绩优于第一组的机械练习；而第三组的成绩优于第二组更说明问题解决的学习与应用于新情境中的迁移，在了解原理原则与其实际应用情境的关系时效果会更好。他们不仅进一步证实贾德的理论，而且指出，概括化不是一个自动的过程，它与教学方法有密不可分的关系，如果教学方法上注意如何概括，如何思维，就会增加正迁移出现的可能性。

[资料来源：陈琦，刘儒德. 当代教育心理学 [M]. 北京：北京师范大学出版社. 1997：110.]

(四）关系说

在迁移概括说的基础上，格式塔心理学家们通过研究对迁移理论做了进一步发展，他们认为，迁移的发生不在于两个学习情境之间具有多少共同因素或学习者掌握了多少原则，而在于学习者能否突然发现两种学习情境之间的关系，这才是实现迁移的根本条件。也就是说，迁移的产生主要是对两次学习情境中原理、原则之间关系的"顿悟"，所迁移的不是两个情境的共同成分，而是两个情境中共同的关系。在他们看来，水下击靶实验中迁移的原因不在于了解光的折射的概括化原理，而在于了解靶的位置、水的深度、射击的方法以及光的折射原理之间的关系。因此关系说强调个体的作用，认为只有学习者发现两个事物之间的关系，才能产生迁移，个体对关系的"顿悟"是获得迁移的真正本质。

苛勒1929年的"小鸡（或幼儿）觅食"实验是关系说的经典实验。他用小鸡和一个三岁小孩为被试，训练他们在两张颜色深浅不同的纸上找食物吃。这两张纸一张是浅灰色，另一张是深灰色，食物总是放在深灰色的纸上。先让被试对深灰色纸和浅灰色纸形成分化性条件反射，即对深灰色纸产生食物条件反射，对浅灰色纸不产生食物条件反射，小鸡需400—600次练习，小孩需45次练习能形成这种条件反射。然后，用一张比原来的两张纸颜色都深的黑灰色纸来代替那张浅灰色纸，以此来观察小鸡是到过去总放着食物的那张深灰色纸上觅食，还是到新放的黑灰色纸上觅食。如果被试到过去总放着食物的那张纸上觅食，就证明迁移是因两种情境中存在相同要素产生的；如果被试到两张纸中颜色较深的一张纸上觅食，那就证明迁移的产生不是由于相同要素的存在，而是因为事物间相同关系的存在。结果，小鸡对新纸的反应为70%，对原来深灰色纸的反应为30%；而小孩100%对两张纸中颜色较深的那张纸产生反应。这表明，被试的反应并不是根据刺激物的绝对性质做出的，即迁移的产生并不是因为相同要素的存在，而是因为他们顿悟了事物之间的关系。也就是说，在第一个情境中获得了选择颜色较深的地方觅食经验的小鸡，在第二个情境中迁移的是颜色相对关系的经验。苛勒认为，个体越能发现事物之间的关系，则越能加以概括和推广，迁移的产生也就越普遍，而对事物间的关系的发现是建立在对事物理解后的顿悟基础上的。对事物的理解力越强，概括的可能性越大，越容易顿悟事物间的关系。据此，格式塔心理学家们提出了迁移的"关系说"。

关系说又被称为转换说。斯彭斯（Spence）1936年把辨别一对新刺激（如不同颜色的图片）的迁移称为转换，他进一步解释说，辨别或转移是由于原来阳性和阴性刺激引起的兴奋或抑制泛化的结果。这种转换理论已得到其他一些实验者的实验支持。但这些实验同时发现了转换的一些特点或条件，如，训练时的刺激与测验时的刺激差别越大，转换越不容易发生；用语言来表达刺激之间关系的能力越高则越易发生转换，即语言对转移有调节作用；此外，智力年龄较高的儿童在转换方面要超过那些智力年龄较低的儿童，等等。

苛勒提出的迁移的关系理论与斯彭斯的转换理论类似，常被合称为"关系—转换理论"。这一理论与相同要素说等其他迁移理论并非全然矛盾、毫不相容。如果把苛勒实验中的"两个图片中颜色较深的一个"作为两个实验任务中的相同要素的话，则两种理论对实验的解释并不矛盾。

　　从以上几种理论的分析可看出，从桑代克开始通过实验提出的各种迁移理论的差异只是表面上的冲突，只是因为各自研究或强调的方面不同。如桑代克提出的相同要素说侧重的是学习的刺激物或学习材料方面的特性；而贾德的概括化理论强调的则是学习主体对学习材料的加工，是学习者对学习材料中知识经验的概括，以及对两种学习情景中类似的原理、原则的概括；关系—转换理论所强调的对两种学习情景中关系的顿悟，也可视为学习者从两种学习材料中概括出了两者的关系这一复杂的"要素"或"原理"，从一定意义上，可认为是对概括化理论的发展。此外，桑代克1934年的一项实验表明，被试的智力越高，学习中的迁移越大，这一结论与贾德的概括化理论相符合，因为学生对原理原则的概括能力本身就是智力的一部分，这与格式塔心理学的关系—转换理论也有不谋而合之处，因为对情景之间的关系的顿悟和理解与学习者的智力高低是密切相关的。

二、现代的学习迁移理论

（一）认知结构迁移理论

认知结构迁移理论是现代认知学派用来解释学习迁移的理论。该理论的主要代表人物是奥苏贝尔。奥苏贝尔对认知结构及其影响新的学习（迁移）的主要变量，以及如何操作认知结构变量来影响新的学习的技术进行过长期的理论和实践方面的研究，在其有意义接受学习理论（同化理论）的基础上提出了下列关于学习迁移的观点。

1. 迁移的产生

奥苏贝尔认为，所谓认知结构就是学生头脑内的知识结构。广义地说，它是学生已有的观念的全部内容及其组织；狭义地说，它是学生在某一学科的特殊知识领域内的观念的全部内容及其组织。奥苏贝尔认为，学生原有的认知结构是实现学习迁移的最关键因素。当学生已有的认知结构对新知识的学习发生影响时，迁移就产生了。

对于有意义学习与迁移的关系，奥苏贝尔认为，一切新的有意义学习都是在原有学习的基础上产生的，因此，一切意义学习必然包括学习迁移，而原有的学习对新知识学习的影响是通过学习者原有认知结构的作用实现的。

奥苏贝尔还对课堂学习中的迁移问题提出了自己的见解。他认为，在一般的课堂学习中，并不存在孤立的课题 A 和课题 B 的学习。学习 A 是学习 B 的准备和前提，对于 B 也不是孤立地学习，而是在同 A 相联系中学习。因此，学校课堂学习中的学习迁移，比实验室条件下的学习迁移所指的范围更加广阔。无论在哪种形式的课堂学习中，凡有已经形成的认知结构影响新的认知功能的地方，都有学习迁移现象存在。而且迁移的效果主要不是指提高了运用一般原理于特殊事例的能力，即所谓派生类属学习能力，而是指提高了相关类属学习、总括学习和并列学习的能力。

2. 影响迁移的因素

奥苏贝尔提出了影响新的学习与保持的三个认知结构变量。通过操纵与改变这三个认知结构变量可以促进新的学习与迁移。

(1) 原有知识的可利用性

原有知识的可利用性是指在学习新的任务前，学习者原有认识结构中是否具有可以用来同化新知识的适当观念。根据有意义接受学习理论，原有知识与新学习的知识具有三种不同的关系，即上位、下位和并列的关系。奥苏贝尔认为，如果原有认知结构中有可以利用的上位的、概括程度高和包容范围广的知识，则新的学习将以下位学习的形式出现。下位学习一般比上位学习和并列结合学习容易进行。因此，学生良好的认知结构的第一个重要特征是他掌握的知识的概括水平和包容范围。概括程度越高和包容范围越广的知识，越有助于同化新的知识，也就越有助于迁移。如果在学习新知识时，学生认知结构中缺乏这样的上位观念，教师可以从外部给学生的认知结构中嵌入一个这样的观念，使之起吸收与同化新知识的作用，这样从外部嵌入的观念就是先行组织者。

(2) 原有知识的巩固性

原有知识的巩固性是指同化新知识的、起固定作用的原有知识的稳定性和清晰性。原有知识越巩固，越易促进新的学习。倘若在利用原有知识同化新知识时，原有知识本身不巩固，则不但不会产生积极的作用（正迁移），反而可能会出现干扰（负迁移）。例如，奥苏贝尔及其合作者在1961年研究了原有知识的巩固性对新学习的影响。研究中让被试学习基督教知识，经过测验将被试的成绩分成中上水平和中下水平，然后将这些被试分成三个等组：第一组在学习佛教材料前，先学习一个比较性组织者（它指出佛教和基督教的异同）；第二组在学习佛教材料前先学习一个陈述性组织者（它仅介绍一些佛教观念，其抽象水平与要学习的材料相同）；第三组在学习佛教材料前，先学习一个有关佛教历史和传记的材料。在实验后的第三天和第十天进行保持测验。结果表明，不论哪一组，凡原先的基督教知识掌握较好的被试，在学习佛教知识后的第三天和第十天的保持成绩均较优（见表5-3）。

表 5-3　起固定作用的观念的稳定性和清晰性对后继学习保持分数的影响

时间	原先的基督教 知识掌握水平	第一组 比较性组织者	第二组 陈述性组织者	第三组 历史材料
第三天	中上 中下	23.59 20.50	22.50 17.32	23.42 16.52
第十天	中上 中下	21.79 19.21	22.27 17.02	20.87 14.40

注：表中数字为保持分数。

(3) 新旧知识的可辨别性

新旧知识的可辨别性是指在学习新任务前学习者的原有知识与要学习的新知识之间的异同是否能清晰分辨。可辨别性是建立在原有知识的巩固性基础之上的。如果一个学生的原有知识是按一定的结构、分层次严密地组织好的，则他在遇到新的学习任务时，不仅能迅速在原有的认知结构中找到新知识的固定点，而且也易于辨别新旧知识的异同。

新旧知识可辨别性案例

在物理学中讲到雷达是利用无线电波反射对远距离物体的侦察和定位的原理时，教师可利用学生已知的回声的知识同化新知识。学生必须意识到声波和无线电波之间有相似之处。意识到相似之处，原有知识可以同化新知识，但是又必须区分两者的不同之处。知道不同之处，新的知识才可以作为独立的知识保存下来。教师可以设计比较性组织者对新旧知识的异同加以比较，如可以设计如下组织者对雷达与回声的相同点进行比较。

雷达的动作包括五个阶段：
① 传播——发送出雷达脉冲；② 反射——脉冲击中遥远物体并返回；③ 接收——反射来的脉冲返回原处；④ 测量——测出传播和接收之间的时差；⑤ 换算——将时间量转换为距离的度量。

回波的运行阶段：
① 你在山谷大喊一声——相当于脉冲发出；② 声波从悬崖返回——如同脉冲击中远处物体并返回；③ 你听到同你的声音一样的回声——如同脉冲的接收；④ 在发出喊声与听到回声之间有一很短的时差——相当于时间的测量；⑤ 距离越远听到回声需要等待的时间越长。

不同点：雷达通过无线电波工作，回声传播的是声波，前者比后者传播快得多，每秒达186 000 英里，且达到很远的地方。

[资料来源：皮连生.教育心理学[M].上海：上海教育出版社.2004：281.]

（二）产生式迁移理论

一般认为，现代认知学派的认知结构理论能够比较好地解释知识学习中的迁移现象，但却不能解释技能、情感、态度学习中的迁移现象。因此，关于学习迁移问题的研究还须继续深入。产生式迁移理论是由信息加工心理学家辛格莱（M. K. Singley）和安德森（Anderson）1989 年提出来的。这一理论适用于解释基本技能的迁移。

1. 迁移的产生

产生式迁移理论认为，迁移之所以产生，主要是由于先前的学习或问题解决中个体所学会的产生式规则与目标问题解决所需要的产生式规则有一定的重叠。在他们看来，每一个产生式都包含了一个用于识辨情景特征模式的条件表征和一个当条件被激活时用来构建信息模式的活动表征，活动的产生需要对条件的激活。产生式的形成首先必须使规则以陈述性知识的形式编入学习者原有的命题知识网络，并经过一系列练习才能转化而成。

产生式迁移理论事实上是桑代克相同要素说的现代解释。在桑代克时代，心理学没有找到适当的形式来表征人的技能，以致错误地用外部的刺激—反应联结来表征人的技能，所以不能反映技能学习的本质。信息加工心理学家用产生式和产生式系统表征人的技能，这样就抓住了迁移的心理实质。所以导致先后两项技能学习产生迁移的原因，不应该用它们共有的刺激—反应联结的数量来解释，而应该用它们之间共有的产生式数量来解释。辛格莱与安德森将产生式作为学习任务之间的共同元素，使产生式迁移理论既能容纳原有的概括化理论，又能容纳认知结构的迁移理论。

2. 影响迁移的因素

安德森等设计了许多实验来验证这一迁移理论。如他们在1989年用不同计算机文本编辑程序的学习，证实了他们的迁移理论。实验中的被试为打字熟练的秘书人员，他们能理解文本编辑的含义。被试分三组：A组在学习编辑程序（被称为EMACS编辑器）之前，先根据已经做好标记的文本练习打字；B组先练习一种编辑程序，后练习EMACS编辑器；C组为控制组，从第一天起至最后一天（即第六天）一直学习EMACS编辑器。学习成绩以每天尝试按键数量为指标，因为被试按键越多，说明他们出现错误需要重新按键数越多（因为被试打字熟练，其错误不可能是打字造成的）。错误的下降说明掌握文本编辑技能水平提高。控制组每天练习3小时EMACS编辑器，前4天成绩显著进步，至第5天和第6天维持在相对稳定水平。A组先练习打字，共4天，每天3小时，第5天和第6天练习EMACS编辑器的成绩同控制组第1天和第2天的成绩相似，打字对编辑学习未产生迁移。B组前4天练习一种文本编辑程序，每天练习3小时，在第5天和第6天练习EMACS编辑器时，成绩明显好于A组。这说明第一种文本的练习对第二种文本学习产生了显著迁移。

安德森认为，在打字和文本编辑之间没有共同的产生式，而在两种文本编辑程序之间有许多共同的产生式，这是导致两组迁移效果不同的重要原因。为了进一步证实重叠的产生式导致迁移这一思想，安德森又仔细比较了两种行编辑器和一种全屏编辑器之间的学习迁移情形。被试先学习A种行编辑器，再学习B种行编辑器，结果节省时间95%。先学习行编辑器，再学习全屏编辑器，结果节省时间60%。

通过多项研究的结果，安德森等人对影响迁移的因素总结如下：(1)迁移量的大小与正负，主要依赖于两任务的共有成分量。而这种共有成分量是以产生式系统来考察的。如果两个情境有共同的产生式，或两情境有产生式的交叉、重叠，就可以产生迁移。(2)表征和练习程度是迁移产生的主要决定因素。不同领域的迁移各不相同，依其共有的符号成分的数量而不同。(3)迁移量也依赖于学习或迁移时注意的指向所在。教学中应该更加注重对标志与已有技能有关的线索的训练。

(三) 建构主义迁移理论

关注学生在学校里的学习，使学习更加贴近外部世界的真实情境，已成为当代学习理论的一个潮流。20世纪90年代前，在西方的教育心理学中，以皮亚杰、布鲁纳、奥苏贝尔等为代表的重视认知结构的学习论和以加涅为代表的信息加工学习论一直占据着重要位置。尽管认知主义学习论比行为主义学习论加深了对学习的认识，强调学习的内部心理过程以及内部的心理表征，这是一个巨大的进步，但是，认知主义在研究学习时还是采取行为主义者的立场（特别是信息加工学习论），强调学习中的客观性的一面，而忽略了其主观性；而且他们研究的都是经过简单化的学习，与真实的生活情境存在一定的差距，忽视了学习的复杂性、建构性、社会性和情境性等特征。因此,"在建构主义看来学习迁移实际上就是知识在新条件下的重新建构,这种建构同时涉及知识的意义与应用范围两个不可分割的方面,而知识的应用范围总是与一定的物体、内容、活动以及社会情境联系在一起的"。

建构主义对学习的过程、知识的表征以及应用等进行了重新理解。对这些问题的理解有两个共同的特征:一是十分重视学习者在学习过程中的主观能动性;二是特别强调情境的作用。在建构主义看来,学习迁移的关键特征是:①

1. 先前的经验对迁移而言是必要的,并要达到相当的熟悉程度(是理解性的学习程度,而非仅靠记忆事实)。学习的迁移可以看做是在原有知识上的建构。这种原有的知识不仅包括学习者在课堂上的个体学习经验、学习者经过各个发展阶段所获得的一般经验,而且还包括学习者作为社会角色(与种族、阶层、性别和文化有关)而习得的知识。因此,学生是带着社会角色和日常生活经验的知识,而不仅仅是先前的学习经验进入到课堂的。学生的这一知识既可能促进学生的学习,也可能产生阻碍作用。

2. 过度情境化的知识并不利于迁移,不同情境中共同的深层抽象表征有助于促进迁移。在建构主义看来,学习者对知识的理解总是伴随知识使用的范围和条件,如在策略学习中,学习者不只是学到了一个策略,而且还获得了每个策略具体的应用条件,但过度强调情境的知识并不利于迁移的发生。因此,学习与情境之间的关系于迁移而言始终是一对有待解决的矛盾。已有研究表明,学习与情境之间的关系取决于知识是如何获得的。在复合而非单一情境中,学习者通过在深层意义上抽象出共同的概念特征而形成富有弹性的知识表征,可以提高迁移能力。如阅读了"将军攻占要塞"短文后,在解答"医生医治患有恶性肿瘤病人"的问题中,只有能在深层意义上抽象出这两个问题所隐含的共同概念特征的学生才表现出良好的学习迁移。

(3)迁移是个主动的、动态的过程,而不是某一类学习经验的被动产物。学习者在已有知识经验与问题之间生成联系,识别、抽象和匹配源问题与目标问题之间共同或类似的内在联系,都离不开学习者的主动建构。在不同的复合情境中发现其背后所隐含深层意义上的共同概念特征,并形成富有弹性的知识表征,更是离不开学习者的主动建构。

第三节 迁移与教学

在现代信息社会中,知识信息大量涌现,而且更新很快,这就要求学生的学习能够做到举一反三,闻一知十。针对此种情况,教育界提出了"为迁移而教"的口号,但要真正做到"为迁移而教"却不是一件轻而易举的事情,它要求教师在掌握有关学习迁移的理论及其影响因素的基础上,充分应用迁移规律,积极促进学生的

---

① 石雷山.不同学习理论下的迁移观[J].内蒙古师范大学学报(教育科学),2006,19(7):15—18.

学习迁移。

一、促进学习迁移的条件

迁移的发生不是自动的，它还需要具备一定的条件。根据以上迁移理论，我们在此进一步明确有关条件，以更好地促进学生所学知识的迁移。

（一）学习材料之间的相同因素

根据桑代克的相同要素说，两种学习材料或对象在客观上具有某些共同点是实现迁移的必要条件。两种材料之间存在的共同因素越多，越容易发生学习迁移。共同因素对学习迁移的影响可以从不同的角度来进行研究。现代心理学倾向于从学习对象的构成成分来分析。他们把学习对象的构成成分区分为结构成分和表面成分两大类。所谓结构成分是指学习任务中与最终所要达到的目标或结果有关的成分，而表面成分是指学习任务中与最终目标的获得无关的成分。如果两个任务具有共同的结构成分，则会产生正迁移；结构成分不同则不能促进正迁移，甚至会产生负迁移。但不管是表面的还是结构的相似性，都将增加学习者对两个任务的相似程度的知觉，而知觉的相似性决定迁移量的多少，两种情境的结构相似性则决定迁移的正或负。

（二）已有经验的概括水平

根据贾德的概括化理论，知识经验的概括水平是影响知识迁移的重要因素之一。已有知识经验概括越高，越容易向具体情境迁移，效果也越好。诺维克曾以专家和新手作为被试对学习情境的结构相似性和表面相似性进行了深入的研究。结果发现，当先前学习与后来学习具有结构相似性而表面不相似时，专家比新手更易产生正迁移。而当两种学习仅具有表面相似性而结构特征不同时，新手比专家更容易产生负迁移。这是因为新手一般根据外显的表面特征来形成表象，忽视了抽象的结构特征。而专家能在抽象的结构水平上注意到问题之间的相似性，较少受到表面特征的干扰。这说明，已有经验的概括水平越高，则越容易产生正迁移。

（三）学习定势

定势也称为心向，它是指先于一定活动而指向活动对象的一种动力准备状态。具有利用已有知识去学习新知识的心理准备状态比没有这种准备状态更有利于已有知识对新学习的迁移。里德曾经让被试学习无意义音节，结果发现事先被告知用有意义的概念去学习的被试学习效果要好得多。学习定势是一种特殊的心理准备状态，是由先前学习引起的，对以后的学习活动能产生影响的心理准备状态，对学习具有定向作用。定势既可以成为积极迁移的心理背景，又可以成为消极迁移的心理背景。关键在于学习者能否具体地分析当前的学习情境，从中找出哪些是可以利用已有知识和策略来学习和解决的，哪些需要打破已经形成的反应定势，灵活处理，创造性地进行解决。

（四）认知结构

现代认知理论强调认知结构在迁移过程中的作用。认知结构是由人们过去对外界事物进行感知、概括的一般方式或经验所组成的观念结构。它的清晰性和稳定性直接关系到新知识学习的效果。认知心理学的研究表明，信息能否提取在很大程度上依赖于信息在记忆中是如何组织的，合理组织的信息易于提取，也易于迁移。此外，要产生迁移，原有的认知结构必须能够被有效地激活、提取。这就要求在建构经验结构时，应该强调这些经验的适用性条件，以便以后在适当的情境中能够充分利用、迁移有关经验。同时，还可以提供适当的机会让学习者在真实的情境中应用所学的经验。

二、促进学习迁移的教学原则

（一）合理确定教学目标

教学目标是一切教学工作的出发点和最终归宿，一切教学工作都是为了教学目标服务的。因此，确立系统、明确而具体的教学目标是促进学习迁移的重要前提。由于任何学习都是在原有学习基础上的连续、分步构建的过程，而最终形成的心理结构也是具有一定层次关系的网络结构，因此，某一单元或某一堂课的教学目标的确立必须从所要构建的心理结构的整体出发来考虑。同时，教学目标的表述应明确而具体，不能含糊笼统，应让学生能够确切把握其含义。这样，学生对于与学习目标有关的知识易于形成联想，有利于迁移的发生。

（二）科学精选教学材料

确立了合理的教学目标，就要精选教学材料以实现教学目标。在教学过程中，教师并不是把一门学科的所有内容都一步步教给学生，学生也不是毫无选择地学习所有内容，这不仅是不可能的，也是没有必要的。要想使学生在有限的时间内掌握大量的有用的经验，教学内容就必须精选。精选的标准就是迁移规律，即选择那些具有广泛迁移价值的科学成果作为教材的基本内容。所谓具有广泛迁移价值的内容，就是学科的基本概念、基本原理、基本法则、基本方法、基本态度等。基本概念、基本原理等基础知识，已经把有关的经验全部概括化，比个别经验和事实更具普遍性，具有实现迁移的可能性。所以一个人掌握的基础知识和基本技能越多，就越容易掌握新的知识和技能。为什么有的学生只会用现象解释现象？只会重复老师上课时讲的旧例子？为什么他们不能用原理解释新的具体事例？就是因为对基础知识掌握、理解不牢固造成的。只有掌握和理解了基础知识，才能更深刻地认识事物的本质，才会形成较好的概括力。

当然，在选择这些基础知识作为教材内容的同时，还必须包括基本的、典型的事实材料，脱离事实材料空谈概念、原理，则概念、原理也是空洞的，是无源之水、无本之木，当然也无法迁移。大量的实验都证明，在讲授概念、原理等基本知识的同时，配以具有典型代表性的事例，并阐明概念、原理的适用条件，有助于迁移的产生。

精选教材要随科学技术发展而不断变化和更新。虽然学科的基本概念、基本原理具有较高的稳定性，但随着科学技术的迅猛发展，原来作为学科基本内容的教材可能会失去其原有的作用。所以，应及时注意科学新成果的出现，以新的更重要的、迁移范围更广的原理、原则来代替。因此，在精选教材时，要注意其时代性，吐故纳新，不断取舍，使之既符合科学发展的水平，又具有广泛的迁移价值。

（三）合理编排教学内容

精选的教材只有通过合理的编排，才能充分发挥其迁移的效能，学习与教学才能省时省力。否则迁移效果小，甚至会阻碍迁移的产生。怎样才能合理编排教学内容呢？从迁移的角度来看，其标准就是使教材达到结构化、一体化和网络化。

结构化是指教材内容的各构成要素具有科学的、合理的逻辑联系，能体现事物的各种内在关系，如上下、并列、交叉等关系。只有结构化的教材，才能在教学中促进学生重构教材结构，进而构建合理的心理结构。

一体化是指教材内容的各构成要素能整合为具有内在联系的有机整体。只有一体化的教材，才能通过同化、顺应与重组的相互作用，不断构建心理结构。为此，既要防止教材中各要素之间的相互割裂、支离破碎，又要防止相互干扰或机械重复。

网络化是一体化的引申，指教材各要素之间上下左右、纵横交叉的联系要沟通，要突出各种基本经验的联结点、联结线，这既有助于了解原有学习中存在的断裂带及断裂点，也有助于预测以后学习的发展带、发展点，为迁移的产生提供直接的支撑。

结构化、一体化和网络化是一致的，其关键是建立教材内容之间的上下、左右、纵横交叉的联系。通过对教材内容进行系统、有序的分类、整理与概括，可以将繁琐、无序、孤立的信息转化为简明、有序、相互联系的内容结构。而有组织的合理的教材结构又可以促进学生对教材内容的深层次的加工与理解，有助于学生构建合理的知识结构，使学生的学习达到融会贯通。

（四）有效设计教学程序

合理编排的教学内容是通过合理的教学程序来体现、实施的，教学程序是使有效的教材发挥功效的最直接的环节。教学程序可以从两个方面考虑：一是宏观方面，即对学习的先后顺序的整体安排；二是微观方面，即具体的每一节课的安排。无论是宏观的整体的教学规划还是微观的每一节课的教学活动，都应体现迁移规律，都应该把各门学科中的具有最大迁移价值的基本内容的学习置于首要地位。处理好这种教学与学习的程序是非常必要的，否则教学效率受到影响，学生学起来感到吃力，不易把握所学内容的内在联系，这直接影响着认知结构的构建，同样也影响到迁移。

在宏观上，教学中应将基本的知识、技能和态度作为教学的主干结构，并依此进行教学。因为基本的知识、技能、态度等都具有适应面广、包容性大、概括性高、派生性强等特点，作为主干教材，可以最大程度地发挥其效用。在安排这些基本内容的教学顺序时，应该既考虑到学科知识本身的内在逻辑联系，即知识序，又要考虑到学生的心理发展顺序及其可接受性，即学生的认知序。综合兼顾知识序与认知序，从整体上来科学、有效地安排教学程序。

在微观上，应合理组织每一堂课的教学内容，合理安排教学顺序。依据从已知到未知、从简单到复杂、从具体到抽象等顺序来沟通新旧经验、建构经验结构。在激发学习动机、引入新内容、揭示重点难点、反馈等诸环节上都应精心设计，以利于学生真正理解、掌握所学习的内容，并能将所掌握的内容进行适当的迁移。同时也要注意各堂课所教内容之间的衔接，沟通知识经验之间的有机联系，促使学生的学习既能实现纲举目张，又可以"牵一发而动全身"，激活有关经验，避免惰性，建立合理的经验结构。教师应帮助学生对所学的内容进行整理、提炼，将前后知识加以构建和融会贯通，真正提高学生学习的质量。

（五）教会学生学会学习

"授人以鱼供一饭之需，授人以渔则终生受用无穷。"这句话启示我们，学习不只是要让学生掌握一门学科或几门学科的具体知识与技能，而且还要让学生学会如何去学习。学习方法可以说是促进有效学习的手段、措施，是培养学生迁移能力，使学生学会学习的前提条件。"工欲善其事，必先利其器"，掌握学习方法不仅可以促进对所学内容的理解，而且可以改善学生的迁移能力，因为学习方法中包含了非常重要的信息，如在什么条件下迁移、如何迁移所学的内容、迁移的有效性等等，这些信息可以提高迁移的意识性，防止经验的惰性化。如果说某一学科的具体内容的迁移属于特殊迁移的话，则学习方法的迁移属于普遍迁移，具有广泛的迁移性，加之学习方法本身又包含了有效迁移的信息，所以，掌握学习方法无疑是提高迁移能力的有效途径。

由此可见，教师在教学中要重视引导学生对各种问题进行深入的分析综合、比较、抽象概括，帮助学生认识掌握问题之间的关系，寻找新旧知识或课题的共同特点，归纳知识经验的原理、法则、定理、规律，发展学生分析问题和概括问题的能力，重视对学习方法的学习，以促进更有效的迁移。由于大部分学生都不能自发地产生一些有效的学习方法，因此更需要教师的指导与教授。

三、知识应用与学习迁移

（一）知识应用的概念

知识应用就是把学到的知识应用于作业和解决有关问题，这个过程是把理性知识具体化的过程。例如，运用理化的概念、定理、定律去解答有关的具体问题；运用逻辑知识去写说明文和议论文；运用数学知识去做某些作业等。知识的应用是知识掌握的最后一个环节，它与知识的获得、知识的保持紧密相联，共同构成知识学习过程。它既以前两者为前提，又是检验知识掌握与否以及掌握程度的手段。

知识的应用形式可分为课堂应用和实际应用两种。

课堂应用在学校教学中是十分普遍的。如课堂提问、讨论、课堂练习、作业等都是常见的课堂应用。通过这些应用可使学生进一步理解所学的知识内容，增强保持效果，并使学生做到举一反三。

实际应用主要是指将所学知识用于解决实际问题，使理论知识与实际相联系。这既可以培养学生的动手能力，又可以激发学生的学习兴趣。通过知识的实际应用，可赋予知识以生命力，使学生与社会生活直接接触，从而开阔视野，增长见识。

（二）知识应用与学习迁移

知识应用既是检验学生对知识的理解和保持的一种手段，也是使学生加深理解和巩固知识的重要方式。知识应用的具体过程因课题的性质与难度而有所不同，但一般都包含课题的类化和知识的具体化等环节。课题的类化是学生通过思维把握具体课题内容的实质，找到它与相应知识的关联，从而把当前的课题纳入已有知识系统；知识的具体化即把已学的概念原理法则运用于解决问题，求取答案。

课题的类化和知识的具体化，实际上是一个知识迁移的过程。经过类化和具体化过程中复杂的智力活动，实现了理论向有关具体事物的迁移。例如在作业过程中，解题时存在思维技能的迁移；重现有关知识时，存在记忆技能的迁移；在课题类化中存在归类技能的迁移；在验算时存在元认知技能的迁移。总之，在应用过程中都有迁移现象，理论性知识如果不能迁移到具体情境中去，就不能实现应用。因此，在现代认知心理学中，知识的应用和知识的迁移属于同一性质的问题，或者说，人们正是通过知识的应用来实现知识的迁移的。

知识的应用与学习迁移既有联系也有区别，它们的区别表现在，知识应用是指用已有知识和理论去解决具体问题，而学习迁移则是指已有知识技能对新知识技能学习所产生的影响，涉及的面要宽一些。负迁移就不是知识的应用，由此可见二者是不同的。

思 考 题

1. 如何理解学习迁移的作用？
2. 学习迁移可以分为哪些类型？研究迁移分类对教学有何帮助？
3. 试比较形式训练说、相同要素说、概括说和关系说对学习迁移现象的解释。
4. 现代迁移理论是如何看待学习迁移的？据此应如何促进学习迁移的发生？
5. 根据各种迁移理论，如何理解促进学习迁移的条件？
6. 如何理解促进学习迁移的几项教学原则？
7. 知识应用与学习迁移之间存在着怎样的关系？
8. 结合你的教学实习，谈谈在实际的教学过程中，应如何促进学习的迁移。

第六章 知识的学习

评价目标

1. 识记知识、陈述性知识、程序性知识的含义；识记知识直观和知识概括的类型。
2. 理解知识学习的过程和作用；理解促进知识感知、知识理解的策略；理解四种遗忘理论。
3. 比较三种直观方式的优缺点，运用记忆规律促进知识的保持。

知识　　陈述性知识　　程序性知识　　知识感知　　知识理解　　知识保持
遗忘

第一节　知识学习概述

任何知识的学习过程，都包含一系列复杂的心理活动，例如感觉、知觉、记忆、想象与思维等认知过程，以及情绪、意志、动机等非认知过程。知识学习的效果如何，与这些心理过程的发展水平有关，而知识学习的过程也促进它们的发展。因此，了解知识学习活动中的心理学规律，才能在实际教学过程中获得良好的效果。

一、知识的类型

（一）知识的定义

《中国大百科全书·教育》中对知识是这样定义的："所谓知识，就它反映的内容而言，是客观事物的属性与联系的反映，是客观世界在人脑中的主观映像。就它的反映活动形式而言，有时表现为主体对事物的感性知觉或表象，属于感性知识，有时表现为关于事物的概念或规律，属于理性知识。"从这一定义中我们可以看出，知识是主客体相互统一的产物。它来源于外部世界，所以知识是客观的；但是知识本身并不是客观现实，而是事物的特征与联系在人脑中的反映，是客观事物的一种主观表征。知识是在主客体相互作用的基础上，通过人脑的反映活动而产生的。因此现代教育心理学将之定义为："知识是个体通过与环境相互作用后获得的信息及其组织，储存于个体内即为个体的知识，储存于个体外即为人类的知识。"因此知识的本质就是信息在人脑中的表征，教育心理学关注的是个体如何获得知识。

（二）陈述性知识和程序性知识

由于反映活动的形式不同，知识可分为陈述性知识和程序性知识。

陈述性知识也叫描述性知识，是个人能用言语进行直接陈述的知识。这类知识主要用来回答"世界是什么"的问题，如"第二次世界大战的原因是什么？""中国的地形特征是什么？"等等。这种知识与人们日常使用的知识概念内涵较为一致，也称为狭义的知识。

程序性知识也叫操作性知识，是个体难以清楚陈述，只能借助于某种作业形式间接推测其存在的知识。这类知识主要用来回答"怎么办"的问题，如"1/2＋1/3＝？"等。程序性知识又可以分为两个亚类，一类是运用概念和规则对外办事的程序性知识，主要用来加工外在的信息，称为心智技能。另一类是运用概念和规则对内调控的程序性知识，主要用来调节和控制自己的加工活动，称为认知策略，也有人称为策略性知识。

背景资料

陈述性知识和程序性知识举例

陈述性知识：
- 知道《独立宣言》是什么
- 知道各国及其首都的名称
- 知道计算面积的公式
- 知道圆是什么
- 知道谁写了《战争与和平》
- 知道蜘蛛的种和属
- 知道毕达哥拉斯定理

程序性知识：
- 知道怎样使用一个计算机程序
- 知道怎样完成一个数学运算
- 知道怎样玩篮球
- 知道怎样写作
- 知道怎样学习
- 知道怎样在图书馆查找信息
- 知道怎样完成一个实验步骤
- 知道怎样解剖一个动物

［资料来源：McCormick C. B. & Pressley M. *Educational Psychology：Learning，Instruction，Assessment.* an imprint of addison wesley Longman, Inc., 1997. 转摘自路海东.学校教育心理学[M].长春：东北师范大学出版社，2000.］

陈述性知识与程序性知识有许多不同的特点。一般认为，大多数陈述性知识是可以言传的（比如，说出一个国家的首都在哪里），而很多程序性知识则不能言传（比如，很多人会骑自行车，但却不能把这种技能言传给他人）。当然，这种区别并非绝对的。另外，陈述性知识可以通过回忆、再认、应用以及与其他知识联系等方式来表现，而程序性知识要通过完成各种操作步骤来表现；陈述性知识可以通过听讲座、读书本、看电视等方式获得，而程序性知识必须通过大量的练习和实践才能获得。

陈述性知识与程序性知识又是密切联系在一起的。许多活动的完成既需要陈述性知识，又需要程序性知识。比如，"计算分数加法首先要通分"，能说出这一规则是陈述性知识，而操作通分的技能则是程序性知识。陈述性知识的获得与程序性知识的获得是学习过程中两个连续的阶段。最初获得的通常是一些陈述性知识，经过大量的练习，这些知识具有了自动化的特点之后，就变成了程序性知识。比如，学习外语时，词汇和语法规则的学习是掌握陈述性知识，当我们通过大量的反复的练习，对外语的理解和运用同本民族语言一样流利时，关于外语的陈述性知识就转化为程序性知识了。在学习和教学过程中，我们既要注意区分陈述性知识与程序性知识，又要注意二者的联系，促进必要的陈述性知识及时转化为程序性知识，使学生形成必要的基本技能。

本章随后介绍的内容均是针对陈述性知识的学习，而各类程序性知识的学习将在随后几章讲述。

二、知识学习的类型

（一）符号学习、概念学习和命题学习

根据知识本身的存在形式和复杂程度，知识学习可以分为符号学习、概念学习和命题学习。

1. 符号学习

符号学习又称表征学习（representational learning），指学习单个符号或一组符号的意义，或者说学习符号本身代表什么。符号学习的主要内容是词汇学习，即学习一个词代表什么。例如，汉字、英语单词的学习，就属于词汇学习。但符号不限于语言符号，也包括非语言符号（如实物、图像、图表、图形等）。符号学习还包括事实性知识的学习。如历史课中历史事件和历史人物的学习，地理课中地形、地貌和地理位置的学习，均属于事实性知识的学习。在符号学习中，学习者要将符号与它所代表的事物、观念联系起来，在认知结构中建立相应的等值关系。比如儿童将"手"、"脚"等与身体相应的部分联系起来，从而当这些词出现的时候，他们头脑中就会唤醒相应的认知内容。

符号学习的心理机制，是符号和它们所代表的事物或观念在学习者认知结构中建立相应的等值关系。例如"狗"这个声音符号，对初生婴儿来说是完全无意义的。在后来多次同狗打交道的过程中，儿童的长辈或其他年长儿童多次指着狗（实物）

说"狗",儿童才逐渐学会用"狗"(语音)代表他们实际见到的狗。我们就说"狗"这个声音符号对某个儿童来说获得了意义,也就是说,"狗"这个声音符号引起的认知内容和实际的狗所引起的认知内容是大致相同的,同为狗的表象。

声音符号与所指对象的联系具有很大的任意性,也就是说,为什么用某一个语音来代表它所指的客体或观念,这没有什么理由。所以,符号学习很接近机械学习。但是,它仍然是一种意义学习,因为儿童在早期就形成了任何事物都有名称这样的一般观念,新符号的学习是在同这一观念的关联或相互同化中进行的。随着儿童词汇量的增加以及对组词法的掌握,新旧意义的同化更成为符号学习的一个重要方面。

2. 概念学习

概念学习指掌握概念的一般意义,实质上是掌握同类事物共同的关键特征和本质属性,从而将这类事物与其他事物区分开来。比如,为了学习"鸟"的概念,学习者就要准确抓住鸟类共同的关键特征,如卵生、有羽毛、有翅膀等,同时又要排除那些非关键特征,如体形大小、颜色、能飞多高等,这样,"鸟"就概括了具有这些关键特征的动物,成了一个具有一般意义的概念。可见,概念学习包含了符号学习,但比符号学习更为复杂。

3. 命题学习

命题是由词联合起来组成的句子所代表的,命题学习就是要理解句子所表达的整体意义,这需要将新命题与头脑中原有的有关概念、观念联系起来。例如,学习"圆的直径是它的半径的两倍"这一命题时,如果没有获得"圆"、"直径"和"半径"等概念,便不能获得这一命题的意义。可见,命题学习要以符号学习和概念学习为基础,是更为复杂的学习活动。

(二)下位学习、上位学习和并列结合学习

根据新知识与原有认知结构的关系,知识的学习可以分为下位学习、上位学习和并列结合学习。

1. 下位学习

下位学习又称类属学习,是一种把新的观念归属于认知结构中原有观念的某一部分,并使之相互联系的过程。认知心理学假定,认知结构本身在观念的抽象、概括和包容的水平方面,倾向于按层次组织。新的概念或命题的意义的形成,最典型的形式是新旧知识之间构成一种归属关系,即认知结构中原有的有关观念在包容和概括的水平上高于新学习的知识,新学习的知识归属于旧知识而得到理解。新知识与旧知识所构成的这种归属关系,又称下位关系,这种归属学习的同化过程便称为下位学习。这种归属过程多次进行,就导致知识不断产生新的层次,因而也就不断分化与精确化。

下位学习又可以分为两种不同的类型:

第一,派生归属学习。当新的学习材料作为原先获得的概念的特例,或作为原先获得的命题的证据或说明而被加以理解时,便产生了派生归属学习。在这种情况下,所要学习的新材料可以直接从认知结构中原有的具有更高包容性和概括性的概念或命题中推断出来，或者已蕴含于其中。也就是说，新知识只是旧知识的派生物。在这样的条件下，派生材料的意义形成很快，学习比较省力。例如，若学生在学习正方形、长方形、三角形时已形成了轴对称图形概念，在学习圆时，"圆也是轴对称图形"这一命题纳入或归属于原有的轴对称图形概念，新的命题很快获得意义，学生立即能发现圆具有轴对称图形的一切特征。

这种归属作用使新的命题获得意义，而且使原有概念或命题得到进一步的证实或丰富，但是原有概念或命题的本质属性并无改变。

第二，相关归属学习。新材料被结合到原有的具有较高概括性的概念或命题中并与之发生交互作用，新的概念或命题获得意义，并使原有的观念得到扩展、精确化、修改或限定，这一过程就是相关归属学习。在相关归属学习中，新知识虽然被看做是原有知识的下位观念，但是前者的意义并非完全蕴含在后者之中，也不能为后者所充分代表。例如，形成"节约用水是爱国行为"这一新认识，便是一种相关归属学习。再比如，学生通过对整数的学习掌握了基本的数概念，在此基础上学习有理数的概念也属于相关归属学习。

相关归属是学生学习教材内容的一种更为典型的形式。通过相关归属学习，学生对概念或命题的认识会越来越深入和精确。

2. 上位学习

上位学习也叫总括学习，是一种通过综合归纳获得意义的学习。当认知结构中已经形成了几个观念，现在要在这几个原有观念的基础上学习一个包容程度更高的概念或命题时，便产生上位学习。例如，儿童在知道"菠菜"、"萝卜"和"洋葱"等概念之后，再学习"蔬菜"这个概念时，新学习的概念总括了原有的概念，新的概念就具有了意义。又如，在小学里教面积概念时，教师让儿童比较桌面、教室地面、墙面、操场等等的面积大小，最后概括出"面积就是平面图形或物体表面的大小"这一命题，即面积的定义，这样的学习也是上位学习。一旦一般面积概念形成以后，再学习具体图形，如三角形、圆形等的面积概念时，这里的学习又转化为下位学习了。一般来说，上位学习在概念学习中比在命题学习中更为普遍。

3. 并列结合学习

如果新命题既不能与认知结构中特定的有关观念构成下位关系，也不能构成上位关系，但对它们的学习能够引起联合的意义，这种学习便称为并列结合学习。在这类学习中，新的命题和概念是有潜在意义的，因为它们是由一些已经学习过的观念的合理组合构成的，能够与认知结构中有关内容的广阔背景建立非任意的联系。这类命题与上位命题或下位命题不同，不能与认知结构中特定的有关观念相联系，只能利用一般的、并非特别相关的内容起固定作用，因此对于它们的学习和记忆都比较困难。学生在各门学科中对于许多新概括的学习，例如学习质量与能量、热与体积、遗传结构与变异、需求与价格等概念之间的关系，都属于命题学习。假定质量与能量、热与体积、遗传结构与变异为已知的关系，现在要学习需求与价格的关系，这个新学习的关系虽不能归属于原有的关系之中，也不能概括原有的关系，但它们之间仍然具有某些共同的关键特征，如后一变量随着前一变量的变化而变化等。根据这种共同特征，新关系和已知关系并列结合，新关系就具有了意义。

通过下位学习，学生的认知结构会不断分化，而通过上位学习和并列结合学习，学生的认知结构会得到进一步的整合协调。当然，我们应该看到，对于许多知识的理解并不是单纯利用某一种模式的结果，而是通过对各种模式的综合运用而实现的。

三、知识学习的过程

知识学习主要是学生对知识的内在加工过程。现代认知心理学认为，这一过程一般分为三个阶段：

1. 知识的获得，包括知识的感知与理解，是指新的知识信息进入短时记忆，与长时记忆中被激活的相关知识建立联系，从而出现新意义的建构。

2. 知识的保持，又称知识的巩固，是指对新建构意义的持久记忆。在巩固阶段，新建构的意义储存于长时记忆中，如果没有复习或新的学习，这些意义会随时间的流逝而出现遗忘现象。

3. 知识的应用，是指把学到的知识应用于作业和解决有关问题的过程，是抽象知识具体化的过程。例如，运用理化的概念、定理、定律去解答有关的具体问题；运用逻辑知识去写说明文和议论文；运用数学知识去做某些作业等。知识的应用是知识掌握的最后一个环节，它与知识的获得、知识的保持紧密相联，共同构成知识学习过程。它既以前两者为前提，又是检验知识掌握与否以及掌握程度的手段。

根据以上有关知识学习的阶段及其特点，我们认为在知识学习的几个阶段中应解决的主要的心理问题分别是知识的同化、保持和迁移。通过同化，学生运用自己已有的知识理解新知识，并使其在自己认知结构的适当地方找到其位置。在保持阶段通过记忆使新知识得到巩固。最后，还通过应用使知识产生广泛的迁移，做到举一反三。由于知识的应用与迁移问题已在第五章进行了简述，本章我们将深入地探讨知识的获得与保持的问题。

四、知识学习的作用

知识历来是教育，特别是学校教育的重要内容之一。古今中外的教育可以说都是以传递人类长期积累的间接知识经验为主的。知识的学习无论对于丰富学生的知识经验、增长学生的见识，还是对于形成学生的各种技能、发展学生的智力都具有重要作用。具体来说，知识的学习具有以下重要意义：

1. 知识的学习和掌握是学校教学的首要任务之一。知识的学习历来备受学校教育的关注，学校教育通过一定的计划，有目的、有组织地向学生传授人类长期积累的宝贵的知识经验。这些知识经验对于学生的成长会起到重要的作用，并有助于学生很好地适应现代化生活。

2. 知识的学习和掌握是学生各种技能形成以及智力发展的前提和条件。从现代认知心理学的观点来看，技能可以看做广义知识的一种，即程序性知识。技能形成的第一个阶段与言语信息的学习一样,也要经历新旧知识的同化过程,或者说技能是在习得言语信息的基础上通过练习而形成的。这样看来,技能的形成、智力的发展同样离不开知识的掌握。

3. 知识的掌握还是学生的态度和品德形成的因素之一。在品德和态度的结构中,第一个因素即是认知成分,这是态度和品德形成的第一步,就是要使学生真正地认识、了解有关的价值观念和行为规范等。

4. 知识的掌握是学生各方面素质得以提高的前提和重要内容。学校教育应紧紧围绕知识的学习来展开,使学生通过知识的掌握形成各种技能,发展智力,并最终成为全面发展的适应现代化生活的建设人才。否则,如果撇开知识的掌握来空洞地谈技能、智力的发展,只能陷入形式训练的窠臼,这在教育史上是有前车之鉴的。

第二节 知识的获得

知识的获得是知识学习的第一个阶段。在这个阶段,新信息进入短时记忆,与来自长时记忆系统的原有知识建立一定的联系,并纳入原有的认知结构,从而获得对新信息意义的理解。而要理解新信息的意义,首先必须获得充分的感性经验,其次必须对所获得的感性经验进行充分的理解加工。

一、知识的感知

（一）感知与观察

人们通过感官获得外部世界的信息,这些信息经过头脑的加工,产生了对事物的认识。人的感知过程是由感觉和知觉构成的。感觉是客观事物直接作用于人的感觉器官,并在人脑中产生对这些事物个别属性的反映,包括视觉、听觉、触觉、味觉、嗅觉等。知觉是比感觉更高一级的反映形式,它是人脑对直接作用于感觉器官的客观事物的各个属性、各个部分及其相互关系的整体反映。知觉是在感觉的基础上产生的,它是对感觉信息整合后的反映。只有感觉到的客观事物的个别属性越丰富,对客观事物的知觉才能越全面。观察则是一种受思维影响的有意识的、主动的和系统的知觉过程,因此也叫"思维的知觉"。它不是单纯对感官信息进行综合,而是包含有理解、思考的成分,是有意知觉的高级形式。一般说来,中学生的观察由于伴有积极的思维活动,因而所获得的知觉映像比一般知觉的映像更鲜明、更精细、更概括、更完整。

（二）知识直观

直观是主体通过对直接感知到的教学材料的表层意义、表面特征进行加工,从而形成对有关事物的具体的、特殊的、感性的认识的加工过程。直观是对知识感知的首要环节。在实际教学中,主要有三种直观方式,即实物直观、模像直观和言语直观。

1. 实物直观

实物直观即通过直接感知要学习的实际事物而进行的一种直观方式。例如，观察各种实物、演示各种实验、进行实地参观访问等都属于实物直观。

由于实物直观是在接触实际事物时进行的，它所得到的感性知识与实际事物间的联系比较密切，因此它在实际生活中能很快地发挥作用。同时，实物直观给人以真实感、亲切感，因此它有利于激发学生的学习兴趣，调动学习的积极性。

但是，实物有时难以突出它的本质要素，学习者必须"透过现象看本质"，这具有一定的难度。例如，在观察实际的杠杆时，杠杆的外在特征很容易觉察，而支点、动力及动力作用线与动力臂、阻力及阻力作用线与阻力臂等有关杠杆的本质属性却难以突出。同时，由于时间、空间和感官选择性的限制，许多事物难以通过实物直观获得清晰的感性知识。例如，过于缓慢的动植物生长和过于迅捷的化学反应都难以直接觉察；宏观的宇宙天体和微观的基本粒子由于过大或过小也不便直接感知。由于实物直观有这些缺点，因此它不是唯一的直观方式，还必须有其他种类的直观方式。

2. 模像直观

模像即事物模拟性形象。所谓模像直观即通过对事物的模像的直接感知而进行的一种直观方式。例如，各种图片、图表、模型、幻灯片和教学电影电视等的观察和演示，均属于模像直观。

由于模像直观的对象可以人为制作，因而模像直观在很大程度上可以克服实物直观的局限，扩大直观的范围，提高直观的效果。首先，它可以人为地排除一些无关因素，突出本质要素。例如，在用图解讲述杠杆时，可以排除其他情节，清楚地把支点、动力及动力作用线与动力臂、阻力及阻力作用线与阻力臂表示出来。其次，它可以根据观察需要，通过大小变化、动静结合、虚实互换、色彩对比等方式扩大直观范围。例如，利用地图或模型，可以把某一地区的地形和地貌置于学生的视野之内（缩小）；利用原子结构示意图，可以让学生清楚地看到原子核与电子结构（放大）；利用幻灯或电影胶片，可以让学生观察到动植物的缓慢生长过程（加快）和化学反应的快速运动过程（变慢）。正因为模像直观具有这些独特的优点，它已成为现代化教学的重要手段，是现代教育技术学研究的重要内容。

但是，由于模像只是事物的模拟形象，而非实际事物本身，因此模像与实际事物之间有一定的差距。为了使通过模像直观获得的知识在学生的生活实践中发挥更好的定向作用，一方面应注意将模像与学生熟悉的事物相比较，同时，在可能的情况下，应使模像直观与实物直观结合进行。

3. 言语直观

言语直观是在形象化的语言作用下，通过对语言的物质形式（语音、字形）的感知及对语义的理解而进行的一种直观形式。例如，在语文教学中，文艺作品的阅读、有关情景与人物形象的领会，在史地教学中，有关历史生活、历史事件、历史人物和有关地形地貌、地理位置的领会，均少不了言语直观。

言语直观的优点是不受时间、地点和设备条件的限制，可以广泛使用。言语直观的优点是能运用语调和生动形象的事例去激发学生的感情，唤起学生的想象。但是，言语直观所引起的表象，往往不如实物直观和模像直观鲜明、完整、稳定，因此，在可能的情况下，应尽量配合实物直观和模像直观。

（三）促进知识感知的策略

1. 灵活运用各种直观形式

前面我们已经提到，实物直观、模像直观和言语直观各有优缺点。因此，为了提高直观的效果，应根据教学的需要和问题的性质，灵活选用直观形式。

（1）实物直观和模像直观的选用

实物直观虽然真切，但是难以突出本质要素和关键特征；模像直观虽然与实际事物之间有一定差距，却有利于突出本质要素和关键特征。因此，一般而言，模像直观的教学效果优于实物直观。例如，心理学家曾用实验研究过实物直观和模像直观对掌握花的构造的不同效果。该实验把学生分成能力相等的两组：一组为实物学习组，一组为挂图学习组。实物学习组的学生，实际到花园去观察各式各样花的构造；挂图学习组只在教室内根据放大了的挂图来学习花的构造。两组学习时间相等。事后以有关花的知识与实物辨认两种方式来测量两组的学习成绩，结果发现挂图学习组在两方面的成绩均好于实物学习组。造成这一现象的主要原因就是实物学习组的学生受到过多无关刺激的干扰，不能从众多的刺激中发现事物的本质要素，不能很快地把握到要点。

以上实验说明模像直观一般比实物直观教学效果好。但是，这一结论只限于知识的初级学习阶段。当学习有了一定基础，由简化的情境进入实际的复杂情境时，就有必要更多地运用实物直观。我们强调的是先进行模像直观，在获得基本的科学概念和科学原理后再进行实物直观，这比一开始就进行实物直观的学习效果好。

（2）加强词（言语直观）与形象（实物直观和模像直观）的配合

为了增强直观的效果，不仅要注意实物直观和模像直观的合理选用，而且必须加强词与形象的配合。首先，形象的直观过程应该受到词的调节，以组织学生的注意，提高感知的目的性。为此，在形象的直观过程中，教师应提供明确的观察目标，给出确切的观察指导，提示合理的观察程序。其次，形象的直观结果应以确切的词加以表述，以检验直观效果并使对象的各组成要素进行分化。再次，应依据教学任务，选择合理的词与形象的结合方式。如果教学任务在于使学生获得精确的感性知识，则词与形象的结合，应以形象的直观为主，词起辅助作用；如果教学任务在于使学生获得一般的、不要求十分精确的感性知识，则词与形象的结合方式可以采取词的描述为主，形象直观起证实、辅助作用。

同样，由于言语直观是通过唤起学生头脑中的表象而起作用的，因此在言语直观过程中，必须注意学生是否有有关的记忆表象，并想方设法丰富学生的记忆表象；其次，教师的言语描述必须讲求质量，注意语言的形象性和确切性。

2. 运用感知规律，突出直观对象的特点

要想在直观过程中获得有关的感性知识，首先必须注意和观察直观对象。而要想有效地观察直观对象，必须运用强度律、差异律、活动律、组合律等感知规律，突出直观对象的特点。

强度律表明，作为知识物质载体的直观对象（实物、模像或言语）必须达到一定强度，才能被学习者清晰地感知。因此，在直观过程中，教师应突出那些低强度但重要的要素，使它们充分地展示在学生面前。在讲授过程中，教师的言语应尽量做到抑扬顿挫。

差异律是指对象和背景的差异影响着人们的感知效果。对象和背景的差异越大，对象从背景中区分开来越容易。对象与背景的设置可从两个层次分析：在物质载体层次，涉及的是如何在板书设计、教材编排、授课技巧等方面恰当地加大对象和背景的差异，突出直观对象；在知识本身层次，涉及的是新旧知识的安排，如何使已有知识在学习新知识时起到经验作用，即通过什么样的手段、途径唤起某些旧知识，使旧知识能成为学习新知识的支撑点。第一层次即通常所说的直观对象与感知背景的差异；第二层次即直观对象与知识背景的差异，在中等教育过程中，这一层次尤应注意。

活动律是指活动的对象较之静止的对象容易感知。为此，应注意在活动中进行直观，在变化中呈现对象，要善于利用现代科学技术作为知识的物质载体，使知识以活动的形象展现在学生面前；并注意在变换背景知识的条件下多次突出对象知识，从而造成一种活动的态势。

组合律表明，凡是空间上接近、时间上连续、形状上相同、颜色上一致的事物，易于构成一个整体为人们所清晰地感知。因此，教材编排应分段分节，教师讲课应有间隔和停顿。

3. 培养学生的观察能力

在直观过程中，教师操纵一定直观教材，其效果如何，主要取决于学生的观察能力。因此，为了更好地完成教学任务，必须认真组织和培养学生的观察能力。

观察前，必须让学生明确观察的目的，进行有关知识的准备，并拟定详细的观察计划。只有这样，才能正确地组织学生的注意力，使之指向和集中在所要观察的对象上。观察过程中，要认真培养学生观察的技能和方法，让学生把握合理的观察程序，并认真作好观察记录。一般说来，应先由整体到部分，再由部分到整体。即先对整体对象有了初步的、一般的认识后，再分出对象的各个部分，并对这些部分进行细致的观察，进而了解各个部分之间的联系，把它们综合为一个整体，达到对观察对象确切、细致、全面的认识。观察后，要求学生对观察结果和资料进行分析、整理和总结，写出观察报告。这样，可以大大促进学生观察的积极主动性，并使观察过程变得更认真。

4. 让学生充分参与直观过程

由于科学知识归根到底要通过学生头脑的加工改造才能被掌握，因此在直观过程中，应激发学生积极参与的热情。在可能的情况下，应让学生自己动手进行操作，如让学生自己参与制作标本，让学生自己制作图表，让学生自己在多媒体的环境中进行学习等，从而改变"教师演，学生看"的消极被动的直观方式。

二、知识的理解

（一）思维过程与知识的理解

思维是以已有知识为中介，对客观事物概括的、间接的反映。正是因为思维，人类才能够推断过去、预测未来。思维反映着人脑对输入的信息进行加工改造从而产出思想产品的能力。心理学研究表明，思维是通过一系列复杂的智力动作而实现的。人们在头脑中，运用存贮在长时记忆中的知识经验，对外界输入的信息进行分析、综合、比较、抽象和概括的过程，就是思维过程。在教学条件下，学生对知识的理解是通过思维活动对感性知识进行复杂的加工而完成的。因此，知识的理解过程也就是思维过程。

（二）知识概括

概括是指主体通过对感性材料的分析、综合、比较、抽象、概括等深度加工改造，从而获得对一类事物的本质特征与内在联系的抽象的、一般的、理性的认识的认知活动。简言之，知识概括就是加工改造感性知识以形成发展理性知识的过程，也就是理解知识的过程。心理学研究表明，概括是使学生的认识由具体上升到抽象、由特殊上升到一般、由感性上升到理性的必经过程，对一切科学知识的领会来说均是不可缺少的。在实际教学中，只有通过概括，才能使学生认识事物的本质，才能避免学生机械地掌握知识。只有认识了事物的本质，才能在日常生活和今后的学习中广泛应用这种知识去解决问题。因此概括是知识理解的主要环节。

在实际的教学过程中，学生对于知识的概括存在着抽象程度不同的两种类型，即感性概括和理性概括。

1. 感性概括

感性概括即直觉概括，它是在直观的基础上自发进行的一种低级的概括形式。例如，有的学生由于经常看到主语在句子的开端部位，因而就认为"主语就是句子开端部位的词"；有的学生看到锐角、直角、钝角等图形中都有两条交叉的线，就认为"角是由两条交叉的线组成"。

首先，感性概括是一种低级的概括形式。虽然从形式上看，感性概括也是通过一定的概括得来的，是抽象的，而且从外延上看，它也涉及一类事物而非个别事物，但是从内容上看，它并没有反映事物的本质特征和内在联系，所概括的一般只是事物的外表特征和外部联系，是一种知觉水平的概括。通过这种知觉水平的概括，学生的认识实际上仍停留在感性范围内。

其次，感性概括是在直观的基础上，通过反复感知而自发实现的。这是因为事物的某些要素或要素组合，由于经常重复或意义特殊而在头脑中逐渐增强，从而同那些没有特殊意义又未能得到重复感知的要素分离开来，使人把这些强烈的要素看成是该类事物所共有的本质特征。实际上，这种概括是依靠事物外表特征的强弱对比而自发实现的，所以又称为直觉概括。

感性的、直觉的概括在中小学生中很常见，但是由于这种概括不能反映事物的本质特征与内在联系，所以在科学知识的获得过程中，不能仅仅依靠这种概括来完成学习任务，必须使学生掌握高级的理性概括。

2. 理性概括

理性概括是在前人认识的指导下，通过对感性知识经验进行自觉的加工改造，来揭示事物的一般的、本质的特征与联系的过程。

首先，理性概括是一种高级的概括形式，它所揭示的是事物的一般因素与本质因素，是思维水平的概括。所谓一般因素，指的是一类事物所共有的，不是个别或某些事物所特有的因素；所谓本质因素，指的是内在地而非表面地决定事物性质的因素。通过这种思维水平的概括，学生对事物的认识就不再停留在表面的感性阶段，而是深入到事物的内在方面、本质方面，上升到了理性阶段。

其次，理性概括不是自发进行的，而是在主体对感性材料自觉地进行一系列分析、综合、比较、抽象、概括的基础上实现的，是通过思维过程而完成的。因此，在实际的教育过程中，教师不仅要重视概括，而且应注意使学生形成概括的技能。

总之，从感性概括中，只能获得概括不充分的日常概念和命题；只有通过理性概括，才能获得揭示事物本质的科学概念和命题。因此，在教学条件下，我们关注的是如何有效地进行理性概括的问题。

（三）促进知识理解的策略

1. 配合运用正例和反例

我们知道，概括的目的在于区分事物的本质和非本质，抽取出事物的本质要素，抛弃事物的非本质要素。因此，教师在指导学生概括时，不仅要注意抽取本质的一面，也要注意抛弃非本质的一面。为此，必须配合使用概念或规则的正例和反例。正例又称肯定例证，指包含着概念或规则的本质特征和内在联系的例证；反例又称否定例证，指不包含或只包含了一小部分概念或规则的主要属性和关键特征的例证。一般而言，概念或规则的正例传递了最有利概括的信息，反例则传递了有利于辨别的信息。

在实际的教学过程中，为了便于学生概括出共同的规律或特征，教学时最好同时呈现若干正例，以一个一个的例子来举例说明。如果所举事例中每个都包含着共有的属性，经过呈现多个事例之后，学生即可通过抽象化概括的方式而获得一个概括所有事例的概念。

心理学研究表明，虽然只用正例也可以有效地学习概念和规则，但如果同时提供反例，概念和规则的学习将更加容易。因为反例的适当运用，可以排除无关特征的干扰，有利于加深对概念和规则的本质的认识。例如，在生物学中讲授"鸟"这一概念时，可用麻雀、鸡、鸭作为正例，说明"前肢为翼、无齿有喙"是鸟的本质特征；用蝙蝠作为反例，说明"会飞"是鸟的无关特征。这样，通过提供正反两面的例证，可以使概念的属性更容易突显出来，使概念的范围更容易确定。

2. 提供丰富多彩的变式

理性概括是通过对感性知识的加工改造而完成的，感性知识的获得是把握事物本质的基础和前提。因此，缺乏必要的感性知识，或已有的感性知识缺乏典型性、代表性，学生就难以对对象的各种要素进行鉴别，难以区分一般与特殊以及本质和非本质，从而也就难以达到概括的目的。因此，在教学实际中，要提高概括的成效，必须给学生提供丰富而全面的感性知识，必须注意变式的正确运用。

所谓变式，就是用不同形式的直观材料或事例说明事物的本质属性，即变换同类事物的非本质特征，以便突出本质特征。简言之，变式就是指概念或规则的肯定例证在无关特征方面的变化。如在生物学中介绍"果实"概念时，不要只选可食的果实（如苹果、西红柿、花生等），还要选择一些不可食的果实（如橡树子、棉籽等），这样才有利于学生看到一切果实都具有"种子"这一关键属性，而舍弃其"可食性"等无关特征。又如在讲惯性时，不仅要举固体的惯性现象，也要举液体和气体的惯性现象，这样学生才会形成"一切物体均有惯性"的正确观念，而不至于认为只有固体才有惯性。

在运用变式时，如果变式不充分，学生在对其进行概括时，往往容易产生错误。一种情况是把一类事物或一些事物所共有的特征看做本质特征。例如有的学生在领会植物生活的必要条件时，常常把温度、二氧化碳和无机盐说成是阳光、空气和土壤，这就是把共有特征当作本质特征的结果。另一种情况是在概括中人为地增加或减少事物的本质特征，因而在辨认事物或进行归类时，不合理地缩小或扩大概念，把应该包括的对象未包括进去或把不应该包括的对象包括进来。例如，有的学生把直线看成是处于垂直或水平位置的线，而认为处于倾斜位置的线不是直线，这就是在直线概念中，人为地增加了一个本质特征——空间位置，从而不合理地缩小了概念。又如，有的学生在掌握圆的概念时，只是抽取出"圆心"与"封闭曲线"这两个本质特征，而遗漏了"圆心到圆周各点距离相等"这一本质特征，把椭圆和不规则图形也看做是圆，从而不合理地扩大了概念。

在教学实际中，为了充分发挥变式应有的积极作用，防止其消极影响，所选用的变式应使那些显著的但非本质的要素得到变异，突出那些隐蔽的但本质的要素。同时，对象的变式应与词的指示和分析相结合，最好在提出定义的基础上，再要求学生依据定义所提出的重要的或本质的特征去分辨各种客体。

当然，对象的变式仅仅是丰富学生感性知识、突出对象本质要素的一种手段。如果不适当地夸大变式的作用，认为它可以代替概括活动，则显然是错误的，应该明确：变式的作用在于促进概括，而非取代概括。

3. 科学地进行比较

概括过程是一种思维过程，是在分析综合的基础上进行比较，在比较的基础上进行抽象概括的过程。因此，区分对象的一般与特殊以及本质与非本质的比较过程，对于科学知识的概括具有非常重要的意义。

比较主要有两种方式：同类比较和异类比较。同类比较即同类事物之间的比较。通过同类比较，便于区分对象的一般与特殊、本质与非本质，从而找出一类事物所共有的本质特征。例如，为使学生获得"平原"这一地理概念，先让学生观察各种平原地带的图片和地图，然后要求他们去比较这些图片与地图上所见到的各个地带的特征，确定哪些是个别地带所特有的、变异着的无关特征，哪些是各个地带所共有的关键特征。经过这样的比较，学生就能概括出"地势平坦"是这些地带所共有的关键特征，而地面上的植物、沙漠、湖泊等是个别地方才有的，对"平原"来说是无关特征。异类比较即不同类但相似、相近、相关的事物之间的比较。如对"重量"与"质量"、"压力"与"压强"、"岛"与"半岛"、"主语"和"谓语"等概念的比较。通过异类比较，不仅能使相比客体的本质更清楚，而且有利于确切了解彼此间的联系与区别，防止知识间的混淆与割裂，有助于知识的系统化和建立网络化的知识结构。

同类比较和异类比较都是教学上常用的比较方法。不过，在科学知识的领会阶段，首先应进行同类事物间的比较，以促进概括，明确概念与规则的内涵；然后再进行异类事物间的比较，以使相似、相近、相关的概念和规则分化出来。

4. 启发学生进行自觉概括

为了促进知识的获得，在实际的教学情境中，教师应该启发学生去进行自觉的概括，鼓励学生自己去总结原理、原则，尽量避免一开始就要求学生记忆或背诵。

教师启发学生进行自觉概括的最常用方法是鼓励学生主动参与问题的讨论。在讨论的时候，不仅要鼓励学生主动提出问题，而且要鼓励他们主动解答问题。虽然在讨论初期，学生提出的问题可能不着边际，回答的方式也未必中肯，但经过这一阶段之后，至少他们对所讨论的原则中包含的概念可先获得澄清。教师如果在这个时候发现学生对原理中某一概念尚缺乏了解，那就说明学生对所学原理尚缺少一部分起点行为，教师必须在设法补足以后，再使之继续进行讨论。在讨论的过程中，教师应从旁辅导，但不宜代替学生匆匆作结。简言之，在概括过程中，教师应充分调动学生的思维，让他们自己去归纳和总结，从根本上改变"教师作结论，学生背结论"的方式。

总之，通过直观，学生获得了有关知识的感性经验，通过概括，学生在感性经验的基础上获得了有关知识的理性经验，从而也就掌握了科学的概念、原理和原则。

第三节　知识的保持

在人们利用头脑中已有的知识同化了新知识，使其得到理解，并在认知结构的适当位置固定下来之后，接下来的就是如何使这些获得的知识在记忆系统中保持和贮存的问题。

一、记忆的种类与特征

现代认知心理学把人的记忆系统分为瞬时记忆、短时记忆和长时记忆三个子系统。

(一) 瞬时记忆

客观刺激停止作用后，感觉信息在一个极短的时间内保存下来，这种记忆叫感觉记忆或瞬时记忆，它是记忆系统的开始阶段。瞬时记忆的贮存时间大约为0.25—2秒。信息贮存的方式具有鲜明的形象性，它完全保持输入刺激的原样，而且有一个相当大的容量。如果这些感觉信息受到特别注意，就会进入短时记忆；而那些没有受到注意的信息，则会很快变弱而消失。当然，如果刺激极为强烈深刻，也可能一次性印入长时记忆系统。

(二) 短时记忆

短时记忆是瞬时记忆和长时记忆的中间阶段，保持时间大约为5秒到2分钟。短时记忆的信息既有来自瞬时记忆的，也有来自长时记忆的。它一般包括两个成分：一是直接记忆，即输入的信息没有经过进一步加工。它的容量相当有限，大约为7 ± 2个组块。如果信息得到及时复述，则可能转入长时记忆系统而被长久保存；否则会很快消失。另一个成分是工作记忆，指长时记忆中存贮的、正在使用的信息，是将贮存在长时记忆中的信息提取出来解决当前问题的过程。在工作记忆中，来自环境的信息与来自长时记忆的信息发生了意义上的相互联系，从而使人们能够进行学习和做出决策。

(三) 长时记忆

长时记忆是指信息经过充分的和有一定深度的加工后，在头脑中长时间保留下来。这是一种永久性贮存。它的保存时间长，可以从1分钟以上到许多年甚至终身，容量没有限度。其信息的来源大部分是对短时记忆的内容进行深度加工的结果，但也有由于印象深刻而一次获得的。信息贮存的方式是有组织的知识系统。这种有组织的知识系统对人的学习和行为决策有重要意义，它使人能够有效地对新信息进行编码，以便更好地识记，也使人能快速有效地从头脑中提取有用的信息，以解决当前的问题。

从系统论的观点看，瞬时记忆、短时记忆和长时记忆是记忆系统的三个不同的信息加工阶段，而不是非此即彼的记忆种类。它们之间相互联系、相互影响。任何信息都必须经过瞬时记忆、短时记忆才可能转入长时记忆，没有瞬时记忆的登记、短时记忆的加工，信息就不可能长时间贮存在头脑中。

二、知识保持的特点

保持是识记过的经验在人们头脑中的巩固过程，也就是信息的存储过程。保持是识记和再现的中间环节，在记忆过程中有着重要的作用，没有保持也就没有记忆。

知识保持是一个动态过程，存储信息在内容和数量上都会发生变化。数量方面的变化，主要表现为保持的数量随时间的推移而逐渐下降。这就是遗忘现象，我们将在后文详细讨论。在内容方面，由于每个人的知识经验的不同，加工和组织经验的方式不同，人们保持的经验可能有以下几种形式的变化：(1) 保持的内容比原来识记的内容更简略、更概括，一些不太重要的信息趋于消失，而主要内容及其显著特征被保持；（2）保持的内容比原来识记的内容更详细、更具体、更完整、更合理和有意义；（3）原来识记内容中的某些特点更夸张、突出或歪曲，变得更生动、离奇、更具特色。不仅形象记忆内容在保持的过程中有可能被改造甚至歪曲，文字材料的保持也是如此。心理学家巴特莱特让被试阅读一篇关于"魔鬼的故事"的文章，过一段时间后让他们复述，结果发现，经常阅读鬼怪故事的被试在回忆中增添了许多关于鬼的内容和情节，而受过逻辑学训练的被试在回忆中则大量删去了关于鬼的描写，而使故事变得更合乎逻辑。

上述分析表明，信息在头脑中的保持不是静止的、凝固的，而是一个重建过程，信息在保持过程中要不断地受到思维的"裁剪"加工而发生变化。

三、知识的遗忘

（一）遗忘及其进程

记忆保持的最大变化是遗忘，遗忘和保持是矛盾的两面。记忆的内容不能再认和回忆，或者再认和回忆时发生错误，就是遗忘。遗忘有各种情况，能再认但不能回忆叫不完全遗忘，不能再认也不能回忆叫完全遗忘；一时不能再认或回忆叫暂时性遗忘，永久不能再认或回忆叫永久性遗忘。

对于遗忘发展的进程，德国心理学家艾宾浩斯（H. Ebbinghaus）最早进行了系统的研究。他自己既当主试又当被试，独自进行实验，持续数年之久。为了对结果进行数量分析并排除过去经验的干扰，他采用了无意义音节作为记忆材料。这种材料是由中间一个元音、两边各一个辅音构成的音节，如 XIQ、PAT、SUW 等。艾宾浩斯采取重学法（又称节省法）来检验记忆的效果。他每次学习 8 组、每组 13 个无意义音节的字表，诵读到能连续两次无误背诵为止，并记录所需时间和诵读次数。然后，间隔不同的时间后进行重新学习，记录达到同样的背诵程度所需要的时间和诵读次数。最后比较两次学习所用的时间和诵读次数的差异，以重学比初学节省的时间或次数的百分数作为保持量的指标。其实验结果如表 6-1。后来的学者将此实验结果绘成曲线图（如图 6-1），这就是百余年来一直被广泛引用的经典的艾宾浩斯遗忘曲线。

表 6-1 不同时间间隔的保持成绩

时距/小时	重学节省/%（保存量）	遗忘数量/%
0.33	58.2	41.8
1	44.2	55.8
8.8	35.8	64.2
24	33.7	66.3
48	27.8	72.2
6×24	25.4	74.6
31×24	21.1	78.9

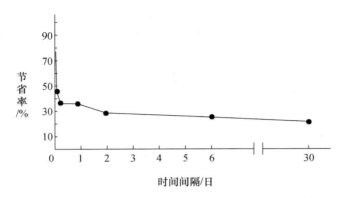

图 6-1　艾宾浩斯遗忘曲线

从表 6-1 和图 6-1，我们可以看到，遗忘在学习之后立即开始，而且遗忘的过程最初进展得很快，以后逐渐缓慢；过了相当的时间后，几乎不再遗忘。例如，在学习 20 分钟之后遗忘就达到了 41.8%，1 天之后遗忘达到了 66.3%，而 31 天后遗忘仅达到 78.9%。这一研究表明，遗忘的发展是不均衡的，其规律是先快后慢，呈负加速型。

（二）遗忘的原因

1. 痕迹衰退说

这是一种对遗忘原因的最古老的解释。按照这种理论，遗忘是由记忆痕迹衰退引起的，衰退随时间的推移自动发生。它起源于亚里士多德，由桑代克进一步发展。桑代克曾把练习律作为他的三大学习定律（效果律、练习律、准备律）之一。练习律指习得的刺激—反应联结，如果得到使用，其力量会加强；如果失去使用，则联结的力量会减弱，以致逐渐消失。这实际上是用痕迹衰退说对遗忘所作的解释。尽管许多心理学家对痕迹衰退说提出了种种怀疑，并设计了大量实验来否认痕迹衰退说，但至今没有可靠的证据表明神经系统中留下的记忆痕迹可以永久保持而不会衰退，并且记忆痕迹随时间的推移而逐渐衰退的观点也符合事物的发生、发展和衰亡的一般规律，所以痕迹衰退仍然被认为是导致遗忘的原因之一。

2. 干扰说

干扰说认为，遗忘是由于在学习和回忆之间受到其他刺激干扰的结果。一旦排除了干扰，记忆就可以恢复。这种遗忘理论得到了大量实验的支持，近一个世纪以来一直占据着统治地位。早在 1924 年詹金斯（Jenkins）等就进行了"睡眠记忆"实验，他们让被试在白天和临睡前记忆无意义音节，结果在临睡前学习过的无意义音节保持较好。原因是白天学习受到新进入信息的干扰较多，临睡前的学习不受或少受后面进入的信息干扰。因此他们认为，在保持期间，如果没有其他信息进入记忆系统，则原有的信息不会遗忘。

研究表明，干扰主要有两种情况，即前摄抑制和倒摄抑制。所谓前摄抑制，是指前面学习的材料对识记和回忆后面学习材料的干扰；倒摄抑制，指后面学习的材料对保持或回忆前面学习材料的干扰。前摄抑制和倒摄抑制在系列学习、配对联想学习和自由回忆的记忆实验中，都获得了强有力的证据。在其他条件相等的情况下，一个学习材料的两端的项目总是学习快、记得牢一些，而中间部分的项目总是学得慢、记得差一些。中间部分的记忆效果之所以较差，可能是由于同时受到前摄抑制和倒摄抑制双重干扰的结果；而最前部与最后部的记忆效果之所以较好，可能是由于仅受到倒摄抑制或前摄抑制造成的。

现在，大多数心理学家认为，长时记忆中信息的相互干扰是导致遗忘的重要原因。干扰说可以解释许多遗忘现象。在白天记忆模糊的事件，到晚上做梦时却显得十分清晰；在清醒情况下想不起来的情节，在催眠状态下却能回忆出来。这些都说明，记忆的痕迹并未消失，只是由于受到其他信息的干扰而一时提取不出来，当排除了这种干扰以后，提取就能成功。研究表明，一般成年人的记忆力并不比少年儿童差，但许多成年人觉得自己的记忆力比孩提时差多了。按干扰说的解释，这是由于成人接触的事物多，分心的信息也多，其容易遗忘的真正原因并不是记忆力的衰退，而是受到较多干扰的缘故。

3. 同化说

奥苏贝尔根据他的有意义接受学习理论，对遗忘的原因提出了一种独特的解释。他认为，干扰说是根据机械学习实验提出来的，只能解释机械学习的保持与遗忘，不能解释有意义学习的保持与遗忘。为了证明其观点，奥苏贝尔及其同事做了大量有关有意义学习与保持的实验，这些实验同传统的学习与记忆实验有很大不同。第一，他所用的材料是有逻辑意义的，而且是被试能够理解的；第二，材料不是逐字逐句呈现，而是一次全部呈现，学习者可以主动支配学习材料；第三，测验时不要求逐字逐句回忆原材料，只要求回忆该材料所含的意义单元。这样就完全满足了有意义学习的条件，防止了传统记忆实验中有逻辑意义材料的机械学习。

奥苏贝尔认为，在真正的有意义学习中，前后相继的学习不是相互干扰而是相互促进的，因为有意义学习总是以原有的学习为基础，后面的学习则是前面学习的加深和扩充。遗忘就其实质来说，是知识的组织与认知结构简化的过程。当我们学到了更高级的概念与规律以后，高级的观念可以代替低级的观念，使低级观念遗忘，从而简化了认识并减轻了记忆。这是一种积极的遗忘。但在有意义学习中，或者由于原有知识结构不巩固，或者由于新旧知识辨析不清楚，也有可能以原有的观念来代替表面相同而实质不同的新观念，从而出现记忆错误。这是一种消极的遗忘，教学中必须努力避免。

4. 动机说

动机性遗忘理论认为，遗忘是因为我们不想记，而将一些记忆信息排除在意识之外，因为它们太可怕、太痛苦或有损自我的形象。这一理论最早由弗洛伊德提出。他在给精神病人施行催眠术时发现，许多人能回忆起早年生活的许多琐事，而这些事情平时是回忆不起来的。它们大多与罪恶感、羞耻感相联系，因而不能为自我所接纳，故不能回忆。也就是说，遗忘不是保持的消失而是记忆被压抑，故这种理论也叫压抑理论。

心理学研究表明，人们有一种把创伤性经验有选择地重新编码为中性的甚至愉快的经验的倾向。也就是说，人们倾向于重新组织自己的童年经验，以便记住过去的"美好时光"。但实际生活并非如此，只是"应当如此"而已。这一现象符合动机性遗忘的理论解释。

总之，遗忘的原因是多方面的。上述每一种理论都能解释遗忘的部分现象，但不能解释所有的遗忘现象。因此对于遗忘的原因，应当把上述几种理论综合起来加以解释。

四、促进知识保持的策略

复习是巩固所学知识的最基本方法，为了促进知识的保持，避免知识的遗忘，必须注意合理地组织复习。

（一）复习时机要得当

1. 及时复习

我们前面介绍了遗忘发展的一般规律是"先快后慢"。由于遗忘的发展开始很快，所以要想提高巩固复习的效果，必须在遗忘还没有发生以前及时进行复习，这样才能节省学习时间。为此，在教学上必须遵守"及时复习"的原则。遗忘开始的一般标志是识记的精确性降低，相似、相近的材料在再认和回忆中容易发生混淆；有时也表现为只能再认而不能回忆（不完全遗忘）。所有这些都表明遗忘开始了，巩固复习必须在这些现象发生以前及时进行。

2. 间隔复习

由于遗忘存在着"先快后慢"的趋势，因此在教学上还必须遵守"间隔复习"的原则。一般说来，刚学过的新知识应该多复习，每次复习所用的时间应长些，而间隔的时间要短些。随着记忆巩固程度的提高，每次复习的时间可以短些，而间隔的时间可以长些。

3. 循环复习

复习的目的不仅是为了考试，更重要的目的是为了在将来的工作岗位中应用，用所学知识为社会服务。因此，教学上也应该遵守"循环复习"的原则，对于所学的重要的基本的材料应经常进行复习，做到"温故而知新"。

（二）复习方法要合理

1. 分散复习

对教材的复习，从时间分配上来说，有两种不同的形式，一种是分散复习（每次时间短，次数多），一种是集中复习（每次时间长，次数少）。研究表明，这两种复习方式效果不同，一般分散复习的效果优于集中复习，因为分散复习可以降低疲劳感，可以减少前摄抑制和倒摄抑制的影响。因此，教师在教学中应鼓励学生进行分散复习，不要等到考前集中"算总账"。

2. 反复阅读与尝试背诵相结合

一般背诵材料有两种方法，一种是一遍又一遍地单纯重复阅读，一种是反复阅读结合尝试背诵。研究表明，这两种复习方式效果不同，反复阅读结合尝试背诵的效果优于单纯的重复阅读，因为后者不利于及时发现学习中的薄弱点，因而在重复学习时有一定的盲目性；而前者则可以及时发现学习中的薄弱点，从而在重复学习时集中注意，有针对性地加强薄弱点的学习。因此，教师在教学（尤其是在文科教学，如英语）中应注意指导学生在阅读过程中，边阅读边背诵，将阅读与背诵交替进行。

3. 综合使用整体复习与部分复习

整体复习指每次复习整篇材料，部分复习指把材料分成几个部分进行复习；而所谓综合使用整体复习与部分复习，即先进行整体复习，而后把材料分成几个部分，进行部分复习。研究表明，这三种复习方式效果不同，一般来说，综合复习效果最好。当然，整体复习、部分复习和综合复习的选用也应考虑材料的特点，全面照顾到影响记忆效果的各种因素。如果材料是彼此没有意义联系的，采用部分复习法无疑是合理的；如果材料是彼此有联系的，则必须根据不同情况具体安排，材料比较简短，可以采用整体复习法；材料比较复杂、冗长，则宜采取综合复习法。

（三）复习次数要适宜

有关研究一致表明，教材的保持或遗忘与复习的次数密切相关。一般说来，复习次数越多，识记和保持的效果越好；反之，则遗忘发生愈快。据此，心理学家肯定了"过度学习"的必要性。所谓过度学习，指在学习达到刚好程度以后的附加学习。如读一首短诗，某人学习10分钟就刚好能背诵，在能够背诵之后增加的学习（如再读5分钟或再读5遍）便是过度学习。

在日常教学中，一般教师都知道，对于本门学科的一些基本概念、基本原理的学习，仅仅达到刚能回忆的程度是不够的，必须在全面理解的基础上达到牢固熟记的程度。例如，加减九九表中的162个数量关系是加减运算的基础，对于这些数量关系的记忆必须达到"滚瓜烂熟"，可以不假思索"脱口而出"的程度；对于乘法九九表中的81个数量关系也应作如此要求。这些都是实际教学中过度学习的例证。

当然，过度学习并不意味着复习次数越多越好。研究表明，学习的熟练程度达到150%时，记忆效果最好；超过150%时的效果并不递增，很可能引起厌倦、疲劳等而成为无效劳动。所以，并非复习次数总是越多越好。

总之，促进保持和防止遗忘，必须注意从学习时机、学习方法、学习程度等方面来综合考虑。

1. 如何理解陈述性知识和程序性知识的概念？
2. 知识学习可以分为哪些类型？研究知识学习有何作用？
3. 知识直观有哪三种方式？试比较它们之间的优缺点。
4. 如何理解促进知识感知的策略？

5. 知识概括有几种类型？试举例说明如何促进对知识的理解。
6. 记忆可以分为哪些类型？它们各有什么特点？
7. 知识在保持过程中会表现出什么特点？
8. 知识的遗忘规律是什么？试比较分析四种解释知识遗忘的理论。
9. 结合你的教学实习，谈谈在实际的教学过程中，应如何促进知识的保持。

第七章 技能的形成

评价目标

1. 识记技能、操作技能和心智技能等概念。
2. 理解操作技能和心智技能的基本特征及其形成阶段、操作技能的培训要求。
3. 运用有效教学方法培养学生的心智技能和操作技能。

技能　　操作技能　　心智技能

第一节　技能概述

技能在我们的日常生活、工作和学习中具有重要的作用。在古代，孔子把礼、乐、射、御、书、数这"六艺"作为教学的内容。在今天，我们不仅要有传统意义的读、写、算的基本技能，而且必须具备现代技能，如操作电脑、通晓外语等。对于学生而言，技能是学生掌握知识所不可缺少的条件。

一、技能及其特点

所谓技能，一般认为是通过练习而形成的合乎法则的认知活动或身体活动的动作方式。技能的生理基础是由于在大脑皮层运动中枢的神经细胞之间形成了牢固的联系系统，所以只要在一定刺激的作用下，一系列的动作便可以一个接一个地、自动地产生出来。

第一，技能是通过学习或练习而形成的，不同于本能行为。

技能是在后天不断学习的过程中逐步完善的。学生在技能学习中，活动动作方式的掌握总是要经历一个由不会到会、由会到熟练的逐步完善的过程。练习是实现这一过程的必经之路。练习不同于机械地重复某种动作，练习中每一次动作反复都意在改进动作，提高动作的有效性，使动作趋于完善。通常在技能学习的最初阶段，练习有非常明显的促进作用，随着不断地练习，进步速度逐渐减慢，但仍有进步。

第二，技能是一种活动方式，不同属于认知经验的知识。

技能的形成与知识的掌握密切联系。技能的形成以掌握知识为必要条件，掌握知识不仅要掌握陈述性知识，更为重要的是要掌握程序性知识。人们掌握的知识越巩固，越有助于技能的形成。同样地，技能一经形成，又会促进对新知识的掌握。但是，技能的形成又不同于知识的掌握。知识解决知与不知的问题，对活动起定向作用。技能是控制动作执行的工具，要解决的问题是动作能否做出来，会不会做，熟练不熟练。技能的学习要以程序性知识的掌握为前提。

第三，技能中的各动作要素及其执行顺序要体现活动本身的客观法则的要求，不是一般的习惯动作。

习惯是自然习得的，它既可能合乎法则，也可能不合乎法则；而技能是通过系统的学习与教学而形成的，是在主客体相互作用的基础上，通过动作经验的不断内化而形成的。合乎法则是技能形成的前提。在技能形成过程中，各个动作要素及其之间的顺序都要遵循活动本身的要求，如写作技能的培养总是先从字词句开始，进而是段，然后才是篇章。

研究表明，合乎法则的熟练技能具有以下五个基本特性：（1）流畅性，即各动作成分以整合的、互不干涉的方式和顺序进行；（2）迅速性，即快速地自动化地做出准确的反应；（3）经济性，即完成某种活动所需的生理和心理能量较小，工作记忆的负荷小；（4）同时性，熟练的活动其各种成分可以同时被执行或者同时进行无关的活动；（5）适应性，能够灵活地适应各种变化的条件。

二、技能的种类

根据本身的性质和特点，技能可以分为操作技能和心智技能。

（一）操作技能

操作技能（motor skill）也叫动作技能、运动技能，是通过学习而形成的合乎法则的操作活动方式。像我们日常生活中的写字、绘画、打字，音乐方面的吹、拉、弹、唱，体育方面的田径、球类、游泳、体操、射击，生产劳动方面的车、铣、刨、磨，交通方面的骑车、开车、驾驶飞机等等活动方式，都属于操作技能的范畴。

除技能的一般特点外，操作技能还具有不同于心智技能的一些特点：首先，就动作的对象而言，操作技能的活动对象是物质性客体或肌肉，具有客观性；其次，就动作的进行而言，操作动作的执行是通过肌体运动实现的，具有外显性；最后，就动作的结构而言，操作活动的每个动作必须切实执行，不能合并、省略，在结构上具有展开性。

操作技能本身又可以从不同的角度进行分类。

1. 根据动作的精细程度与肌肉运动强度不同，可以分为粗大操作技能与精细操作技能。

粗大操作技能（gross motor skill）指在较大空间范围内进行并要求做出大幅度动作的技能，如跑步、游泳、打球等。其特点是需要整个躯体和大块肌肉群的运动才能完成活动。成功完成这类活动对动作精确性的要求相对较低，但是动作的流畅性和协调则是必需的。精细操作技能（fine motor skill）是在狭小空间范围内进行并要求动作协调、精致、幅度小地展开的技能，如打字、刺绣、雕刻等。其特点是仅仅靠身体或四肢小肌肉群的运动来完成活动，通常涉及手眼协调，对动作的精确性有较高要求。

2. 根据动作的连贯与否，可以分为连续操作技能与断续操作技能。

连续操作技能（continuous motor skill）主要由一系列的连续的动作构成。该技能需要完成的动作序列较长，而且在完成活动任务的过程中需要根据复杂的内外刺激连续、不断地调节和校正，如骑车、弹琴等。其特点是动作的延续时间较长，动作与动作之间没有明显可以直接感知的始点和终点，难以精确计数。断续操作技能（discrete motor skill）主要由一系列不连续的动作构成。这种技能只包含较短的序列，可以进行精确计数，并对一个特定的外部刺激做出一个特定的反应。它是由突然爆发的动作组成的，如射箭、举重等。其特点是动作延续时间短，动作与动作之间可以直接感觉到始点与终点，动作突然爆发等。

3. 根据动作对环境的依赖程度的不同，可以分为闭合性操作技能与开放性操作技能。

这种分类最早是由英国心理学家珀尔顿（E. C. Poulton）于1957年提出的。如果一种操作技能面对外界环境是稳定的、可预测的，那么这种操作技能就是闭合性动作技能（closed motor skill）。这种技能发生在固定的、环境不变的条件下，完全依赖肌肉的内部反馈信息来进行指导，如打保龄球、跳水、投掷铁饼等。而如果一种操作技能面对的外界环境是不断变化的、不可预测的，那么这种技能就是开放性操作技能（open motor skill）。它主要依赖于周围环境提供的信息，正确地感知周围环境成为运动调节的重要因素，例如，打篮球、踢足球等。这类开放性技能要求人们具有处理外界信息变化的能力和对事件发生的预测能力。

4. 根据操作对象的不同，可以分为徒手型操作技能与器械型操作技能。

徒手型操作技能是通过身体的协调运动来完成的，无须操纵各种器械或仪器，如舞蹈、体操等；而器械型操作技能的完成主要是通过一定的器械来进行的，如投掷标枪等。

(二) 心智技能

心智技能（intellectual skill）也称智力技能或认知技能，它是一种借助于内部语言在人脑中进行的认知活动方式，包括感知、记忆、想象和思维等认知因素，其中抽象思维因素占据着最主要的地位。

在心智技能中，根据适用范围的不同，可以把它分为专门心智技能和一般心智技能两种。专门心智技能（special intellectual skill）是为某种专门的认知活动所必需的，也是在相应的专门智力活动中形成、发展和体现出来的，如默读、心算等技能便是学生在学习活动中必须掌握的最基本的专门心智技能。一般心智技能（general intellectual skill）是指可以广泛应用于许多领域的心智技能，它是在多种专门心智技能的基础上经概括化而形成发展起来的，如观察技能、分析技能、综合技能和比较技能等。

通常，一般心智技能体现在各种专门心智技能之中，而各种专门心智技能总是包含着一般心智技能，两者是在同一智力活动中形成和发展的。例如，学生成功解答应用题时，不仅具备了心算这一专门心智技能，而且也具备了分析、综合、比较等一般的心智技能。

三、操作技能与心智技能的关系

操作技能与智力技能是构成技能系统的两个子系统，它们既有区别又有联系，其区别在于：

第一，活动的对象不同。操作技能属于实际操作活动范畴，其对象是物质的、具体的（如开车、打字），表现为外显的骨骼和肌肉的操作。心智技能的对象是头脑中的印象，具有主观性和抽象性，表现为从外部难以觉察的头脑中的思维过程，属于观念的范畴。

第二，活动的结构不同。操作技能是系列动作的连锁，其动作结构必须从实际出发，符合实际，不能省略。而心智技能则是借助于内部言语实现的，可以高度省略、高度简缩，甚至让人觉察不到它的进行。

第三，活动的要求不同。操作技能和心智技能的形成结果都是从不会做到知道如何做，再到熟能生巧的阶段。但操作技能要求学习者必须掌握一套刺激—反应的联结，而心智技能则要求学习者掌握正确的思维方法。

操作技能与心智技能又是相互联系的。操作技能通常是心智技能形成的最初依据，心智技能的形成是以外部操作技能为基础，然后逐步脱离外部动作而借助内部言语实现的。例如，学生在学会解题之前，都是先从简单的数数开始的，他们会借助外在的工具，如数手指、小棍子等，之后逐渐摆脱外部动作而借助内隐的思维活动。同时，心智技能往往又是外部操作技能的支配者和调节者，复杂的操作技能往往包含认知成分，需要学习者的心智活动的参与。

四、技能的作用

对于学生来说，技能的学习及掌握具有特别重要的意义。首先，技能能够对活动进行调节与控制，有助于对相关知识的掌握。技能可以控制动作的执行顺序和执行方式，从而可以使个体的活动表现出稳定性、灵活性，能够适应各种变化的情境，从而更为有效地掌握知识。例如，学生学习组词、造句等活动，有助于提高阅读能力，也有助于掌握基本的创作知识。其次，技能是获得经验、解决问题、变革现实的前提条件。长期以来，学生对阅读、书写、运算等基本技能的掌握一直被认为是他们顺利完成学习任务所必备的基本条件。因此，学生技能的学习和掌握也是学校教学的重要目标之一。第三，技能的形成也有利于智力、能力的发展。学生掌握了某种技能，就能够熟练地按照合理的动作方式去完成相应的活动任务，而这种活动效率的提高是他们智力、能力发展的体现。

第二节 操作技能的形成

操作技能不是生而有之的,而是在练习的基础上形成的,因而操作技能的形成过程,实质上是一种学习过程。操作技能是人类生存和发展所必须具备的能力,是人类学习的重要领域之一。

一、操作技能形成的阶段

操作技能的形成是指通过练习逐渐掌握某种外部动作方式并使之系统化的过程。

（一）操作技能形成三阶段论

在众多关于操作技能形成的阶段或步骤的观点中,费茨（T. M. Fitts）和波斯纳（M. I. Posner）1964年提出的三阶段的观点最具代表性,这三个阶段是：认知阶段（cognitive phase）、联结阶段（associated phase）和自动化阶段（autonomous phase）。

1. 认知阶段

技能的掌握离不开对相关知识的学习。学习者通过指导者的言语讲解或观察他人示范的动作模式,或自己按照操作说明或使用手册的要求,试图对所学技能的任务、性质、要求进行分析、了解和领会,这就是认知阶段。也即,认知阶段的任务就是学习者了解要完成的技能的相关知识。因此,这个阶段中,学习者要接受来自各种感觉通道的信息并试图将其内化。如学生学游泳时,首先需要掌握游泳的动作结构与技术要点,不同的泳式有不同的动作特点,接着要观察指导者的动作,之后才开始练习。而在练习期间更是要不断回忆所学的动作特点及教师的动作示范。

因此,这一阶段的重点在于知觉机制上,要为学习者提供视觉、听觉和肌肉运动知觉的线索。在学习示范动作时,学习者可以参考书或示意图进行观察,要了解所学习操作技能的动作结构和特点,以及各组成动作之间的联系,从而在头脑中形成映像。该阶段中,动作映像的形成十分重要。正确的动作映像有助于学习者有效地掌握某种操作技能,反之,错误的动作映像会使技能学习出现偏差。除了动作映像外,学习者还要根据自己以往成功或者失败的经验和能力,结合当前任务的复杂程度,形成自己对能达到水平的期望。

2. 联结阶段

联结阶段有时又称为定型（fixation）或练习（practicing）阶段。它实质上是学习者把局部动作综合成更大单位,从认知方面转向动作方面,最后形成一个连贯的初步动作系统的阶段。该阶段中,重点是使客体刺激与动作反应形成适当的联结,排除过去经验中习惯的干扰以及局部动作之间的相互干扰。例如,蝶泳初学者,其手臂、脚、头、腹、换气的动作常常相互干扰,导致动作不协调,顾此失彼。通常是,手臂动作正确了,却又忘了收腹;或是有了收腹动作,脚步动作又成了蹬水;或手臂、双脚、收腹动作协调了,结果又忘了换气,等等。

因此，此阶段中，局部动作虽然已经形成了联结，但动作之间的联系还不够紧密、牢固，这样在实现动作转换时，常常出现短暂的停顿现象。在完成动作活动过程中，视觉控制作用逐渐减弱，而肌肉运动感觉的调节作用逐渐增强，并能运用来自外部情境的外部反馈信息和来自效应器官肌肉活动的内部反馈信息来调节自身的动作。通常，联结阶段比认知阶段持续的时间要更长，该阶段任务的各个成分之间有了一定的协调性，而认知阶段只是一个大概的调整。

3. 自动化阶段

操作技能进入自动化阶段，意味着整个程序的完成不需要刻意的注意，这是技能形成的最后阶段。在此阶段，各个局部动作联合成为一个完整的自动化动作系统，成为一个有机的整体固定下来，只要一个启动信号就能迅速准确地按照动作的程序以连锁反应的方式来实现。此时，意识对动作的控制作用减小到最低限度，整个动作系统从始到终一气呵成。例如，那些熟练掌握游泳技能的人不仅自己可以毫不费劲地在水中穿行，而且还可以帮助其他人。

达到自动化水平需要长时间的练习。许多体育技能的训练表明，一个运动员要达到自己的最高水平，需要多年的练习，另外技能的保持也需要大量的练习（邵瑞珍等，1997）。

（二）冯忠良的四阶段模型

通过分析操作技能形成过程中的动作特点，我国学者冯忠良认为操作技能的形成可以分为操作定向、操作模仿、操作整合与操作熟练四个阶段。

1. 操作的定向

（1）操作定向的含义

操作定向即了解操作活动的结构与要求，在头脑中建立起操作活动的定向映像的过程。虽然操作技能表现为一系列的操作活动，但在形成之初，学习者必须了解做什么、怎么做的有关信息与要求，形成对动作的初步认识，即首先要掌握与动作有关的陈述性知识与程序性知识。有了这种定向映像，学习者在以后实际操作时就可以受到该映像的调节，知道做什么、怎么做。

（2）操作活动的定向映像

操作定向映像的形成包括两个方面：一是有关操作动作本身的各种信息，涉及操作活动的结构要素及其关系或顺序与操作方式（如，操作的轨迹、方向、幅度、力量、速度、频率和动作衔接等）；二是与操作技能学习有关或无关的各种内外刺激的认识与区分，如有哪些反馈信息可以利用，哪些刺激容易引起分心等。学习者了解这些信息后，就可以在头脑中建立起相应的心理表征，即起到定向作用的心理映像。

2. 操作的模仿

（1）操作模仿的含义

操作的模仿即实际再现出特定的动作方式或行为模式。个体在定向阶段了解了一些基本的动作机制，在模仿阶段则试图做出某种动作。模仿的实质是将头脑中形成的定向映像以外显的实际动作表现出来,因此,模仿是在定向的基础上进行的,缺乏定向映像的模仿是机械的模仿。就有效的操作技能的形成而言,模仿需要以认知为基础。

(2) 操作模仿阶段的动作特点

① 动作品质。动作的稳定性、准确性、灵活性较差。

② 动作结构。各个动作要素之间的协调性较差,互相干扰,常有多余动作产生。

③ 动作控制。主要靠视觉控制,动觉控制水平较低,不能主动发现错误与纠正错误。

④ 动作效能。完成一个动作往往比标准速度要慢,个体经常感到疲劳、紧张。

操作模仿一方面可以检验已经形成的动作定向映像,使之完善和充实,另一方面可以加强个体的动觉感受。在这一阶段,学习者的动作的稳定性、准确性、灵活性较差,各个动作要素之间的协调性也不如意,且各要素相互干扰,个体动作要靠视觉控制,其完成某一操作任务的效能较低。

3. 操作的整合

(1) 操作整合的含义

操作的整合即把模仿阶段习得的动作固定下来,并使各动作成分相互结合,成为定型的、一体化的动作。学习者在模仿阶段只是初步再现出定向阶段所提供的动作方式,只有通过整合,各动作成分之间才能协调联系,动作结构才逐步趋于合理,动作的初步概括化才得以实现。

(2) 操作整合阶段的动作特点

① 动作品质。动作可以表现出一定的稳定性、精确性和灵活性,但当外界条件发生变化时,动作的这些特点都有所降低。

② 动作结构。动作的各个成分趋于分化、精确,整体动作趋于协调、连贯,各动作成分间的相互干扰减少,多余动作也有所减少。

③ 动作控制。视觉控制不起主导作用,逐渐让位于动觉控制。肌肉运动感觉变得较清晰、准确,并成为动作执行的主要调节器。

④ 动作效能。疲劳感、紧张感降低,心理能量的不必要的消耗减少,但没有完全消除。

在这一阶段,学习者的动作可以表现出一定的稳定性、精确性和灵活性,动作的各个成分趋于分化,整体动作趋于协调和连贯,动作成分间的相互干扰减少,视觉控制不再起主导作用,逐渐让位于动觉控制,动作效能有所提高,疲劳感和紧张感降低。

4. 操作的熟练

(1) 操作熟练的含义

操作的熟练指所形成的动作方式对各种变化的条件具有高度的适应性,动作的执行达到高度的完善化和自动化。自动化并非无意识,而是指它的执行过程不需要意识的高度控制，可以将注意分配于其他活动。操作的熟练的内在机制是在大脑皮层中建立了动力定型，即大脑皮层的概括的、巩固的暂时神经联系。

（2）操作熟练阶段的动作特点

① 动作品质。动作具有高度的灵活性、稳定性和准确性，在各种变化的条件下都能顺利完成动作。

② 动作结构。各个动作之间的干扰消失，衔接连贯、流畅，高度协调，多余动作消失。

③ 动作控制。动觉控制增强，不需要视觉的专门控制和有意识的活动，视觉注意范围扩大，能准确地觉察到外界环境的变化并调整动作方式。

④ 动作效能。心理消耗和体力消耗降至最低，表现在紧张感、疲劳感减少，动作具有轻快感。

在这一阶段，学习者的动作对各种变化的条件表现出高度的灵活性、稳定性和准确性，各个动作之间的干扰消失，衔接连贯，高度协调，不再需要专门控制和有意识的活动，视觉注意范围扩大，心理消耗和体力消耗降至最低，紧张感、疲劳感减少，动作具有轻快感。

二、操作技能的培训要求

操作技能可以通过教师采取相应的教学措施进行有计划的培养。

（一）准确的示范与讲解

示范、讲解在操作技能形成过程中是不可缺少的，教师的示范与讲解在动作技能的形成中具有导向作用，能引导学生做出规范的动作。准确的示范与讲解有利于学习者不断地调整头脑中的动作表象，形成准确的定向映像，进而在实际操作活动中可以调节动作的执行。教师在示范之初，一方面应放慢速度，分解动作，这样有利于学生准确地把握动作的结构和特点，有效地进行观察与模仿，另一方面教师还应该简明扼要地讲解一些操作原理，帮助学生掌握操作技能的概念知识，避免在操作技能的学习中只重视动作示范、忽视讲解而导致学习效果不佳。沈德立、阴国恩曾让大、中学生被试形成镜画（即按多角星形成的镜像来描摹该图形）技能，结果发现，凡是已经形成镜画技能的被试，他们都掌握了镜画技能的动作概念；凡是未形成镜画技能的被试，他们都没有掌握镜画技能的动作概念。这说明动作概念是否掌握，决定着技能是否形成。汤普森（L. Thompson）曾将被试分成五组，分别学习装配锯齿形的七巧板。他先给被试不同的指导，然后由被试独立拼成，直至无错误为止。结果由于示范时对各组儿童活动的要求不同，主试的言语指导不同，各组儿童独立完成任务的效果呈现出显著的差异（具体见表7-1）。

表 7-1 不同指导方法的不同效果

组别	儿童在观察时的活动	示范者的言语解释	拼容易的七巧板所需的时间（分钟）	拼困难的七巧板所需的时间（分钟）
1	连续数 2 至 100	无	5.7	25*
2	说出示范者所演示的	无	3.1	22
3	静默观看	不完整地描述	3.5	16
4	静默观看	完整地描述	3.2	14
5	说出示范者所演示的	纠正儿童叙述中的错误	3.2	12

* 25 名儿童中仅有 3 名完成任务

由表 7-1 可见，不同组的指导条件是不同的。第 1 组，在观看示范时，由于大声数数，他们不能对自己复述观察的内容。第 2 组和第 5 组都要说出示范者所示范的动作技能，这就迫使他们努力注意示范者的演示。示范者对各组的言语指导也不完全相同。第 1 组与第 2 组无言语描述，第 3 组与第 4 组有言语描述但完整程度不同，唯有第 5 组示范者除了让儿童说出所示范的动作技能外，还纠正他们讲述中的错误，结果这组的学习效果最好。这个实验说明，在学习动作技能的认知阶段，教师要使学生注意观察并理解他所演示的动作技能。采取"纠正儿童叙述中的错误"的方法（见第 5 组）之所以成绩最佳，其原因可能就是示范者不仅要求儿童注意观察，而且使其理解得正确（不正确的部分被纠正）。

示范和讲解在技能形成过程中起着重要的作用。其中，教师示范的有效性取决于许多因素，如示范者的身份、示范的准确性、示范的时机等等。另外，教师在进行讲解与指导时，要注意言语的简洁、概括与形象化；不仅要讲解动作的结构与具体要求，也要讲解动作所包含的基本原理；不仅要讲解动作的物理特性，也要指导学生注意、体验执行动作时的肌肉运动知觉。

（二）必要而适当的练习

任何操作技能都必须通过练习才能形成并最终达到熟练的程度。练习是形成各种操作技能所不可缺少的关键环节。通过应用不同形式的练习，可以使个体掌握某种技能。一般来说，随着练习次数的增多，动作的精确性、速度、协调性等会逐步提高。从电报作业的练习曲线（图 7-1）中可以看出技能随练习量的增加而提高的一般趋势。虽然不同的学习者的练习曲线存在差异，但也具有共同点，具体体现在以下几方面。

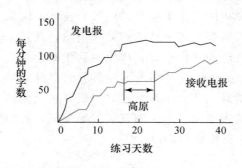

图 7-1 电报作业的学习曲线

第一，总的趋势是练习成绩逐步提高，表现在速度加快和准确性的提高上。

速度加快的具体表现是单位时间内完成的工作量有所增加，或是每次练习所需的时间减少；准确性的提高则是指每次练习错误的减少。

练习成绩随着练习进程而逐步提高的趋势具体表现为以下三种方式：(1) 练习进步的速度先快后慢，如跳高、射箭、跳远等。这是因为，首先，练习初期受到旧的知识经验的积极影响，进步较快。但到了练习后期，可供利用的旧经验逐渐减少，而需要建立的新的神经练习则相应增加，因此提高成绩比较困难；其次，练习初期要掌握的只是局部动作，比较简单，又是单独进行练习，所以成绩提高较快，而练习后期却要对各种局部动作加以协调和完善以形成动作系统，比较困难，因此成绩提高缓慢；再次，在练习初期，学生的兴趣可能比较浓厚，情绪也比较高涨，而到了练习后期这些方面可能有下降，再加上疲劳，就容易影响练习成绩的进步。(2) 练习进步先慢后快，如投铅球、掷标枪、游泳等。这是因为学生在练习初期需要花费一定的时间去掌握有关的基础知识和基本技能，再加之已有的习惯动作的干扰，所以进步缓慢。但是在掌握了这些之后，练习成绩就会明显加快。(3) 练习进步的速度比较平均。这种情况是个别的。

第二，中间有一个明显的、暂时的停顿期，即高原现象。

心理学的研究表明，动作技能的成绩随着练习而不断提高，但是在这个总的进步过程中，会出现练习时而进步、时而退步的波动起伏现象，有时甚至出现进步一时性停顿的"高原现象"。最早用实验方法证明高原现象的是布瑞安（Bryan）和赫特（Herter）的研究。他们研究收发电报中动作技能的进步，结果发现：在收报练习 15—28 天之间，成绩一度停顿下来，虽有练习但成绩不见提高（见图 7-1）。这就是练习中的高原时期。高原现象出现的原因主要有：一是练习时间长，学习兴趣下降，以及疲劳所致。二是旧的技能结构已不能满足技能进一步提高的需要，要求建立新的技能结构。由于新旧交替要有一个过程，会出现暂时不适应，成绩暂时下降。三是练习环境、练习工具或教师指导方式的改变等。

第三，总趋势是进步的，但有时出现暂时的退步，出现起伏现象。

在操作技能的练习曲线中，可以看到练习成绩时而提高，时而下降，时而停顿的现象，这是练习成绩的起伏现象。为了促进操作技能的形成，过度学习是非常必要的。但值得注意的是，并非过度学习的量越大越好，过分的过度学习甚至导致相反的结果，使个体疲劳、没有兴趣，使错误动作定型化等。

第四，学习成绩相对稳定的现象。

在操作技能发展的最后阶段，出现练习成绩相对稳定不再继续提高的现象，通常称之为操作技能发展的极限。从人的生理素质和机能来看，每个人掌握某种技能都有一定的发展限度。操作技能之所以有生理限度，是因为操作是身体的机能，是通过骨骼、肌肉的运动而实现的。身体具有固定的物质结构，操作的准确性、速度和灵活性都不能超越身体的物质结构的许可限度。但在实际生活中，真正达到生理限度的情况是极少的，操作技能发展的"极限"是相对的，因此提高技能的潜力具有很大的空间。

第五，练习曲线的个别差异。

虽然操作技能的发展遵循着技能发展的总规律，但由于各种技能的复杂程度不同，学习者的知识经验、人格特征、练习态度、练习方法、主观努力、习惯、能力等都存在着差异，因此练习的进程也各不相同。这就要求教师在指导学习者进行练习时，既要考虑练习的一般规律，又要考虑学习者的个别差异。

（三）充分而有效的反馈

在技能的练习中，让学生及时地了解自己的练习结果，有利于提高学习效率。也即，学生在操作技能的练习时，如果能够及时掌握练习的情况，知道自己的成绩与错误、优点与不足等，就可以把符合要求、符合目的的动作保留下来，并抛弃那些不符合要求的动作，从而有利于迅速提高练习质量。

一般来讲，反馈来自两个方面。一是内部反馈，即操作者自身的感觉系统提供的感觉反馈；二是外部反馈，即操作者自身以外的人和事给予的反馈，有时也称结果知识。前者是个体通过自身的视觉、听觉、触觉、动觉等获取的反馈信息，尤其是动觉反馈信息最有代表性。后者是教师、教练、示范者、录像、计算机等外部信息源对学习者的操作结果及其操作过程的反馈。毫无疑问，反馈在操作技能学习过程中的作用是非常关键的，其中结果反馈的作用尤为明显。准确的结果反馈可以引导学生矫正错误动作，强化正确动作，并鼓励学生努力改善其操作。反馈还可以分为及时的与延时的。采用何种反馈，应根据任务的性质、学习者的学习进程而定。艾尔林（A. L. Irion）通过对相关的文献的研究发现，对于连续任务，如开车、滑冰等，及时反馈是重要的，而对于不连续的任务，如徒手画一条规定长度的线段、投掷铅球等，延迟反馈并不影响效果。

（四）建立稳定清晰的动觉

动觉是复杂的内部运动知觉，它反映的主要是身体运动时的各种肌肉活动的特性，如紧张、放松等，而不是外界事物的特性。这些有关肌肉活动的各种感知觉等与视觉、听觉有所不同，如果不经过训练，它们很难为个体明确地意识到，并经常受到外部因素的影响，处于被掩盖的地位。由于运动知觉的模糊性，经常会发生学习者对自己的错误动作不能意识到的现象，当然也就很难对动作进行有意识的调节或控制。这样就容易导致技术水平不稳定，难以找出动作失误的确切原因，操作技能的学习陷入盲目状态。因此，有必要进行专门的动觉训练，以提高其稳定性和清晰性，充分发挥动觉在技能学习中的作用。

第三节　心智技能的形成

心智技能的形成与操作技能的形成既有共同点，也有不同点。心智技能是个体在头脑内进行的智力活动，它的形成有别于操作技能。当前教育心理学界对于心智技能的形成问题十分重视，形成了多种理论。

一、有关心智技能形成的理论探讨

(一) 加里培林的心智动作按阶段形成理论

对心智技能最早进行系统研究的是苏联心理学家加里培林。他于1959年系统总结了有关的研究成果，提出了心智动作按阶段形成的理论。加里培林认为，心智技能是由一系列的心智动作构成的。心智动作是外部的实践动作的反映，是通过实践动作的"内化"而实现的。心智动作的形成要经过一系列的阶段，在每一阶段，心智活动的性质与水平都发生相应的变化。

加里培林进行了长期大量的实验，概括出心智动作形成的五个阶段：动作的定向阶段、物质与物质化阶段、出声的外部言语动作阶段、不出声的外部言语动作阶段、内部言语活动阶段。

1. 动作的定向阶段

动作的定向阶段是心智技能形成的准备阶段。在这一阶段，学习者应了解、熟悉活动的任务，知道做什么和怎么做，在头脑中形成活动本身及其结果的表象，对动作进行定向。因此，此时教师应该向学生提供动作的样本，指出动作的操作程序以及关键点。例如，学生在学习加法运算的定向阶段中，教师在演示加法运算时，应该使学生明白加法运算的目的在于求几个数的和，了解运算的客体是事物的数量，知道运算的操作程序和方法，懂得运算的关键是进位等，由此在学生的头脑中逐步形成完备的定向。

2. 物质与物质化阶段

物质与物质化活动是直观中的两种基本形式。物质活动是运用实物的教学，而物质化活动则是物质活动的一种变形，是指利用实物的模型，如挂图、标本等进行的活动。该阶段实质上是借助实物或模型、图表等进行学习，促使学生在头脑中形成各种各样的表象。例如，在学生学习加法运算中，可以让他们应用小木棍进行演算操作，也可以利用挂图中的小木棍来进行。通过这种物质活动或物质化的活动，使得学生能够掌握加法运算的实际操作程序，学会如何进位。

物质与物质化活动阶段的关键是展开与概括。所谓展开就是把心智动作分为若干个大大小小的操作单元，全部展示给学生。概括是在展开的基础上，指出各个操作单元之间的联系，然后进行概括，使学生从对象的各种属性中区分出这一活动所需要的属性，并归纳出这一心智活动的法则。例如，在学习分数加法 $3/4+1/3$ 时，先加以展开：

$$3/4+1/3=(3\times3)/(4\times3)+(1\times4)/(3\times4)=9/12+4/12=13/12=1\frac{1}{12}$$

上述例子，从教师的演示中，学生了解了运算的每一步。即先通分，求出4和3的最小公倍数作为公分母，然后每个分数的分子和分母乘以相同倍数，然后同分母分子相加，将假分数简化为带分数，在做完这些步骤后，就可概括出异分母分数运算的一般法则。当然，学生在进行这种概括并熟悉这些概括后，就要把这一活动所组成的操作加以简化，并可以与言语结合，为过渡到下一阶段作准备。

3. 出声的外部言语动作阶段

在这一阶段，学生的心智活动已经摆脱了物质或物质的替代物，取而代之的是以外部言语为支持物。如学生在进行加法运算时，不再借助于小棍子、手指等实物，而是用言语说明"从右边起，数位对齐，个位对个位，十位对十位……"的运算过程（即口算）。因此，这一阶段是外部的物质与物质化的活动向智慧活动转化的开始，正是由于这一出声的言语活动，使抽象化成为可能。因为言语水平的特点就是以抽象的客体替代了物质的客体，这既可以保证动作的定型化，又可以保证动作快速自动化。需要指出的是，这一阶段虽然脱离了实物，但它并不是心智活动本身，学生还无法在头脑中默默地完成动作。

4. 不出声的外部言语动作阶段

该阶段特点是智慧活动以不出声的"外部"言语进行。与前一阶段的区别在于言语减去了声音，言语机制方面得到改造。加里培林认为，智力动作本身最初是以不出声的言语动作方式形成的，因此，这一阶段是动作转向智力水平的开始。由出声的外部言语动作转向不出声的外部言语动作时，最初的学习同样必须以展开动作的形式进行练习，然后注意概括与简化。

5. 内部言语动作阶段

这一阶段是随着外部言语过渡到内部言语而到来的，是动作在智力水平上形成的最后阶段。在这一阶段，学生凭借简化了的内部言语，似乎不需要多少意识的参与就能"自动化"地进行心智活动。该阶段的主要特点是智慧技能活动的简略、压缩和自动化。由于内部言语是"为自己用的言语"，不必考虑到外部言语作为交际手段的机能而需要完整地表达，因而可以大大压缩和简化。内部言语的结构主要是谓语性言语，常常简化成为不合语法的结构。加里培林认为，真正的内部言语的特征并不是词的成分的片断性，而是它的进行是自动化的，而且基本上处于自我观察的界线之外。因此，真正形成的智力动作过程是自己觉察不到的。例如，学生在进行进位加法时，已经不需要再默念公式与法则，而是在头脑中形成几个关键词，随之而来的就是自动化操作。

加里培林关于心智动作按阶段形成的理论，虽然对于我们了解心智技能的实质和形成规律具有启发意义，特别是对于教师培养和训练学生的心智技能具有较大的指导作用，但这一理论也存在一些不足。如阶段的划分不尽合理，特别是后面三个阶段实际上描述的是心智技能"内化"的三种水平，而且都是借助言语来实现的，所有的阶段可以合并或省略。另外，如何建立有利的教学条件以促进阶段之间的转移，还有待于实验的进一步检验。

（二）冯忠良的心智技能分阶段形成模型

我国教育心理学家冯忠良在加里培林理论基础上提出了心智技能形成的三阶段模型。

1. 原型定向

（1）原型及原型定向的含义

所谓原型（prototype）在这里是指那些被模拟的某种自然现象或过程，即外化了的实践模式，或"物质化"了的心智活动方式或操作程序。原型定向则是了解心智活动的实践模式，了解"外化"或"物质化"了的心智活动方式或操作活动程序，了解原型的活动结构（动作构成要素、动作执行次序和动作执行要求），从而使主体知道该做哪些动作和怎样去完成这些动作，明确活动的方向。

原型定向阶段相当于加里培林的"动作的定向阶段"。

（2）原型定向阶段的任务

在原型定向中，教师首先要确定所学心智技能的实践模式（操作活动程序）；其次要借助于外化的原型，如应用题的步骤流程图，使这种实践模式的动作结构在学生头脑中得到清晰的反映，使学习者在头脑中建立起有关这种活动方式的定向映像，从而调节自己的活动。

（3）原型定向阶段的教学要求

在教学过程中，对于教师而言，在原型定向阶段应该注意以下几个方面：

第一，要使学生了解活动的结构，即了解构成活动的各个动作要素及动作之间的执行顺序，并了解动作的执行方式。

第二，要使学生了解各个动作要素、动作执行顺序和动作执行方式的各种规定的必要性，提高学生学习的自觉性。

第三，采取有效措施发挥学生的主动性与独立性。

第四，教师的示范要正确，讲解要确切，动作指令要明确。

通过原型定向阶段的教学，学生建立起了关于活动的初步的自我调节机制，从而为进行实际操作提供了内部控制条件。

2. 原型操作

（1）原型操作的含义

所谓原型操作，就是依据心智技能的实践模式，把主体在头脑中建立起来的活动程序计划，以外显的操作方式付诸实施。这一阶段相当于加里培林及其学派的著作中称之为的"物质或物质化活动阶段"。

（2）原型操作阶段的任务

该阶段要求学生严格按照实践模式进行实际操作，对动作序列要逐一执行，及时检查操作是否正确、对象是否变化。执行的同时还要作口头报告，促使智慧活动向言语执行水平转化。

（3）原型操作阶段的教学要求

首先，要使心智活动的所有动作以展开的方式呈现。也就是说，主体要依据心智活动的原型，把构成这一活动的所有动作系列，依次按照一定的顺序做出，不能遗漏或缺失。而且每个动作完成之后，要及时检查，考察动作的方式是否能正确完成，对象是否发生了应有的变化。

其次，要注意变更活动的对象，使心智活动在直觉水平上得以概括，从而形成关于活动的表象。

再次，要注意活动的掌握程度，并适时向下一阶段转化。

最后，为了使活动方式顺利内化，动作的执行应注意与言语相结合，一边进行实际操作，一边用言语来标志和组织动作的执行。

通过原型操作，学生不仅有了程序性知识，而且通过实际操作获得了完备的动觉映像，这就为原型内化奠定了基础。

3. 原型内化

（1）原型内化的含义

原型内化指心智活动的实践模式向头脑内部转化。这时动作离开原型中的物质性客体及外显的形式而转向头脑内部，最后达到活动方式的定型化、简缩化和自动化。

（2）原型内化阶段的任务

原型内化过程首先要从外部的语言开始，而后转向内部言语。操作活动在言语水平上完全展开，然后再根据活动掌握的程度逐渐缩减，省略一些步骤，合并相关的动作，最后达到自动化。原型内化过程包含三个阶段：出声的外部言语阶段、不出声的外部言语阶段和内部言语阶段。

（3）原型内化的教学要求

教师在原型内化阶段应该注意：

首先，动作的执行应遵循由出声的外部言语到不出声的外部言语再到内部言语的顺序，不能颠倒。

其次，在开始阶段，操作活动应在言语水平上完全展开，即用出声或不出声的外部言语完整地描述原型的操作过程（此时已没有实际操作），然后，再逐渐缩减。

第三，在这一阶段也要注意变换动作对象，使活动方式得以进一步概括，以便广泛适用于同类课题。

第四，在进行由出声到不出声、由展开到压缩的转化过程中，也要注意活动的掌握程度。不能过早转化，也不宜过迟，而应适时。

二、心智技能原型的模拟

由于心智活动是实践活动的反映，因此心智技能的培养，首先必须确定心智技能的原型即实践模式。不过，确定心智技能的操作原型是一项相当困难的工作，因为形成了的心智技能不仅是内潜的，而且是借助于内部言语以高度简练的形式自动进行的。不仅旁观者难以观察到，就连活动的主体也难以自我意识，这就给操作原型的确定造成了很大困难。但自20世纪60年代以来，随着控制论功能模拟思想向心理学的渗透，我们终于找到了可用来确立心智技能操作原型的"心理模拟法"。

心理模拟法的主要原理是模拟人的心理功能系统的运行法则，找出能与心理关键特征一一对应的物质系统方法，如计算机对人脑的模拟。一般认为，用心理模拟法来建立心智活动的实践模式需经过两个步骤：创拟确立模型和检验修正模型，其中第一步是关键。

为了创拟确立心智技能的操作原型,首先必须对活动进行系统分析。在对活动做系统分析时,先对系统进行功能分析,分析系统对环境的作用,其中包括作用的对象、条件及结果;然后再对系统做结构分析,分析系统的组成要素及组成要素之间的相互关系;并将功能分析与结构分析有机地结合起来,作为创拟模型的基本方法。同时,实践模式中的基本操作要依据操作系统的性质及学生的能力水平而确定,以能为学生理解并执行为原则。

在拟定假设性的操作原型后,还应通过实验来检验这种原型的有效性。在实验中如能取得预期的成效,则证明此假设原型是真实可靠的,这种经实验证实了的原型就可以在教学上应用。反之,如果在实验中假设原型不能取得预期成效,则对此原型必须予以修正或重新拟定。当然,模型的检验除了可以通过教学心理实验的方法进行以外,也可以通过计算机进行。不过,用计算机进行检验时,过程分解要细,必须分解到机器可以执行这些基本操作为止。

但是,所模拟的心智技能的原型不应是原始的心智活动的实践模型,而应是对理想的科学思维过程的模拟。由于形成了的心智技能一般存在于有着丰富经验的专家头脑之中,因此创拟确立模型的过程实际上是把专家头脑中观念的、内潜的、简缩的经验"外化"为物质的、外显的、展开的"心理模型"的过程(也称"物质化"过程)。不过,这一心理模型必须能确实揭示并反映专家头脑内部的思维操作过程;同时,该原型不应该是某一个专家的心智活动原型,应是对一批该领域专家心智活动模型的总结与经验的概括化与系统化。例如,我们根据对优秀学生解题成功经验的分析,提出了图 7-2 所示的解题活动模型。长期的教学实践已证明它确实是行之有效的。

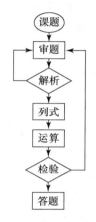

图 7-2 解题活动模型

当然,模拟专家头脑经验的目的是想使得专家头脑的经验能"内化"为学生(新手)头脑中的心智技能,变成他们自己经验世界的组成部分(见图 7-3)。这种把专家头脑中的经验"内化"为学生经验的过程,就是心智技能的培养过程。

图 7-3 心理模拟教学的整体结构

三、心智技能的培养要求

由于心智技能是按一定的阶段逐步形成的，因此在培养方面必须分阶段进行，才能获得良好的教学成效。而为提高分阶段训练的成效，还必须充分依据心智技能的形成规律，积极创造条件，帮助学生从外部的物质活动向内部的心智活动转化。为此，在心智技能的培养过程中，应该注意以下几点：

（一）激发学习的积极性与主动性

学生的学习过程是主动获取、主动发展的过程，而不是被动地灌输或塑造的过程。任何学习任务的完成均依赖于主体的学习积极性与主动性，而学习的积极主动性取决于主体对学习任务的自觉需要。在培养工作中，教师应采取适当措施，以激发主体的学习动机，调动其学习的积极性与学习热情，只有这样才能有效地培养其心智技能。

（二）注意原型的完备性、独立性与概括性

所谓完备性，指对活动结构（动作的构成要素、执行顺序和执行要求）要有清楚的了解，不能模糊或缺漏。所谓独立性，指应从学生的已有经验出发，让学生独立地来确定或理解活动的结构及其操作方式，而不能是教师给予学生现成的模式。所谓概括性，是指要不断变更操作对象，提高活动原型的概括程度，使之具有广泛的适用性，扩大其迁移价值。

在原型建立阶段，一切教学措施都要考虑到有利于建立完备、独立而具有概括性的定向映像。

（三）适应培养的阶段特征，正确使用言语

心智技能是借助于内部语言而实现的，因此言语在心智技能形成中具有十分重要的作用。言语在不同的阶段上，其作用是不同的。言语在原型定向与原型操作阶段，其作用在于标志动作，并对活动的进行起组织作用。所以，这时的培养重点在于使学生了解动作本身，利用言语来标志动作，并巩固对动作的认知，切不可忽视对动作的认识而片面强调言语的标志性练习。学生过于注意言语而忽视动作，对心智技能的形成非但无益，而且会起到阻碍的作用。为此，一定要在学生熟悉动作的基础上再提出言语要求，以言语来标志所学动作，并组织动作的进行。此外，在用言语来标志动作时，用词要恰当，要注意选择表现力强而学生又能接受的词来描述动作。

言语在原型内化阶段，其作用在于巩固形成中的动作表象，并使动作表象得以进一步概括，从而向概念性动作映像转化。这时培养的重点应放在考察言语的动作效应上。在这一阶段上，不仅要注意主体的言语、动作是否正确，而且要检查动作的结果是否使观念性对象发生了应有的变化。此外，要随着心智技能形成的进展程度，不断改变言语形式。另外，要注意学生的个别差异，不同的学生学习同一技能，或同一个学生学习不同的技能时，由于学生个体的练习态度、知识经验、预备训练情况以及练习方式等不同，其内化过程会有不同，因此应该区别对待。

（四）科学地进行练习

练习是促进心智技能发展的必要条件。教师在指导学生练习时，不能盲目地追求数量，应避免学生因疲劳而导致"物极必反"。因此，教师在指导学生练习时，应该注意以下几点：

首先，教师要做到精讲多练。所谓"精讲"要求教师上课要突出重点、难点，抓关键、讲主干、谈方法；"多练"则是要求教师通过变式、操作等学习活动，增加学生灵活应用知识的机会，而不是让学生搞题海战术。因此，教师在精讲之余，应该留一些时间鼓励学生思考与练习。博格（W. Borg）曾用微型教学训练技术训练教师在课堂上尽量少讲一些，并鼓励学生参与课堂讨论。训练后，教师讲课时间由70%下降为33%，四个月后再次抽查，教师的讲课时间为34%，而且三年内都保持这个水平。可见，只要教师深入钻研课堂教学技能，精心进行教学设计，精讲多练是能够做到的。

其次，注意练习形式的多样化，举一反三。为了防止练习的刻板僵化而导致学生产生负迁移现象，在练习中教师要特别注意变式练习。教师可以通过大量变化的练习，引导学生自己概括出一类课题的共同特征和共有的一般方法，从而使得学生能够掌握其原理和规则，并把所学的知识转化为技能，达到自动化。此外，还应该注意引导学生对练习的思路和方法的总结与反思。

最后，练习要适量适度，循序渐进。练习量太少，不足以使智力活动达到自动化，练习量太多，则会因为练习的"高原期"而使得学生事倍功半，甚至带来消极的影响。因此，要提倡适量。适度的练习要从易到难、先简单后复杂地进行，练习要适合学生的认知发展水平。只有当学生通过练习对基本知识达到熟练掌握程度，获得成功的喜悦感和价值感后，才会更自信，更喜欢练习。

思 考 题

1. 简述操作技能与心智技能的区别与联系。
2. 简述操作技能的形成阶段。
3. 简述练习在操作技能学习中的意义。
4. 高原现象产生的原因是什么？
5. 简述加里培林关于心智技能形成的五阶段理论。
6. 简述心理模拟法的过程。

第八章　学习策略

 评价目标

1. 能说出对学习策略的理解。
2. 谈谈学习策略在学习中所发挥的作用。
3. 了解学习策略的分类，以及各种分类的划分依据。
4. 掌握学习策略的主要构成要素。
5. 了解认知策略的构成要素。
6. 了解元认知以及元认知策略。
7. 了解资源管理策略的构成要素。
8. 掌握学习策略的特点。
9. 了解影响学习策略的因素。
10. 掌握学习策略训练的原则。
11. 知道学习策略获得的具体训练方法。

 **关键词**

学习策略　认知策略　元认知策略　资源管理策略　学习策略的教学训练

第一节　学习策略概述

　　知识学习是在校学生最重要的活动。如何教会学生学习一直是教育心理学家们研究的热点问题。现代教育研究的焦点集中在了学习策略上，所谓"授人鱼，不如授人渔"，科学研究已表明，对于学生，学习的关键是学会学习，也就是学习策略知识的获得与掌握，而对于教师，教学的关键是教会学生学习，传授有效的学习策略，提高学习效率。事实上，我国古代教育家孔子就提出了"学而不思则罔，思而不学则殆"的观点。卢梭也在《爱弥尔》中提到："形成一种独立的学习方法，要比获得知识更为重要。"

一、学习策略的含义及特征

学习策略的概念是在 1956 年布鲁纳提出"认知策略"（cognitive strategy）概念之后逐步形成并确立起来的。随着认知学习理论研究的进一步深入，人们对学习者的看法逐渐发生了变化，大家越来越清楚地认识到，有效的学习者应当是个积极的信息加工者、解释者和综合者，他们能使用各种不同的策略来选择注意、存贮以及提取信息，能努力使学习环境适应自己的需求和目标。在这种理论背景下，兴起了有关学习策略的研究。当代知识观十分重视策略性知识的获得，只有在策略性知识的指导下，陈述性知识和程序性知识才能更有效地被感知、理解、组织，才能更有效地用来解答问题。诺曼（Norman）指出："我们仍然需要总结关于怎样学习、怎样组织、怎样解决问题的一般原则，然后设置一些传授这些一般原则的应用性课程，最后把这些一般原则渗入到学生的各门学科中。"

我们认为学习策略（learning strategies）是学习者为了提高学习的效果和效率，有目的、有意识地使用的有效学习的规则、方法、技能及调控方式。它既有内隐的学习规则系统，又有外显的程序与步骤。我们可以将学习策略理解为：（1）学习策略是一种有助于提高学习效果和学习效率的学习谋略；（2）学习策略既与具体任务相联系，又与一般的学习过程相联系，具有普遍性；（3）学习策略是学习者为了达成学习目标而积极主动地选用的学习方案；（4）学习策略是学会学习的标志。

二、学习策略的成分及层次

要清楚了解学习策略，帮助学生掌握更多、更有效的学习策略，我们必须先了解学习策略的类型。研究人员从不同的角度提出了自己的观点，较有影响力的观点主要有以下几种：

（一）二分法

单瑟洛（Dansereau）把学习策略分为：基本策略（primary strategies）是指用来直接操作学习材料的各种学习策略，包括信息获得、贮存、检索和应用的策略；支持策略（support strategies）主要用来帮助学习者维持良好的学习心理状态，包括计划和时间安排，注意的集中和自我监控。

苛比（Kirby）把学习策略分为：具有特异性的微观策略，与特定的知识、能力相关，易于指导与教授；具有普遍性的宏观策略，适用范围广泛，与情感、动机相关，个体差异较大，难以教授。

斯腾伯格（Sternberg）把学习策略分为：用于实际操作的执行策略，如匹配、比较等；用于计划、监控、修订等的非执行策略，如问题识别、监控解法、反馈敏感性等。

（二）三分法

迈克卡（Mckeachie）把学习策略分为认知策略、元认知策略、资源管理策略，其具体成分见图8-1[①]：

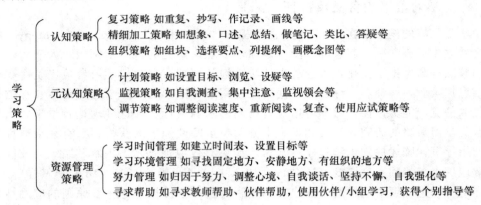

图8-1　迈克卡的学习策略分类

尼斯勃特和史可史密斯（Nisbet & Shucksmith）认为学习策略包含三个因素：与态度和动机有关的一般策略；包括调控、审核和修正等功能的宏观策略；与质疑和计划有关的微观策略。

博隆（Baron）把学习策略分成三个层级：关系搜索策略，根据经验对新问题进行界定；刺激分析策略，分析问题并分解学习任务；检查策略，对学习活动过程进行监控与评价。

（三）四分法

温斯坦（Weinstein）把学习策略分为：认知信息加工策略，如精细加工策略；积极学习策略，如应试策略；辅助性策略，如处理焦虑；元认知策略，如监控新信息的获得。她与同事们所编制的学习策略量表包括这样十个分量表：信息加工、选择要点、应试策略、态度、动机、时间管理、专心、焦虑、学习辅助手段和自我测查。

第二节　典型的学习策略

关于学习策略的构成问题，学者们至今仍未达成一个统一的认识。要在教学中促进学生学习策略的培养，教会学生学会学习、提高学习效率，我们就要对学习策略的构成要素进行分析。

一、认知策略

提高学生的学习效率、培养学生正确运用学习策略，应该从他们的学习过程入手。学生的学习首先是认知过程、注意过程以及学习调控的过程，所以，对学习策略构成要素的分析也应当放在这些过程中。

---

① 陈琦，刘儒德. 教育心理学[M]. 北京：北京师范大学出版社，1997：183.

（一）复习策略

复习可加深对学习材料的印象，但复习也要讲究策略，否则就起不到巩固记忆的功效。复习策略就是学习者对自己的记忆活动进行有意识地控制和使用的那些能增强记忆效果的方法。合理使用复习策略能够提高个体的记忆速度和质量，进而提高学习效率。常用的复习策略有及时复习、分散复习、尝试背诵、适当过度学习等，在第六章已经作了介绍，这里不再赘述。此外，良好的复习策略还有：

1. 有意识记与意义识记策略

心理学实验研究已证明：有意识记的效果较无意识记好；意义识记的效果较机械识记效果好。彼得逊（Peterson）曾做过相关研究：两组被试按不同要求分别学习16个词，结果如表8-1所示：

表8-1　按不同要求学习的记忆效果

	即时回忆量（个）	第二天回忆量（个）
有目的识记组	14	6
无目的组	10	6

结果表明，有意识记效果明显优于无意识记。因为一个人如果有了明确的识记任务，他全部的识记活动就会集中在所要识记的对象上，并取得较好的识记效果。

此外，学习材料一般都有反映事物本质及其内在联系的意义，学习者应将识记材料的意义与自身已有的知识经验相联系，掌握事物本质及其联系，增强识记效果。

2. 积极思考策略

学习者若把所学材料变为操作对象，将大大提高识记效果。这是因为学习者对活动对象能进行更积极、详细的感知和思考，因而能获得更好的识记效果。斯米尔诺夫（А.А.Смирнов）让两组被试分别记住一系列成对的句子。A组被试要指出每对句子的语法规则，并按要求造句。B组只要求记忆。第二天要被试回忆这些句子。结果发现，A组的识记效果比B组高三倍。

3. 多种感官并用策略

心理学研究表明：多种感觉通道参与识记具有更好的识记效果。多感觉通道的运用可以使学习内容在大脑皮层建立更多联系，就能留下较深的记忆痕迹。有人曾做过一个实验：让三组学生分别用三种方式记住10张画，A组只听画上的内容，结果记住了60%；B组只让他们看画，结果记住了70%；C组既让他们看，又给他们讲画上的内容，结果记住了86%。因此在学习时要充分调动各种感官参与，应把眼看、耳听、口读、手写、心想相结合，特别是文科内容，更需要多听、多说、多读、多写和多看。

4. 自我激励策略

学习时需要以积极的态度对待记忆，要有能记住的信心。积极的心理状态能使大脑皮层形成强兴奋中心，产生对刺激的集中注意力，从而在大脑皮层留下清晰的印象。反之，则使大脑皮层细胞活动受到抑制，影响记忆效果而导致健忘。

(二) 精细加工策略

精细加工策略是一种对学习材料进行深入加工的学习策略，是学习者把所要学习的材料与自身已有知识进行联系，从而加深对新知识的理解，增加新知识的意义，也就是运用已有知识结构同化新材料的方法。精细加工策略主要通过对学习的材料补充细节，举例分析，采用类比、比较、想象、推理等方法使之与其他知识之间建立联想，因而能帮助学习者更好地记住所学的材料，因为它在所学的各项知识之间建立了多途径的联系，增加了知识回忆时的提取线索。为了更清楚地了解精细加工策略，我们引加涅等人设计的要求对精细加工与非精细加工进行辨别的练习中的几个例子来分析讨论：[①]

例1　一个学生读到"哥伦布1492年发现美洲"时，他认为应该记住，就在心里一遍又一遍重复"哥伦布1492年发现美洲"。

分析：这不是精细加工。因为他并没有进行精制，而只是简单的复述。

例2　小明读到"哥伦布是西班牙人，1492年航海到了美洲"，他想记住此事，于是便想："哥伦布很可能是由东而西到美洲的，因为这是从西班牙到美洲的最短航线。"

分析：这是精细加工。这是由学生自己产生的联想，他将原有的地理知识与这一新知识联系起来了。

例3　小斌读到"哥伦布1492年发现美洲，他是西班牙人"，而后又想："哥伦布平时爱吃什么呢？"

分析：这显然不是精细加工。尽管它是由学生自己产生的联想，但与教学内容毫无关联。

例4　小红听见算术老师讲："做分数除法，先颠倒除数的分子和分母，然后再相乘。"然后又听老师说："记住，除数就是用来除的那个数。"

分析：这不是小红的精细加工，而是老师的精细加工。

例5　小强听见算术老师说："做分数除法，先颠倒除数的分子和分母，然后再相乘。"他想："这又是一个做分数运算题的法则，在分数乘法里，不颠倒乘数，相乘就行了。"

分析：这是精细加工。它不仅与教学内容有关，而且学生应用了已有的分数乘法知识来学习分数除法的内容。

例6　一个学生听见物理老师说："分子在气体中比在液体中相隔更远，所以气体比液体轻。"该学生就想到："这好像编织疏松毛织物要比用同样毛线编织密实的衣物来得轻。"

分析：这是精细加工。它与教学内容有关，并且该学生将自己已有的生活经验与这一教学内容联系起来了。

常用的精细加工策略有：

---

① 全国十二所重点师范大学联合编写.心理学基础[M].北京:教育科学出版社,2002:241—242.

1. 记忆术

记忆术是学习者为了记住所学材料而采用的帮助记忆的技能与方法。古罗马时期人们就知道运用一些技巧来帮助记忆，他们喜欢用房间中的事物来帮助记忆，这种方法也被称为罗马房间法，就是将要记忆的事物与房间摆放的物体联系起来记忆的一种方法。

帮助记忆的方法有很多，较为常用的方法有：（1）位置记忆法。这是一种传统的记忆术，这种方法曾在古代不用讲稿的讲演中被广泛使用，而且沿用至今。（2）首字联词法。这是将每个词的第一个字母提取出来组成一个缩写词以便记忆的方法。（3）关键词法。这是将新的学习词语或概念与相似的声音线索词通过视觉表象进行联系的记忆方法。（4）缩简法。就是将识记材料内容简化为一个关键字，变成自己所熟悉的事物，从而促进记忆的方法。也可以将材料编成歌诀。因为歌诀较具有韵律感，朗朗上口，容易记忆。（5）谐音联想法。一种运用谐音联想赋予一些不具有意义的学习材料以意义的记忆方法。（6）视觉联想。视觉联想是通过奇特而又合理的想象来帮助学习者对材料的记忆。（7）语义联系。在所学材料间建立多种联系，也就是对识记材料进行意义联系，寻找各信息间的内在联系，以此加强记忆效果的方法。现实中人们所用的帮助记忆的方法有很多，这里只列举出其中一部分，这些记忆方法的效果因人而异，重要的是要找到适合自己学习习惯的具体方法。

背景资料

PQ4R 记忆法

鲁宾逊（Robinson，1961）提出的 SQ3R 阅读法是一种系统的精读方法，所谓 SQ3R 是英文纵览（Survey）、提问（Question）、阅读（Read）、背诵（Recite）和复习（Review）的缩写。

纵览：纵览指首先尽量弄清所读材料的主旨。可以仔细阅读作者的序言或后记，查目录和索引，阅读各章提要和小结，迅速浏览全书，以便了解全书的概貌。

提问：浏览准备细读的章节时，要反复琢磨其中某些观点，并同自己已掌握的有关知识相联系、相比较，及时记下所思考的问题。

阅读：要求慢读，理解透彻，记住各章节的大小标题，若无标题则自己概括写出。

背诵：不是逐字逐句的复述，而是在理解的基础上，复述各章节的中心思想，对极其重要的内容则要背诵。

复习：若是需要长期保留的材料必须反复复习。

1972 年，托马斯和鲁宾逊（Thomas 和 Robinson）在 SQ3R 阅读法的基础上又提出了 PQ4R 阅读法，它包括预览（Preview）、提问（Question）、阅读（Read）、深思（Reflect）、背诵（Recite）和复习（Review）。其中预览和 SQ3R 阅读法中的纵览是一致的，与 SQ3R 相比，它又增加了深思，是指在阅读时试图联想一些关于资料的例子，或创建表象，进行精细加工，积极建立所学材料与已有知识的联系。执行这一步，会增加阅读者对材料加工的深度，利于更有效的阅读。

> 安德森（Anderson，1995）指出 PQ4R 阅读法使学生能够对所读文章的组织性有一个更好的认识，同时，这样的分步学习保证了学生可以对文章有深入的理解。但是 PQ4R 阅读法适合于年龄较大的学生，至今还没有研究者以五年级以下的学生为被试进行这一方法的训练。这可能是因为五年级以下的学生的元认知能力还没有达到这一方法要求的水平。
>
> ［资料来源：Thomas, E. L. & Robinson, H. A. *Improving reading in every class: A sourcebook for teachers* [M]. Boston: Allyn & Bacon, 1972.］

2. 做笔记

做笔记既可以让学习者更好地理解学习材料的意义，又可以帮助学习者理清学习思路，促进更深层次的信息加工，同时训练思维的逻辑性和条理性，提高分析问题和解决问题的能力。首先，做笔记能让学习者将注意力集中在所要学习的材料上，使学习者明确材料的重点所在，更好地从总体上把握学习材料；其次，做笔记可以帮助学习者对学习材料进行组织，更好地建构学习材料的内在联系；再次，做笔记可以帮助学习者在所呈现的信息与已有知识间建立起外在联系；最后，做笔记可以帮助学习者在复习时更好地回忆学习思路，增强记忆效果。

做笔记通常包括学习材料的要点（知识点、重点与难点）、摘抄（帮助更好理解学习材料的相关资料）、思考的问题与解答、材料的结构提纲等。笔记的内容根据学习材料的性质来设置，不同学科的笔记内容会有所差异。笔记的种类很多：有针对知识点的符号式笔记；有帮助理解学习材料的摘录式笔记；用于收集资料的剪贴式笔记；表达感想和体会的感想式笔记等。做笔记时要注意几点：（1）准确记录；（2）重点突出；（3）详略得当；（4）层次分明；（5）多留空白；（5）提高速度。

3. 设疑

设疑是由学习者自行提出一些有利于新旧知识建立联系的疑问或异议，并努力寻求答案的学习方法。学习材料时要多问自己几个"为什么"。例如，这段文字要表达什么意思？为什么用这样的方式表述？这道题目用什么方法解才是最恰当的？多问"为什么"可以帮助学习者对新材料进行深度加工，从而更好地理解新知识。

作为教师也可以在教学过程中根据教材内容设计相应的问题来启发学生的思维，用问题引导学生进行深入加工，同时开阔学生的视野，培养学生分析问题和解决问题的能力。有效的提问策略要求教师把教学内容转化为面向全体学生的具体问题，如学习新知识前的导入式问题；引导学生仔细观察的观察式问题；拓展学生的想象力的预测式问题；总结问题的归纳推理式问题；引导学生深层加工的探询式问题；培养学习方法的策略式问题等等。提问时要注意调动学生回答问题的积极性，鼓励学生踊跃发言，在学生回答问题的基础上了解学生对问题的掌握程度并采取相应的教育对策。

4. 充分利用背景知识

精细加工强调新知识与学习者自身已有知识之间的联系，通过学习者已经掌握的相关性知识来理解、处理新材料，学习者就能更好地对新知识进行深入加工。一般说来，拥有背景知识的多寡能使我们预测学习者能学会多少新知识。如果学习者具有丰富的相关背景知识，那么他就有更恰当的图式来处理新知识，达到更好的学习效果。这种处理就是从学习材料中抽取若干知识点，这些知识点还没有形成相互的联系，学习者要运用已有知识将它们整合在一起，形成新的认知结构。可以认为学习者原有的知识结构是新知识的生长点，帮助学习者建立起良好的认识结构是学习的基础。但是，学习者常常不会使用已有知识来帮助他们学习新材料，因为他们不知道可以将二者相联系，因此，作为学习的辅导者，教师要把新的学习和学习者已有的背景知识联系起来，引导学习者积极思考，将新旧知识相融合。

5. 联系实际

学习者所学到的往往仅限于书本知识，这些知识只是一些教条，在现实中很多人不能将学校所学的知识技能应用于生活，这就是人们常说的"书呆子"、"死读书"。现实生活中会出现很多问题，人们不是缺乏相应的知识，而是不能灵活运用这些知识。学会并不等于就会使用，因此，我们不仅要记住这些学习材料，而且要知道怎样使用这些知识，何时、何地、何种前提以及怎样使用等。教师在传授学生知识的同时也要帮助学生感觉到这些信息的有用性，最好的方法就是教会学生如何在现实中分析问题、提取信息、解决问题。

（三）组织策略

所谓组织就是按照学习材料的特征或类别进行整理、归类与编码。组织策略是指梳理所学的新知识内部以及新旧知识之间的各种联系，建构新的知识结构的学习策略。组织策略的实质就是将材料由繁到简、由无序到有序进行处理的一种学习方法，它使材料中的每项信息都能和其他信息联系在一起。通过对学习材料的组织整理，学习者能有效地加强与提高对材料的理解与表达，同时还可增强对学习材料的识记与提取。许多研究表明，组织有序的材料比杂乱无章的材料易学易记。常用的组织策略有：

1. 组块

组块就是将要识记的材料按照不同的特征、性质、属性以及类别等进行区分与学习。在回忆时按照学习的分类就能比较容易地将其提取。组块的方法有很多，有相似归类、对比归类、从属归类、递进归类等。记忆研究均发现，能对识记材料进行分类的学习者记忆效果都比较好，因为组块增加了学习材料内部的联系，使学习材料更具整体性、结构性，并且在分类时学习者必须运用本身的旧知识结构对新材料进行分析，因而增强了新旧知识的联系，提高了记忆效果。随着儿童年龄与学识的增长，其分类能力也越来越强，记忆的效果也越来越好。因此对于年龄较小的儿童应该从培养其分类能力入手，不要让他们养成死记硬背的学习习惯。

2. 列提纲

列提纲就是用简明扼要的语言把所要学习材料的主题和要点列成一个有结构的提纲的方法。学习者只要掌握了学习材料的要点与材料的内在层次结构，理解与记忆材料也就相对容易得多了。新材料中往往含有大量的事例、分析说明以及论证过程等，这些内容主要是起到辅助理解的作用。在学习时，如果没分清主次，容易被大量的材料所拖累，反而不利于学习，因此在学习新材料时，先要大致通览，有个大概纲要轮廓，然后精读，提取材料主题，抓住材料主题思想，再辅以旁证，就能较好地掌握新学习材料了。在培养学生列提纲技能时，教师应该循序渐进，先提供一个好的范例，让学生清楚好提纲的标准与重要性，然后提供学生不完整提纲要求补充，最后完全由学生自行拟定材料纲要。

3. 画概念图

画概念图是学习者在预习、整理、记忆和复习学习材料过程中常用的一种学习策略。这是用树形结构图、流程图或蜘蛛网状图等对材料主题要点有序排列，并将新旧知识有效地进行整合的学习方法。概念图能够很好地向学习者展示学习材料中的各种要点之间的联系，也就是列出主题思想，然后图解它们之间的关系。在画概念图时，学习者应先提取材料的主要观点，然后识别次要的观点或支持主要观点的部分。接着在图上标出这些部分，然后将次要的观点和主要的观点联系起来。概念图的中心应该是主要观点，支持性的观点在主要观点的周围，起辅助说明作用。概念图可以用来替代做笔记和列提纲。

画概念图策略比较有助于学习者将学习内容条理化，从而培养学生思维的条理性。同时，该策略还具有很好的个体适应性，不同的学习者可以根据自己的学习需要及现有水平画出适合自己的概念图。如，可以把自己极为熟悉的分支内容画得比较简略，对于自己不熟悉、不太掌握的知识点，则尽可能细化地绘制记录下来，便于以后复习。

画概念图的学习策略关键在于绘制概念图并利用它来整合、理解学习材料。现代信息技术的发展使得概念图的生成和管理都变得更加容易，因此是学习者常用的学习方法，当然也可以用纸笔生成。

二、元认知策略

元认知（metacognition）是弗拉维尔（Flavell）于1976年在他的著作《认知发展》中提出的一个概念。他认为，元认知在各种认知活动及各种各样的自我指导和自我控制中都起着重要作用，具有广泛的适用性。我们先了解元认知的结构，然后再分析元认知策略。

（一）元认知的结构

根据弗拉维尔的观点，元认知就是关于认知的认知。具体地说，元认知是关于个体自身认知状况的知识以及调节认知的能力，是对思维和学习活动的认知和控制。一般认为，元认知包括元认知知识、元认知体验和元认知监控等三个方面。

1. 元认知知识

元认知知识是个体通过经验积累起来的关于自己或他人的认识活动、过程、结果以及与之有关内容的知识。它包括认知者、任务和策略三部分：关于认知者特点的知识主要是有关自己和他人作为认知者、思维者的认知加工者时的一切特征的信息和知识；关于任务特点的知识主要是关于不同性质的认知材料与任务目标对认知活动的不同需求的知识；关于认知策略的知识是指学习者认识到的进行认知活动所需策略、各种认知策略的优缺点、如何恰当地应用策略等方面的知识，也就是有关完成认知活动所需的策略的知识。

2. 元认知体验

元认知体验是个体在从事认知活动过程中产生的认知体验或情感体验。这些体验可能被学习者清晰地意识到，也可能是模糊不清而不容易表达出来的；在内容上，伴随认知活动产生的各种体验或长或短，或简或繁，可以是对知的体验，也可以是对不知的体验；它可发生在认知活动过程中的任何时刻，活动之前、活动过程中或活动结束之后。

一般认为，元认知体验常产生在学生期望对自己的认知活动进行有意识的调节和控制的时候。它的出现与学习者现有的认知状况有关。学习是否成功在很大的程度上取决于学生能否对认知活动本身及其认知活动的质量进行大量的反省、体验与调控。

3. 元认知监控

元认知监控是指在个体进行认知活动的全过程中，对自身的认知活动进行积极、自觉的监视、控制，并相应地进行调节，以达到预定的目标。元认知监控的主要内容包括制订计划、实际控制、检查结果、及时调控以及采取补救措施等。

在具体的学习过程中，它既包括学习前根据学习任务的要求和自己的认知活动状况制订切实可行的学习计划，又包括学习过程中，适时监控、调节，以保证学习活动的顺利进行，还包括学习结束后对学习结果的了解与评价，检查自己的学习结果是否达到预定目的，做出正确的归因，以及提出补救措施等。

元认知知识、元认知体验和元认知监控三者是相互联系、相互影响和相互制约的。元认知过程实际上就是指导、调节认知过程，选择有效认知策略的控制执行过程，其实质是对认知活动的自我意识与调控。

（二）元认知策略

在认知过程中学习者要对自己的学习状况进行有效评估，如自己对该学习的理解、估算学习所需时间、选择有效的学习方法，甚至预测可能会发生什么，怎样做是明智的等等，这些均属于元认知策略，根据其在认知活动进行的不同阶段大致可分为三种：

1. 计划策略

计划策略是指学习者在一项认知活动之前，根据既定的认知目标，计划认知程序，选择适当的学习策略，预测认知结果等。认知活动之前学习者应分析学习情境中的变量，如自己的认知特点、学习能力、知识基础、学习目的、学习任务，自己拥有的学习时间、学习环境、学习材料，以及这些变量之间的关系与它们的变化情况等；学习者还要对学习方法进行选择，他们要知道学习方法与学习变量的关系，自觉地选择、安排适当的学习方法。

2. 监视策略

监视策略指在认知活动进行的过程中,根据认知目标对认知状况进行及时评价、对认知活动过程的问题与不足进行反思,正确估计自己所能完成的认知目标的程度、水平,并根据有效性标准评价认知活动、各种策略使用的效果。监督策略包括阅读时对注意加以跟踪、考察学习环境的变化、对材料进行自我提问、考试时监视自己的速度和时间等。

3. 调节策略

调节策略指根据对认知活动结果和认知策略使用效果的监察,一旦发现问题,及时采取补充、修正措施,并调整不合适的认知策略。调控策略主要包括根据学习情境的特点,激活学习方法的使用;根据学习情境的变化,及时调节和控制学习方法的使用;根据学习的效果,客观地评价自己的学习活动和学习方法的适用性,并把对学习效果的评价作为改进自己学习的重要手段。

弗拉维尔指出,元认知体验在激活与调控学习方法的使用中有特别重要的意义。因为激活与调控的过程,要求高度的情感唤醒和排除妨碍思考的障碍,这需要有机会让学习者体验自己的认知过程。同时,元认知体验伴随各种智力活动的过程,所以学习者是根据对智力活动的过程的体验,及时地评价与调整自己的学习进程。

元认知策略总是和认知策略协同起作用的。认知策略帮助我们将新信息与已知信息已有的知识结构进行整合,并存储于长时记忆系统中,而元认知策略则对整个学习活动起着控制和协调的作用,它监控和指导着认知策略的选择和运用。如果一个人没有使用认知策略的技能和愿望,他就不可能成功地进行计划、监视和自我调节。如果一个学习者只拥有众多的认知策略,却没有必要的元认知技能来帮助他决定在哪种情况下使用哪种策略或改变策略,那么他就不可能成为一个成功的学习者。

三、资源管理策略

学习资源是指在教学系统和学习系统所创设的学习环境中,可供学习者在学习过程中支配的所有内外在条件与因素的总和。学习者常用的学习资源包括信息、人员、资料、设备和技术等。一般可分为两类:专门设计的学习资源,如教科书、听音室、实验室等;非专门设计的学习资源或可利用的学习资源,如少年宫、博物馆、科技馆等。在学习中应该认识到资源的有限性,如果不能合理分配有限的个人学习资源,不仅资源得不到充分利用,而且学习效果也不佳。资源管理策略就是要使学习者正确认识学习资源并合理利用这些资源。特别是时间管理和专注是资源管理策略中较为重要的。

(一)学习时间管理

1. 统筹安排学习时间

如何在有限的时间里,把自己的学习安排得合理、有序,是时间管理的主要内容。学习者应当根据自己的总体目标,对时间作出总体安排,并通过阶段性的时间表来落实。对每一天的学习活动,都要列出一张活动优先表来,学习者要根据自身的生活习惯与学习方式,安排好各项活动的基本顺序,如学习、吃饭、睡眠、休息、运动等,要注意将学习计划落实在学习成果上。学习计划的制订要考虑劳逸结合、科学用脑,以及交叉安排、高效学习的原则,适当调整各项活动的顺序和学习时间的长短。制订好学习计划后要用坚定的意志来执行学习计划,防止拖拉作风。每个适合自身情况的作息时间表都不是一次形成的,我们需要根据每日作息时间表的执行情况来调整各个项目的顺序或者是时间长度的安排,直到找到一个符合自身情况的作息时间表为止。

2. 高效利用最佳时间

在不同的时间段里,人的体力、情绪和智力状态都是有差异的,也就是说,不同学习时间的效果是很不一样的。有研究表明,最好的学习或工作时间是上午十点左右和下午三点左右两个时间段。当然这存在个体差异,有的人早上学习效果好,有的人晚上学习效果好。因此在制订学习计划时要考虑到自己的生理特点:① 自己的生物钟特点,如起床时间、学习时间、睡眠时间、运动娱乐时间等;② 一天内学习效率的变化,自己是属于百灵鸟型的、夜莺型的还是别的类型;③ 一个学习周期内学习效率的变化,情绪高涨期与情绪低落期的天数、间隔等。此外,还要考虑到随着学习的进行,人的精神状态和注意力会发生变化。一般来说,存在三种变化模式:先高后低;中间高两头低;先低后高。因此,每个人要根据自己的模式,安排学习内容,确保状态最佳时学习最重要的内容。

3. 灵活利用零碎时间

在学习、生活过程中经常有些零碎时间,如果我们能把每天的零星时间积累起来用于学习,那么日久天长将是十分可观的。我们可以利用零碎时间来处理学习上的杂事;或读短篇、看报纸杂志,拓宽自己的知识面;或背诵诗词和外文单词;还可以进行讨论和通讯,与他人进行学习上的交流与探讨,这些都有助于创造性思维的启发。

(二)创设良好学习环境

学习环境包括物质环境与精神环境两部分。物质环境,如安静的环境、适当的空间、整洁的桌椅、良好的照明或光线充足、流通的空气、适宜的温度、和谐的色彩等等。学习环境最重要的是要适合学习,周围环境不能摆放过多与学习无关的用具,不能对学习造成干扰。而精神环境,其含义更大、更宽,它没有具体的条件,主要应能激发学习者学习和创新的意识,可以是志同道合的同学,可以是谆谆教诲的老师,能激发学习者学习动力,能给学习者以支持与鼓励。

(三)学习努力和心境管理

在学习中要学会运用自己的自控能力,有意识地克服诱惑,比如游戏、聊天、无意义的电视节目等。学习应该本着四个态度:勤奋学习,相信勤能补拙;认真刻苦,学习不可避免有些枯燥乏味;积极进取,要知道天才都不是天生的;勤奋务实,踏踏实实一步一个脚印地学。学习也要注意劳逸结合,切忌题海战术,打疲劳战,这样很容易让自己对学习失去兴趣,可通过娱乐、体育活动来调节,以此提高学习效率。

教师若要让学生维持自己的努力意志，需要不断地鼓励学生进行自我激励。这包括激发内在动机；树立为了掌握而学习的信念；选择有挑战性的任务；调节成败的标准；正确认识成败的原因；自我奖励等。

（四）合理利用学习工具

现代各种各样的学习工具五花八门，比如各种参考资料、工具书、图书馆、广播电视以及电脑与网络等，很容易让学习者眼花缭乱，无从选择。面对如此多样的学习工具，学习者要慎重选择，合理利用。

学习者阅读时，有一本工具书在手，就可以随时查阅，以便深入了解材料内容、对知识进行深入加工。但是，有时候因为印刷、时间、疏忽等问题，工具书也会出错，在查阅工具书时，就会出现问题，这时要高度怀疑和注意，查阅更多其他资料，或与老师讨论交流，争取获得最正确的认识。

参考资料也不是越多越好，面对各种各样的参考书，一定要选最合适的。既要紧扣学习材料，又要符合学习者的实际接受能力，一般可在老师的指导下进行选择。一般情况下选择高质量的、具有权威性的参考书较好。

电子辅助工具也在飞速发展，一般有电脑和DVD等多媒体工具、复读机、电子词典等。特别是网络的发展，可以让学习者足不出户就能接受大量资讯，处理文字、图表、声音等复杂文件，还可以利用网络工具进行交流、调查和控制。网络是一个比较方便快捷的学习工具，但是在利用这些现代辅助工具提高学习效率的同时要注意控制自己的娱乐欲望，要避免辅助工具变成影响学习的不良诱惑。

第三节 学习策略的训练

我们研究学习策略的主要目的是为了帮助学习者提升学习策略的运用水平，最终提高学习效率。因此，光研究学习策略还不够，我们还要知道如何培养以及提高学习者的策略水平。

一、策略学习的特点

策略性知识作为程序性知识一个类型，其学习过程和其他程序性知识一样，也必须经历习得、转化和应用三个阶段。这为如何进行策略性知识的教学训练提供了理论依据。但由于构成策略性知识的概念和规则不同于反映具体事物性质的概念和对它们加工操作的规则，所以教师还必须注意策略性知识学习的特殊性。

（一）策略学习的内隐性

学习策略是学习者对自身内部认知活动状态的调控技能，它所涉及的概念和规则反映了人类自身认识活动的规律。而人类认识活动具有较强的隐蔽性，无法从外部直接观察到，这类概念和规律难以通过直观演示的方法传授给学生，所以，策略教学的一个难点是教师如何通过具体实例向学生示范某一策略适用的情境，以及如何演示其具体操作。此外，学习者学到了相应的策略知识及操作之后，又如何将其内化。

（二）策略学习的长期性

学习策略所涉及的概念和规则一般都具有较强的概括性，在实际应用中有很大的灵活性，而这类规则的应用又必须与不断变化的情境相适应。因此要能自如地运用这样的规则来支配自身的认知行为，提高认知活动的效率，并非短期训练就能收到效果。所以策略的学习一般具有长期性。

（三）与元认知协同发展

有研究表明，策略的学习和运用受学习者元认知发展水平的制约。要在新的情境中应用所习得的学习策略，学习者必须清晰地意识到所学习的策略是什么（what），它的适用范围（where）以及如何（how）和何时应用（when）。显然，要解决这四个问题，学习者必须对自己认知过程有很好的认知，所以认知策略的训练必须与元认知的发展相结合。

（四）策略学习的动力性

学习者策略的学习与使用依赖于学生的动机水平。研究表明，学习者仅仅是记住论述学习策略的条文，并不能改善他们的学习成绩。只有当外界的指导被学生接受且内化，从而影响、改变他们的信息加工过程时，才能对学习有所帮助。此外，策略性知识必须通过大量的实践练习之后才能作为一种概括化的策略能力迁移到与原先的学习状况不同的情境、任务中去。而进行这类学习，学生若没有强烈的要求改进自己认知加工过程的愿望（学习动机），是很难奏效的。所以，策略训练课程需包含适当的动机训练，学习者应当清楚地意识到一分耕耘一分收获。

二、影响学习策略掌握的因素

如果学习者能运用适当的学习策略进行学习，其学习效率可以得到极大的提高。学习策略经过必要的训练是可以掌握的。但要注意学习策略的掌握受到一些因素的影响：

（一）性别

有研究表明，女性在语言表达、短时记忆方面优于男性，女性比较偏重于对文字语言材料的记忆和机械识记。而男性在分析、综合、推理能力和空间知觉方面优于女性，更偏好理解记忆。

（二）归因

将成功归因于自身的人，如认为自己能力好、努力进取、有天赋等，他们对未来成功的预期较高，在学习中也较注意策略的掌握，以起到事半功倍之效；而将成功归因于外界的人，如认为是由于工作容易、运气好、他人帮助等，他们对未来成功的预期通常较低，对策略学习也不太重视，学习效率很难提高。如果将失败归因于不努力的人，会对未来产生较高的预期，致力于策略的学习与掌握，学习成功的可能性大大提高；而将失败归因于能力太差，则会产生较大失落感，认为再努力都是白费,对未来成功产生较低的预期,则成功的可能性较低。

（三）动机

教育的主要职责之一是要让学习者产生学习的内部动机,即对获得有用知识的学习过程本身发生兴趣。具有内部动机的学生倾向于选择和使用有意义的和起组织作用的各种学习策略;而具有外部动机的学习者,即学习活动容易受各种外来的奖赏所支配,他们更倾向于选择和使用机械学习的策略。学习动机强的学习者倾向于经常使用他们已习得的策略;学习动机弱的学习者对策略的使用不敏感,甚至不愿掌握、使用学习策略。

（四）元认知发展水平

学习者的元认知水平与其学习策略使用效果密切相关。人的元认知水平随着年龄的增长而不断提高。低年级学生的元认知水平较低,他们的学习更多地受外在因素的影响,如学习环境、学习材料的性质与难易程度等;而较高年级的学生的元认知水平有显著提高,他们学习的独立性更强,掌握了更多有效的学习方法,也能更灵活地运用各种学习策略。

三、策略训练原则

托马斯和罗瓦（Thomas & Rohwer）提出了一套适用于具体学习策略的有效学习原则。

（一）特定性原则

特定性原则是指学习策略要与学习目标和学生的类型相适宜,即通常所说的具体问题应具体分析。研究者发现,相同的策略对于不同的学习者,如年长和年幼的,成绩好的和成绩差的,外向型的与内向型的,在学习中所发挥的作用是不一样。所以,在进行学习策略训练时应当因材施教,先判断学习者类型,再予以正确指导。此外,我们还要考虑到学习策略的层次性,因此我们必须给学生大量各式各样的策略,不仅有一般性的策略,而且还要有非常具体的策略。

（二）生成性原则

生成性原则是有效使用学习策略最重要的原则之一,是指学习者在学习的过程中利用学习策略对所学材料进行高度的深层加工,进而产生某种新的东西。要想使一种学习策略产生效用,这种心理加工是必不可少的。生成性程度高的策略有：写内容提要、提问、列提纲、图解要点之间的关系、向同伴讲授课的内容要求。生成性程度低的策略有：不加区分的画线,不抓要点的记录,不抓重要信息的肤浅的提要等,这些方法对学习没有任何帮助。

（三）有效监控原则

教学生何时何地以及如何使用策略,这非常重要。尽管这是显而易见的,但许多教师却常常忽视这一点。如果向学生交代清楚何时何地与如何使用一个策略,他们就更有可能记住和应用它。此外,还应指导学生在运用学习策略的过程中进行反思，考察自己对策略的运用情形，不断提高策略使用水平。

（四）个人效能感

学习成绩与态度之间有密切的联系，学习者有可能知道何时以及如何使用相应的策略，可是如果他们不愿意使用这些策略，那么他们的基本学习能力还是得不到提高。那些能有效使用策略的人才会相信使用策略会提高他们的成绩。教师一定要给学生创设适当的机会让他们感受策略的效力。学习者一定要有学好学习策略的信心，树立学习策略学习的个人效能感。教师也要养成这样一种意识：在学生学习某材料时，要不断向学生提问和测查，并且根据这些评价给学生定成绩，以此促进学生使用学习策略，并让学生感到使用学习策略学习会有更大的收获。

四、学习策略指导教学的内容

从目前的学习策略课堂教学的各种类型来看，学习策略指导教学的内容至少应当包括三个方面：

（一）观念训练

让学习者了解策略的相关知识，且认识到策略的有效价值，培养学习者使用学习策略的信心与动机，并指导学习者常留意并关注策略的运用情境及其运用的有效性，增强学习者学习策略的应用水平。主要的训练内容可以有：让学习者看到使用学习策略的绩效，培养在学习中使用学习策略的信念，了解学习策略的相关信息，注意在学习中使用策略并不断反思策略的使用情况及效率，总结对自己有效的学习方法，注意向同伴学习有效的方法，尝试把新学的方法运用到各种学习情境中，检验新策略的有效性。

（二）元认知训练

元认知的主要功能是给主体提供有关认知活动进展的信息，以保证主体随时调节，采取更接近目标的解决办法与手段。所以学习者应学会对自己认知过程的监视、调节与控制。如，监督自己的学习状况，及时纠正使用不当的学习策略；调控学习进程，及时完成预定的学习任务；依据完成任务的实际情况对自己的学习状态做出恰当评价等等。对元认知的训练应贯穿于整个策略教学进程，在不同的策略教学阶段，应对学生提出不同的要求，主要是促使学生在不同学习阶段检测自己的学习活动结果。如，遇到问题时，使用哪种学习策略较合适？该学习策略使用的条件有哪些？是否适用于当前的问题情境？该学习策略如何使用？使用时有哪些注意事项？使用中不断检测策略的有效性。使用后，反思所选用的策略是否有效。若有效，为什么有效？它适合哪类问题情境？若无效，又是什么原因导致的？等等。

（三）具体策略训练

主要内容可包括短时训练和长时训练。短时训练是教会学习者学习和运用一种或几种策略于具体的问题任务中。该训练包括给学习者提供关于策略价值、怎样使用、什么时候使用以及如何评价策略的成功使用等的相关信息。长时训练则是对学习者进行较长期的学习策略训练。长时训练包括的策略更多，长时训练不仅要训练短时训练的所有内容，而且要特别注重训练学习者监控和评价自己的操作，注重元认知水平的培养，还得结合动机的训练。训练的初期，教师的指导要很精细，鼓励学习者尝试使用新学到的策略，及时给予外部反馈，而随着训练时间的延长，应多鼓励学生自由探索、自我调节和自我控制，并对策略使用的情境进行反思与总结，提高策略使用能力。

五、具体训练方法

(一) 感受—自控训练法

学习策略是多种多样的，不同的策略适用于不同的内容和不同的任务情境，为提高学习者使用策略的有效性，布朗（Brown）等人对三种训练方法进行了研究。这三种方法分别为："盲目训练法"，只教给学习者策略的知识，但不帮他们理解这种策略为什么有用以及在何时运用最为恰当。"感受训练法"，传授学习者策略的知识，且帮助学习者感受（理解）为何、何时使用获得的策略。"感受—自控训练法"，即在"感受训练法"的基础上，让学习者练习使用这些策略，给他们提供掌握这些策略的机会。研究表明，第一种训练方法常常是无效的，而后两种训练方法，特别是"感受—自控训练法"不但增进了学习者对策略有效性的认识，提高其应用策略进行学习的自觉性，而且明显地改善了他们的学习能力。

(二) "控制＋监视"教学技术

教师不仅要传授给学生具体的学习策略，而且还应培养他们自我监视并控制学习策略的使用，善于检查、评定或修正其策略的能力。有学者对四种教学技术进行了分析："自我管理"教学，仅教给学习者运用具体的学习方法（如怎样写内容提要）；"规则"教学，明确地告诉学习者如何正确使用具体的策略并进行演示；"规则"＋"自我管理"的教学，即把前两种结合起来的教学；"控制＋监视"教学，这种教学方式主要是教会学习者掌握学习的控制和监视的知识，使其懂得何时和如何检查和评定学习策略的使用情况，如何及时调整学习策略的使用。研究表明，第四种教学技术效果最好，学习者能有意识地去发现策略，总结策略，从而生成适合自己的新策略，提高了学习者在未来的学习中选择使用更有效的学习策略的能力。

(三) 整体综合教学操作

讲解、示范、练习与反馈是基本的策略教学的操作。在教学中我们应该注意以下几方面：首先，讲解与示范要结合。教师不但要向学习者解释说明策略知识，更要反复向学习者示范策略的实际操作及使用方法。准确的讲解和示范为学习者获得策略提供了重要信息。其次，练习与反馈要结合。教师应该让学习者在广泛的情境中练习使用策略，在获得亲身体验的同时，还应重视为其提供清晰、准确的反馈，正确、及时的反馈是学习者策略获得和改进的关键。

1. 什么是学习策略？怎样理解学习策略的含义？
2. 学习策略由哪些要素组成？
3. 什么是认知策略？认知策略有哪些要素？
4. 什么是精细加工策略？
5. 什么是元认知？元认知由哪些成分构成？
6. 什么是元认知策略？元认知策略包含哪些策略？
7. 什么是资源管理策略？怎样合理利用现有资源？
8. 策略学习的特点有哪些？
9. 影响学习策略掌握的因素有哪些？
10. 策略训练要注意哪些问题？
11. 学习策略指导教学的内容有哪些？

第九章　问题解决与创造性

评价目标

1. 掌握问题解决、心理定势、功能固着、创造性、发散思维、侧向思维、直觉思维等基本概念。
2. 了解问题解决的基本阶段。
3. 理解问题解决的策略。
4. 掌握影响问题解决的因素。
5. 掌握培养学生问题解决能力的有效措施。
6. 理解创造性的特征。
7. 掌握创造性的影响因素。
8. 掌握培养创造性的有效措施。

问题解决　　创造性特征　　影响因素　　培养

第一节　问题解决概述

人们在日常生活、学习和工作中，需要解决各种各样的问题。学习知识、掌握技能的主要目的在于个体可用以解决面临的问题。可见，问题解决是更高级的学习活动。帮助学生掌握问题解决技能，提高问题解决能力，应是教育教学的重要目标。

一、问题解决的含义

（一）问题

问题解决中的问题与日常概念中的问题的含义不尽相同。那么，什么是问题解决中的问题呢？请看以下几个问题解决的例子。

例1　"如何用六根火柴摆出四个正三角形？"
例2　"河的一岸有一只猫、一只鸡和一袋米，一个人要把这些东西运到河的对岸，河上有一只小船，每次只能运载一个人和其中的一种东西。不能把猫和鸡放在一起，也不能把鸡同米留在一起。如何将这些东西运到对岸？"

例3 "如何培养学生健全的人格？"

例4 "如何应对当前全球性的金融危机？"

以上问题尽管性质不同、难易不等，但它们都具有以下三个特征：（1）给定的条件，这是一组已知的关于问题的条件的描述，即问题的起始状态。（2）要达到的目标，即问题要求的答案或目标。（3）开始状态和目标状态之间存在障碍，即起始状态到目标状态之间不是直接的，必须通过一定的认知活动才能找到答案。存在障碍是问题的重要特征，没有障碍就不能算是问题。日常生活中，诸如"你叫什么名字？"、"3加2等于多少？"也是问题，但由于它们运用已有记忆经验就能直接回答，就不是问题解决中所界定的问题。因此，通常把问题定义为：给定信息和要达到的目标之间有某些障碍需要被克服的刺激情境。

（二）问题的类型

现实生活中的问题各种各样，研究者从不同角度对问题进行分类。

1. 根据问题条件和目标是否被明确界定，将问题分为界定清晰的问题和界定含糊的问题。

（1）界定清晰的问题，即问题含有明确的已知条件和所要达到的目标，上述例1、例2便属于这一类问题。这类问题的解决往往有固定的答案和清晰的操作步骤。

（2）界定含糊的问题，即已知条件和所要达到的目标都比较含糊，问题情境不明确，各种影响因素不确定，不易找出解答线索的问题。上述例3、例4便属于这一类问题。界定含糊的问题由于其自身的不确定性，往往容易导致问题解决者另辟蹊径、创造性地解决问题。

2. 根据问题性质的不同，将问题分为归纳结构问题、转换问题和排列问题三类。

（1）归纳结构问题，即给出几个条件，要求问题解决者从中发现隐含的结构的问题。类比推理问题就属于归纳结构问题，例如"光明对于白天，犹如黑暗对于（　　）"，就属于这类问题。

（2）转换问题，即给出一个初始状态，让问题解决者从初始状态中发现并完成一系列达到目标状态的操作的问题。如上述中的例2、心理学上著名的"河内塔"问题等。

（3）排列问题，即给出所有的成分，问题解决者需要以一定的方式把已知条件或成分重新排列，以达到目标状态的问题。例如"重新安排下列各组字母，使每组字母组成一个单词：EFCTA、LAENV、BODUT"、九宫图、七巧板等，都属于这类问题。

3. 根据问题的创新程度不同，将问题分为常规性问题和创造性问题。

（1）常规性问题，即依据现有方法或理论，运用常规的方法就能解决的问题。

（2）创造性问题，即依照常规的方法和思路不能处理，需要探索全新的方法和途径才能解决的问题。

(三)问题解决

在以上所列举的问题中,已知条件与要达到的目标之间往往存在差距,问题解决,就是要消除这中间的差距,这就需要发现和获取必要的信息。因此,可以把问题解决定义为个体通过一系列的认知操作,达到目标状态的过程。它应具备以下三个特征:

1. 目标指向性。问题解决活动具有明确指向的目标状态,是有目的、有意识地把初始状态变为目标状态的过程。

2. 操作系列性。问题解决活动是必须通过一系列认知操作才能达到目标状态的过程。回答"你叫什么名字?"、"3加2等于多少?"这样的问题,尽管具有目标指向性,但它们非常简单,能够自动化完成或仅需单一认知操作就能完成,不是问题解决过程。

3. 认知性操作。问题解决活动必须有认知成分的参与。例如,骑自行车、洗碗这样的活动,虽然也有一定的目的,有系统的操作活动,但没有包含重要的认知成分,也不能称为问题解决。

二、问题解决的过程

问题解决的研究是心理学研究中的古老课题。早在19世纪末,美国心理学家桑代克用猫进行了著名的迷笼实验,提出了"尝试错误说"。另一个较早对问题解决进行研究的是德国心理学家苛勒,他以黑猩猩为研究对象,提出了"顿悟说"。早期对问题解决的研究多以动物为对象,很少涉及人的内部心理机制。认知心理学的兴起,为问题解决的研究带来了全新的视角。研究者把人解决问题的过程与计算机进行类比,通过计算机模拟,探讨人类解决问题的内部心理过程,取得了显著的进展,其研究结果大大丰富了人们对问题解决的认识。

(一)问题解决的基本阶段

关于问题解决的过程,研究者们从不同的角度、用不同的方法进行探索,提出了各不相同的模式。综合各种理论和模式,可以将问题解决的过程分为发现问题、分析问题、提出假设和检验假设四个阶段。

1. 发现问题。就是认识到问题的存在,并产生解决问题的需要和动机。从完整的问题解决过程来看,发现问题是其首要环节。只有存在问题时,人们才有可能产生解决问题的认知活动。有些问题客观存在或已由别人提出,因而较为明显,易于发现;而有些问题则较隐蔽,不易被人发现,只有那些善于发现问题的人才能从人们司空见惯的现象中提出问题,并促使新的发现产生。巴甫洛夫在人们司空见惯的"吃东西就会流口水"的现象中提出了有价值的问题,提出了条件反射,并进而揭示出高级神经活动的规律,这是善于发现问题的典型事例。

2. 分析问题。就是分析问题的要求和条件,找出它们之间的联系与关系,把握问题实质并确定解决的方向。分析问题需要透过现象看本质,才能克服不利因素的影响,抓住解决问题的关键。在分析问题时,人们经常借助于外在的具体的形式,如画图表、路线图等,使表征更明确、直观。

3. 提出假设。就是提出解决问题的方案、策略或途径。这是解决问题的关键阶段。复杂问题的解决策略不是一下子就可以形成的,需要经过假设形式逐渐形成。能否有效地提出假设,受到个体思维的灵活性与已有的知识经验的影响。思维越灵活,越能多角度地分析问题,就能提出越多的合理假设;与问题解决相关的知识经验越丰富,就越有利于扩大假设的数量并提高其质量。

4. 验证假设,就是通过实际活动或思维操作验证所提出的假设是否可以真正解决问题,达到目的。检验方式主要有两种,一是实际活动,即把提出的方案直接应用下去以观后效;另一种是通过思维活动进行,像作战方案、医疗措施等关系重大的决策,不能靠实际活动来检验可行性,因此必须通过深思熟虑,周密思考,以抽象形式来论证实施方法各阶段的后果和可行性。[1]

在解决较简单的问题时,上述几个阶段可能并不明显,往往是比较简缩的,可能在分析问题的同时就提出了解决问题的假设。但在解决比较复杂的问题时,它们是明显存在的,并可能出现多次的反复循环。

(二)问题解决的策略

在问题解决过程中,人们是如何运用一系列的认知性操作从问题的初始状态达到目标状态的呢?认知心理学研究发现,问题解决过程中人们往往使用不同的策略,这些策略可以区分为算法式策略和启发式策略。

1. 算法式策略

算法式策略指的是将各种可能达到目标的方法都罗列出来,再一一尝试,最后确定哪一种为正确答案。如解决"用 TRHOE 五个字母合成一个有意义的单词"这样的问题,就可以将五个字母可能的组合都罗列出来,再选择正确的答案。算法式策略的特点是如果解存在的话,就一定能找到解,而且能找出所有的解,选出最佳的答案。缺点是对所有的可能都进行尝试,太费时费事,有时简直办不到。

2. 启发式策略

启发式策略指的是通过分析问题的初始状态和目标状态,根据已有的经验,采取较少的操作来解决问题。在上述的例子中,问题解决者如果根据单词组成的规律,如"TH"和"ER"是经常的组合,解决问题时就可以大大减少操作的次数。再如解决"如何用六根火柴摆出四个正三角形?"这样的问题,如果具有一定的几何知识,可以进行这样的分析:摆四个正三角形需要 12 根火柴,而题中只有 6 根火柴,说明每根火柴必须当两次的边,这在平面上是很难实现的,只能往三维空间尝试,这就减少了操作的步骤,能较快地解决问题。这种方法不能保证能够准确地找到答案,但却无需尝试所有的可能性,可以大大提高效率。启发式策略的使用很大程度上依赖于个体的经验,但对一些具体方法的掌握也能提高启发式策略的使用能力。

---

[1] 张明,陈彩琦.基础心理学[M].长春:东北师范大学出版社,2002:132—134.

常见的启发式策略的具体方法有：

（1）手段—目的分析法

手段—目的分析法的基本思想是，将目标划分成许多子目标，将问题划分成许多子问题，通过一个个子问题的解决，逐步消除给定条件与目标状态之间的差距，最终导致总问题的解决。"河内塔"问题就是运用手段—目的分析法解决问题的典型例子。

（2）选择性搜索法

选择性搜索法的基本思想是，利用事先能得到的有关达到目标的某种信息和已有的经验寻找问题解决的突破口，从中获得更多信息，以便进一步选择最有利于达到目标的方向进行搜索。

例如，在如下密码题中，如果完全用逐个替换的办法求解，那么该题共有300万个可能的尝试，在实际操作中往往是失败的。但运用选择性搜索法，便可从事先得到的 D=5 这一有助于达到目标的信息出发，选择由个位向高位逐个相加递进的方向，结合各种加法规则，逐步解决该问题。

$$\begin{array}{r} \text{DONALD} \\ +\ \text{GERALD} \\ \hline \text{ROBERT} \end{array}$$

已知：D=5

要求：把每个字母换成0—9中数字

（3）目标逆推法

目标逆推法的基本思想是，从目标状态出发向初始状态反推，直至达到初始状态为止，然后再由初始状态沿反推路线一步步正向求解。这种方法常用于解决几何问题。

例如，已知长方形 ABCD，如图 9-1 所示，求证 AD=CB。在解决这个问题时，利用目标逆推解决效果较好。要证明 AD=CB，就得先证明三角形 ACD 和三角形 BDC 全等。要证明全等，就必须证明这两个三角形的两条边及夹角相等。于是只要能能够证明三角形 ACD 和三角形 BDC 的两条边和夹角相等，就能证明它们全等，进而证明 AD=CB，从而导致问题解决。

图 9-1　长方形 ABCD

（4）简化法

简化法的基本思想是，先抛开某些细节而抓住问题解决中的主要结构，把问题简化成较简单的形式，然后解决这个简单的问题，再由此解决整个复杂问题。

例如，在一张桌前从左到右依次并排坐着甲、乙、丙、丁四人，根据下述信息，请指出谁拥有小轿车：

① 甲穿蓝衬衫；
② 穿红衬衫的人拥有自行车；
③ 丁拥有摩托车；
④ 丙靠着穿绿衬衫的人；
⑤ 乙靠着拥有小轿车的人；
⑥ 穿白衬衫的人靠着拥有摩托车的人；
⑦ 拥有三轮车的人距离拥有摩托车的人最远。

以上问题中，信息较多，容易造成心理晕眩，求解时头绪较乱。但如果采用简化法，不考虑个人与衬衫颜色的联系，而抓住他们的座位次序及其与车的联系，问题就较容易解决了。①

三、影响问题解决的主要因素

影响问题解决的因素很多，既有问题方面的客观因素，也有问题解决者的主观因素。下面分析影响问题解决的几个主要因素：

（一）问题表征

不同的问题表征将直接影响个体对问题的理解，进而影响问题的解决。问题表征的影响大致可有以下几种情况：

1. 问题的陈述方式或所给图示的不同，影响问题的解决。一般来说，如果陈述或图示直接提供了问题解决的线索，就便于问题的解决。如以下一道几何题：已知圆的半径，求此圆外切正方形的面积。如果用图 9-2 中 A 的方式呈现，则圆半径与正方形边长的关系就一目了然，问题解决显得容易；但若用 B 的方式呈现，因圆半径与正方形边长的关系不明朗，问题解决就困难多了。

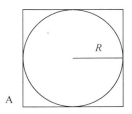 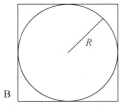

图 9-2　两种标示图半径的呈现方式

2. 问题中无关信息的干扰，不利于问题的解决。研究发现，人们经常错误地假定：问题中所给出的条件或数字在解题中都有用，总是想办法去利用这些信息。因此，如果问题给定的条件中包含了某些多余的信息，往往会使人产生"心理眩晕"，不利于问题的解决。如："某城市有15%的人不把电话号码放在电话簿上，如果你从该市的电话簿上随机抽取200个号码，问其中有多少人是不把电话号码放入号

---

① 卢家楣等. 心理学[M]. 上海：上海人民出版社，1998：94—95.

码簿上的？"在解答这样问题时，人们往往被15％和200个所干扰，实际上这两个数字都是无关信息，因为所有的200个人都取自电话簿，答案应该是0。[①]

（二）心理定势

心理定势是指心理活动的一种内部准备状态。这种内部准备状态既可以由人们长期以来形成的认知结构或解决问题习惯所引起，也可由解决当前问题前的活动方式所引起。前者如"用六根火柴摆出四个正三角形"问题，人们的认知结构容易局限于平面，致使问题解决受影响。再如"一张四方形桌子，锯掉一个角，还剩下几个角？"问题，人们容易以"4－1＝3"的思维惯性解答，致使问题解决受到局限。后者则可用著名的卢钦斯（A. S. Luchins）量水实验来说明。该实验要求被试用不等容量的杯子量出一定数量的水（见表9-1）。实验组从第1题开始做到第8题，控制组则只做第6、7、8题。结果实验组大多数被试受1—5题所形成的定势影响，套用B—A—2C的算法解第6、7、8题，而控制组所有被试都采用简洁方法解答6、7、8题。

表9-1 卢钦斯的定势实验

题序	三个杯的容量			要求量出的水的容量
	A	B	C	
1	21	127	3	100
2	14	163	25	99
3	18	43	10	5
4	9	42	6	21
5	20	59	4	31
6	23	49	3	20
7	15	39	3	18
8	28	76	3	25

心理定势对问题解决的影响有时是积极的，有时是消极的。在问题情境不变的情况下，定势使人们能够应用已掌握的方法，迅速解决新问题，这时定势起了积极作用；在问题情境发生变化的情况下，定势往往使人们受过去经验的影响，习惯于按老办法去思考和解决新问题，使思维活动表现出惰性，阻碍人们采用新的方法顺利解决问题，这时定势的作用就是消极的。

（三）迁移影响

迁移影响是指已获得的知识经验对解决新问题所产生的影响。一般来说，个体拥有某一领域的知识经验是解决问题的重要基础。但并非拥有的知识经验越多，解决问题能力就强。只有能够迁移的知识经验才能促进问题的解决。研究表明，只有当一个人对其知识经验进行概括，用合理的方式贮存在头脑中，才能将学到的知识经验迁移到新问题的情境中去，促进问题的解决。

（四）功能固着

功能固着是指个体在解决问题时，只看到某种物体的通常功能，而看不到它其

---

① 张厚粲.心理学[M].天津：南开大学出版社，2002：119.

他方面的功能。功能固着会妨碍问题解决已得到许多实验的验证。顿克尔（K. Duncker）的蜡烛问题就是一个典型的实验。在实验组的房间里放着一架屏风、几张椅子、一张桌子，桌上三个硬纸盒里分别装有火柴、蜡烛和图钉，要求被试把一支蜡烛竖装在屏风上以给房间照明。控制组的实验条件不变，只是事先把纸盒里的物体倒出，把空盒子与其他物品放在一起。结果控制组大多数被试轻松地解决了问题，即用图钉把硬纸盒钉在屏风上，然后用溶化的蜡将蜡烛竖立在盒子上。实验组许多被试束手无策，不能在规定的时间内完成任务。其原因可能在于他们看到纸盒里装有东西，就把纸盒的功能固定为容器，而看不到其他方面的功能了。

日常生活中，因功能固着而影响问题解决的现象时常可见，因此，在问题解决过程中，人们应灵活运用问题情境中提供的各种物体，变通物体的功能，摆脱功能固着，使问题得到解决。例如，领带是装饰品，但意外受伤出血时可以用它当绷带；口香糖是食物，但必要时可以用它粘出掉在窟窿里的硬币。

（五）动机强度

动机的强弱也会影响问题解决的效率。一般来说，动机强度与问题解决的效率之间的关系是一种倒 U 型的曲线关系。动机强度适中最有利于问题解决，动机太强或太弱都不利于问题解决。动机太强，易引起过分紧张、焦虑情绪，妨碍人们冷静地分析问题、做出决策，影响问题的解决；动机太弱，易分散注意力，思维的积极性不高，问题解决效率也就不高。

四、提高问题解决能力的教学

在日常生活中，各种各样的问题随处可见，要求人们不断解决所面临的新问题。加涅认为"教育课程的重要的最终目标就是教学生解决问题——数学和物理问题、健康问题、社会问题以及个人适应问题"。因此，帮助学生掌握问题解决技能，提高问题解决能力，应是教育教学的重要目标。那么，教育教学中应如何培养学生的问题解决能力呢？

（一）进行有效的知识教学，促使学生对知识进行精细加工和组织

大多数心理学家一致认为，有效的问题解决是以丰富的某一领域的知识存贮为基础的。但是，如果大量的知识经验是以囫囵吞枣的方式接受的，以杂乱无章的方式贮存的，并不能帮助有效地解决问题。因此，进行有效的知识教学，促使学生对知识进行精细加工和组织显得十分重要。

美国心理学家贾德（Judd）认为，一个人只有对其知识经验进行概括，掌握其要义，才易于将知识经验迁移到新问题解决的情境中去。因此，教学知识时，教师应注意提供各种同质不同形的变式来突出本质特征，加强各种知识的区分与辨别，促使学生对所学内容的精细加工，提高学生对知识的理解水平。

美国心理学家布鲁纳强调，迁移的关键在于领悟事物之间的关系。因此，知识教学中，教师应有意识地加强知识间的组织化，注意课内外、不同学科、不同知识点之间的纵横交叉联系，使学生获得的知识不只是一个个孤立的点，而是能够融会

贯通的网络化的知识结构。

(二)加强解题训练，培养学生良好的问题解决习惯

教学中，给予学生问题解决的机会，提供相应的练习，是培养学生问题解决能力的重要途径。加强解题训练，不仅应注意避免低水平的、简单的或重复的机械练习，给学生提供典型的、针对性强的问题，更重要的是在训练过程中加强指导，培养学生良好的问题解决习惯。

1. 分析问题、理解题意的训练

在问题解决过程中，首先碰到的是如前所述的问题表征，学生是否善于分析问题，准确地理解题意成了解题的关键。因此，教师应培养学生分析问题的习惯。面对问题时，首先仔细读题，准确理解问题表述的语意，找出问题的目标与条件；进而注意克服由于问题情境呈现的方式不同所造成的认知障碍；最后尽量将当前问题纳入头脑中已形成的问题类型中。

2. 思维灵活性训练，克服定势、功能固着（多角度提出假设、变通功能）

在解决问题过程中，人们往往由于定势、功能固着，面对问题时束手无策。因此，教师要加强培养学生思维的灵活性，克服定势、功能固着的消极影响。在解题训练中，鼓励学生从不同的角度去看问题，学会从不同角度去寻找解决问题的方案。遇到问题时，灵活运用问题情境中提供的各种物体，以"功能变通"来摆脱困境，使问题得到解决。

3. 解题后的反思训练，积累解题经验，培养元认知能力

解题后的反思是学生积累解题经验、培养元认知能力的重要环节。因此，在解题训练中，教师要有意识地要求学生对解题思路、解题方法的优劣、多样性等方面进行反思，这样的反思训练，不仅可以使解题经验得到及时的提炼和概括，而且学生在对解决问题的整个过程的监控和评价中，元认知能力也得到了提高。

4. 解题时的心理调控训练

在问题解决过程中，学生的动机和情绪也是制约思维活动和解题效率的一个不可忽视的因素。如上所述，动机过强或太弱都不利于问题解决。因此，在解题训练中，教师应告知学生动机强度与解决问题效率的关系，让学生学会调控自己的心理状态，尽量让自己的动机强度适中，使自己在思维活跃、情绪平和的状态中解题，以获得最佳的解题效果。

(三)教给学生问题解决的策略和方法

认知心理学在问题解决的研究中发现，人们在问题解决过程中，往往有意无意地运用各种策略，并对解决问题的策略进行总结和归纳。在教学中，教师可以开设专门的思维训练课，教授问题解决的策略与具体方法，指导学生面对问题时，灵活运用一些解决问题的策略，促进问题的解决。

例如，面对那些从初始状态到目标状态有多种途径的问题，可以采用手段—目的分析法；而那些从初始状态到目标状态的途径较少的问题，则可以采用目标反推策略；对于那些初始状态过于复杂的问题，应该采用简化法简化题意等等。

除了上述解决问题的一般策略外，具体的学科还有具体的解题策略。教师应结合各学科的具体实际，给予更具体的解题策略的指导，让学生真正掌握学习的方法，提高解决问题的能力。

第二节 创造性及其培养

日常生活中，我们面临的问题各种各样，有些问题利用已有的知识经验、依照常规的方法就可以顺利地解决，而有些问题则没有现成的理论或方法可以借鉴，需要另辟蹊径、别出心裁地探索新的理论或方法来加以处理。问题解决者是否具有创造性成为解决问题的关键。那么，什么是创造性？创造性的影响因素有哪些？如何培养个体的创造性？本节将对这些问题进行讨论。

一、创造性及其特征

（一）创造性的含义

创造性是一个涉及多个领域、颇具争议的概念。心理学上，人们一般把创造性和创造活动联系在一起，创造性是个体进行创造活动的一种倾向、一种特性。但是，关于什么是创造性，学者们由于研究视角不同，看法也就各不相同。从创造活动的过程看，创造性体现在个体运用新颖、独特的方法解决问题；从创造活动的成果看，创造性体现在能够产生新颖的、独特的、有社会或个人价值的产品。目前从创造性成果的角度来界定创造性较为人们所接受。一般将创造性定义为：人们运用已有的知识、信息，产生出新颖的、独特的、有社会或个人价值的产品的特性。

创造性的表现有不同的形式，可以发明、制造出新产品，如瓦特发明蒸汽机，贝多芬创作交响曲，比尔·盖茨创立微软公司等等；可以发现新技术、新方法，如水稻改良技术的提出，放射疗法的提出等等；可以找出本来就存在但尚未被人了解的事物和规律，形成新理论、新思想，如马克思发现剩余价值规律，门捷列夫发现元素周期律等等。

创造性不是个别天才所特有的，而是所有正常人都具有的。由于种种原因，过去人们往往认为创造性是个别人的天赋，与多数人无缘，对自身的创造性缺乏理性的认识。其实，创造有真正的创造和类似的创造之分。前者是一种产生了具有人类历史首创性成品的活动，如鲁班发明锯子。后者产生的成品并非首创，只对个体而言具有独创性。如高斯少年时做数字 1—100 的连加，自己发现了一种简便的方法，即首尾相加，将连加变为乘法。虽然这种方法不是高斯首创，但对他个人而言，也是具有创造意义的。现在人们一般认为，创造性不仅表现在较为罕见的真创造，而且表现在更为常见和普遍的类创造中。生活中，不是人人都能有首创，但应该说个个都可能独创。可见，创造性不是少数人独有的，一切心智正常的人都毫无例外地存在着创造性。

（二）创造性的特征

关于创造性的特征，学者们主要是从创造的过程、创造的成果、创造的主体等视角来进行研究，强调创造性的不同特点。下面分别从几个方面分析创造性的特点。

1. 创造性过程的特征

从创造的过程看，创造性思维是创造性的关键和核心，创造性思维的特征就是创造性的特征。一般认为，创造性思维具有如下几个方面的特点：[①]

（1）思维方式的求异性。思维方式的求异性，指的是对司空见惯的现象和已有的权威性理论始终持一种怀疑的、分析的、批判的态度，从不盲从和轻信，并且用新的方式来对待和思考所遇到的一切问题。它主要表现在：选题的标新立异，方法的另辟蹊径，对异常的敏感性以及思维的独立性。正因为如此，有人把创造性思维称为求异思维。

（2）思维状态的主动性。创造性思维是主体的一种能动的过程，它需要创造主体积极调动自身的情感、意志以及全部的积极的生理和心理功能，即把一切积极的生理和心理品质都调动到最佳状态。

（3）思维结构的灵活性。创造性思维的思维结构是灵活多变的，其思路能及时地转换和变通，表现在：一是思维的立体性，即能从多方位、多角度、多侧面去思考问题，寻找问题的答案；二是思路的变通性，即当某一思路行不通时，能及时地放弃旧的思路，转向新的思路；三是方法的多样性，即采用多种方法解决问题，而且能主动放弃无效的方法而采用新的方法。

（4）思维运行的综合性。在创造性思维中，既要善于智慧杂交，大量吸取前人与今人智慧宝库中的精华，又要善于思维统摄，把大量概念、事实和观察材料综合在一起，加以概括和整理，形成科学的概念和系统；更要善于辩证分析，对占有的材料进行分析，把握它们的个性特点，然后从这些特点中概括出事物的规律；还要善于形象组合，把不同的形象有效地综合在一起。

（5）思维进程的突发性。创造性思维的进程不是连续的，而是间断的。其思维进程往往在某个特定的时间中断，而在某一不确定的时刻，它所需要的思维结果会突然降临，从而表现为一种突发性。这种突发性的思维成果的出现并不是偶然的，而是长期量变基础上所实现的质的飞跃。

（6）思维表达的新颖性。创造性思维的创造性成果通常是以一些新的观念、新的范畴、新的符号、新的模型、新的图像等来准确、流畅和有效地表达出来，并以最快的速度向社会展示，在激烈的竞争中获得首创权。

（7）思维成果的效用性。创造性思维的成果不仅具有很强的新颖性和独创性，而且具有很强的建设性和效用性。

2. 创造性成果的特征

创造性活动的成果必须具有三个特点：（1）新颖性，即相对于历史而言，破旧

---

① 李毅红.创造力的培养[M].北京：北京大学出版社，1998：102—103.

立新，前所未有的。（2）独特性，即相对他人而言，与众不同，别出心裁。（3）价值性，即对人类、国家和社会的进步以及个体的发展有一定的价值。以上三个特点相辅相成，缺一不可。新颖性、独特性必须以价值性为前提，没有价值的新颖性是毫无意义的。同样，价值性也必须以新颖性、独特性为依托，没有新颖性、独特性，只有价值性的成果不能称之为创造性成果。

3. 创造性主体的特征

随着研究的不断深入，人们越来越重视对具有创造性的个体的人格特征进行研究，以期更全面、系统地把握创造性的特征。

美国心理学家吉尔福特（J. P. Guilford）等人将富有创造性的人格特征概括为以下几个方面：（1）有高度的自觉性和独立性，不与他人雷同；（2）有旺盛的求知欲；（3）有强烈的好奇心，对事物运动的机理有深究的动机；（4）知识面广，善于观察；（5）工作中讲求条理性、准确性与严格性；（6）有丰富的想象力、敏锐的直觉，喜好抽象思维，对智力活动与游戏有广泛的兴趣；（7）富有幽默感，表现出卓越的文艺天赋；（8）意志品质出众，能排除外界干扰，长时间地专注于某个感兴趣的问题之中。[①]

美国教育心理学家托兰斯（E. P. Torrance）等对大、中学生创造心理特征的研究，认为创造力强的学生所具有的一般心理品质有：（1）对新颖、反常的现象有强烈的好奇和探究精神；（2）不满足已有的知识和经验，喜欢别出心裁，标新立异；（3）谈话或文字表达时常用类比、联想的方法；（4）独立的个性，不愿人云亦云，不迷信教师和权威，愿意探索自己独特的研究途径；（5）敢于冒险，不怕失败和承担责任，对危险和困难考虑较少；（6）全神贯注地读书或书写，能长时间地思考问题，即使在嘈杂的环境中，仍埋头于自己的学习与研究；（7）强烈的自尊心和自信心，喜欢参加激烈的辩论，但并不固执己见；（8）有旺盛的求知欲，知识面广，专业精通；（9）情绪饱满，热情，富有想象力，不刻板守旧，伸缩性强，有幽默感，很少有心不在焉的时候；（10）有自己独特的兴趣爱好与作息习惯；（11）能精细地观察事物，常能从乍看起来互不相干的事物中找出相互的联系；（12）珍惜时间，不爱在生活琐事、装束与社交上花过多的精力；（13）除了常规的解决方法外，喜欢寻找所有的可能性，常常提问：还有别的办法吗？[②]

二、影响创造性的因素

个体创造性的形成与发挥受到各种因素的影响，既要以先天素质为前提，又受到后天环境的影响；既受认知因素的影响，也受人格因素的影响和制约。下面列举影响创造性的几个主要的因素：

（一）智力因素

对于创造性与智力的关系，心理学家的看法分歧很大。有人认为，创造性是智

---

① 全国十二所重点师范大学联合编写.心理学基础[M].北京：教育科学出版社，2002：161.
② 潘玉腾.大学生心理健康教育研究[M].北京：人民出版社，2001：87—88.

力的构成因素,有人认为创造性和智力是两种完全不同的能力,但更多的学者认为它们是两种不同但又密切相关的能力。目前比较一致的看法是:创造性与智力的关系是一种相对独立、在一定条件下又相关的非线性关系。具体表现为以下四点:(1)低智商者不可能有高创造性;(2)高智商者可能有高创造性,也可能有低创造性;(3)低创造性者的智商水平可能低,也可能高;(4)高创造性者必须有中等水平以上的智商。

以上观点是基于传统智力概念和智力测验而言的。近年来,随着加德纳的多元智力、斯腾伯格的三元智力等理论的提出,智力观已发生了很大的变化,智力已被视为一个复杂的、多维的结构,因此,关于智力和创造性的关系有待重新考察和探讨。

(二)知识因素

创造不可能脱离知识而无中生有,创造就其本质来说就是一种对现有知识的重新组合和转换的过程。我国著名心理学家邵瑞珍指出:"根据知识分类学习论,创造力也是由网络化的陈述性知识、相对自动化的智慧技能和受意识控制的策略性知识三者构成。"[①] 因此,创造必须以大量的知识为基础。

当然,知识与创造性之间也不是简单的线性关系,并不是说一个人的知识越丰富,他的创造性就越强。机械接受的、杂乱无章的知识并不利于创造,丰富的知识有时也可能让人形成心理定势,阻碍他从新的角度去思考问题,导致创造力水平的下降。一个人的知识能否有助于他的创造性的发挥,关键看他知识的质的组织状况即是否具备良好的知识结构。按照现代认知教育心理学家奥苏贝尔的说法,就是他的知识结构必须具备可利用性、可辨别性和巩固性这三个特征。按照现代信息加工心理学的观点,贮存于不同个体长期记忆系统中的陈述性知识、智慧技能和策略性知识的实质性内容以及它们彼此之间协调关系上的差异,导致创造性的差异。

(三)人格因素

心理学研究者通过比较高创造性个体和低创造性个体发现,创造性与某些人格特征之间的关系十分密切。如美国心理学家托兰斯等研究发现,有创造性的儿童富有责任感、感情丰富、有决心、勤奋、富于想象、有幽默感、爱自行学习、愿意尝试困难工作、好冒险、有强烈的好奇心、能自我观察、兴趣广泛、爱好沉思、独立而不盲从。[②] 我国学者周昌忠指出,创造个性有六个特点:勇敢、甘愿冒险、富有幽默感、独立性强、有恒心、一丝不苟。[③] 综合国内外有关研究,我们可以把创造性人格特征概括为以下几个方面:强烈的好奇心和求知欲;思维敏捷;独立性强;有幽默感;自信心强、抱负水平高;敢于冒险、富于幻想;坚忍不拔等等。

以上人格特征有助于创造性的发挥,那是否也有某些人格特征不利于创造呢?有研究指出,以下人格特征将妨碍人们创造性的发挥:(1)胆怯。这是妨碍创造

---

① 邵瑞珍.教育心理学[M].上海:上海教育出版社,1997:143.
② 董奇.儿童创造力发展心理[M].杭州:浙江教育出版社,1993:199.
③ 董奇.儿童创造力发展心理[M].杭州:浙江教育出版社,1993:8.

的最危险的敌人，它使人畏缩不前，不相信自己的能力，磨灭想象力和独创精神。(2)过分的自我批判。实质上就是缺乏自信心，觉得自己处处不如人，什么事情也干不了，往往会导致在创造性上的"自杀"。(3)倦怠。就是胸无大志，对什么事情都不感兴趣，做什么都觉得没意思。它使平庸者碌碌无为，也使一些有才华的人磨掉了创造的锋芒。(4)性格的片面性和狭隘性。它不仅使得个性不和谐，也影响了创造能力的发挥。(5)兴趣狭窄。它会造成人的孤陋寡闻，会使性格发展不健全，影响想象力和多维思维，妨碍创造才能的发挥。①

（四）环境因素

环境因素对创造性的影响表现在两个方面：一是在成长过程中，环境因素对个体创造性形成和发展的影响；一是在活动实践中，环境因素对个体创造性表现和发挥的影响。

在个体成长过程中，家庭、学校、社会等环境都会影响其创造性的形成和发展。首先，家庭中父母的受教育程度、教养方式以及家庭气氛等都在不同程度上影响孩子的创造性。研究发现，家庭中父母受教育程度较高，家长对子女的要求不过分严格，家庭气氛比较民主，有利于孩子创造性的培养。其次，学校环境也是影响孩子创造性形成的重要因素。如果学校气氛较为民主，教师不以专制的方式管理学生，教师鼓励学生的自主性，容许学生表达不同意见，学习活动有较多自由，教师较多采用指导自主学习、发现学习的教学方法，那么，这种教育就有利于创造性的培养。再次，社会文化环境也会影响孩子的创造性发展。

托兰斯曾就美国的社会文化，提出了五种影响美国儿童创造性发展的因素，它们是：

第一，过分重视成绩，养成儿童们不敢有超常或越规行为的习惯。他们学会只能在已知社会规范内追求成功，而不敢对失败可能性较大的未知事物冒险。

第二，在社会团体生活压力下，个人不能不放弃自我的独立特点，去遵从大众，迎合别人；标新立异者，被视为异端。

第三，教师不鼓励甚至阻止学生发问书本之外的问题，因而学校教育常常阻滞了儿童想象力的发展。

第四，社会上过分强调两性角色的差异，忽视培养女生从事科学创造思维的能力。

第五，把游戏与工作截然分开，使工作的情境过分严肃，过分紧张，因而不能从工作中培养创造性思维的习惯。②

在个体的活动实践中，外在的环境因素会影响他们创造性的表现。研究发现，宽松的外部环境和正确的激励将促使个体产生强烈的内在创造动机，而不适当的外在奖励、任务、评价和监督等往往会导致内在动机下降，妨碍创造性的表现与发挥。

---

① 潘玉腾.大学生心理健康教育研究[M].北京：人民出版社，2001：88.
② 陈琦，刘儒德.当代教育心理学[M].北京：北京师范出版社，1997：176.

三、创造性的培养

创造性是人类普遍存在的一种潜能,这种潜能能不能得到充分的发挥,取决于后天的开发与培养。那么,如何开发和培养个体的创造性呢?从创造性的心理成分看,创造性的培养应该涉及认知因素和人格因素等方面;从创造性的发展过程看,创造性的培养应该考虑家庭、学校和社会文化等多种途径。因此,创造性的开发和培养,应该是一项多方面、多途径的全方位立体工程。

(一)创设有利环境,营造创新氛围

现代心理学认为,每个人都具有先天性的创造潜能,但这种潜能的实现依赖于个体所处的环境。民主、和谐、宽松的环境,能激发个体的创造性思维,促进创造潜能转化为现实的创造才能。反之,则会扼杀个体的创造性。影响个体创造性的环境包括以下三个方面:

1. 社会文化环境。个体创造性的高低与他们所处的社会文化环境息息相关。有关跨文化的比较研究表明,在鼓励独立性、创造精神、主张男女平等的开放性社会中,儿童创造性普遍较高。来自专制的文化环境的儿童往往表现为退却、服从、缺乏创造精神。在我国的传统文化中,务实和守常、中庸、耻于竞争等旧观念,成了妨碍个体创造性发展的不利因素。因此,全社会营造出有利创造、鼓励创造的社会风气,加强具有创新精神的文化建设,是培养和造就高素质的创造性人才所必需的。

2. 家庭环境。家庭是个体受教育的第一场所,家庭环境对孩子的创造性影响很大。有利于创造性发挥的家庭环境,应该是一个让孩子感到心理安全和心理自由的环境。心理安全就是指不对孩子的独特想法进行批评或挑剔,使其消除对批评的顾虑,获得创造的安全感,敢于表达自己的见解;心理自由就是尽量减少对孩子行为和思维的无谓限制,给其自由表现的机会。在这样的环境中,家长尊重儿童的与众不同的疑问和观念,并且向孩子证明他们的问题和观念是有价值的,同时提供给孩子大量的学习机会,不断地鼓励孩子思考、想象、尝试、探索和发现,激发孩子学习的积极性和主动性,促使孩子的认知功能和情感功能均得到充分的发挥,使其创造潜能得到最大限度的展现。

3. 学校环境。学校是教育的主渠道,是培养个体创造性的主要场所,学校环境将直接影响学生的创新意识和创新能力。一个学校的培养目标、课程设置、管理模式、校风班风等,对学生的创造精神的形成和创造能力的提高具有重要的作用。那么,学校如何营造一个有利于培养学生创造性的环境呢?

学校教育是培养和造就创造性人才的关键。然而,中国传统教育往往过于重视知识的传授,忽视对学生能力的培养,过分强调教师的主导性、权威性,忽视学生的主体性,强调学生个性的统一性而忽视个性的多样性,等等,这种教育价值取向的学校环境极易扼杀学生的主动性和创造性,培养出来的学生远远不能适应时代对创造性人才的需求。因此,转变教育观念,实施创新教育,是培养创造性人才的关键。具体来说,应该实现以下几个方面的转变:

首先，转变以知识为中心的教育理念，正确处理知识和能力、创造力的关系，确立以培养学生创造力为中心的教育理念。

其次，转变以教材和教师为中心的教学观，确立以学生为中心的教育主体观。

再次，转变以灌输为主的教学方法体系，确立以学生主动探索为主的多种教学方法结合的灵活的教学方法体系。

最后，转变以单一的学业成绩为标准的统一化教育评价，确立注重个性、多元化的教育评价模式。

(二) 加强创造性思维方式与创造技法的训练，掌握创造策略

美国美多等人曾在布法罗大学对330名大学生进行观察和研究，发现受过创造教育学生在产生有效的创见方面，比未受过这种教育的学生要高明得多。可见，通过开设专门的课程，进行创造性思维方式和一些创造技法的训练，也是开发和培养个体创造性的重要途径。

1. 创造性思维方式的训练

(1) 发散思维

发散思维是指根据已知信息，从多方面、多角度寻求多样的、变化的、独特的答案的一种思维方式。发散思维具有三个重要特征：一是流畅性，指发散的量，即在短时间内表达出的观念和设想的数量；二是变通性，指发散的灵活性，即多角度、多方向思考问题的灵活程度；三是独创性，指发散的新奇性，即对刺激能做出不同寻常反应的新奇程度。培养发散思维应从培养思维的流畅性、变通性和独特性这三个方面入手。在教学过程中，教师要尽可能为学生提供发散思维的机会，善于启发学生从不同角度去思考问题，鼓励学生对问题提出尽可能多的解题设想和方法，开阔思路，逐步养成学生多方向、多角度认识问题和解决问题的习惯。可以进行一些发散思维训练，如进行一题多解、一题多问的练习，给一篇文章尽可能多地加上合适的标题，或给一篇文章设想各种不同结尾，对某一物品提出尽可能多的用途，等等。

(2) 侧向思维

侧向思维是指从其他事物中得到启示而产生新设想的思维方式。侧向思维是创造性思维的重要形式，历史上许多发明创造都是侧向思维的产物。培养侧向思维的重要途径是对学生进行联想和类比推理的训练。教师应鼓励和引导学生根据联想的法则（如相似、对比、接近等）进行积极联想。联想能够克服两个概念在意义上的差距而把它们联结起来，因而往往能够发现某些事物的相同因素或某种联系，揭示出事物的本质。通过联想训练可以触类旁通，开阔学生解决问题的思路，活化所学的知识。

(3) 直觉思维

直觉思维是指个体在已有知识和经验的基础上，不经逐步分析而迅速对问题的答案作出合理的猜测、设想或顿悟的一种跃进式的思维方式。直觉思维是创造性思维活跃的一种表现，对创造性思维有重要作用。许多事实表明，科学家在提出新思想的过程中，往往不是凭逻辑思维，而是靠直觉。要培养学生的直觉思维，教师就

要引导学生善于从整体上把握事物；在学习中，让学生尽可能多地获得解决问题的经验，在解决问题中简缩思维过程；要鼓励学生大胆的猜想和假设；鼓励学生快速思考，即兴回答问题；引导学生在学习过程中进行类比联想，用形象化的方式思考问题等。

  2. 创造技法的训练

  随着创造力日益受到重视，许多用于训练创造力的技术和方法（即创造技法）应运而生。目前创造技法种类繁多，如检核表法、智慧激励法、分析借鉴法、触类旁通法、聚焦发明法、特性列举法、未来预测法、信息交合法等等。下面着重介绍几种常用的创造技法：

  （1）检核表法

  检核表法是美国创造学家奥斯本（Osborn）首先提出来的。此法是在实际解决问题的过程中，根据需要创造的对象或需要解决的问题，先列出有关的问题，然后逐项地加以讨论、研究，从中获得解决问题的方法和创造性的设想。检核表法实际上是一种多路思维的方法，人们根据检核项目，可以一个方面一个方面地想问题，使思路更具条理性，也有利于深入地发掘问题和有针对性地提出更多的可行设想。因此，检核表法几乎适用于各种类型和场合的创造活动，人们把它称为"创造技法之母"。

  （2）头脑风暴法

  头脑风暴法是产生创造性观念的一种重要方法。它也是由美国创造学家奥斯本创立的。这种方法是让小组的成员对特定的问题进行自由联想，通过相互启发、激励，进一步引发更多更好的联想，从而产生许多设想和方法，从中获得具有创造性的解决问题的途径。在整个过程中，应力求有一个不作任何判断的支持性氛围，让想法在这个氛围里源源不断地产生。采用头脑风暴法应遵循四条基本原则：① 禁止批评，延迟评价。评价必须在所有的想法出来之后再进行。② 提倡自由奔放的思考，充分发表自己的看法。③ 鼓励创新。④ 提倡对他人的设想进行组合和重建以求改善。

  （3）特性列举法

  特性列举法是由美国创造学家克劳福得（B. H. Crawford）提出的。它是一种简单易行的创造发明的方法，特别适用于具体事物的创造发明和革新。这种方法是把某一产品的几个关键特征一一列出。物品的特性一般包括三个部分：名词特性——部件、材料、制造方法等；形容词特性——性质、状态；动词特性——功能。然后从物品的特性出发，从各个角度提出可改良之处，从中找出最佳的革新方案，使该物品产生新用途。

  （4）信息交合法

  信息交合法是我国学者许国泰发明的。这种方法是把某事物的特征与实践用途进行组合，从而构思出新产品、新事物。如要设计一种新式的杯子，把杯子的功能与数学交合，可制成有刻度的杯子，方便人们服药和控制饮水；把杯子与温度交合，可制成带温度计的杯子（带温度计的奶瓶）等等。

（三）塑造创造性人格，激发创造潜能

个体的创造性与某些人格特征之间关系十分密切。因此，注重创造性人格特征的培养，也是促进创造性发挥的重要途径。

研究表明，兴趣广泛、有强烈的好奇心、勇于冒险和挑战、敢于怀疑、富有批判性、独立、自信、坚毅、勤奋、幽默等是重要的创造性人格特征。中国传统教育中，独立性和批判性的教育和培养相对薄弱，造成学生的怀疑、批判精神较为缺乏。因此，学校教育尤其要重视学生独立性和批判性的培养。教师要给学生提供更多独立思考和解决问题的机会，注意培养学生尊重不同观点和意见的态度以及敢于向传统、习惯、权威提出挑战的精神。来自教师权威的压力往往会使学生自信心降低，批判精神不敢张扬，为此要特别注意形成民主、平等的新型师生关系，克服教师权威的消极作用。

背景资料

美国心理学家吉尔福特在总结了大量的有关创造性思维的文献和实验的基础上，提出了一套前后有序的培养创造性思维的策略。

1. 拓宽问题

例如，我们不应该问："我们如何改进灭蚊器？"而是应该问："我们怎样才能消灭蚊子？"这样就为寻找更多更好的解决办法打开了大门。

2. 分析问题

问题越具体、越明确，就越有可能为我们提供提取信息的线索，从而增加问题解决的机会。

3. 常打问号

在整个问题解决过程中，创造性思维的一个特征是不断发出疑问，通过训练，人们可以形成提问的习惯，在问题解决过程的不同阶段，提不同特征的问题。

4. 快速联想与中止评判

在问题解决中使用最广泛的策略，也许是奥斯本提出的快速联想。这种策略一般是在群体思维或小组讨论时使用的，但个人也可采用。

快速联想要与中止评判策略结合起来使用，若没有中止评判，很可能会产生抑制的效果。在这期间，要严格禁止使用任何方式的批评。这就是说，要鼓励学生"自由放任"，想提什么观念就提什么。重点是在数量上，质量是次要的。产生出来的观念越多，形成好观念的机会就越大。事实上，人们后面形成的观念在质量上往往比前面形成的观念的质量更高些。

5. 延长努力

产生观念的努力不应过快地终止。一般说来，产生观念的速度是刚开始时最快，然后随着时间的推移而减慢。也许，一般人认为自己已竭尽全力了，然而，思维是不可能干枯的。据统计，后面部分产生的观念，有78%比前半部分产生的观念质量更高些，因此，观念的质量一般是随时间的推移而提高的。正如著名教育家艾诺怀德海（Alfred North Whitehead）所说的，"第1000个观念也许正是改变世界的观念"。

6. 列举属性

采用列举属性的策略，可以对事物重新分类，从而使它们更便于使用，更适用于不同寻常的场合。

7. 形成联系

获得新奇观念的一种可能的途径，是迫使自己把两种完全不同的事物联系起来，这种联系是自己以前从未听到过的，如带橡皮的铅笔就是橡皮和铅笔的组合。

8. 尝试灵感

对某一问题的实际工作停顿一会儿，但仍保持解决问题的愿望，得到的，往往是灵感，即在没有料想到的情况下，突然涌出妙的想法。爱迪生、彭加勒、爱因斯坦等科学家也都有过这种体验。

[资料来源：陈琦，刘儒德. 当代教育心理学［M］. 北京：北京师范大学出版社，1997：177—178.]

思 考 题

1. 什么是问题解决？它有哪些基本特征？
2. 举例说明什么是算法式策略，什么是启发式策略。
3. 结合实例阐述影响问题解决的主要因素有哪些。
4. 结合自己的理解，谈谈如何在教育教学中培养学生问题解决的能力。
5. 创造性思维有哪些特征？
6. 有助于创造的人格特征有哪些？
7. 影响创造性形成和发展的因素有哪些？
8. 结合自己的理解，谈谈如何培养个体的创造性。

第十章 态度与品德的形成

评价目标

1. 解释态度的实质与结构。
2. 举例说明态度的功能。
3. 阐述态度与行为的关系。
4. 解释品德的实质与结构。
5. 了解品德与道德的关系。
6. 阐述态度与品德的关系。
7. 阐述不同理论流派对道德发展的解释。
8. 举例说明中学生品德发展的特点。
9. 阐述态度与品德习得的一般过程。
10. 举例说明影响中学生态度与品德习得的因素。
11. 举例说明如何培养学生良好的态度和品德。

态度　品德　道德发展　态度与品德习得

第一节　态度与品德的实质及其关系

学生的态度与品德是教育中的重要内容,教育要培养学生形成正确的态度和良好的品德。

一、态度的实质与结构

态度,又称社会态度,简单地说,就是人们对世界的看法。在心理学中,态度是个很古老的研究领域。

（一）态度的定义

态度是个体通过学习而形成的、对特定对象做出行为选择的一种有组织的反应倾向性或内部准备状态。从这个定义可以看出，态度的实质可以从以下三方面进行理解：

第一，态度是一种反应的倾向性，不是反应本身。例如，某学生对网络游戏持否定态度，但这不等于他不去玩网络游戏。

第二，态度会影响人们的行为选择。

第三，态度是学习获得的，是后天形成的。

（二）态度的结构

在传统的社会心理学研究中，态度由认知、情感和行为倾向三个部分构成，是一种比较持久的内在结构，是外界刺激与个体反应之间的中介因素。

1. 态度的认知成分

态度的认知成分为个体规定了态度的对象。它是指个体对某个对象的心理印象，包括了有关的信息、知识、信念、知觉等。例如，"抽烟会损害咽喉、肺等的健康"，这是对抽烟现象所获得的信息，属于认知成分。态度的认知成分是情感和行为倾向的基础。

2. 态度的情感成分

态度的情感成分指的是对某一对象的好恶体验。例如，"抽烟有害健康，我讨厌抽烟，也不喜欢吸二手烟"，这是对抽烟现象的情感体验，它建立在对抽烟现象的认知的基础上。情感成分是态度的核心。

3. 态度的行为倾向成分

态度的行为倾向成分是对态度对象的反应倾向，是行为的准备状态。例如，"我坚决不抽烟"。

一般来说，态度的三个成分是互相依赖、协调一致的。个体对特定事物的知觉或获知的信息会影响个体对该事物的评价，产生相应的积极或消极的情感体验，从而产生某种行为倾向。如前例，个体由于获得了关于"抽烟有害健康"的信息，对抽烟产生了厌恶情感，因此当面对有人劝烟的时候，在行为上就会选择不抽烟。但是，我们常常也会看到态度和行为不一致的情况，再如前例，虽然有的人获知了"抽烟有害健康"的信息，对抽烟也已形成了消极的情感，但在具体的情境中仍也可能选择抽烟行为。这有两方面的原因：一方面，一种行为的产生是由多方面因素决定，它不仅可由行为者的态度决定，还与具体的环境因素、个体因素等都有关。例如，中学生虽然知道抽烟有害健康、对抽烟有消极的态度，但当在同伴团体中看到其他同伴都选择抽烟时，他可能会因害怕被同伴团体拒绝而选择抽烟行为。另一方面，一种单一的行为也可以与多种不同的态度相联系。例如，个体对抽烟行为可以有多种认识，如认识到抽烟有害健康从而对抽烟产生消极情感，但同时他可能也认识到抽烟可以增进与同伴的关系、抽烟能消除疲劳等，在这多种认识的支配下，个体可能会从中选择最主要的信息，而对抽烟产生积极态度，选择抽烟行为。

（三）态度的功能

态度的认知、情感和行为倾向成分对个体具有多方面的功能：

1. 认知功能

态度的认知功能指的是态度能够为个体的行为提供具体的信息。例如,某人是否购买某种品牌的电脑,首先取决于他对该品牌电脑的性能所获知的信息。

2. 情绪功能

态度会使个体对某现象产生积极或消极的情感体验。与其态度相一致的现象会带来满足感;与其态度不一致的现象则会使其产生厌恶、失望。例如,某人认为在公交车上应该给老人让座,当他看到有人让座时,在心中会对让座者产生赞赏。

3. 动机功能

态度能够驱使个体去接近某事物或避开某事物。例如,某人对抽烟行为十分厌恶,在聚会的场合就会选择避开有人抽烟的环境。

二、品德的实质与结构

(一)品德的实质

品德又称道德品质,是社会道德规范在个人身上的体现,是个体依据一定的社会道德规范行动时所表现出来的某种稳定的心理特征。例如,我们常说的热爱祖国、热爱人民、助人为乐等就是良好的品德表现。

品德具有以下三个特征:

第一,品德具有社会性。品德反映的是个体的社会特性,是个体在社会化的过程中受到家庭、学校等外部条件因素和个体自身的内在条件的影响而习得的,它不是天生的。

第二,品德具有相对稳定性。品德不是表现在个人的一时一事上,而是体现在个人一贯的行为表现中。

第三,品德是认识和行为的统一。品德必须以某种社会道德意识或道德观念为基础,并在此基础上产生一定的道德行为。

(二)品德的结构

心理学家们认为,品德由道德认识、道德情感和道德行为三部分组成。

1. 道德认识

道德认识是指个体对道德知识和行为规范的认识。个体要按照社会道德规范去行动,就必须首先掌握这些道德规范,并能对某个行为是正确的还是错误的作出道德判断和推理。道德认识是品德形成的基础,道德认识水平的高低直接影响品德的水平。

2. 道德情感

道德情感是在道德认识基础上产生的,是指对个体的行为、思想、意图等是否符合社会道德规范而产生的内心体验。一般来说,他人或自己的行为符合自己所认同并要求得到维护的道德观念时,就会感到道德上的满足,产生积极的情感体验,否则就会产生消极的情感体验。

3. 道德行为

道德行为是指个体在一定的道德认识与道德情感的推动下产生的涉及道德意义

的行为。它是实现道德目的和动机的手段，也是品德的外部表现形式。我们衡量一个学生的品德，主要是看他的道德行为。

（三）品德与道德的关系

品德与道德是两个既有联系又有区别的概念，二者相互依存、相互促进。其联系在于品德是道德在个人身上的体现，其内容来自道德，而个人的品德也是社会道德的组成部分。其区别有四：第一，品德是个体现象，而道德是社会现象。第二，品德是个人的心理品质，既受社会发展规律制约，又受个体心理发展规律的制约；而道德是社会关系的反映，其发展服从社会发展规律。第三，品德是道德在个体身上的反映，是道德内化的结果；而道德是一定社会伦理规范的完整体系。第四，品德是教育学、心理学的研究对象，而道德则是社会学、伦理学的研究对象。

三、态度与品德的关系

通过前面对态度和品德的分析可以发现，态度和品德是既有相同点又有区别的两个概念。

（一）态度和品德的相同点

态度和品德实质相同，结构一致。

首先，态度和品德在实质上是相同的。态度是个体对特定对象做出选择的一种心理倾向，而品德是个体依据一定的社会道德规范行动时所表现出来的某种稳定的心理倾向特征，都属于个体心理倾向特征方面的内容。

其次，态度和品德在结构上是一致的，它们都由认知、情感和行为三个方面构成。

（二）态度和品德的区别

态度和品德在范围、价值的内化程度等方面又存在着区别。

首先，态度和品德所涉及的范围不同。态度涉及的范围较大，品德涉及的范围较小。态度包括了多方面，如对国家、对集体、对社会、对家庭、对生活、对学习、对自己、对他人的态度等，既包括了社会道德方面的态度，也包括了非道德方面的内容。而品德只涉及与社会道德有关的内容。

其次，价值的内化程度不同。克拉斯沃尔和布卢姆在态度形成的价值内化理论中提出，态度在形成过程中，由于价值内化的水平不同，会产生稳定程度的变化：价值内化的最低水平是"接受"，接着依次是"反应"、"评价"、"组织"，最后成为个体性格中的一部分。价值内化到最高级水平的态度，就是品德。

第二节　中学生品德发展的基本特征

中学生品德的发展与其道德发展有着极其密切的联系。品德的内容来自道德，品德是道德在中学生身上的具体表现，是道德内化的结果。因此，要了解中学生品德发展的基本特征，就要了解其道德发展的特点。

一、中学生的道德发展理论

道德发展是中学生心理发展中的重要内容,不同理论流派对此进行了探索,提出了自己的观点。

(一)皮亚杰的道德认知发展理论

皮亚杰是第一个系统研究儿童道德认识(道德判断和道德推理)的心理学家,他采用独创的临床谈话法,通过对偶故事的方式,对不同年龄的儿童对游戏规则的理解、对撒谎过失的认识以及对权威的认识进行了探索。

例如,过失行为的对偶故事:

A. 一个叫约翰的男孩在房间里,家人叫他去吃饭,他走进餐厅,但餐厅的门后有一张椅子,椅子上放了十五只杯子。约翰不知道门后有这些东西,他推门进去,结果门后椅子上的十五只杯子都摔碎了。

B. 一个叫亨利的男孩,有一天,他的妈妈外出了,他想从碗橱里拿果酱吃,但是放果酱的地方太高,他的手够不着,他试图拿果酱时,碰倒了一只杯子,这只杯子掉下来打碎了。

故事讲完后,皮亚杰问儿童被试:"这两个孩子哪个更坏?为什么?"

皮亚杰经过了一系列的研究,将儿童的道德认知发展分为三个阶段:

1. 前道德阶段(约四—五岁之前)。儿童直接接受行为的结果,不能对行为的道德价值做出判断,因此是道德判断之前的阶段。

2. 他律道德阶段(四五岁—八九岁)。儿童认为规则是万能的、不可改变的,他们在评价行为时主要是依据行为的物质后果进行判断,而不考虑行为者的主要动机,这称为他律道德判断,即儿童道德判断受他自身以外的价值标准所支配。

3. 自律道德阶段(八九岁以后)。儿童在判断行为时不仅考虑行为的结果,更注重行为的动机或意图,这称为自律道德判断,即儿童的道德判断受其自己的主观价值标准所支配。

皮亚杰认为,儿童的道德认知发展就是经由前道德阶段向他律道德转化,再发展到自律道德的过程,六至十一二岁是儿童从他律道德向自律道德转化的年龄。

(二)柯尔伯格的道德发展理论

如果说皮亚杰是现代道德认知发展学派的开创者,那么柯尔伯格(L. Kohlberg)则是这一学派的集大成者,柯尔伯格沿着皮亚杰"儿童道德判断"研究路线开展道德认知发展研究。柯尔伯格也认为,道德发展有一个固定不变的发展顺序,从自我中心和关心直接的事物到基于一般原则去关心他人的利益。他采用了"道德两难故事"进行研究,在故事中设计有价值冲突的两难情境。

例如,"海因茨偷药"的故事:

欧洲有个妇人患了癌症,生命垂危。医生认为只有一种药能救她,就是本城药剂师最近研制的一种新药。配制这种药成本为200元,但药剂师却索价2000元。病妇的丈夫海因茨到处借钱,最终才凑得1000元。海因茨迫不得已,只好请求药剂师便宜一点卖给他，或者允许他赊账，但药剂师说："我研制这种药，就是为了赚钱。"海因茨走投无路，撬开了药店的门，为妻子偷了药。

故事讲完后，主试会向儿童提出一系列的问题：海因茨应该这么做吗？为什么？法官该不该判他的刑？为什么？

柯尔伯格根据儿童对问题的回答（尤其是回答的理由），将儿童的道德认知发展分成"三个水平六个阶段"：

水平一——前习俗水平：儿童的道德观念是外在的，道德判断的标准主要是满足个人需要或者免遭惩罚。该水平可分为两个阶段：

阶段1：服从与惩罚定向。儿童根据行为的后果判断行为的好坏，对成人的规则采取服从的态度，以免受到惩罚。

阶段2：朴素的利己主义或工具性倾向。儿童在进行道德判断时开始比较行为与个人的关系，以满足个人的需要为准则，认为对个人有利的行为就是好的。

水平二——习俗水平：个体认为要遵从道德准则和社会习俗，个人的行为要符合社会舆论的要求，要维持社会秩序。该水平也可分为两个阶段：

阶段3：好孩子定向。个体根据动机和意向去判断人的行为，认为人应该按照社会公认的善良人的标准来做事。

阶段4：维持社会秩序与权威定向。该阶段个体注意的中心是维护社会的秩序，认为人应当承担社会的义务和职责，应当遵纪守法，预防混乱。

水平三——后习俗水平：个体已超越现实道德规范的约束，能履行自己所选择的道德标准，自觉遵守公共道德。该水平也分为两个阶段：

阶段5：社会契约定向。个体可以比较灵活地看待法律，认为法律是一种社会契约，是大家协商后要共同遵守的，目的是使人们能够和睦相处。如果人们感到法律不符合需要，往往可以通过共同协商和民主的程序加以改变。

阶段6：普遍以道德原则定向。该阶段的个体根据自己良心所选择的道德原则来判断是非，认为评价行为不仅要考虑法律的准则，更要考虑超越法律之上的全人类的正义和个人尊重等一些更普遍、更本质的道德原则。

柯尔伯格的阶段论反映的是个体道德认知从低级向高级发展的一般趋势。就具体个人而言，他在一定发展阶段上往往不是使用单一的阶段，通常是使用几个阶段推理，即道德发展阶段是交叉和混合使用的。每个人的道德发展速度不是同步的，因此，个体的年龄阶段与其道德阶段不是绝对对应的。柯尔伯格强调，阶段虽然不可逾越，但可以通过教育和实践来促进。

（三）艾森伯格的亲社会道德理论

美国儿童心理学家艾森伯格（Nancy Eisenberg）在柯尔伯格的道德发展理论的基础上，与合作者进行了一系列关于儿童亲社会道德判断发展的实验研究，创立了亲社会道德判断理论。艾森伯格认为，道德应包括许多具体的方面，儿童对这些具体方面的判断会有所不同。艾森伯格采用了与柯尔伯格不同的两难情境——亲社会道德两难情境进行研究。这种两难情境是"一个人必须在满足自己的愿望、需要或价值与满足他人的愿望、需要和价值之间作出选择",助人者的个人利益和受助者的利益之间存在不可调和的矛盾。

艾森伯格等人进行了许多横向和纵向的研究,总结出儿童亲社会道德判断的五个阶段:

阶段1:享乐主义的、自我关注的推理。助人或不助人的理由包括个人的直接得益、将来的互惠,或者是由于自己需要或喜欢某人才关心他(她)。

阶段2:需要取向的推理。当他人的需要与自己的需要发生冲突时,儿童只是对他人身体的、物质的和心理的需要表示简单的关注,并没有表现出自我投射性的角色采择、同情的言语等。

阶段3:赞许和人际取向、定型取向的推理。儿童在对其助人或不助人的行为解释时提供的理由是好人或坏人、善行或恶行的定型形象。

阶段4:该阶段分为两个小阶段。阶段4a:自我投射性的移情推理。儿童在道德判断时关注他人的人权,注意到与一个人的行为后果相连的内疚或肯定情感,出现了自我投射性的同情反应或角色采择。阶段4b:过渡阶段。儿童对助人或不助人的理由涉及到内化了的价值观、规范、责任和义务,或者提到保护他人权利和尊严的必要性等。但是,儿童并没有清晰而强烈地将这些思想表达出来。

阶段5:深度内化推理。儿童主要依据自己内化了的价值观、规范或责任,尽个人和社会契约性的义务,改善社会状况的愿望等作出是否助人的决定,他们还提到与实践自己价值观相联系的否定或肯定情感。

我国学者程学超、王美芳参照艾森伯格的亲社会两难故事对我国儿童进行了研究,发现中学生的道德判断推理主要处在阶段4,少部分达到阶段5。

(四)吉利根的关怀道德理论

美国心理学家卡罗尔·吉利根(C. Gilligan)认为,人类社会存在两种道德价值——公正的道德价值和关怀的道德价值,男性和女性在道德判断上所持的价值观点不同,男性是典型的公正取向,女性是典型的关怀取向。吉利根和她的合作者通过对女性的访谈研究,得出女性关怀取向道德发展的三个水平、两个过渡时期:

水平一:自我生存定向。个体关心自我的利益和生存,自我是关心的唯一的目标,自我生存的观念最为重要。

第1个过渡时期:从自私向责任感过渡。个体逐渐意识到自己的愿望和责任之间的差异。

水平二:善良即自我牺牲。个体认为善良与自我牺牲是等同的,能够牺牲自己的利益,行使关心他人的责任。

第2个过渡时期:从善良向真实过渡。个体开始考虑既要关心他人,又要关心自己,对他人负责以使自己善良,对自己负责以使自己更真实。

水平三:非暴力道德。个体采用非暴力的原则解决自私和对他人责任之间的冲突,表现出对自己和他人普遍的关怀。

吉利根的关怀道德发展理论是对柯尔伯格理论的修正,重视了性别差异问题,但她只考虑到了道德推理的情感层面。

二、中学生品德发展的基本特征

中学生在品德发展方面已表现出自律的特点，林崇德总结了中学生品德发展的基本特征：

（一）道德从动荡迈向成熟

中学生的道德发展表现为从初中阶段的动荡性发展到高中阶段的逐渐成熟。

由于初中生面临着生理剧变、思维不成熟、情感冲动等"心理断乳"时期的特点，他们处在从童年向成年过渡的"门槛"上，在道德发展方面也表现出一系列动荡的特点，如虽然在道德动机上已逐步理想化、信念化，但又十分敏感、易变；道德意志虽然已经形成，但又很脆弱；道德情感丰富、强烈，但也不乏冲动等。有研究表明，初中二年级是中学阶段道德最容易变化的时期，即道德发展的关键期。因此，教师和其他成人应帮助他们树立正确的人生观、价值观和道德观。

初中二年级之后，学生的品德逐渐走向成熟，能自觉运用道德准则来调节行为，初步形成自己的人生观、价值观。

（二）形成以自律为形式，以遵守道德准则并运用原则、信念来调节行为的品德

具体表现为以下六方面：

1．能独立、自觉地按照道德准则来调节自己的行为

中学生在道德认知上已处于自律阶段，形成自己独立的道德原则，他们能够独立、自觉地遵守这些道德原则、调节自己的行为，以符合某种道德的要求。

2．道德信念和理想在中学生的道德动机中占据重要地位

道德动机是指由道德需要推动的、引发道德行为的内在驱动力。在中学生的道德动机系统中，道德信念和理想已占据了比较重要的位置，对他们的道德行为起激发、调节等作用。

有关中学生的价值系统和道德判断的研究发现，我国中学生将"和平的世界"、"文明而富强的国家"、"成为有真才实学的人"和"优异的学习成绩"排在终极价值观最重要的前几项中；工具性价值观排前五位的分别是"有抱负"、"有才能"、"诚实"、"心胸宽广"和"勇敢"。这些都对中学生的道德行为产生极大的推动作用。

3．中学生道德心理中自我意识的成分明显

中学生已具备反省思维，对自我的反省能力加强，这也表现在其道德评价的发展过程中。我国早期关于中学生道德评价能力的研究就发现，大部分中学生能够通过现象揭示道德行为的本质，能分清主次，对行为进行一分为二的评价，能对具体行为进行具体分析。

4．中学生道德行为习惯逐步巩固

随着年龄的增长，中学生在道德行为习惯方面已日趋稳定。林崇德的研究表明，80%的高中生已经形成了道德习惯。高中生在遵守纪律、勤奋学习等方面的道德习惯稳定性越来越强。刘云曾从自我道德修养、利他道德行为、社会道德规范三个方

面编制问卷考察重庆市中学生的道德行为状况,发现中学生道德行为总体水平较高,最高的是遵守社会规范的道德行为水平,其次是自我道德修养水平,接着是有利于他人的道德行为水平。

5. 中学生道德发展和人生观、价值观的形成是一致的

中学阶段是人生观、价值观确立的重要时期,人生观、价值观的确立是道德发展成熟的重要标志,道德发展与人生观、价值观的形成是一致的。我国在1988年至1990年期间的调查发现,青少年在人生价值上表现出更强的自我肯定、自我扩张的倾向,在自我追求方面更具个性,在道德价值方面看重构成人类社会基础文明的道德价值及自我肯定取向的价值等。

6. 中学生道德结构的组织形式完善化

中学生在道德发展上已进入道德发展的最高阶段——伦理道德阶段,其道德认识、道德情感和道德行为之间相互制约,共同构成了道德结构的自组织系统。他们不仅能按照自己的道德准则去行动,根据环境中的反馈信息来调整自己的行为以满足道德的需要,而且也逐渐将自己的道德行为纳入其稳定的人格体系中。

第三节 态度与品德学习的一般过程与条件

中学生的态度与品德是如何形成的?在形成过程中,有哪些因素会对其产生影响?本节就讨论态度与品德学习的一般过程以及影响态度与品德学习的一般条件。

一、态度与品德学习的一般过程

态度与品德不是生来就有的,是个体在社会化的过程中逐渐习得的,其过程一般经历以下三个阶段:

(一)服从阶段

服从指的是在一定的环境压力下,个体为了获得奖赏或避免惩罚而采取的表面上顺从的行为。这种行为只是在外显行为上与别人相同,仅限于为了获得物质报酬或精神奖励或免受处罚,是一时性的,如果没有外在的刺激,这种行为也就停止了。这一阶段所形成的态度与品德是外控的、表面的。例如,有的学生被老师批评后一时停止了对同学的欺负行为,但老师一离开,他的欺负行为又出现了。

(二)认同阶段

认同与服从不同,它不是由于外在环境的压力而产生的表面态度,而是出自自愿。认同是由于某种喜好而自愿接受他人的观点,使自己的态度、行为与他人保持一致。认同中的情感成分较多,认同能否顺利实现,取决于他人的吸引力。例如,某学生十分喜欢某个老师,就会自愿接受老师的教育行为,在观点、行动方面与老师的要求保持一致。

(三)内化阶段

内化是个体从内心深处相信并接受他人的观点,从而改变自己的态度,将这些

观点纳入自己的价值观体系中。个体到了内化阶段,其行为就很稳固了,不管外界发生怎样的条件变化,他都会自觉表现出与自己的价值观体系一致的行为。例如,学生认为欺负弱小是不可取、不道德的,他就会自觉杜绝这样的行为,在与同伴交往中,不管对方是否很弱、是否很可笑,不管有没有教师和其他同学在场,他都不会欺负同学。

态度与品德的习得过程从服从到认同再最终内化,是十分复杂的。但并非所有学生的态度改变、品德习得都会经历这三个阶段,有的可能只到认同阶段,有点甚至只停留于服从阶段,这样习得的态度和品德是不稳固的,容易产生变化。只有真正达到内化阶段的学习才是最稳固的、最持久的。

二、影响态度与品德学习的一般条件

态度和品德的学习有赖于内外条件因素,外部条件因素包括学生以外的环境因素等,内在条件因素则包括学生自身的因素,如学生的道德认知、认知上的失调、道德情感等。

(一)外部条件因素

1. 家庭环境

在学生的成长环境中,家庭是一个非常重要的环境。刘胜梅总结了家庭道德教育的特点:教育关系上的情感性、教育内容与日常生活的融合性、教育形式上的多样性、教育过程的反复性以及教育时间上的终身性等。[①] 这些都说明,家庭中父母的教育观、道德观,父母所营造的家庭氛围,父母的教育方式等都会影响学生个体的态度和品德的学习。

首先,父母对儿童的管教方式会对儿童的态度与品德学习产生影响。霍夫曼(Hoffman)把父母使用最频繁的管教方式分成三种,即权力管教、爱的撤回和说服诱导。权力管教是运用强制性的手段使子女接受行为规范,包括强制要求、取消特权、身体惩罚等;爱的撤回是用间接的方法,如使用不赞成的语言或采取冷淡、失望、孤立的态度迫使子女接受某种规范;说服诱导则是父母通过讲道理的方式引导子女的行为。霍夫曼比较了这三者的使用效果,发现它们的实际使用效果是不同的:权力管教的效果是暂时的,且若过分使用会收到相反的效果;爱的撤回是一种心理惩罚的方式,在不同的管教类型的家庭中使用的效果不同,但它也只能导致子女外在行为的有限变化,而且若使用不当,对子女的心理伤害将是长期的;说服诱导的方法可以使子女将父母传递的行为标准内化,效果比较持久,它似乎能促进道德情感、道德推理和道德行为的发展。

其次,父母自身的言行、道德观等会影响孩子态度和品德的习得。一般来说,父母对儿童个体的影响方式有三种:态度改变、观察模仿和认同作用。态度改变指的是父母通过种种方法直接向子女传递行为规范,改变子女的态度,使其接受、内

---

① 刘胜梅.浅谈家庭道德教育和青少年道德行为习惯养成[J].重庆工业高等专科学校学报,2005,20(1).

化的过程。在态度改变的过程中,父母知道自己在引导孩子,让孩子习得某种态度或规则,这其实也就是前述的父母对儿童的管教过程。除了父母在意识层面上对儿童的引导外,父母还会经由观察模仿和认同作用在无意识中影响着儿童。观察模仿源于班杜拉的社会学习理论,即子女可以通过直接观察去模仿父母的许多行为,以习得一定的行为规范。认同作用是一种"获得性认知反应",即认同不仅仅是子女行为与父母行为的简单相似,而是子女对榜样感到钦佩,想拥有榜样的情感和行为表现。因此,父母拥有什么样的观念、什么样的行为,其子女也可能会习得什么样的态度与品德。例如,怀特发现父母的一些道德能显著预测青少年的道德。

2. 学校教育环境

学校是学生成长的另一个重要环境,学校担负着教育的重大责任,在学生态度和品德的形成中起到重要的作用。学校环境的影响主要体现在学校的教育教学活动、学生同伴团体的作用以及教师的影响上。

首先,学校开展的形形色色的教育教学活动,无不渗透着品德教育,如学科渗透,各种班级、团队活动,各种社会调查,公益劳动,校园文化建设等,都是学生的态度和品德习得的重要途径。我国的朱文彬等曾对班集体影响下的学生道德品质的形成过程进行心理学分析,发现建立以学习任务为中心的班集体、培养学生的集体主义意识、在班集体中造成正确舆论是德育的一个有效途径。

其次,中学生所处的同伴团体在学生中的影响也十分重要。随着个体年龄的增长,同伴关系在中学生中的作用越来越显著。同伴群体为中学生提供了社会比较和参照群体的作用。中学生在人际交往、穿着、学业等方面的态度都受到所参与或认同的同伴群体的影响。例如,青少年在日常生活穿着方面和流行的"暗语"上,随着年龄增长,越来越接受同伴群体的影响。托马斯·伯恩特(Thomas Berndt)在研究中发现,随着年龄的增长,个体对同伴所倡导的亲社会行为的顺从没有什么改变,而对同伴倡导的反社会行为的顺从却急剧增加,在大约15岁时达到高峰,到了高中又下降。[①]

第三,教师对学生态度和品德的习得也起到十分重要的作用。教师的影响包括了教师对待学生的态度、教师的教育方式、教师的人格、教师的期待等。例如,勒温(K. Lewin)等人通过研究将教师对学生的教育态度分成了民主的、放任的和专制的三类。教师民主的教育态度会使学生向情绪稳定、态度友好和具有领导能力的方向发展;而专制的态度则容易使学生出现紧张情绪、冷淡、攻击性以及不能自制的现象;教师若采取放任的教育态度,则容易使学生向无组织、无纪律的方向发展。

3. 社会环境

当今社会正处在一个"信息爆炸"的时代,网络、电视等传媒成为传播各种道德规范、道德思想的重要途径。电影、电视对学生态度和品德学习的影响主要是通

---

① David R. Shaffer. 发展心理学——儿童和青少年(第六版)[M]. 邹泓,译. 北京:中国轻工业出版社. 2004:634.

过观察学习和角色认同实现的。

班杜拉早就用他的社会学习理论说明了电视对儿童行为的影响。电视的作用是两方面的,其一,它可以作为一种教育工具,帮助儿童提高认知能力,对儿童进行有关的品德教育。如美国著名的电视节目《芝麻街》、《罗杰斯先生的邻居》等就是专门设计给儿童对其进行分享、合作等亲社会教育的节目。其二,长期观看暴力电视也会对儿童产生消极的影响,许多研究都证实,观看过许多暴力电视的儿童在攻击性和敌意性方面都超过了很少看暴力电视的儿童。

另一方面,随着青少年成为网络使用的主力军,网络也成为影响其态度和品德学习的重要途径之一。网络与电视一样,也是双刃剑。一方面,它会给青少年提供快捷的信息,提供交往、沟通的媒介,帮助青少年获得新观念、新行为;但另一方面,网络中的负面信息也冲击着青少年的人生观、价值观,也会给他们的态度和品德学习带来消极影响。青少年若长期沉迷于暴力网络游戏,可能会减少同情心、降低亲社会性、提高攻击性。有研究证明,玩电子游戏的时间与儿童在现实中表现出来的攻击行为呈中等程度的相关,甚至有人认为暴力电子游戏的攻击鼓动效应比暴力电视要大得多。

(二) 学生自身的因素

1. 道德认知

在态度和品德的构成中,认知是情感和行为的基础。学生态度和品德的习得必须建立在一定的道德认知的基础上,与其已有的道德认知发展水平有一定的关系。柯尔伯格等人提出一个关于道德认知和道德行为之间关系的模型,即认为个体对"某种道德选择为什么正确"的理解越成熟,其实践道德行为的可能性就越大。[①] 有研究表明,中学生的道德判断与道德行为之间存在极其显著的相关,学生的道德判断能力越好,其道德行为表现也越好。道德认知如何引起道德行为可以划分为以下几个步骤:首先,个体要判断什么是正确的;其次,要决定他们是否有责任完成道德行为的过程;最后,如果他们认为自己是有责任的,就会集中精力付诸行动。

2. 认知失调

认知失调是个体发生态度改变的先决条件。著名的社会心理学家费斯汀格(Festinger)在其提出的认知失调理论中提出,构成态度的认知因素之间存在着协调、不协调、不相关三种情况。如果个体出现认知失调时,就会想办法改变自己的认知,以获得协调、达到平衡。例如,一学生认识到过度沉迷于网络游戏对学业不利,但他也知道网络游戏非常好玩,常常陷于网络游戏中不能自拔,这就是一种失调的状况。他会想方设法改变自己的失调状况。一般来说,解除失调的方法有三种:第一,改变某一认知元素,使它与其他认知元素协调。在上例中,认知元素 A 是"过度沉迷网络游戏对学业不利",认知元素 B 是"网络游戏非常好玩",这二者是不协调的。他可以将 A 改变为"过度沉迷网络游戏未必对学业不利"或将 B 改变为

---

① 李丹.人际互动与社会行为发展[M].杭州:浙江教育出版社,2008:22.

"网络游戏没什么意思",从而达到认知上的协调。第二,增加新的认知元素,改变认知不协调的状况。在上例中,个体可能增加新的认知元素 C,即"许多玩电脑游戏的同学学业成绩也不错",从而使认知上的不协调大大降低。第三,强调某一个认知元素的重要性。上例中,学生如果强调认知元素 A 十分重要,过度沉迷于网络游戏对学业非常不利,则可能就因此而改变了在网络游戏方面的行为,达到认知上的协调。

3. 道德情感

道德情感在态度和品德的习得中也起着十分重要的作用。达马西（Damasio）在研究中发现,有的脑损伤病人在情感体验方面受到破坏,虽然他们在抽象的道德推理中表现正常,但在日常生活中却常常做出不道德的行为。移情是与道德情感有重要关系的情感因素。移情是觉察到他人的情绪从而唤起与他人情绪相似的体验。霍夫曼曾指出:"移情是诸如助人、抚慰、关心、合作、分享等亲社会行为的动机基础。它激发、促进人们的亲社会行为,是个体亲社会行为的推动器。"[1] 张莉、魏玉桂研究发现,移情训练能促进儿童的分享行为,岑国桢、李丹、朱丹等的研究也证明,移情与帮助、分享、利他和助人行为之间存在正相关。表现出亲社会行为的儿童比攻击性儿童表现出更多的移情。

第四节 良好态度与品德的培养

在培养良好的态度和品德的过程中,主要采用的方法有说服、榜样塑造、群体约定、价值辨析、奖惩、小组讨论等。

一、有效的说服

说服是教师在培养学生的良好态度和品德时最常用的方法之一。说服是通过陈述事实、推理等手段,向学生提供某种行为方式的积极信息,使学生相信其所说的行为方式,并能按此行为方式行事。

前已述及,说服是对受教育者产生影响、培养良好态度和品德的良好方式。但说服要取得预期的效果,仍与许多因素有关:

第一,与说服者本身的特点有关。一般来说,说服者如果在被说服者面前很有威望,说服容易成功。如果教师在学生面前很有威信,则对学生的说服教育容易产生效果。教师的吸引力也会影响说服的效果,有研究表明,某些方面有吸引力的说服者比吸引力低的说服者更能说服别人。因此,一个在外表上、言谈举止上、专业知识上有吸引力的老师,常会使学生喜欢他,其说服教育的效果就比较好。

第二,说服者对传输准则的信念与行为影响着说服的效果。首先,说服者要遵照事实进行说服,对其所传输的行为准则要信赖和遵从,这就要求说服者在说服过

---

[1] 转引自李幼穗.儿童社会性发展及其培养[M].上海:华东师范大学出版社,2004:248.

程中对事实要进行准确的解释,并在说服过程中充满自信,这样容易使受教育者相信其所说的。同时,说服者不仅要坚信自己所传输的准则,同时更要言行一致,在行为上要按照自己所传输的准则规范去做。否则,其说服就没有效力,就会变成"按我说的做,别按我做的做"。

第三,说服能否唤起学生的情感体验也影响着说服的效果。如果在说服过程中能唤起被说服者的情感体验,说服就容易达到预期的效果。唤起被说服者的情感体验包括两个方面:一是"好心情效应",即当信息与好心情联系在一起时更有说服力。有研究表明,肯定的积极情绪状态对学生的态度改变有较好的效果。石秀印在研究中要改变学生不顾他人、脱离集体的行为,将学生分为四个组,分别是表扬—情绪组(看情绪性电视前给予表扬)、指责—情绪组(看情绪电视前给以批评)、情绪组(光看情绪性电视,而不加褒贬)和控制组(看同样内容而不带情绪渲染的电视),结果发现,在行为转变中表扬—情绪组最多,情绪组其次,指责—情绪组与控制组最少。因此,说服者在说服的过程最好能辅以赞扬的词句,让受教育者产生积极的情感体验,增强说服的效果。二是说服过程不仅要"以理服人",更要"以情动人"。移情是影响学生态度和品德习得的情感因素,霍夫曼曾指出,道德移情、移情性情感唤起对道德判断、道德行为都会产生一定影响。因此,在说服过程中若能引发受教育者情感上的共鸣,则有利于良好态度和品德的培养。

第四,被说服的学生的特点会影响说服的效果。学生有个体差异,对于不同特点的学生要采用不同的说服策略。例如,对于抑郁质的学生,如果教师在说服过程中过多指责、批评,会容易使他们产生自卑心理;教师如果能通过暗示或表扬的方法让他们感受到自己的能力,则说服更有效。对于十分自傲的学生,就不能老是表扬了,要适当地采用点批评的策略,使他们看到自己身上存在的不足。

第五,说服的效果与说服的过程有关。说服不是一蹴而就的,如果急于求成,有时会适得其反。社会心理学中的"登门槛效应"就可用于说明这个道理,它指的是先向被说服者提出一个较小的要求,当被接受后再向其提出更大的要求,后者往往才是真正的规范要求。实验社会心理学研究表明,在说服的过程中,要先了解学生的态度与欲传授的规范之间的差距,然后不断缩小其间的差距。例如,要让一个学生改变说脏话的行为,可以先给他提出一个小的目标,如每天说脏话的次数不能超过五次,然后将此次数逐步递减,最后要求学生彻底不说脏话。这样从较小的要求开始慢慢提出最高的要求,这种循序渐进的策略容易取得效果。

最后,如果能将他人的说服转化为自我说服,则会取得良好的效果。沃特(Watts)用实验证明了这一效果。他在实验中设置了阅读组和写作组,阅读组被试只是被动地阅读一篇似乎很有道理的论证社会政策的 600 字文章,而写作组被试则要求就同一政策撰写一篇"非常令人信服的论证"文章。在阅读或撰写文章之后,两组被试对所提出政策的赞同程度有相同增长,但六周以后,写作组被试自我诱发出的赞同没有任何下降,而阅读组中大多数被试的态度部分或全部地恢复到了阅读那篇文章之前的状态。可见,教师在对学生进行说服教育的过程中,如果能让其对传授的规则、态度进行主动的思考，将心智投入其中，将他人的说服转化为自我说服，说服的效果会更明显。

二、树立良好的榜样

班杜拉的社会学习理论认为，个体的行为是通过对榜样的观察学习和模仿习得的。树立良好的榜样有助于学生培养良好的态度和品德。观察学习是通过观察榜样所表现的行为及其结果而进行的学习。这种学习是个复杂的过程，必须经历四个子过程：首先是注意过程，学习者要对榜样的行为引发注意；其次是保持过程，学习者在注意了榜样的示范行为后以表象或言语的形式在记忆中对该行为进行编码、表征、存储；第三是复制过程，学习者要将头脑中存储的榜样行为转化为外显的行为，进行模仿和练习；最后是动机过程，学习者因表现出示范行为而受到鼓励。学习者产生示范行为的动机来源于强化。班杜拉将强化分成了三种：一是直接强化，即通过外界因素对学习者的行为进行直接干预；二是替代强化，即学习者因观察到榜样的行为受到强化而间接地受到强化；三是自我强化，即学习者的行为达到自己设定的标准时，对自己的行为进行自我奖赏或自我批评。

班杜拉进行了许多攻击行为的实验。在一个实验中，班杜拉设计了三个条件：一是真人打充气娃娃，二是电影里演员打充气娃娃，三是打充气娃娃的图片。在这三种条件中，榜样一边打充气娃娃，一边发出类似"揍它鼻子！""把它扔出去"这样的声音。儿童被试看完实验场景后，单独与充气娃娃留在实验室中，结果发现所有看过打充气娃娃的儿童（不管是看真人还是看电影还是看图片）都表现出了比没有看过相应内容的儿童多得多的攻击充气娃娃的行为。这就证明了攻击行为可以通过观察学习获得。另一个实验对实验条件进行了改造，将电影中的攻击行为的结果分为三种，一种是攻击后受到赞扬并获得物质奖励，第二种是攻击后受到惩罚，第三种是攻击后既没得到奖励也没得到惩罚。结果当儿童被试被安置在有充气娃娃和其他玩具的实验室中时，观看攻击后惩罚组的儿童的攻击行为明显比其他两组儿童少，而观看攻击后奖励组的儿童和攻击后无奖励也无惩罚组的儿童都对榜样进行了模仿，发生了攻击充气娃娃的行为。这就证明了替代强化的作用。

我国学者曾进行了有关榜样教育的比较研究，在实验中让学生观看电影《雷锋》和一个以悔过自新为题材的影片，之后将学生分成三个组，分别是榜样—认识组，让学生对电影中的内容进行讨论、作文，并由教师进行小结；榜样—卷入组，学生除了上述做法外，还要将自己与榜样人物进行对比；榜样—练习组，除采取与榜样—卷入组同样的做法外，还要求他们每周做两件学习榜样的好事。结果发现，在一个多月后，全体参加实验的学生道德判断和诚实水平都提高了，其中，榜样—练习组在道德判断水平的提高上最显著。

因此，在对学生进行良好态度和品德的培养的过程中，树立良好的榜样是一个有效的途径。在树立榜样的过程中要注意以下两方面：首先，教师要为学生选择合适的榜样。教师为学生选择的榜样要有典型性，而且榜样要与作为观察者的学生在某些特点上有相似之处，如年龄、性别、性格、兴趣、价值观等，使学生产生强烈的学习倾向。其次，在榜样示范学习过程中，教师要以身作则。师生相处中，教师的行为对学生起到潜移默化的作用。孔子说："其身正，不令而行；其身不正，虽令不从。"教师要为人师表，做好学生的榜样。

三、利用群体约定

群体的规则、约定可以有效地改变个体的态度和行为。勒温（K. Lewin）在20世纪40年代曾用一实验对此作了证明。当时实验的背景正值第二次世界大战战争期间，由于食物紧缺，美国政府希望家庭主妇们购买不受大家欢迎的动物内脏作为食物。在实验中，勒温将主妇们分为六组，其中三组接受讲解和劝说，告诉她们动物内脏如何美味、如何具有营养价值、食用动物内脏如何为国家作贡献等；另外三组采取群体规定，告诉她们在特殊时期必须用动物内脏做菜。一周后发现，讲解劝说的三组中只有3%的主妇改变了态度，用动物内脏做菜；而群体规定的三组中有32%的主妇改变了态度。这说明群体规定可以有效改变个体的态度。这是因为个体对群体有认同感，担心受到群体大多数成员的孤立和疏远，担心无所归属，因此必须遵守群体的约定以同群体保持密切的关系。

中学生受到同伴群体的影响很大，可以通过同伴群体的约定对其产生一定的压力来培养其良好的态度和品质。在利用群体约定培养学生良好的态度和品德的过程中，教师最好利用集体讨论来共同制定群体的约定。例如，教师希望学生都不涉猎抽烟行为，可以在班级中发起关于抽烟利弊的讨论，引导全体同学形成"中学生不应抽烟"的态度，通过学生讨论提出"禁止吸烟"的具体实施办法，从而使"禁止吸烟"成为群体成员都认可的群体约定，利用此约定让大家形成不抽烟的行为。

四、价值辨析

价值观对人的行为具有很大的指导意义，价值辨析的过程就是帮助学生建立自己清晰的价值观，并用这种价值观来指导自己的行动。学生常常会思考一些价值取向的问题，如："人为什么活着？""什么是幸福？"价值辨析的过程不强调告诉学生这些问题的正确答案，而是帮助他们对这些问题进行思考，权衡利弊，评价和选择自己的价值观，最终形成清晰的正确的价值观。

价值辨析一般采用集体讨论的形式，要经过以下的过程：

（一）认知选择

在这一过程中，教师或学生先确定一个需要价值辨析的主题，如："学生为什么不能抽烟？"然后教师可以用一根长线画出极端的观点，学生选择自己的观点，并在长线中描下自己的观点所处的位置。

（二）情感分享

这一过程可让一些学生自愿公开自己关于某一价值问题的观点，然后让参与讨论的全体同学将获知的他人的观点与自己的价值观进行比较，公开自己的价值态度，与大家分享自己的价值情感。例如:"我很高兴我对中学生抽烟行为的想法与大家是一样的。"

(三) 行动

这一过程要求学生按照自己选择的价值观行动,而且要将这一价值观作为生活方式在生活中反复实践。

五、给予恰当的奖励与惩罚

在培养良好的态度和品德的过程中,适当地运用强化手段也是必要的。教师在教育过程中常用的强化手段主要有奖励和惩罚。

奖励是一种积极的强化,是通过一定的刺激使某种行为增强。奖励一般包括物质奖励(如给予某件喜欢的物品)和精神奖励(如言语表扬)。例如,某顽皮的学生在课堂上专心听讲,教师对他的行为给予口头表扬,并奖励给他喜欢的球星卡。而惩罚是给予一定的刺激使某种行为减少或消失。例如,某学生在课堂上总是做小动作、不专心听讲,老师对他给予严厉的口头批评。

在实施奖励或惩罚的过程中,首先要注意奖惩的实施必须直接、及时。奖惩要紧随着某种行为出现,此时的效果是最有效的,否则随着行为和后果的时间推移,奖惩的效果将不断降低。所以,当教师发现学生的好行为或需要制止的行为时,应立即提出奖惩。其次,奖惩必须与一定的具体行为相联系,而且是长期一致的联系,即当要奖惩的行为出现时,就马上实施奖惩,而且当该行为每次出现时,都要给予一致的奖惩。第三,根据中学生的特点,奖赏应尽可能是社会性的而非物质的。

对于惩罚,教育界的说法不一,多数认为过多使用惩罚会给学生带来诸如降低自尊、产生攻击性等消极后果。但当学生出现不良行为时,适度的惩罚还是必要的,不过这种惩罚一定要与规则的说明和适宜的行为指南相联系,使学生在接受惩罚时知道行为的改正方向,惩罚才有效果。

六、小组道德讨论

柯尔伯格及其弟子提出道德讨论策略用以提高学生的道德认知水平,其基本方法是通过教师引导学生讨论道德两难问题,引起学生的道德认知冲突,让学生对道德问题进行积极的思考,提高学生的道德认知水平。柯尔伯格又将其称为"新苏格拉底模式"。

在实施道德讨论的过程中,首先按柯尔伯格的道德发展阶段将学生分成讨论小组,小组成员中包括道德认知发展阶段不同的学生。然后选择类似"海因茨偷药"这样的道德两难故事,组织不同道德认知发展阶段的学生展开讨论,教师要鼓励持不同阶段观点的学生相互作用,使较低道德认知发展阶段的学生体验比自己高一个阶段的道德认知冲突,发现自己推理中的不当之处和较高发展阶段推理的合适之处,从而促进道德认知水平的提高。教师在小组道德讨论中要根据学生的道德认知发展水平,启发学生积极思考、主动交流,鼓励学生在讨论中思考分析他人的观点,带助学生提高道德认知水平。

同时，教师在组织学生小组进行道德讨论的同时，还可以增加角色扮演作为补充，让学生根据两难故事进行角色扮演，然后再进行讨论。这样可以增强小组讨论的效果。

1. 什么是态度？态度由哪些因素构成？
2. 态度具有哪些功能？
3. 什么是品德？品德具有哪些特点？品德由哪些因素构成？
4. 态度与品德有什么关系？
5. 皮亚杰将个体的道德发展分为哪几个阶段？
6. 柯尔伯格提出的道德发展的三个水平六个阶段各有什么特点？
7. 艾森伯格提出的亲社会道德发展阶段分别具有什么特点？
8. 中学生的品德发展具有哪些基本特征？
9. 中学生态度与品德习得的一般过程是什么？
10. 影响中学生品德发展的因素有哪些？
11. 如何培养中学生良好的态度和品德？
12. 有效的说服与哪些因素有关？
13. 在良好态度与品德的培养过程中，如何进行价值辨析？
14. 在良好态度与品德的培养过程中，如何组织学生进行小组道德讨论？

第十一章 心理健康教育

 评价目标

1. 掌握心理健康的概念。
2. 掌握中学生心理健康的标准。
3. 了解中学生常见的心理困扰和心理障碍。
4. 理解心理健康教育的意义。
5. 掌握心理评估的概念。
6. 理解心理评估的意义。
7. 掌握心理评估的几种主要方法。
8. 掌握心理辅导的概念,理解学校心理辅导的目标。
9. 掌握学校心理辅导的基本原则。
10. 掌握影响学生行为改变的方法。

心理健康　　心理健康教育　　心理评估　　心理辅导

第一节　心理健康概述

健康是人的生命力的基础,失去健康,就像失去 0 前面的 1。再多的 0,前面如果没有 1,都只能是 0。自古以来,健康是人们普遍关注的问题。可究竟什么是健康呢?从人类社会的发展进程看,人们的健康观经历了一个不断演变的过程。在传统观念中,人们提到健康,往往只注重生理健康,认为身体没有生理方面的疾病就是健康,而忽视了心理健康的成分。随着 20 世纪医学从生物学模式转入生物—心理—社会模式,以及现代心理卫生、心理健康运动的兴起,人们的健康观发生了根本性的变化,其核心是,一个人必须具备健康的身体和健康的心理,才能称得上是真正的健康。

一、心理健康的含义

（一）心理健康的概念

心理健康的含义，一直是个有争议的问题，国内外许多学者提出了各种不同的看法：

1946年，第三届国际心理卫生大会指出："所谓心理健康，是指在身体、智能及情感上与他人的心理健康不相矛盾的范围内，将个人心境发展成最佳状态。"①

《简明大不列颠百科全书》认为："心理健康是指个体心理在本身及环境条件许可范围内所能达到的最佳功能状态，但不是十全十美的绝对状态。"②

心理学家英格里士（English）认为："心理健康是指一种持续的心理状况，主体在这种状况下能作良好的适应，具有生命的活力，能充分发展其身心的潜能。这是一种积极的、丰富的状况，不仅仅是没有疾病。"③

刘艳认为：心理健康就是"个体内部协调与外部适应相统一的良好状态"④。

国内外关于心理健康的定义尽管众说纷纭，表述不一，但对其内涵的认识还是有共同点的。第一，都认为心理健康是一种心理状态；第二，大都把能否调节身心、适应环境作为心理健康的重要标准；第三，都强调心理健康是一种积极发展的心理状态，有助于个体充分发挥身心潜能。

基于以上认识，综合国内外的各种界定，我们认为，心理健康是指个体能不断调节自身状态，积极适应环境，能充分发挥身心潜能的一种持续、积极的心理状态。

在理解心理健康的含义时，应该注意以下几点：

1. 心理健康的层次性。心理健康有高低层次之分，没有心理疾病只是低层次的健康，是心理健康最起码的含义；高层次的健康不仅是没有心理疾病，而且应具有积极的心理状态，能拥有和谐的人际关系，能充分发挥个人潜能，能追求高质量的生活。

2. 心理健康的相对性。心理健康的相对性表现在几个方面：（1）健康和不健康是相对的。人无法被截然划分为心理健康和心理不健康两类，没有绝对不健康的人，也没有绝对健康的人。也就是说，心理健康是我们每一个社会成员都会面临的问题，在每个人身上都会同时存在心理健康的和不健康的侧面，只是哪种情况占主流和程度不同而已。（2）心理健康的标准是相对的。心理健康标准是一个发展的文化的概念，会随着社会的发展变化而发展变化，也因不同的社会文化背景而有差异。不同的国家、地区，同一地区的不同民族和阶层，可能有不同的要求和标准；同一国家、地区的标准也会因时代的变迁、历史的进步而有不同的标准。如同性恋现象，我国精神医学观点认为属于一种心理障碍，但是在某些国家却认为是正常的心理现象。

---

① 刘艳.关于心理健康的概念辨析[J].教育研究与实验,1996(3).
② 周燕.关于我国学生心理健康研究的几点思考[J].教育研究与实验,1995(1).
③ 同上.
④ 刘艳.关于心理健康的概念辨析[J].教育研究与实验,1996(3).

3. 心理健康的动态性。人的心理是一个不断发展变化的动态系统，人的心理健康状态也是动态变化的，而非静止不动的，既可从相对不健康变得健康，又可从相对健康变得不那么健康。因此，心理健康反映的是某一段时间内的特定状态，而不应认为是固定的和永远如此的。同一个人，在人生发展不同的时期或阶段，由于对该阶段发展任务的适应情况不同，其心理发展可能是健康的，也可能会变得不健康。如处于发展中的青少年学生，容易出现种种心理不适，出现一些这个阶段比较突出的问题。但这些问题具有阶段性与暂时性，是个体心理发展过程中的现象，有些甚至是在学生心理发展过程中必然出现的具有一定年龄特点的心理行为特征。学生随着心理的成长与发展，通过正确的教育和引导，这些问题可以得到解决，又进入良好的心理健康状态。

（二）心理健康的标准

1. 心理健康的判断标准

什么样的人才是心理健康的人？心理健康的衡量标准是什么呢？确定心理健康的依据有很多，目前常见的判断标准主要有以下几种：

（1）统计学标准。即以统计学正态分布理论为基础，接近平均值的大多数人为正常，偏离平均值的两端者为异常。判断一个人心理健康与否就是以其心理特征是否偏离平均值为依据。

（2）社会学标准。即以个人能否适应社会生活、能否符合社会道德规范的要求，来划分心理正常与异常。判断一个人心理健康与否，主要考察当事人对人、对事、对己的态度和行为是否符合社会的要求，是否被大多数人所接受。

（3）医学标准。即以是否存在致病因素或异常症状作为参考依据来划分心理健康与否。对照人们在长期临床实践中概括和归纳的各种心理问题的典型症状和致病因素，凡符合某一身心疾病的病症者，就会被认为是心理不正常。

（4）经验标准。即以当事人或研究者的主观经验作为判断的标准。一是当事人的主观经验，他们自己感觉到情绪不佳，不能自我控制某些行为等；一是研究者以自己拥有的经验为参照，判断当事人的心理健康程度。

2. 心理健康的具体标准

如何提出一套衡量心理健康的具体标准，一直是心理健康研究领域的一个重要课题。和心理健康的含义一样，关于心理健康的具体标准，国内外学者看法不尽相同。

1946年第三届国际心理卫生大会具体指明心理健康的标准是："身体、智力、情绪十分调和；适应环境，人际关系中能彼此谦让；有幸福感；在工作和职业中，能充分发挥自己的能力，过有效的生活。"[①]

美国心理学家马斯洛和米特曼（Maslow & Mittelmann）提出心理健康的10条

---

① 全国十二所重点师范大学联合编写.心理学基础[M].北京:教育科学出版社,2002:328.

标准[①]：(1) 有足够的自我安全感；(2) 能充分了解自己，并能对自己的能力作出适度的估计；(3) 生活的理想和目标切合实际；(4) 不脱离周围的客观环境；(5) 能保持人格的完整与和谐；(6) 善于从经验中学习；(7) 能保持良好的人际关系；(8) 能适度地发泄情绪和控制情绪；(9) 在符合集体要求的前提下，能有限度地发挥个性；(10) 在不违背社会规范的前提下，能恰当地满足个人的基本需要。

我国台湾学者黄坚厚提出的心理健康标准：

(1) 心理健康的人是乐于工作的，能将本身的知识与能力在工作中发挥出来。同时，能从工作中获得满足之感。

(2) 心理健康的人是有朋友的，能与他人建立和谐的关系，在与人交往、与人相处时，正面的积极态度（喜悦、依赖、友爱、尊敬等）常多于反面的消极态度（仇恨、敌视、嫉妒、怀疑、畏惧等）。

(3) 对本身有适当的了解，并能悦纳自己，愿意努力发展其身心的潜能。对无法补救的缺陷也能安然接受，不以为羞，不做无谓的怨尤。

(4) 能与现实环境有良好的接触，对现实环境有正确、客观的观察，并能作有效的适应。对生活中的各种问题，能以切实有效的方法谋求解决，而不企图逃避。

我国学者王登峰提出心理健康标准的 8 条指标：(1) 了解自我，悦纳自我；(2) 接受他人，善与人处；(3) 正视现实，接受现实；(4) 热爱生活，乐于工作；(5) 能协调与控制情绪，心境良好；(6) 人格完善和谐；(7) 智力正常，智商在 80 以上；(8) 心理、行为符合年龄特征。

从以上有关心理健康标准的众多表述中可以看出，尽管各学者在措词和侧重点上有所不同，但基本思路还是一致的，即提出的标准涉及知、情、意、行等心理活动的各个方面。

3. 中学生心理健康的标准

根据国内外学者对心理健康标准的论述，结合中学生心理发展的特点，可将衡量中学生心理健康的标准概括为以下几个方面。

第一，智力状况正常。正常的智力是学生学习和生活最基本的心理条件。从测验角度看，智商在 70 以上属于智力正常。从经验角度看，智力正常者应该具有健全的智能结构，没有认知障碍，对新知识、新信息有较强的接受能力。

第二，积极、稳定的情绪情感。情绪健康是心理健康的重要标志。中学生的情绪健康体现在：一是以积极情绪为主导心境，经常保持愉快、乐观、开朗的心情，对未来充满希望和信心；有强烈的正义感，诚信正直的精神，光明磊落的宽广胸怀。二是情绪较稳定，能够采取积极的方法及时摆脱消极情绪，自我控制情绪。

第三，良好的意志品质。具体表现在：独立自主、善于选择；不优柔寡断、患得患失；有毅力、坚持不懈，不畏难、善于抵制诱惑；有较强的心理承受力和自我调控能力。

[①] 卢家楣等.心理学[M].上海：上海人民出版社,1998:572—573.

第四，正确的自我意识。能正确认识自我，既欣赏自己的优点，又能悦纳自己的不足和欠缺；能够不断地修正自己的缺点，努力完善自我。

第五，人际关系和谐。与人交往中主动、热情，不羞怯，不冷漠，不强求他人；与同学、老师、家长关系融洽；具有合作精神，与人合作愉快。

第六，行为反应协调、适度。具体表现在：一是行为协调。如果一个人行为反应无序或失控，都是行为失调的表现，也是心理不健康的表现。二是行为适度。行为反应符合大多数人的行为反应模式，不过于激烈或过于冷漠。如听到敲门声就心惊胆战、看到有人猝死却出奇的冷静等等，都属于不符合行为反应适度标准的。

第七，心理特点符合年龄特征。在个体心理发展过程中，每一阶段都有其臣有的心理特点和表现，即心理年龄。如果一个人心理年龄和生理年龄不相符合，心理行为严重偏离自己的年龄特征，那就是不健康的表现。对于中学生来说，如果表现得像个老年人，或者出现过多的幼儿行为，都应该视为是不健康的。

二、中学生易产生的心理健康问题

根据严重程度不同，可以将中学生的心理健康问题区分为心理困扰、心理障碍和心理疾病。心理困扰指学生在成长过程中面临的生活、学习、情感、人际关系等方面的不适问题。心理障碍主要包括神经症、人格障碍和性偏差等。心理困扰和心理障碍属于心理咨询与辅导的适用范围，是学校心理健康教育的重要内容。心理疾病是指严重的心理机能性障碍，这类问题不属于心理咨询与辅导的适用范围，必须到精神病专科进行治疗。下面介绍当前中学生常见的心理困扰和心理障碍。

（一）学生常见的心理困扰

1. 学习方面

中学生在学习方面出现的心理困扰主要有：一是厌学情绪。厌学是目前中学生中比较突出的问题，不仅是学习成绩差的同学不愿意学习，一些成绩较好的同学亦出现厌学情绪。当学生厌学时，一般表现为动机上、认知上和情感上的综合缺失状态。如表现出学习动机不足，感到学习没劲，丧失上进的信心；上课注意力不集中，听课效率低；情绪低落，态度消极，自我效能感低等等。严重者根本无心学习，整天浑浑噩噩，看到课本就头痛，坐进教室就犯困，经常迟到、早退、旷课，对教师缺乏感情，部分学生最终辍学。二是考试紧张焦虑。目前，学校课业负担繁重，竞争激烈，父母的期望过高，使得学生精神压力越来越大，考试紧张焦虑成了中学生普遍的问题。每一次考试，学生都如临大敌，考前睡不好觉，考试时出现情绪紧张、心慌意乱、记忆断层等现象。某些平时学习成绩不错的学生，一到考试就慌了手脚，无法发挥自己应有的水平，总担心考试会失败，受到老师、父母的责备和同学的冷眼，以致产生焦虑感。

2. 人际交往方面

中学生的人际关系主要有师生关系、亲子关系、同学关系等，无论哪一种关系处理得不好都会引起冲突，使双方陷入紧张的关系中，从而引起心理上的焦虑。中学生由于身心的急剧发展，独立意识、自主意识迅速增强，使他们与成人的关系发生了明显的变化。这时如果教师和家长未能正确认识到孩子的这一变化，处理问题不当或者教育方式有偏差，都极易导致冲突的产生，引起人际紧张。另外，同伴关系是这一时期重要的人际关系。同学们往往希望在班级、同学间有被接纳的归属感，寻求同学、朋友的理解与信任。但个体的个性、情绪因素，如自私、冷漠、情绪波动太大等，都可能造成同学间人际关系的紧张。

3. 自我意识方面

中学生常见的自我意识偏差主要表现在过于追求完美、过度自我接受、过度自我拒绝等。过于追求完美的人对自己要求过高，用绝对化的完美标准衡量自己，希望自己完美无缺，不容自己有丝毫的差错，因此，常因不能达到完美而影响自己的情绪。过度自我接受的人往往高估自己，对自己的肯定评价有过之而无不及，盲目乐观、自以为是，他们容易在人际交往中受挫而产生消极情绪。过度自我拒绝往往自我否定，认识不到或贬低自己的价值，夸大自己的不足，感到自己处处不如别人，丧失信心。

4. 性心理方面

伴随着自身的生理发育，性的成熟，中学生心理上也发生了微妙的变化，容易出现各种性心理困扰，如性冲动、性幻想、性恐惧、暗恋、单相思、手淫等。

5. 沉迷网络

青少年沉迷网络游戏一直以来都是社会关注的问题，在近年来网游日益火爆的趋势下，网游的负面影响越发凸显，中学生因沉迷网络而阻碍他们正常成长的现象日益严重。

(二) 中学生常见的心理障碍

1. 神经症

神经症又称神经官能症，指由于各种精神因素引起的高级神经活动过度紧张，致使大脑机能活动暂时失调而造成的一组疾病的总称。各类神经症在中学生身上时有发生。

中学生常见的神经症主要有：[①]

(1) 神经衰弱。神经衰弱是最常见的神经官能症。其发生多开始于初中阶段，一般女生比男生多，高中生比初中生发病率高。它是由心因性障碍引起的高级神经活动过程过分紧张造成的，由于抑制过程的弱化，兴奋性和易变性的增加，便产生了一系列全身不适症状。在学生身上表现为：头痛、头晕、身体乏力、记忆力不好、注意力不集中、学习成绩下降；性情烦躁、好怒、易冲动；入睡困难、多梦易醒，睡眠不稳；胆子极小，白天害怕声音和强光，对响声常发生心悸等等。

(2) 癔病。癔病又称歇斯底里，它有可能在少年期发生，但多见于青年期，一般以女性为多。常由于心理创伤导致大脑机能失调，呈现各种不同的变态心理症状，

[①] 张承芬,孙维胜.学生心理健康教育[M].北京:警官教育出版社,1997:242—244.

另外与人的不良性格也有关联。主要表现为自我意识障碍和情感失调,意识模糊,心理活动范围缩小,集中在与发病因素有关的某些概念或情感体验上;情感极不稳定,常大喊大叫、骂人吵闹,时哭时笑;反应强烈,好抓头发、撕衣服、就地打滚等;有时行为发生障碍,四肢发挺、说不出话来,等等。

(3) 强迫症。强迫症主要表现为强迫观念和强迫行为,最早发病在十一二岁,男性比女性多。① 强迫观念,是强迫症状在认识上的表现。主要包括强迫性怀疑、回忆、联想、思维等范畴,如"椅子为什么有四条腿?"这样的强迫性思维。② 强迫行为,主要表现为强迫性计数、洗手、检查、咳嗽、程式化动作等等。强迫行为是强迫观念转化为行动的表现,强迫行为的基本要素在于患者重复完成某一动作本身所衍生出来的满足感。例如,强迫性洗手是为了解除自身直接的不安感或压力。

(4) 焦虑性神经症。此症主要有三种形式:① 急性焦虑,又称惊恐发作,其典型表现是突然处于一种暂时性的莫名其妙的惊恐状态,同时伴有面色苍白、心悸、呼吸急促等生理变化,患者感到头晕、恶心、胸痛、四肢发麻,严重时会有"大祸临头"、"心脏快要跳出来了"的感觉。② 慢性焦虑,是一组缓慢发展持续存在的焦虑症状。主要表现为时常不安、害怕、担忧,明知是主观上的原因,仍无法克服;神经过敏,注意力不集中,认知能力下降;并伴有口干、恶心、心悸、尿频、多汗等植物神经功能亢进现象;另外,还有不宁、易乏、失眠或梦魇等运动症状和睡眠障碍。③ 疑病焦虑,是指长期担心自己会生病,总觉得个人身体不好,并因预料到自己将来会得病而感到不安。

(5) 恐怖性神经症。这种神经症表现为对某种特定事物、情境或人际交往所产生的强烈恐惧及主动回避。空间恐怖、疾病恐怖、死亡恐怖、社交恐怖等是恐怖症常见的表现形态。此外,还有一些与具体的恐怖对象有关的特异恐怖,如对坐飞机、登高、陌生人的恐怖。

2. 人格障碍与人格缺陷

人格障碍又称病态人格,简单地说,就是指个体人格特征偏离正常群体。目前,各种人格障碍的主要特征在部分中学生中有所表现。由于中学生的人格发展尚未定型,所以对中学生的人格异常表现,一般称为人格缺陷或人格偏差。

儿童和青少年阶段是人格形成和发展的重要时期,教师应了解各种人格障碍的临床表现、原因和防治,尽量避免因教育的不当导致学生出现人格偏差,培养学生健全的人格。

常见的人格障碍有:[①]

(1) 反社会型人格障碍。反社会型是人格障碍中最引人注目的一个类型。其主要特征是不断出现违反法纪或犯罪的行为。这种人在18岁之前,就常撒谎、逃学、小偷小摸、打架,被学校开除过或被拘留、管教过,过早有性生活,虐待动物或弱小同伴。18岁以后有破坏公共财物、经常旷工、长久待业或多次变换工作等行为;

---

① 教育部人事司.中小学生心理健康教育[M].北京:科学普及出版社,2002:64—68.

易激惹、斗殴和攻击别人，心肠冷酷、忘恩负义，对自己的至亲也不买账；危害别人时无内疚感，不能维持持久的夫妻关系。

（2）分裂型人格障碍。分裂型人格障碍的主要特点是孤独，冷漠，几乎没有过愉快的体验；对他人表达温情、体贴或愤怒的能力有限，无论对批评或表扬都无动于衷；过度沉湎于幻想和内省；几乎总是单独活动，没有亲密朋友，与他人不能建立相互信任的关系，对恋爱也缺乏热情。

（3）冲动型人格障碍。冲动型人格障碍的主要特征是行为冲动，不计后果；伴有情绪不稳定、喜怒无常，事先计划的能力差；强烈的愤怒爆发常导致暴力，做出破坏和伤人等攻击行为；结交朋友常凭一时感情冲动，相处好坏常走极端。

（4）偏执型人格障碍。偏执型人格障碍的主要特征是固执、多疑、心胸狭隘、好嫉妒；自我评价过高，对挫折与拒绝过分敏感，且在遇到挫折时易于责备他人或推诿客观；具有歪曲体验的倾向，易于把别人本来中性的甚至友好的表示视为敌意或蔑视；在生活和工作中易于与他人发生摩擦，他人对其敬而远之。这类人格障碍多见于男性。

（5）强迫型人格障碍。这类人平时常有不安全感和不完善感；过分认真，注意细节，过分自我克制、自我关注；责任感过强，常常追求完美，同时又墨守成规，缺乏随机应变的能力；拘谨和小心翼翼，由于谨小慎微，常常顾虑小事而忽略大事；常要求他人按自己的方式办事，以致妨碍他人的自由；过分专注于工作，怕犯错误；遇事优柔寡断，难以作出决定。

（6）癔病型人格障碍。这类人的主要特点是过分做作、夸张，希望通过戏剧性的行为而引人注意；受暗示性和依赖性强，高度自我中心；情感易变化，易激动，而又对人情感肤浅；可有高度的幻想性；性心理发育不成熟，表现为性冷淡或过分敏感；在应激状态下易于发生癔病症状。此型人格以女性多见。

（7）依赖型人格障碍。这类人的主要特征为：常常让他人为自己做重要决策，在从他人处得到建议和保证之前，对日常事物不能做出决定；因为怕被遗弃，明知错了，也随声附和；无独立性，很难单独展开计划或做事；过度容忍，为讨好他人，甘愿做低下的或自己不愿做的事；独处时有不适和无助感；当亲密的关系终止时，感到无助；经常有遭人遗弃的感觉；很容易因未得到赞许或遭到批评而受到伤害。

（8）回避型人格障碍。这类人最大的特点是行为退缩，心理自卑，面对挑战多采取回避态度或无能应付。其表现为：很容易因他人的批评或不赞同而受到伤害；除了至亲之外，没有好朋友或知心人（或仅有极少数）；除非确信受欢迎，一般总是不愿卷入他人事物之中；行为退缩，对需要人际交往的社会活动或工作总是尽量逃避；心理自卑，在社交场合总是沉默无语，怕惹人笑话，怕回答不出问题；敏感羞涩，害怕在别人面前露出窘态；在做那些普通的但不在自己常规之中的事情时，总是夸大潜在的困难、危险。以上各项只要满足其中的四项，即可判断为回避型人格。

（9）自恋型人格障碍。这类人的特征为：对批评总是愤怒或感到耻辱（尽管不一定当即表现出来）；喜欢指使别人，要他人为自己服务；过分自高自大，对自己的才能夸大其词,希望受人特别关注;坚信自己关注的问题是世上独有的;对无限的成功、权力、荣誉、美丽或理想、爱情有非分的幻想;认为自己应享有他人没有的特权;渴望持久的关注与赞美;缺乏同情心;有很强的嫉妒心。

三、心理健康教育的意义

21世纪的综合素质的人才观对教育提出了许多新的要求,培养具有良好的社会适应能力与人格健全发展的人才成为人们对未来教育的期待。因此,在学校开展心理健康教育尤为重要,它对于促进学生心理健康,培养全面发展的人才等具有重要的现实意义。

(一)预防心理问题、促进学生心理健康的需要

近年来,中学生心理不健康的现象日益增多,中学生群体的心理健康水平不容乐观。从大量的调查数据看,当前中学生的心理健康状况令人担忧。1995年,陈沛霖、陈立华对武汉市1500多名初中学生进行了调查,结果表明:有50%的学生心理健康状态良好,30%的学生基本正常,10%—15%的学生低于正常水平,还有3%—6%的学生存在比较严重的心理困扰。1997年杨莲清对849名学生的心理健康抽样调查表明,至少有一项不健康者的检出率为21.6%。1999年,据王极盛对7562名中学生的调查,没有心理问题的学生比例为68%,存在心理问题的学生占32%,随着年龄的增长,遇到问题的增多,高中生心理健康情况比初中生要差,女生比男生心理问题多。[①]

从个案看,中学生因心理障碍而出现过激行为的案例频频发生。一位曾连续六年被评为"三好学生"、并以全校第一的成绩被保送到市重点中学的女学生,割腕自杀未遂后,又从自家六楼的窗口跳下,终于倒在血泊之中。原因仅是因为她受到老师的不当批评。17岁的浙江金华市高中生徐力,其母不顾他的实际水平,对他抱有过高的期望,逼迫徐力必须考前十名,必须考上重点大学。徐力据理力争也得不到固执母亲的理解。不堪精神重负的徐力,竟在激烈的争执时,怒不可遏地杀死了亲生母亲。[②]

当前中学生心理健康问题的严峻性,对心理健康教育提出了强烈的呼唤和迫切的要求。

(二)培养健全人格、促进学生全面发展的需要

心理健康、人格健全是中学生德、智、体、美诸方面全面发展的素质教育的基础和保证。对于智力发展和学习来说,健康的心理可以促进学生智力的协调发展,有助于提高学习效率,而意志薄弱、厌学、自卑、粗心、神经衰弱等心理行为问题,则是影响学生学习的主要原因。研究发现,学习不良儿童在病态人格、攻击性、撒谎、冲动性和违纪行为等人格特征的测验中,得分显著高于普通学生。对于德育

---

① 教育部人事司.中小学生心理健康教育[M].北京:科学普及出版社,2002:18—19.
② 教育部人事司.中小学生心理健康教育[M].北京:科学普及出版社,2002:18.

来说，没有健康的心理，特别是人格方面存在缺陷的学生，很难形成良好的品德。心理健康教育也是体育的基础，中小学生的心理健康和身体健康的发展存在着交互作用，如果一个人长期处于不良的心理健康状态，焦虑、抑郁、恐惧、愤怒等，往往会使人产生各种身体疾病。心理健康教育与美育也是密切相关的，心理健康是提高学生审美素质的基础和条件，对他们来说，心理健康本身就是一种美，没有健康的心理，也谈不上外在美和内在美。因此，对中学生进行心理健康教育是全面发展的素质教育的迫切要求，心理健康教育是素质教育的基础和重要组成部分。

（三）社会和时代发展的需要

21世纪，人类进入了信息大爆炸的知识经济社会。知识经济时代的到来，一方面日趋激烈的社会竞争将给人们带来更多的心理压力，另一方面对人才的综合素质提出了更高的要求。因此，对中学生开展心理健康教育，帮助他们掌握调控自我、发展自我的方法和能力，全面提高他们的心理素质，实现可持续发展，是社会和时代发展的需要。

第二节　心理评估

心理评估指依据应用各种方法所获得的信息，对个体某一心理现象作全面、系统和深入的客观描述的过程。心理评估广泛运用于教育、医学、人力资源、军事司法等领域。在学校心理健康教育中，心理评估是制定心理健康教育方案的重要依据，同时也是检验心理健康教育效果的有效手段，具有十分重要的意义。本节就心理评估的含义、意义以及主要方法作简要介绍。

一、心理评估及其意义

（一）心理评估的含义

在学校心理健康教育领域，心理评估指的是依据运用心理学方法和技术搜集得来的资料，对学生的心理特征与行为表现进行评鉴，以确定其性质和水平的过程。

学校心理健康教育的目标应该有两个层次：预防性目标和发展性目标。预防性目标是帮助学生及时发现自己在学习、生活、成长中的心理问题，学会矫治和调节心理偏差的方法，培养良好的社会适应能力和健康情绪；发展性目标侧重于学生健全人格的培养、心理潜能的开发，帮助学生自我完善，促进他们健康成长。因此，学校心理评估也应有相应的两种模式：疾病模式和健康模式。疾病模式的心理评估以对中学生心理问题的有无以及心理问题的类别进行诊断为着眼点；健康模式的心理评估则侧重于了解健康状态下的中学生的人格发展状况和自我实现的倾向。

心理评估的主要方法包括心理测验、评估性会谈、观察法、自述法等。

（二）心理评估的意义

1. 制定心理健康教育方案的依据

"一把钥匙开一把锁"的教育原则同样适用于心理健康教育。心理健康教育是一项具有个别性的工作，只有充分了解学生遇到的问题的性质、程度，把握他们认识世界的独特的观念，才能有针对性地制定咨询与辅导方案，真正帮助学生解决问题。

2. 检验心理健康教育效果的手段

心理健康教育效果的评估，是心理健康教育工作的重要内容。而心理健康教育成效如何，只能通过心理评估，从学生个人或群体的心理症状是否减轻、心理素质是否改善来加以确认。

二、心理测验

（一）心理测验的含义

心理测验是指使用一定的操作程序，通过观察或测定学生的少数有代表性的行为，对学生的心理特点做出推论和数量化分析的一种科学手段。心理测验是心理评估的常用方法。

（二）心理测验的分类

心理测验可按不同的标准进行分类。按照所要测量的特征，大体上可把心理测验分成认知测验和人格测验。认知测验包括智力测验、特殊能力测验、创造力测验、成就测验。人格测验包括多项人格调查表、兴趣测验、成就动机测验、态度量表等。按照一次测量的人数分，可把测验分为个别测验与团体测验。按照测验材料及被试作答方式，可分为言语测验与操作测验。

目前国内学校心理健康教育中使用较多的心理测验的种类主要包括：

1. 智力测验。用于对学生个体或团体的智力发展水平、特点的测量和评定。目前常用的有：斯坦福—比纳智力测验、韦克斯勒智力量表、瑞文标准推理测验、鉴别超常儿童认知能力测验等等。

2. 人格测验。用于测定学生的行为问题和人格特征。目前常用的有卡特尔16种人格因素问卷（16PF）、艾森克人格问卷（EPQ）、Y-G性格检查量表、症状自评量表（SCL-90）、中学生心理健康量表以及其他一些测量单项人格特质（自我概念、焦虑特质、压力应对方式等）的小型量表。

3. 学习诊断测验。用于学习障碍的诊断与鉴别。目前常用的有学习适应性测验（AAT）、中学生一般能力倾向成套测验（SS-GATB）、提高学习能力诊断测验（FAT）、学习动机诊断测验等等。

（三）心理测验注意事项

1. 测验的施测，要求由经过专门培训的施测人员进行。

2. 测验的选择，必须充分考虑测验的意图、测验的适用年龄、测验的方式和性质等。

3. 测验结果的解释，不应简单地把某一次测验分数作为评估学生的依据，应结合通过其他手段搜集的信息进行综合分析。

三、评估性会谈

会谈法是心理咨询与辅导的基本方法，指教师通过和学生的有效交谈，来实现某种目的的方法。这种方法，目的可以是与学生建立良好的咨询关系，可以是获得学生的信息资料，也可以是对学生施加影响。因此，会谈可分为评估性会谈与影响性会谈。

评估性会谈是心理评估的重要方法之一。与其他方法相比，评估性会谈具有以下特点：一是可以当面澄清问题，以提高所获得资料的准确性；二是通过观察会谈过程中双方的关系及学生的非言语行为，可以获得许多重要的附加信息。

评估性会谈的常见技术：

（一）倾听

倾听是指教师通过自己的语言和非语言行为向学生传达一个信息：我正在很有兴趣地听着你的叙述，对你表示理解和接纳。倾听是心理咨询与辅导的第一步，是建立良好的咨询关系的基本要求。倾听是在表达对学生尊重的基础上，让学生在比较宽松和信任的氛围下倾诉自己的烦恼。

倾听时的注意事项：

1. 倾听要认真、有兴趣、设身处地地听，不要带偏见和框框，不要做价值判断。对其消极情绪不排斥、不歧视；对其思维方式不急于调整；鼓励求助者宣泄不良情绪，对过度或过分的反应作适当的控制和引导。

2. 倾听时不仅要听，还要有适当的反应。反应既可以是言语性的，也可以是非言语性的。比如用"哦"、"嗯"、"是的"、"然后呢"、"我明白"、"请继续"等语言来鼓励求助者继续说下去，或者用微笑、眼睛的关注、身体的前倾、相呼应的点头、递纸巾等等表示自己的关注。

3. 倾听时避免出现以下错误：急于下结论；轻视学生的问题；干扰、转移学生的话题；对问题作道德或正确与否的评判。

（二）鼓励

鼓励技术也称重复技术，指教师直接地重复学生的话或仅以某些词语如"嗯，我理解"、"讲下去"、"还有吗"、"后来呢"等，来强化学生叙述的内容并鼓励其进一步讲下去。

鼓励有两个方面的作用，一是通过鼓励促进会谈的继续，二是教师可以选择不同的主题予以关注、重复，促进学生对某一方面信息进一步展开和说明。

（三）询问

询问有两种方式：开放式询问和封闭式询问。开放式询问和封闭式询问各有长短，咨询中应把两者结合起来使用。

1. 开放式询问

开放式询问通常使用"什么"、"如何"、"为什么"、"能不能"、"愿不愿意"等词来发问,让求助者就有关问题、思想、情感给予详细的说明。如"当时你有什么反应?"、"你是怎么知道别人的这些想法的呢?"、"能不能告诉我,这事为什么使你感到那么生气?"。

使用开放式询问应注意:

(1)建立在良好的咨询关系上,注意咨询的方式,语气要平和、礼貌、真诚,不能给求助者以被审问或被剖析的感觉。

(2)询问的目的是为了了解情况,询问的问题应与学生的问题和咨询目标有关。而不是为了满足自己的好奇心或窥视欲。特别是涉及到一些敏感的隐私性问题的询问,要注意对方的接受程度,不宜表现出不当的兴趣。

2. 封闭式询问

封闭式询问通常使用"是不是"、"对不对"、"要不要"、"有没有"等词,而回答也是"是"、"否"式的简单答案。例如:"你现在最关心的就是这一件事了,是吗?"、"你当时感到有些犹豫,对吗?"。

封闭式询问常用来将收集资料加以条理化,澄清事实,获取重点,缩小讨论范围。当学生的叙述偏离正题时,用来适当地中止其叙述,并避免会谈过分个人化。

使用封闭式询问应注意:

(1)避免过多地使用封闭式询问。封闭式询问容易使学生陷入被动回答之中,会压制学生自我表达的愿望和积极性,而使之沉默甚至有压抑感和被讯问一样的感觉。

(2)避免想当然地猜测学生的心理问题或原因,这样容易导致学生的不信任甚至反感。

(3)对受暗示性高、对自己的问题把握不准的学生尽量少用,易产生误导。

(四)反映

反映是指教师把学生的主要言谈、思想或流露出的情绪、情感,加以综合整理后,用自己的语言反馈给学生的技术,如:"同学在背后议论你的家庭,你为此感到非常气愤,是这样吗?"反映的运用可以进一步澄清学生的真实思想和情感,从而帮助学生更加明了自己,推动咨询的进行。

使用反映应注意:

1. 反映应客观,不能超越或减少学生叙述的内容或表达的情感。
2. 尽量用自己的语言对学生的表达进行概括;语言简洁明了,口语化。
3. 不仅反映学生言语所表达的情感,更要反映非言语传达的情感。
4. 善于反映出困扰中的矛盾情绪,找到问题的关键。

(五)澄清

澄清是指教师协助学生清楚、准确地表述他们的观点、所用的概念、所体验到的情感以及所经历的事件的技术。澄清可以帮助学生把那些模糊不清的观念、情感及问题表达出来,使学生弄清自己的所思所感,明白自己的真实处境。如学生说:"同学们都不喜欢我。"教师可以通过"请具体说说谁对你不好,好吗?"这样的语言加以澄清。

当学生出现以下情况时，教师可以使用澄清技术：

1. 问题模糊不清。当学生用一些含糊的、笼统的字眼谈到自己的问题时，比如"我烦死了"、"我痛苦极了"、"我感到绝望"等，教师可以运用具体化技术，设法使这种体验逐渐清晰起来。

2. 过分概括。当学生出现过分概括化，即以偏概全的思维方式时，比如"人们都不喜欢我"、"她太坏了"、"我总是倒霉"、"我没什么希望了"等，教师可以运用澄清技术。

3. 概念不清。当学生对一些概念一知半解，随便地给自己扣上帽子时，比如"我有同性恋"、"我有抑郁症"、"某某很虚伪"等，教师可应用澄清技术，使学生减轻因概念理解偏差造成的心理负担。

（六）面质

面质是指当发现学生出现前后言语不一致、言行不一致、理想与现实不一致等现象时，教师通过提问，指出其身上存在的矛盾，帮助学生弄清自己的真实感受的技术。

学生的一些心理问题往往来自其矛盾心理，但他们不能很好地自知；或虽然自知但纠缠不清，也可能不愿意面对；或面对的力量不够，方法不当。教师通过面质，可以帮助学生放下自己有意无意的防卫心理、掩饰心理来面对自己的问题，发现自己的优势和资源，促进咨询进程，促进学生改变。

面质是咨询中重要的技术，但面质具有一定的威胁性，使用不当会给求助者带来伤害，使用时务必谨慎，注意以下问题：

1. 要有事实根据。在事实不充分、不明显时，一般不宜采用面质。

2. 要以良好咨询关系为基础。使用面质，指出学生的矛盾之处，对学生来说，可能具有一定的威胁，学生不一定能够接受，容易产生冲突。因此，面质要和心理支持结合起来，在学生充分感到被理解、被接纳的基础上使用。

3. 表达要注意用词、语气、态度。避免让学生产生被攻击、被挖苦等误解；可以运用尝试性面质，多使用"好像"、"似乎"这些不肯定的用词，如："我不知道我是否误会了你的意思，你上次似乎说你学习挺轻松，成绩也好，可刚才你却说学得很累，老担心学习成绩，不知哪一种情况更确切？"

四、其他方法

（一）观察法

观察法是日常生活情境中，包括上课、考试、比赛、游戏、劳动等情境中，对学生的行为进行有目的、有计划的系统观察和记录，然后对所作记录进行分析，了解学生心理和行为特征的一种方法。

运用观察法时，首先要制订明确的计划，包括观察的目的、重点、要求等；其次应进行全面细致的记录；最后要认真分析记录材料，力求做出切合实际的判断。

观察结果的记录方式通常有以下三种：

1. 项目检核表。将要观察的学生各项心理特质或特征性行为作为项目列于表上，如"仪容整齐"、"勤奋好学"、"受人欢迎"、"自我中心"、"不诚实"，当所观察的学生具有某些特质或行为特征时，就在对应的项目前作出标记，如打"√"。

2. 评定量表。将欲观察的特质或行为列于表上，研究者将被观察学生的表现与表中项目相对照，并根据符合的程度进行等级评定。评定等级通常分为 3 等、5 等或 7 等。

3. 轶事记录。轶事记录是教师在观察学生后，及时对所观察到的重要事实，以叙述性文字所作的一种简明的记录。它包括被观察者的姓名、年级，观察的时间与观察者的姓名，观察事实及其发生情境的描述，观察者的解释与建议。

观察法的优点：这种方法是对学生的行为进行直接的了解，因而能收集到第一手资料。由于学生不知道自己正受到观察，其行为和心理活动较少受到干扰，保证了资料的客观性和真实性。观察法的不足之处：观察过程中教师处于被动的地位，只能消极地等待预期行为的出现；观察结果的记录和分析容易受到教师的预期和偏见的影响。

观察中特别需要防止和控制某些反应偏向，其中最常见的有三种：[1]

1. 晕轮效应。这是以对客体的一般印象而形成恒定评价的倾向。日常生活中常有这种情况：因为某人同意自己的意见，就认为这个人总是聪明的，同时又觉得这个人正直、善良。在观察中，对观察者的某种一般印象，往往会泛衍到对他的其他方面特征的评价。研究表明，在所评定的特征的定义不明确、不容易观察或者在伦理道德上比较重要时，晕轮效应特别强烈。

2. 宽大效应。这是指在评级中出现过宽或者过严的倾向，前者称为正宽大效应，后者称为负宽大效应。在观察评定中也会出现这种倾向，特别应防止对某组或某类型的被观察者评级过宽而对另一组类的人过严的倾向。

3. 趋中效应。这是指评级判断中避免作出极端性判断，而倾向于在量表中段打分的偏向，特别是当观察者对所评定的对象不熟悉时，最容易出现趋中效应。

（二）自述法

自述法是指通过学生书面形式的自我描述来了解学生生活经历及内心世界的一种方法。日记、周记、作文、自传、内心独白都是自述法的具体形式。

运用自述法往往可以搜集到以下信息：

1. 学生的主导心境、情绪基调是积极还是消极？人格健康还是不健康？

2. 学生的成长经历如何？受到哪些人的影响？有哪些重要的生活事件发生？

3. 一些学生有意回避的敏感性问题往往也会在日记、周记、作文、自传中流露。

4. 通过学生的自述材料还可以了解学生的表达能力、自我觉察的能力以及主观

---

[1] 王重明.心理学研究方法[M].北京:人民教育出版社,1996:197—198.

上认为自己需要帮助的程度。

第三节 心理辅导

学校心理健康教育的实施是学校心理健康教育的核心问题。目前，学校心理健康教育主要途径有：全面渗透在学校教育的全过程，特别是学科教学中；开设专门的心理健康教育课程；开展心理咨询与辅导；通过多种方式向家长普及心理健康知识等。相对以上各种途径而言，心理辅导由于具有针对性强、目标明确、由受过专业训练的人担任等特点，对提高中学生心理健康水平，有着更为有效且更为直接的作用。本节主要就心理辅导的含义、目标、基本原则及主要方法作简要介绍。

一、心理辅导及其目标

学校心理辅导是指在一种新型的建设性的人际关系中，学校辅导教师运用其专业知识与技能，给学生以合乎其需要的协助与服务，帮助学生正确地认识自己，认识环境，依据自身条件，确立有益于社会进步与个人发展的生活目标，克服成长中的障碍，增强与维持心理健康，在学习、工作与人际关系各个方面做出良好适应。

学校心理辅导的目标是开展心理辅导工作的导向和基本依据，它直接影响着心理辅导的方法的选择，也是评估心理辅导效果的重要参考标准。关于学校心理辅导的目标，多数学者认同这样的观点：心理辅导的目标应归纳为两个层面，一是调适性目标，即帮助学生解决具体的问题、困惑，调节不良情绪，适应环境；二是发展性目标，帮助学生重建正确的认知模式，树立自信，促进学生的心理健康发展，达到人格完善。在心理辅导过程中，两个目标缺一不可，心理辅导教师应该在帮助学生达到基础层次的心理健康的基础上，促进学生积极健康成长，达到高层次的心理健康。从发展性目标着眼，从调适性目标着手，是辩证处理这两种目标关系的准则。

二、心理辅导的基本原则

心理辅导对象的特殊性，使学校心理辅导与一般的成人心理辅导有一定的区别。在开展学校心理辅导时，必须遵循以下基本原则：

1. 面向全体学生原则。学校心理辅导以提高全体学生的心理健康水平、促进每一个学生潜能的发展为终极目标，因此，面向以正常学生为主的全体学生，不是以少数有心理问题的学生为辅导对象，是开展学校心理辅导应该坚持的重要原则。具体地说，要求在制订心理辅导计划时要着眼于全体学生；确定心理辅导活动的内容时要考虑大多数学生的共同需要与普遍存在的问题；组织团队辅导活动时，要让尽可能多的学生参与其中。

2. 调适与发展相结合原则。学校心理辅导要实现两个层面的目标：调适性目标和发展性目标。心理辅导教师在工作中，应该把两种目标相结合起来。既要帮助学生解决具体的问题、困惑，调节不良情绪，适应环境，更要主动地通过各种适当的方式促进学生积极、健康发展，达到人格完善，实现自己的潜能。

3. **尊重与理解学生原则**。要求教师与学生建立一种尊重、真诚、理解的关系。具体表现为教师要接纳学生、信任学生，将学生视为能够相互平等交流、沟通的朋友；专心听取学生的意见，不要轻率地对学生的观点横加指责；能设身处地地去体会受辅导学生的内心感受，进入到他的内心世界之中。

4. **学生主体性原则**。从学校心理辅导的内在机制看，它是一种"助人自助"的过程。学生只有将教师的辅导内化成自己的经验，实现"自助"，才能达到自我实现与发展。因此，在心理辅导中，应该以学生为主体，充分调动学生作为辅导活动主体的主动性、积极性，才能真正实现促进学生挖掘心理潜能、完善自身人格的终极目标。

5. **个别化对待原则**。每一个学生都是一个独特的个体，学生的个体差异是客观存在的。"因材施教"历来是教育学生的重要原则，它在学校心理辅导工作中同样是适用的。学校心理辅导应坚持个别化地对待每一个学生的原则。具体地说，在确定辅导的内容时，应该对每个学生作具体分析，使每个学生的独特性在积极的方向上得到最充分、最完美的体现；在确定辅导方法时，也要做到"一把钥匙开一把锁"，根据学生的特点选择合适的方式方法，才能给学生提供有效的帮助。

6. **整体性发展原则**。学校心理辅导的目的在于帮助学生健全健康的心理机能，提高学生的心理素质。学生健康的心理机能、良好的心理素质是由多种成分构成的有机整体。从社会价值取向看，包括德、智、体、美等方面；从个体心理结构看，包括知、情、意、行等方面。因此，学校心理辅导中，应该坚持整体性发展原则，在制定心理辅导的具体目标、确定心理辅导内容时，应注重知、情、意、行几方面的协调发展。

三、影响学生行为改变的方法

在心理咨询与辅导领域中，以不同心理学流派的理论为基础，形成了许许多多咨询与辅导方法。在学校心理辅导中，较常用的是基于行为主义理论的行为矫正方法和基于认知心理学理论的认知改变方法。下面具体介绍几种常见的行为矫正方法和认知改变方法。

（一）行为矫正的基本方法

行为主义理论认为，行为是后天习得的，心理问题的产生是环境影响的结果，因此，可以通过改变环境，导致行为的改变，促进心理问题的矫正。行为矫正的基本方法有：

1. 强化法

强化法的理论依据是行为主义关于行为强化的学习理论。行为主义理论认为，一个行为发生后，如果紧跟着一个强化刺激，这个行为就会再发生。例如，当一个孩子见到客人时主动打招呼，家长和客人都给予表扬和鼓励，这个孩子下一次就会更主动地与人打招呼。如果想建立或保持某种行为，必须对其施加奖励，即给予强化。教师可以运用强化法来培养学生新的适应行为,塑造学生良好的行为习惯。

2. 代币奖励法

代币是一种象征性强化物,小红点、小红旗、塑料币等都可作为代币。代币法是指当学生做出我们所期待的行为时,发给他一定的代币作为强化物,当这些代币积累到一定程度时,才能得到相应的奖励。例如,为了鼓励一个不敢跟老师讲话的学生能向老师主动求教,与他约定,当他能做到一次主动向老师请教时,可以获得1面红旗;如果连续获得10面红旗,则可换得1个红星;当他获得5个红星时,老师就允许他到游乐场去玩。通过这种方法,逐步鼓励他的主动请教行为。在实施代币法时,要注意以下几点:(1)要有明确的行为目标;(2)必须有一种兑换的媒介,当学生完成了目标行为时才能获得;(3)必须有支持代币的强化物,如食物、娱乐权利等;(4)必须建立兑换的规则,如5个红星可换得去游乐场玩一次的权利。

3. 行为契约法

行为契约法是双方通过达成协议来建立一定程度的目标行为的方法。在该法的实施中,行为契约是十分关键的内容,它由五个方面构成:一是确定希望建立的目标行为;二是规定衡量目标行为的方法;三是规定该行为必须执行的时间;四是规定强化与行为执行状况的联系;五是确认由谁来实施强化。

教师可以通过与学生签订行为契约来帮助学生建立某种行为,也可以让学生自己订行为契约。例如,学生想在一个学期内初步掌握某项技能,他可以为自己确立一个培养计划,形成行为契约:如果达到了目标,他就奖励自己暑期去青岛旅游。这种方法在教育实际中的应用较好,因为它不仅可以帮助学生改变行为,同时能使学生在实施行为改变的整个过程中保持自尊,发挥自己的主动性与创造性,充分感受到老师对他的尊重与信任。

在制订行为契约以及执行过程中,应注意以下几点:[①]

(1)契约的陈述必须非常具体。例如,"我将更加努力学习"这句话就太模糊。怎样把它具体化呢?说"我将一天学习两个小时"要好得多。因为每天学习两小时,学习的时间便能计算出来了。没有一个具体契约的陈述,容易使学生陷入盲目、轻信、自以为是的误区。决心越是模糊,就越容易以为目标已经实现。

(2)把制订好的契约告诉他人(教师、家长、朋友等)。最好形成书面文字,以引起学生重视,更好地起到监督作用。

(3)使契约能在短时期内实现。契约的制订不能脱离现实。如果契约实现的日期太远,机会太小,会挫伤学生履约的兴趣。

(4)追求一系列的成功。选择的履约行为要有成功或起作用的可能。成功起到正强化作用,使学生增强信心,并因此而影响其他行为。

4. 行为塑造法

行为塑造法是指提供行为训练机会,使个体某种行为不断得到加强而逐渐巩固

[①] 陈永胜.小学生心理咨询[M].济南:山东教育出版社,1994:79—80页.

下来的方法。心理学研究表明，相似情境的反复刺激，将使个体对某种事物的态度以及相应的行为方式不断得到巩固，形成习惯化的行为模式在他们身上固定下来。根据这一机制，教育者可积极地利用和创设条件让学生获得各种有利于良好行为产生的训练机会，促使他们行为习惯化。既可在学习活动中为学生提供自主性、创造性训练机会，也可在丰富多彩的课外活动中创设各种有利情境。如针对当前学生意志力较薄弱，教育者可以有意识地组织一些实践性活动来加强他们的耐挫训练、自我控制训练，帮助他们形成坚忍不拔的人格品质。

5. 示范法

示范法也称榜样法，是指通过观察别人的行为，学习和获得良好行为，减少和消除不良行为的方法。

美国著名心理学家班杜拉指出，当人们看到别人的某种行为受到奖励时，容易激起他们采取相应的行为；反之，当看到别人某种行为受到惩罚，则会引起他们抑制或纠正某种行为，这就是通常所说的替代强化或替代学习。青少年学生的许多行为，不是通过其行为的直接后果即直接经验获得的，而是在观察和模仿中习得的。

教育中教师可以为学生树立良好的榜样，塑造学生良好的行为习惯，还可以通过适当的反面事例教育学生，以防止、控制学生的不良行为。示范法是否成功取决于其内容、方式与当代青少年心理需求的融合程度。这就要求我们在采用示范法时密切关注学生各个层次的心理需要，多树立一些有助于丰富、完善学生人格的榜样，采取"润物细无声"的教育方式，注重反馈，合理、及时引导，使学生在民主、平等的互动教育方式中有所获益。

6. 惩罚法

惩罚是消除某种不良行为时采用的方法。惩罚也可分成正惩罚和负惩罚。正惩罚是在不良行为出现后，施加一种不利刺激，使某种行为减少或消失，如有人因随地吐痰被罚款；负惩罚是在不良行为出现后，去掉一个有利刺激，使某种行为减少或消失，如一孩子在规定的时间内没有完成家庭作业，父母罚他不能看电视，这就是负惩罚。

7. 消退法

消退法是通过停止对一种行为反应的强化来消除这种行为。例如，有的学生上课捣蛋，受到同学的嘲笑和老师的批评，可他的行为不仅没有减少，反而越来越经常出现。心理学研究表明，该同学的捣蛋行为实际是为了引起老师和同学们对他的注意，同学的嘲笑、老师的批评反而对他的捣蛋产生强化作用。因此，要消除他的不良行为，可以采取这样的做法：当他捣蛋时，老师和同学都不理他，他的捣蛋行为缺少了强化，久而久之，这种行为逐渐就减少了。

8. 系统脱敏法

系统脱敏法是一种使个体对某事物、某环境产生的敏感反应（害怕、焦虑、不安）变为正常反应的方法。常用于改变学生对某物、某环境、某事件的恐惧和焦虑。

系统脱敏法以交互抑制的原理来达到行为改变目的。所谓交互抑制原理指的是人的行为方式在同一时间、同一空间只能有一种神经活动倾向，要么兴奋，要么平静，不可能同时兴奋与平静。临床心理学家沃尔普称："在引发焦虑的刺激出现的同时，如果使人产生另一种抑制焦虑的反应，那么，他就会减弱原先刺激与焦虑反应之间的联系。"系统脱敏法常与放松技术相结合，用平静放松来代替焦虑的状态。

系统脱敏法的基本操作程序是：第一步，教学生掌握放松技巧；第二步，把引起焦虑的情境划分等级；第三步，让学生想象引起焦虑的情境，同时做放松练习。经过反复练习，让学生对过去引起焦虑的情境逐渐脱敏。

例如，某学生一上台发言就紧张，可以用系统脱敏法消除他的紧张状态。

首先，教该生学会放松，在一个安静、舒适、灯光较弱的场景中，让学生按次序进行肌肉放松练习。可以先对全身的每组肌肉从上臂到前臂再到面部、颈部、胸部、肩、腹、大腿、小腿、足部依次放松：收紧肌肉——坚持5秒钟——放松10秒——体验紧张与松弛的区别，在放松进程中可以深呼吸。

其次，根据学生的紧张状况建立焦虑等级如下：

等级	情景想象或体验
7（最小焦虑）	得知下一周上课轮到自己上台发言
6	上课前两天开始有些紧张
5	上课前一天晚上紧张、失眠
4	走在上学路上，有些头晕
3	走进教室，心跳剧烈
2	上课铃响，紧张得不知所措
1（最大焦虑）	站在讲台上，脑子里一片空白，无法开口，就想着下台

第三步，对该生进行脱敏，让他在一张椅子上进行放松，待完全放松后，从焦虑等级表中最小的焦虑情景开始想象。如果在想象中，他体验到紧张就立即停止想象，进行放松，而后再想象同一情景，直到不再感到焦虑为止；而后再进行下一焦虑情景的想象，从最小的紧张情景依次想象到最大的紧张情景，直至在所有的紧张情景下他都能放松。然后，他可以把想象的情景运用到现实生活中。这样，他对上台发言的紧张焦虑就逐步消除了。

（二）认知改变的方法

从认知心理学角度看，人的认知对一个人的心理和行为有着重要的影响。许多学生的不适当的行为情绪反应正是由于认知的不适当或错误所造成或加剧的。因此，改变学生错误的认知方式，纠正那些使行为情绪失调的信念，是学生行为改变的关键。

美国临床心理学家艾利斯（Ellis）在20世纪50年代创立的合理情绪疗法是目前常用的通过纠正不合理信念改变行为的方法。它依据的是艾利斯的ABC理论。A指诱发性事件，B指个体在遇到诱发事件后产生的信念，C是在特定情景下个体的情绪及行为。这一理论认为某种情绪或行为不是由某一诱发事件本身引起，而是由个体对这一事件的解释和评价引起。例如，甲在操场上打球，乙从操场边走过，甲的球打在乙的头上。乙若想："甲是不小心的。"就不会引起冲突。乙如果认为："甲跟我素日不和，肯定借机整我！"就会怒气冲冲地上前与甲理论。由此可见，人的想法、观念决定了行为和情绪。

合理情绪疗法强调情绪困扰和行为不良来源于个体的非理性信念，治疗的重点在于改变这些信念。那么，到底非理性信念有哪些呢？艾利斯通过临床观察，总结出11类不合理信念，并对其不合理做了分析。后来，有学者把艾利斯的11类不合理信念进行概括，认为不合理的信念有三种特征：（1）绝对化要求，是指个体以自己的意愿为出发点，以极端的要求衡量一切事物。如学生要求"我必须每次都考第一名"，"他们都应该对我好"等。持有这种不合理信念的学生就容易产生情绪和行为上的问题。（2）过分概括化，这是一种以偏概全的不合理的思维方式，它包括对自己和对他人的不合理评价。如一次考试成绩不理想便认为自己不行，从而导致自卑、指责、情绪消沉；别人一次约会迟到就认为这人不守时，不值得信任，导致责备他人甚至愤怒等情绪。（3）糟糕至极，表现为一旦遇到什么挫折，就产生一种非常糟糕、甚至是灾难性的预期的非理性信念，从而陷入悲观、抑郁的情绪中而不能自拔。

合理情绪疗法的常用技术：[1]

1. 辩论法。这一方法对于有一定文化知识和反省能力的人十分有效。它要求治疗者大胆地、毫不客气地对来访者所持有的不合理信念进行挑战和质疑。可采用不断深入的提问方式对不合理信念进行质疑，如可向来访者提出这样的问题："怎样证明你自己的观点？""如果是这样，什么事情会真的发生？""最糟糕的事情是什么？""是否别人可以失败而你不能？"治疗者的质疑和辩论应符合客观事实、符合逻辑。不可夸大其词，走向另一个极端。

2. 假设最坏的可能性。一些来访者常把主观臆断当做现实，从某一挫折中引出"糟透了"、"全完了"的结论。假设最坏的可能性的方法，就是帮助对方从这种不合理的思维方式中走出来，面对现实。如一位本科生考研失败了，十分想不开，认为自己的前程全完了，许多设想都成了泡影。治疗者可让其设想和分析他所觉得一定会出现的、无法忍受的事情最坏会坏到什么程度。治疗者要帮助他认识到，最坏的事情也不像想象的那么可怕，那么令人无法忍受；假如发生最坏的事情，他也是可以忍受的。更何况最坏的事情并不总会发生，可以通过努力防止最坏的结果发生。假设最坏的可能性有助于帮助来访者认识到情绪的困扰不在于这种不利的事件，而在于内心的恐惧，对恐惧的恐惧才是真正的祸根。

3. 角色颠倒辩论。这一方法与辩论法形式相同，只不过治疗者和来访者角色颠倒，治疗者扮演持有不合理信念的人，来访者扮演治疗者。来访者向治疗者的"不合理信念"提出质疑，并加以反驳。这种角色颠倒有利于来访者认识到自己所持有的不合理信念的荒谬之处。

---

[1] 刘翔平. 中小学生心理障碍的评估与矫正[M]. 南京：江苏教育出版社，1999：65—67.

4. 家庭作业。治疗时间是有限的，应把治疗中的进展带回到来访者的日常生活中，因此，可采用布置家庭作业的形式，使来访者回到家中继续与不合理信念辩论。家庭作业有两种，RET自助表和合理自我分析报告。RET自助表是让来访者填写已印好的表格，上面有A、B、C、D、E等项内容，其中B项已列有许多常见的不合理信念。先让来访者写出事件A和结果C；然后从表中找出符合自己情况的B，或写出表中未列出的其他不合理信念；然后找出相应合理的信念D与之辩论，说明辩论后的成效E。另一种是自由格式的作业，叫做"合理自我分析报告"，这种作业无固定格式，但内容与上述作业一样，包括找出不合理的信念并与之辩论。

5. 情绪想象的方法。合理的情绪想象技术是最常用的方法之一。让来访者想象引起其情绪困扰的场景，如受到领导指责，这时来访者可能诉说其心情非常恐惧、紧张、难堪。此时让来访者保持想象的场景，但要改变自己的情绪，由非常消极的情绪改变为适当的情绪反应，如将恐惧改为不安等。一旦来访者在想象中做到了这一点，就要求他们讲出来是怎样做才达到了这一目标的。通过想象技术，来访者最终可以认识到自己的情绪是想法造成的，情绪也是可以通过想法的改变而加以改变的，人不是情绪的奴隶，而是情绪的主人。如果不经你的同意，任何情绪都不会打扰你。

思 考 题

1. 什么是心理健康？当前中学生心理健康的衡量标准是什么？
2. 举例说明中学生常见的心理困扰。
3. 中学生常见的神经症有哪些？常见的人格障碍有哪些？
4. 结合自己的理解，谈谈中学生开展心理健康教育的意义。
5. 什么是心理评估？心理评估有哪些主要方法？
6. 结合实例说明评估性会谈的几种常见技术。
7. 什么是心理辅导？学校心理辅导的目标是什么？
8. 学校心理辅导应遵循哪些基本原则？
9. 影响学生行为改变的主要方法有哪些？
10. 结合实例说明影响学生行为改变的各种方法。

第十二章 教学设计

1. 说出教学目标的定义及其功能。
2. 举例说明认知教学目标的各个层次的含义。
3. 举例说明情感教学目标的各个层次的含义。
4. 运用所学的目标陈述技术设计教学目标,并进行任务分析。
5. 说出一般教学过程中发生的教学事项。
6. 比较各种教学方法的优缺点。
7. 说出影响教学媒体选择的几个主要因素。
8. 设计有利于课堂教学的课堂空间安排。
10. 根据教学需要选择适当的教学策略。

教学目标　　任务分析　　教学过程　　教学策略

第一节　设置教学目标

为了给学生的学习创设最优环境,教师在正式实施教学之前,要系统地计划教学的各个环节。一般而言,教师进行教学设计的主要任务是根据其所教班级的学生特点和所教课程的教材内容,设置教学目标并对其进行分析,然后据此选择或开发适当的教学策略,最后对照目标检测教学效果。其中,制定教学目标是教学设计的第一步,也是一个关键环节。

一、教学目标及其意义

教学目标是预期学生通过教学活动获得的学习结果。它确定学生要学习的内容,指导教师开展何种教学活动,明确学生学习任务要达到的水平。也就是说,教学目标具有导学、导教、导测量三大功能。

（一）指导教学策略的选择与运用

教学目标是教学活动的方向。当教学目标确定以后，教师就可以根据教学目标选用适当的教学策略。例如，如果教学目标侧重知识或结果，则宜选择接受学习的教学策略；如果教学目标侧重过程或探索知识的经验，则宜选择发现学习的教学策略；如果教学目标侧重学习能力和人际交往能力的培养，则宜选择合作学习的教学策略。

（二）指导教学结果的测量与评价

对教师教学的评价有许多标准，如现代化教学技术的应用情况，教师的思维是否清晰以及学生参与教学的程度等等，但最可靠和最客观的标准则是教学目标。教学结果的测量必须围绕教学目标进行。如果教师在教学结束后的自编测验没有针对目标，则测量缺乏效度。例如，某节语文课的教学目标是阅读理解，但测量的重点是词汇和知识的记忆，这就造成目标和测量的不一致，这种测量就是无效的。

（三）指引学生学习

学生的学习一般是有目标指引的学习，目标为学生提供了应该学习什么以及如何学习的重要信息。如果教师在上课初始就能明确地告诉学生学习的目标，学生就会把注意力集中于要达到的目标上，并选择行之有效的学习策略来实现目标。同时，学生还可以按照目标来评估学习的有效性，并据此调控自己的学习。

二、教学目标的分类

教师在设置或表述教学目标时，首先要考虑目标的类别和层次问题。根据布卢姆等人的研究，教学目标可以分为认知、情感、动作技能三个领域，每一领域的目标又从低级到高级分成若干层次。

（一）认知目标

认知领域的教学目标包括知识、领会、应用、分析、综合和评价等六个层次，形成由低到高的阶梯。

1. 知识

指对所学材料的记忆，包括对具体事实、方法、过程、概念和原理的回忆。知识目标要求的心理过程是记忆，这是最低水平的认知学习结果。例如，能说出美国的首都。

2. 领会

指把握所学材料的意义。可以借助三种形式来表明对材料的领会：一是转换，即用自己的语言或不同于原先表达方式的方法表达材料中的思想；二是解释，即对一项信息加以说明或概述；三是推断，即对事物之间的逻辑关系进行推理。领会目标超越了单纯的记忆，代表了对学习材料最低水平的理解。例如，能解释一幅说明供需关系的图。

3. 应用

指能将所学材料应用于新的情境中，包括概念、规则、方法、规律和理论的应用。应用目标代表较高水平的理解。例如，让学生应用所学的加减法知识，计算在商店购物的花费以及应找回的零钱。

4. 分析

指能将整体材料分解成构成成分并理解其组织结构。它包括三种形式：一是对要素的分析，如一篇论文由几个部分构成；二是对关系的分析，如因果关系分析；三是对组织原理的分析，如语法结构的分析。分析目标代表了比应用更高的水平，因为它既要理解材料的内容，又要理解材料的结构。例如，让学生区分一篇报道中的事实和观点。

5. 综合

指将所学的零碎知识整合为知识系统。它包括三个水平：一是用语言表达自己的意见时表现的综合，如发表一篇内容独特的演说或文章；二是处理事物时表现的综合，如拟订一项操作计划；三是推演抽象关系时表现的综合，如概括出一套抽象关系。综合目标强调的是创造能力，需要产生新的模式或结构。例如，写出一篇好论文。

6. 评价

指对所学材料（论点的陈述、小说、诗歌、研究报告等）作价值判断的能力，包括按材料的内在标准（如材料内在组织的逻辑性）或外在标准（如材料对于目标的适用性）进行的价值判断。评价目标是最高水平的认知学习结果，因为它要求超越原先的学习内容，并需要基于明确标准的价值判断。例如，认识到某一推论的荒谬之处。

（二）情感目标

情感领域的教学目标根据价值内化的程度由低到高分为五个等级，每一级又由若干连续的子类别构成。

1. 接受

指学生对环境中的事物予以注意，愿意关注特殊的现象或刺激（如课堂活动、教科书、文体活动等），包括三个水平：知觉到有关刺激的存在；有主动接受的意愿；有选择地注意。这是最低级的价值内化水平。

2. 反应

指学生主动参与某种活动并从中得到满足。处在这一水平上的学生，不仅注意某种现象，而且以某种方式对它作出反应（如自愿读规定范围外的材料），在反应中得到满足（如以愉快的心情阅读）。这类目标与教师通常所说的"兴趣"类似，强调对特殊活动的选择与满足。

3. 形成价值观念

指学生将特殊对象、现象或行为与一定的价值标准相联系，对所学内容在信念和态度上表示正面肯定。价值观念的形成包括三个水平：接受某种价值标准（如愿意改进与团体交往的技能）；偏爱某种价值标准（如喜爱所学内容）；为某种价值标准做奉献（如为发挥集体的有效作用而承担义务）。这一水平的学习结果是将对所学内容的价值肯定变成一种稳定的追求，相当于通常所说的"态度"和"欣赏"。

4. 组织价值观念系统

指学生将许多不同的价值标准组合起来，消除它们之间的矛盾和冲突，并开始建立内在一致的价值体系。价值观念系统的组织可分为两个水平：价值概念化和组成价值系统。价值概念化是指对所学内容的价值在含义上予以抽象化，形成个人对同类事物的一致看法；组成价值系统是指将所学的价值观汇集整合，加以系统化。与人生哲学有关的教学目标属于这一级水平。

5. 价值体系个性化

指学生通过学习，经由前四个阶段的内化之后，所学得的知识观念已成为自己统一的价值观，并融入性格结构之中，成为个性的一部分。价值体系个性化可分为两个水平：概念化心向和性格化。概念化心向是指学生对同类情境表现出一般的心向（如对教师诚实，对一般人也诚实）；性格化是指心理与行为内外一致，持久不变，因此，这种行为具有普遍性、一致性，并且是可以预期的。

（三）动作技能目标

动作技能教学目标指预期教学后在学生动作技能方面所应达到的目标。教师常常误以为动作技能目标只是体育课或手工课才需要设置的教学目标。实际上，在其他课中，有时也要设置动作技能领域的目标。例如，化学、物理和生物课上，需要培养学生专门的动作和手眼协调性。使用实验设备、计算机的鼠标或艺术材料都意味着学生学习了一种新的动作技能，书写文字更是如此。

动作技能领域的教学目标分为六个层次：

1. 知觉

指学生通过感官对动作、物体、性质或关系等的意识能力，以及进行心理、躯体和情绪等的预备调节能力。例如，观看羽毛球接球的演示，能感知正确的握拍方法和挥拍的正确步骤。

2. 模仿

指学生按提示要求行动或重复被显示的动作的能力，但学生的模仿行为经常是缺乏控制的（如表演动作是冲动的、不完善的）。例如，在观看乒乓球"后手提"的录像之后，能以一定的精确度来演示这一动作。

3. 操作

指学生按提示要求行动的能力。它和模仿的主要区别是，学生不必按示范或演示动作去做，而是可以进行独立的操作。例如，在进行一段实践之后，能在操作成绩表上10点中得7点。

4. 准确

指学生的练习能力或全面完成复杂作业的能力。学生通过练习，可以把错误减少到最低限度（如有控制地、正确地、精确地再现某些动作）。例如，在练习中，抽球动作的成功率至少达到75%。

5. 连贯

指学生按规定顺序和协调要求，去调整行为、动作的能力。即按一定程序和方式把局部动作协调、流畅地表现出来，构成一个动作整体。例如，准确而有节奏地演奏。

6. 习惯化

指学生自发或自觉地行动的能力（如经常性的、自然和稳定的行为就是习惯化的行为）。在这一阶段，学生能下意识地、有效率地、各部分协调一致地完成操作。例如，在乒乓球比赛中，面对各种情况，抽球还击的比率达到 90%。

在实际生活中，认知、情感和动作技能这三方面的行为几乎是同时发生的。例如，学生写字时（动作技能），也正在进行记忆和推理（认知），同时，他们对这个任务会产生某种情绪反应（情感）。因此，在教学中，教师往往需要同时设置这三个方面的目标。

三、教学目标的表述

在分析了教学目标的类型和层次之后，如何予以表述就成了确定教学目标必不可少的技术问题。传统教学目标的主要弊端表现在两个方面。一是表述上的含糊性。例如，各科教学中常常可以看到类似的目标表述："体会作者对劳动人民的同情"，"认识科技是推动生产力发展的动力"等等，这些目标中提到的"体会"、"认识"等都与学生内部的心理状态有关，其具体含义很不明确，无法观察和测量，更无法在教学中加以具体操作。传统教学目标的另一个弊端是以"教学要求"代替教学目标。例如，"继续对学生进行有感情地朗读课文的训练"，"教学生十以内的加法"等教学目标，提出的是对教师教学行为的要求，而不是对学生学习后要达到的学习结果的要求。

因此，一个明确、规范的教学目标既要能反映学习者在学习中所发生的本质变化，又要具有可操作性，能被观察和测量。下面介绍两种克服传统教学目标弊端的陈述方法。

（一）行为目标

行为目标是指用可观察和可测量的学生行为来陈述的目标，是用预期学生学习之后将产生的行为变化来陈述的目标。1962 年马杰（R. E. Mager）发展了行为目标陈述技术，他认为一个好的行为目标应具有以下三个要素：

1. 可观察的行为

即用可观察的具体行为来表述教学目标，说明通过教学后学生能做什么。在用行为表述教学目标时要避免使用描述内部心理过程的词汇，如"掌握"、"理解"、"知道"、"认识"等，而应使用行为动词，如"列出"、"写出"、"解答"、"举例"等。

2. 行为发生的条件

即规定学生行为产生的条件，指出学习者在什么情况下表现出所要求的行为，在什么情况下去评定学习者是否达到教学目标。

3. 可接受的行为标准

即规定符合要求的行为标准。行为标准是衡量作为学习结果的行为的最低要求，是通过学习测验的可以接受的一个标准，它使行为目标具有可测量的特点。如"80％正确"、"30 分钟完成"、"字数达到 500 字"、"误差在 2 厘米之内"等，旨在说明行为有多好才是合格的。

根据行为目标的要求确立教学目标，其优点是显而易见的。例如，假设语文课的一个教学目标为："通过教学培养学生的分析能力。"这是一个十分含糊的目标，不可能给教学和评价提供具体指导。而将其改成行为目标则可以这样陈述："提供报上一篇文章（行为发生的条件），学生能将文章中陈述事实与发表议论的句子分类（行为表现），至少 85％的句子分得正确（可接受的行为标准）。"含糊的目标改为行为目标之后，语文分析能力指什么以及如何观察和测量这种能力变得非常清晰。

（二）心理与行为相结合的目标

行为目标强调行为结果而未注意内在的心理过程，尽管有助于教学目标的明确化，但也很可能使教学局限于某种具体的行为训练而忽视学生内在的能力和情感的变化，导致教学流于表面形式。为了弥补行为目标的不足，格伦兰（N. E. Gronlund）提出了一种折中的陈述目标的方法，即内部心理过程与外显行为相结合的方法。

采用这种方法陈述教学目标时，教师首先要明确陈述如记忆、知觉、理解、创造、欣赏、热爱、尊重等内在的心理变化，然后还需要列举反映这些内在变化的行为样品。

例如，语文课的一个教学目标可以这样表述：

理解议论文写作中的类比法。（内部心理变化）

1. 用自己的话解释运用类比的条件。（行为样例）
2. 在课文中找出运用类比法阐明论点的句子。（行为样例）
3. 对提供的含有类比法和喻证法的课文，能指出包含类比法的句子。（行为样例）

这样陈述的教学目标强调教学的总目标是"理解"，而不是表明"理解"的具体行为实例。这些实例只是表明理解的许多行为中的行为样品。这样，既避免了严格的行为目标只顾及具体行为而忽视内在心理过程变化的缺点，也克服了用传统方法陈述的目标的含糊性。因此，这种观点和技术获得了许多心理学家的支持和认可。

四、任务分析

教学目标只是规定了一定的教学活动结束之后，学生的终点能力或行为倾向的变化，并没有具体说明这些能力或行为倾向是怎么得来的。任务分析则是要进一步揭示终点目标得以实现的先行条件。

所谓任务分析，是指在教学活动之前，预先对教学目标中规定的、需要学生习得的能力或倾向的构成成分及其层次关系所进行的分析，目的是为学习顺序的安排和教学条件的创设提供心理学依据。一般来讲，任务分析主要涉及三方面：

（一）确定学生的原有基础

在从事新的学习活动时，学生原有的学习习惯、学习方法、相关知识和技能往往对新学习的成败起着决定性的作用。因此，教师必须分析并确定学生的起始状态。教学中若忽视对学习者起始能力的分析，教学内容分析则会脱离实际，或将教学起点定得过高，使教学脱离大多数学生的实际，或将学习起点定得过低，低估学习者已具备的基础，在不必要的教学活动上浪费时间与精力。

确定学生起点能力的方法很多，教师可以运用作业、小测验、课堂提问、观察学生的反应等方法来了解学生的原有基础。一旦发现学生缺乏必要的原有知识或技能，就应及时进行补救性教学。

（二）分析使能目标

从原有知识基础到教学目标之间，学生还有很多知识或技能尚未掌握，而掌握这些知识、技能又是教学目标达到的前提条件。这些前提性知识或技能被称为子技能，以它们的掌握为目标的教学目标被称为使能目标。从起点到终点之间所需学习的知识、技能越多，则使能目标越多。分析使能目标的方法，可以采用递推法，即从终点目标出发，一步一步揭示其必要条件（即使能目标），如反复提出这样的问题："学生要完成这一目标，他预先必须具备哪些能力？"一直追问到学生的起点状态，即原有知识基础为止。

（三）分析支持性条件

任务分析除了必要条件（使能目标）的分析之外，还要进行支持性条件的分析。与必要条件不同的是，支持性条件并非构成高一级能力的组成部分，其作用类似于化学中的"催化剂"，有助于加快或减缓新能力的获得。一般认为，支持性条件有两类：一是学生的注意或学习动机；二是学生的学习策略或方法。这两类条件也影响着新知识的获得或新能力的形成。

第二节 组织教学过程

在确定教学目标并进行任务分析之后，教师要组织教学过程中几个基本要素，如教学事项、教学方法、教学媒体和材料以及教学情境等等。

一、教学事项

教学的实质在于为学习过程提供支持，由于学习过程是由一系列心理活动及其相互关系构成的，因此教学也是有一定程序结构的。在教学程序中，学生的学习按照事先设计的教学情境而进行，教师在教学中安排的程序性事件就是教学事项。加涅认为，与学习的内部过程相对应，在教学中，要依次完成九大教学事项。

（一）引起学生注意

注意是人脑信息加工的第一步。因此，教学过程中的首要事件就是引起学生的注意。引起学生注意的方式多种多样，教师通常可以采用三种方式来引起学生的注意。① 激发求知欲。即在正式讲授教学内容之前，由教师提出与新知识有关的问题或创设问题情境，以引发学生的好奇和思考，从而愿意把注意力集中于教师的讲解以及其他教学活动上。② 变化教学情境。即通过教学媒体提高教学的直观性、形象性，促进学生的感知和思维活动。③ 配合学生的经验。即从学生最关心的问题入手，结合日常生活经验，然后转到所教主题上。

（二）提示教学目标

在引起学生注意后，教师应让学生具体了解课堂的教学目标，使学生在心理上做好准备，明确学习的方法和结果，控制自己的学习活动。在向学生陈述教学目标时，要注意使用学生熟悉的语言，确保学生理解目标和结果，形成对学习的期望。

（三）唤起先前经验

由于任何新知识的学习都必须以原有知识技能为基础，因此教师要注意激活学生头脑中与新知识学习有关的知识技能，以此为基础推导和引发新知识。如果发现学生缺乏学习新材料必需的基础知识技能，就要及时采取补救性措施，以免学生的学习产生困难。

（四）呈现教学内容

呈现教学内容是整个教学事件中最明显的一个环节。教师在呈现教学内容时要根据教学材料的性质、学生学习的特点及预期学习结果的类型等有关因素，采取相应的方法和组织形式。

（五）提供学习指导

在呈现教学内容之后，教师要指导学生完成学习任务。学习指导的方式应视学习类型而定。例如，对人名地名等事实性知识，教师可给予直接指导，将正确答案直接告诉学生，因为事实性问题不能靠知识经验和思维加以推理；对于与学生经验有关的逻辑性问题，教师可以提供间接指导，给学生一定的暗示或提示，鼓励学生自己进一步推理而获得答案；对于态度和情感学习的指导，则可以使用人物作榜样。此外，进行学习指导还要考虑学生的特点。对高焦虑的学生来说，低水平的提问是有效的；而低焦虑的学生则更可能从具有挑战性的问题中得到积极的影响。对于能力较强、个性独立的学生，可给予较少指导，鼓励学生自行解决问题；对于能力较差、个性依赖的学生，可给予较多的指导，直到得到正确答案为止。

（六）展现学习行为

在给予必要的学习指导后，教师如果想要确定学生是否产生了学习，那就要让他们展现其外显行为。教师可以根据学生的三种行为线索来判定学生是否掌握了新知识和技能：一是学生的课堂作业情况；二是学生对问题的回答状况；三是学生的眼神和表情。

（七）适时给予反馈

学生展现学习行为之后，教学必须提供学生学习行为正确性或正确程度的反馈。教师对学生作业的反应、与学生的谈话甚至是教师的表情和说话的语气，都可以给学生提供他们的作业是否正确的信息。反馈一方面使学生了解自己的理解与行为的正确程度，以便及时改进，另一方面也通过肯定或鼓励，激发学生学习的积极性。

（八）评定学习结果

当学生表现出正确的学习行为时，实际上就直接标志着预期的学习已经发生，其本身就是对学习结果的评估，只不过这时的评估还要考虑信度和效度的问题。也就是说，教师必须判断学生的行为和作业是否真实以及是否精确反映了教学目标。通常情况下，系统的学习结果评定通过标准化成就测验和教师自编测验完成，这些测验一般具有较高的信度和效度。在平时或对于一个具体教学目标，通过课堂作业情况、课堂小测验或者课堂问答，教师也能够了解学生对本节课内容的掌握程度。

（九）加强记忆与学习迁移

当确知学生获得了所教的知识技能后，就要教会学生记住知识，并给予复习，以便巩固和保持所学知识技能。同时，还要为学生提供各种不同的情境，使学生能够把所学知识运用到那些与学习情境本质上不同的新情境中，以促进学习迁移。

需要指出的是，在教学过程中，上述教学事件的出现只是一个相对合理的顺序，并非一成不变，也不是每节课都需要包括所有这些事件。教学事件的作用是激活学习者内部的信息加工过程，而不是取代这些过程，因此在大多数情况下，教学事件必须由教师或教学设计者根据实际情况作出审慎的安排。

二、教学方法

在确立了课堂教学事项之后，教师就要选择用何种教学方法来处理这些教学事项。所谓教学方法就是指在教学过程中师生双方为了实现一定的教学目的，完成一定的教学任务，而采取的教与学相互作用的活动方式。现有的教学方法多种多样，教师必须作出合适的选择。其中，讲演法、课堂问答、课堂练习、讨论法是教师完成教学任务的基本的教学环节，也是教师在课堂教学中采用得最多的方法。

（一）讲演法

讲演法是教师通过讲解、演示等将教学内容呈现给学生的方法。这是教师在教学过程中最常用的一种传统的教学方法。

讲演法的优点是很明显的：① 教师可以通过讲演很经济地同时向多人传授知识。② 教师可以根据听课对象的特点灵活组织和处理讲演内容，从而有助于理解。因此，当教学的基本目的是要求学生尽快理解、掌握知识或是希望学生了解某一新的知识领域时，教师完全可以通过正确运用讲演法来达到目的。

但是，讲演法也存在不足之处。其最大的问题在于难以使学生的注意力持久地维持在较高水平。因此，教师在采用这一方法时必须注意：① 在正式讲演前可创设情境来引发学生的兴趣。② 通过组织、界定、比较、举例等形式进行有效的讲解。③ 采用各种手段保持学生的注意。④ 在讲演结束时进行总结，给予学生强化。

（二）课堂问答

课堂问答是教师根据教学内容和学生已有的知识经验提出问题，引导学生通过思考得出结论，从而获得知识、发展智力的教学方法。与讲演法相比，课堂问答最大的特点在于实现了师生信息的双向交流。通过课堂问答，教师可以从学生对问题的反应中获得一定的教学反馈信息，学生也可以从教师对自己回答的评价中获得一定的学习反馈信息，师生双方据此调整和改善教与学的活动。同时，这一过程也是促使学生积极思考，运用已有的知识经验解决问题，获得新知识，发展能力的过程。

要使课堂问答能够更好地促进学生的学习，教师必须注意：① 事先做好充分的计划。② 提出的问题要多种多样。③ 提出的问题要难易适度。④ 提问要面向全体学生。⑤ 提问后要留给学生思考的时间。⑥ 对回答进行适当的反馈。

（三）课堂练习

课堂练习是学生在教师指导下巩固和运用知识、掌握技能和技巧的方法。这是各科教学普遍采用的一种教学方法。当学生学习了新知识后，通过课堂练习不仅可以使他们巩固知识、掌握技能，而且有助于培养他们分析问题和解决问题的能力。

为了达到满意的练习效果，教师在安排课堂练习时应注意：① 让学生明确练习要求。② 让学生及时改正练习中的错误。③ 练习要循序渐进。④ 练习要难易适度。⑤ 练习方式可多样化。⑥ 对学生的练习情况进行总结。

（四）讨论法

讨论法是学生就某一议题相互交流个人看法，相互启发，相互学习的一种教学方法。在这一过程中，教师处于较为次要的地位，其职责在于指导、组织、提供信息以及小结。

虽然讨论法在信息传递的功能上不及讲演法，但也有其独特的优点：① 学生处于活动的中心，有助于发挥其学习的积极性和主动性。② 有利于学生的批判思维、创新思维等高级认知能力的培养和形成。③ 有利于培养学生集思广益的技能。因此，当教学重在改变态度，或者教学内容属于那些高度不一致、需要学生从不同角度加以考察的领域时，教师完全可以采用讨论法。

当然，讨论法也存在问题：① 学生从讨论中获得的知识往往较为零碎粗糙，甚至存在错误。② 讨论易为部分学生所控制，从而不利于其他学生参与。③ 讨论不易预测，容易偏离主题。因此，教师也要谨慎地使用讨论。在组织讨论时，教师应注意：① 在讨论前做好充分准备。② 讨论议题应简明。③ 进行适当的监控和引导。④ 鼓励学生普遍发言。⑤ 在讨论后进行小结。

三、教学媒体

（一）教学媒体及其选择

教师在设计教学时，除了考虑教学方法外，还要考虑用什么样的教学媒体为教学服务，从而做到教有实效。所谓教学媒体，是指承载和传播教学信息的载体或工具，包括教材、教学参考资料等印刷材料，还包括模型、图片、幻灯片、录音机、电视、电影、计算机等视听辅助设备。根据教学媒体作用的感觉通道，可将教材之外的教学媒体分成四类：（1）非投影视觉辅助，如黑板、实物、模型、图形、表格、图片以及提纲等。（2）投影视觉辅助，如投影器和幻灯机等。（3）听觉辅助，如录音机、放音机、收音机等。（4）视听辅助，如电影、电视、录像以及多媒体计算机和远距离传播系统等。各种媒体都有其独特的特点和作用，那么，怎样选择最合适的教学媒体呢？一般认为，媒体的选择和运用必须考虑以下几个因素。

1. 教学目标

选择教学媒体时，首先要考虑教学所要达到的目标。不同的教学目标，往往需要借助不同的教学媒体。以外语教学为例，如果教学目标要求学生掌握某一语法规则，则教师宜采用讲解法，辅以板书或投影资料，帮助学生在井井有条的教学安排中习得清晰的语法规则；如果教学目标希望学生就某一题材进行对话，则宜采用角色扮演，辅以幻灯或录像材料，使学生在情景交融的条件下掌握正确的语言技能。脱离了教学目标，就无法评判教学媒体的效用。

2. 学习者的特征

学习者的特征也是选择教学媒体时必须考虑的重要因素。因为媒体对教学信息的传递作用，取决于学习者的特征如学习风格、学习能力、先前经验、兴趣爱好及年龄等。就学习者的年龄而言，不同年龄的学生，因其经验发展水平不同，对教学媒体的接受能力不同，采用的教学媒体也应有所区别。传播学家戴尔（E. Dale）的"经验锥形"为教师提供了一个如何根据学生的年龄特征来选择教学媒体的有用工具。他从直接具体经验到间接抽象经验，排列了 11 种与学习者年龄有关的媒体，构成了一个经验锥形，如图 12-1 所示。

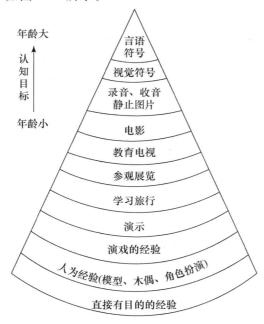

图 12-1 戴尔的经验锥形

在这一经验锥形中，学习者一开始被看成是一个实际经验的参与者，然后是一个实际事件和中介事件的观察者，最后是一个表征某一事件的符号的观察者。这种排列有助于教师根据学习者的学习能力和先前经验水平选择适当的媒体。在"直接有目的的经验"水平上，儿童通过与实物、动物和人的接触，在"做中学"。随着年龄的增加，图片或其他模拟的替代物能被用来获得某些经验。对于成熟的学习者，通过锥形顶端的"言语符号"进行阅读是十分有效的方法。

3. 教学情境

教学媒体的选择还要考虑教学情境因素，如学校的财政预算、班级大小、设备的可利用性、教师的教学能力、学校领导对革新的态度等等。

4. 经济因素

学校的财政预算通常是有限的，媒体的选择既要为使用者所接受，又要有经费保障，考虑经济实用性。在有多种媒体可供选择时，通常是选择便宜而效果相当的。

（二）多媒体计算机与网络

在当今以信息技术为标志的信息时代，多媒体计算机和网络已经深入到了学校，给传统的教学手段带来了前所未有的冲击。多媒体计算机能集成文字、图形、图像、声音以及动画等多种媒体，并具有强大的交互作用，有存储巨量信息的能力以及虚拟现实的能力，而网络则提供了信息结构非线性与远程通讯能力，这些潜力是传统的教学媒体所无法比拟的，对教学方式的变革产生了根本性的影响。一方面，它打破了教师对学习内容的垄断，改变了信息的呈现方式和教学活动的组织方式，从而加速了教学法由教师中心向学习者中心的转变；另一方面，它也为以"学习者为中心"的各种新型教学方式的实施提供了必要的技术支持。这种支持包括：① 为学习者提供强有力的信息检索工具，帮助其获取并使用各种知识资源；② 提供在线交流合作工具，帮助学习者与他人合作、咨询专家、分享知识；③② 提供认知工具，解决复杂问题；（4）提供信息表达工具，使学习者能够利用文本、图片、图像和视频等来表达自己的知识和理解。

总之，以多媒体计算机和网络为基础的现代信息技术已经为教学提供了更为广阔的空间。教师应注意发挥其不可替代的优势来提高教学质量，优化学习过程，通过各种技术应用活动，释放学生的学习潜力，在实现本学科教学目标的基础上，培养学生的信息素养和相关技术技能，促进学生的全面发展。

四、课堂教学环境

教学是在一定的环境中进行的，教学设计理应考虑教学环境。课堂教学环境包括课堂物理环境和由学生群体、师生关系和教师特征等组成的课堂社会环境。课堂社会环境将在后面的课堂管理一章中作专门介绍，这里主要探讨课堂物理环境。

所谓课堂物理环境是由教室内一切物质条件所构成的整体环境，包括教室的自然环境（如光线、温度、空气以及色彩等）、课堂活动设施和课堂空间安排。其中，教师最能够支配的就是教室的空间安排。教室空间资源的安排也是心理学家比较感兴趣的问题，因为教师如果能够根据教学目标和教学活动，配以相应的空间资源安排，将有助于教学目标的实现。那么，教师应如何安排课堂空间呢？

（一）课堂空间安排的原则

合理的空间安排应该遵循一定的原则，依伏特逊（Evertson）提出了安排教室的四个原则：

1. 保持宽敞的交通区，避免挤在一块。
2. 确保教师容易看见学生。
3. 确保经常用的材料及设备容易取到。
4. 确保每个学生容易看见教学呈现和展示。

（二）课堂空间安排的形式

课堂空间安排根据教学内容的要求和学生的特点，一般有三种形式：基本形式、特殊形式和暂时性的形式。

1. 基本的课堂空间安排

基本的课堂空间安排是传统的纵横排列模式（图12-2）。在这种模式中，教师的活动主要在教室的前面，所有的学生都面向教师，只与教师进行目光接触和交流。很明显，这种安排是以教师为中心的，有利于教师的讲解和演示等教学活动，也适合于提问、回答和课堂作业，而且也便于教师较好地调节和控制学生。

图12-2　基本的课堂空间安排

2. 特殊的课堂空间安排

特殊的课堂空间安排是以学生为中心、以课程为中心的一种座位排列模式，包括矩形、环形和马蹄形等（如图12-3）。在这种模式中，学生和教师一样面对其他人，便于学生与学生之间的接触和交流。这种座位安排有利于学生之间的联系，适合于那些需要学生进行集体讨论的教学内容，但不太适合于全班讲解，不利于教师

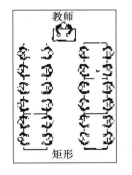
矩形

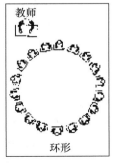
环形

马蹄形

图12-3　特殊的课堂空间安排

对班级的控制。尤其是对年龄小、自制力差的学生来说,这种模式可能会减少他们花在学习上的时间,并易使他们产生较多的问题行为。所以,这种空间安排形式一般在高年级采用得较多。

3. 暂时的课堂空间安排

暂时性的课堂空间安排是根据教学的需要将座位进行暂时性调整,以有利于教学活动。图12-4列出了几种暂时性的特殊的课堂空间安排。在堆式安排中,学生紧坐在一起靠近注意中心,后排的学生甚至可以站着观看,这种安排适合于教师的演示。辩论安排适合于全班辩论,兴趣安排则适合于学生按兴趣进行合作学习。这些暂时性的设计有利于教师灵活安排活动,但是,和特殊的课堂空间安排一样,由于增加了学生的交流,这些暂时的安排可能较易产生纪律问题。

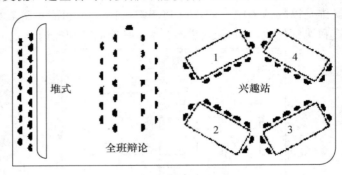

图 12-4 暂时的课堂空间安排

第三节 选择教学策略

教学策略是教师为了有效达到教学目标而制订的一套活动方案,包括教学事项的安排、教学方法的选用、教学媒体的选择、教学环境的设置以及师生相互作用设计等等。在教学中,由于教学目标、课题特点以及所持学习理论的取向不同,教师会以不同的方式来组织教学事项的程序结构,并采取相应的教学方法、媒体以及环境来实现这一程序。根据教师与学生在教学过程中的中心地位不同,可以把教学策略分为三类:以教师为中心的教学策略、以学生为中心的教学策略和个别化教学策略。

一、以教师为中心的教学策略

在以教师为中心的教学中,教师是课堂的主导,由他告知学生教学目标,给学生呈现教学内容,监控学生的表现,并向学生提供学习反馈,以最终达到将知识与技能传授给学生的目的。当教学内容是有结构、有组织的知识技能,而教学目标是要求学生尽快地掌握这些知识和技能时,宜采取以教师为中心的教学策略。

（一）直接教学

直接教学是以学生学习成绩衡量学习结果，在教师的系统讲授和直接指导下使用结构化的有序材料进行教学的策略。罗森赛恩（Rosenshine）及其同事在研究有效教学的基础上，提出了典型的直接教学过程。

1. 复习和检查过去的学习。直接教学以复习先前的功课开始，先讨论学生的家庭作业，一旦发现学生存在错误理解，就要采取一定的弥补措施。

2. 呈现新材料。告知学生新课的意图，然后逐步呈现新信息，示范某个程序，提供许多正例和反例，确保学生理解新内容。

3. 提供有指导的练习。在学习了新材料之后，学生在教师的监控之下进行练习，同时教师提供充分的指导以确保学生练习成功。

4. 提供反馈和纠正。对于学生通过练习表现出来的学习信息，教师要给予及时反馈，强化正确的学习，纠正错误的学习。

5. 提供独立的练习。前面的讲授和有指导的练习为学生的独立练习做好了准备。教师应该让学生独立地使用所学的新知识完成作业。作业应难易适度，并确保为学生所理解。

6. 每周或每月的复习。每周或每月的复习将促使学生进一步巩固所学的知识技能，这可以通过做家庭作业、经常性的测验以及补习在测验中未通过的材料等方式来进行。

（二）接受学习

直接教学适合于教授程序性技能，如算术、体育等，而对于一些以陈述性知识为主的科目，却不是最佳方法。当教学目标是要求学生掌握组织化的知识体系，包括基本事实和概念、规律、原则以及它们之间的关系时，则更适合于采用奥苏贝尔所倡导的接受学习。

接受学习与讲演法是有区别的。奥苏贝尔所倡导的接受学习，其最本质的特征是充分利用学生原有的知识来理解新知识。在接受学习中，要学习的内容直接呈现给学生，但新内容的呈现并不限于教师的讲解，还包括学生讨论、看教材与其他直观材料；学生作为学习材料的接收者，并非被动的听众，而是和教师之间有充分的互动。因此，教师的讲授只是这种教学模式中的一个成分，接受学习完全可以是主动的、有意义的学习。

在接受学习中，奥苏贝尔极力强调通过"先行组织者"技术促使新材料与原有知识建立联系。在奥苏贝尔提出"先行组织者"这一教学技术后，乔伊斯（B. Joyce）等人根据奥苏贝尔的理论，将这一技术转化为一种教学模式。按照这一模式，接受学习的教学过程大致可以分为以下三个环节。

1. 呈现先行组织者。在这个阶段，教师首先要告知学生新课的目的，使他们的注意力指向学习任务。接着教师呈现先行组织者，为新学习提供一个认知框架，或者为新旧知识的联系架起一座桥梁。

2. 提供学习任务和材料。教师提供给学生经过精心准备的与先行组织者结构一致的新材料。新材料可以通过讲演法,也可以通过其他方法,如讨论、视听多媒体等呈现。在这一过程中,教师要稳定和维持学生的注意。

3. 增强认知结构。这一阶段的任务是促进学生把新材料与先行组织者进行整合,达到融会贯通。教师可采取以下措施来达到目的:提示学生如何把具体的细节整合为一幅完整的图景;提问学生,以便了解他们是否能把新旧知识联系起来;给予学生提问的机会,以便使他们的理解超越课堂内容。

二、以学生为中心的教学策略

在以学生为中心的教学中,学生处于中心地位,以平等的身份与教师互动,建构自己的知识。当学习的任务是开放的、活动的、灵活的问题情境,需要学生积极参与和实践,而教学目标重在培养学生的创造性、抽象思维能力和解决问题能力时,则宜采取以学生为中心的教学策略。

(一)发现学习

发现学习是由美国心理学家布鲁纳所倡导并发展起来的。所谓发现学习,是指让学生通过自身的学习活动发现有关概念和原理的一种教学策略。在发现学习中,学习内容并不像接受学习那样直接呈现给学生,而是由学生在一定的问题情境中自己收集证据,从而发现新知识,教师则成为学生学习的促进者。

1. 教学原则

布鲁纳对发现学习的教学设计提出了四项原则:

(1)教师要将学习情境和教材性质向学生解释清楚。

(2)要配合学生的经验,适当组织教材。教师要在研究教材和学生实际的基础上,根据教材内容设计一个一个的发现过程。要仔细设计问题,排列好例子,确保参考材料和设备充足,以促进学生进行自我发现。

(3)要根据学生心理发展水平,合理安排教材的难度与逻辑顺序。

(4)确保学习材料难度适中,以维持学生的内部学习动机。学习材料太容易,学生缺乏成就感;材料太难,学生容易产生失败感。只有教师给学生提供的材料符合学生的实际水平,学生才会表现出探索行为,亲自去发现材料中隐含的东西,把知识变成自己智慧的财富。

2. 教学过程

发现学习的教学一般要经历四个阶段:

(1)创设问题情境,使学生在这种情境中发现其中的矛盾,提出要求解决和必须解决的问题。

(2)促使学生利用教师所提供的材料,针对所提出的问题,提出解答的假设。

(3)学生从理论上或实践上检验自己的假设。

(4)根据实验中获得的一些材料或结果,在仔细评价的基础上引出结论。

发现学习曾由于布鲁纳的大力提倡而风行一时。布鲁纳认为它具有四个优点:有利于激发儿童的智慧潜能;有利于培养内部学习动机;有利于学会发现的技能;

有利于知识的保持。但是发现学习也存在缺点,其最大的问题就在于耗时过多,课堂难以控制。因此,在实际教学中,教师常常把指导和发现结合起来,即采用有指导的发现法。研究和实践均已证明,有指导的发现法在很多方面优于纯粹的发现法。这种有指导的发现学习实际上就是现代意义上的启发式教学。

（二）情境性学习

情境性学习是指让学生在应用知识的具体情境中进行知识学习的一种教学策略。当今的建构主义者认为,学习是学习者基于特定的情境对知识的主动建构。要想让学生完成对所学知识的意义建构,最好让他们到真实的环境中去学习,因为知识镶嵌于产生它的情境之中,只有通过实际应用活动才能真正被人所理解。基于这一观点,建构主义者批评传统教学使学习去情境化的做法,提倡情境性学习。情境性学习具有以下特征:[①]

1. 真实任务情境：学习的内容要选择真实性任务,这种任务应该与对应的现实实践活动具有一定的同构性,不能对其做过于简单化的处理,使其远离现实的问题情境。由于实际问题往往都同时与多个概念理论相关,所以,应该在一定程度上弱化学科界限,强调学科间的交叉。

2. 情境化过程：学习过程与现实的问题解决过程相类似,所需要的工具和资料往往隐含于情境当中,进行真实性的问题解决。教师并不是将提前已经准备好的内容教给学生,而是在课堂上展示与现实中专家解决问题相类似的探索过程,让学生能够完整看到其思维过程,看到其中的成功和错误尝试。教师的问题解决过程会对学生的思维过程起到示范、引导的作用。

3. 真正的互动合作：现实的实践活动总是在一定的共同体之中进行的,并与各种有关的专业共同体进行交流互动。在情境性学习过程中,学习者也应该在学习共同体之中进行合作互动,持续地协商、交流。

4. 情境化的评价：情境性教学不需要独立于教学过程的测验,而是采用融合式测验或情境化评估,在学习中对具体问题的解决过程本身就反映了学习的效果。

（三）合作学习

合作学习是以学生主动合作学习的方式代替教师主导教学的一种教学策略。合作学习是一种社会性的学习方式,其目的不仅在于培养学生主动求知的能力,而且还要发展学生合作过程中的人际交流能力。在合作学习中,学生彼此之间经常进行沟通交流,分享各种学习资源,共同完成一定的学习任务,并形成了相互影响、相互促进的人际联系。合作学习具有以下特征:

1. 分工合作。学生以责任分担的方式达成合作追求的共同目标。有效的分工合作必须具备两个条件：一是学生应具有团体意识,二是根据学生的特点恰当分工。

2. 密切配合。将学习任务中应在不同时间完成的各种项目分配给学生个人,以便发挥分工合作的效能。

---

① 陈琦,刘儒德.教育心理学[M].北京:高等教育出版社,2005:160.

3. 各自尽力。合作学习的成就评价是以团体而非个人为单位的，所以要想取得团体的成功，团体成员必须各尽其力，完成自己分担的工作，并且要帮助别人。

4. 社会互动。合作学习的成效取决于团体成员之间的互相作用，大家在态度上相互尊重，在认知上集思广益，在情感上彼此支持。为此，学生必须具备两种技能：语言表达能力和待人处事的基本社交技巧。

5. 团体历程。合作学习是由团体活动达成预定目标的历程。这些团体活动包括如何分工、如何监督、如何处理困难、如何维持团体中成员间的关系等。

研究表明，合作学习具有多方面的积极效果：提高学生的学习成绩；增强学生的合作与利他行为；增强学生的自尊及对学习的态度；增强学生的思维技能。但是，合作学习并非总是成功的。如果某个学生认为其他学生并不能帮助自己，他是不会需要他们的帮助，也不会帮助他们的，甚至不会与他们一起合作学习。有人指出，合作学习必须满足这样两个条件，才能获得比传统教学更好的教学效果。一是必须给学生提供承认和奖励，如获得证书或小组特权等。二是小组的成功必须依赖小组成员的个人学习，而不是整个组的结果，这就是说，必须确保小组的每个成员都在学习，而不是强调最佳成员的最高成绩。如果这两个条件满足了，合作学习就能对任何年级、任何课题和任何学校有效。

三、个别化教学

个别化教学是让学生以自己的水平和速度进行学习的一种教学策略。这一教学策略是为了满足不同学生特定的学习需要而发展起来的，已经形成了多种不同的程序。尽管表现形式各不相同，但所有的个别化教学程序都包括这样几个环节：① 诊断学生的初始学业水平或学习不足。② 在教师与学生或机器与学生之间形成一一对应关系。③ 引入有序的结构化的教学材料，随之以练习和操练。④ 允许学生以自己的速度学习。

下面介绍几种经典的个别化教学模式。

（一）程序教学

程序教学是一种让学生以自己的速度和水平自学以特定顺序和小步子安排的材料的个别化教学方法。程序教学以精心设计的顺序呈现学习材料，要求学习者通过填空、选择答案或问题解决，对学习材料做出反应，在每一个反应之后及时出现反馈，学生能以自己的速度进行学习。这种程序能够融入书本、教学机器或计算机之中。

程序教学的创始人通常被认为是教学机器的发明人普莱西（S. Pressey），但对程序教学贡献最大的是斯金纳。斯金纳的程序教学被称为直线式程序，后来格罗德（N. A. Growder）将其发展成为分支式程序。

1. 直线式程序

在直线式程序（见图 12-5）中，程序材料以一种直线方式呈现，所有的学生都以同样的顺序通过同样的学习内容；教学机器或程序教材每次给学生少量的信息

（这点信息被称为一个框面）；然后就这点信息提问，由学生回答，在下一个框面中向学生提供正确答案；在学生接受正确答案后，不管其回答是否正确，继续下一步的学习。

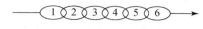

图 12-5　直线式程序图解

2. 分支式程序

格罗德的分支式程序（见图 12-6）在许多方面不同于斯金纳的直线式程序。

（1）在分支式程序中，并非所有学生都通过相同的程序。所有回答都正确的学生通过的路径最短，做出错误回答的学生必须立即接受补救性教学。

（2）在分支式程序中，不要求学生对材料做出自己的回答，学生的回答是在几种可能性之间做出选择，下一步的学习内容取决于他们做出的选择及其选择是否正确。

（3）分支式程序通常有更长的框面，因为每一框面包含有更多的信息供学生选择。

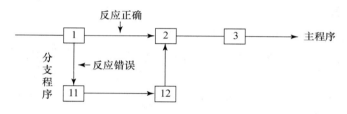

图 12-6　分支式程序图解

程序教学的效果已经得到了研究的肯定，一般认为它是传授许多学科领域内已确定内容的一种有效形式，但对于争议性的、需要创造性思辨和表达的内容，却不是一种最适宜的教学方法。程序教学中的合理成分也被整合进了计算机辅助教学中。

（二）计算机辅助教学

计算机辅助教学（computer assisted instruction，简称 CAI）是将程序教学的基本思想和现代化的计算机系统结合起来的一种个别化教学形式。在这种教学中，计算机作为一个辅导者，给学生呈现学习信息，提供练习机会，评价学生的成绩以及提供额外的教学。与传统教学相比，计算机辅助教学具有这样几个优势：(1) 交互性，即人机对话，学生可以根据自己的学习情况选择学习路径、学习内容等。(2) 即时反馈。(3) 以生动形象的手段呈现信息。(4) 学生的学习可以自定步调。

（三）掌握学习

掌握学习是由布卢姆等人提出来的。掌握学习的基本理念是：只要有足够的时间和适当的教学，几乎所有的学生对几乎所有的学习内容都可以达到掌握的程度（通常要求达到完成 80%～90% 的评价项目）。学生在学习能力上的差异并不能决定他们能否学会教学内容，而只能决定他们将要花多少时间才能达到对该项内容的掌握程度。也就是说，学习能力强的学生可以在较短的时间内达到对某项学习任务的掌握水平，学习能力差的学生则要花较长时间才能达到同样的掌握程度，但他们都能获得通常意义上的A等或B等。

基于这一理念，布卢姆设计了一种掌握学习的程序：

首先，将学习任务分成一系列的小的学习单元，后一个单元中的学习材料直接建立在前一个单元的基础上。每个学习单元都包括一小组课，它们通常需要1～10小时的学习时间。

其次，教师编制一些形成性测验，学生每学完一个单元，就对其进行测验来评价学生的最后能力。达到了所要求的掌握水平的学生，可以进行下一单元的学习。达不到掌握水平的学生，应当重新学习这个单元的全部或部分，然后再测验直到掌握。

最后，学生的学习成绩是以成功完成内容单元所需时间而不是以在团体测验中的名次为依据的。学生的成绩仍然有差异，但这种差异表现在他们所掌握的单元数或成功完成这些单元所花的时间上。

思 考 题

1. 教学目标具有哪些功能？
2. 教学目标可以分为哪些领域？每一领域的目标包括哪些层次？
3. 选择你熟悉的一段中学或小学教材，按照行为目标的要求陈述这段教材所应达到的教学目标。
4. 任务分析主要包括哪些方面的内容？
5. 根据加涅的观点，教学中要依次完成哪些教学事项？
6. 分析各种教学方法的优缺点及其注意事项。
7. 如何选择教学媒体？
8. 课堂空间安排应遵循哪些原则？有哪些形式？
9. 分析各种教学策略的特点。

第十三章 课堂管理

 评 价 目 标

1. 了解课堂管理的重要性。
2. 了解课堂管理的含义及课堂管理的功能。
3. 掌握课堂管理的目标。
4. 了解课堂管理的基本模式。
5. 了解群体对群体成员的影响。
6. 掌握群体与非正式群体的特点以及协调二者关系的方法。
7. 掌握课堂群体动力特点及管理方法。
8. 了解课堂纪律及其类型。
9. 了解影响课堂纪律的因素。
10. 掌握课堂问题行为及其应对策略。

课堂管理   群体   非正式群体   课堂纪律

第一节 课堂管理概述

课堂教学是学校教育环节中的一个基础环节,是教师履行教育任务时必须要面对的首要问题。课堂管理虽不是课堂教学本身,但它与课堂教学紧密结合在一起,对教学活动的效果产生着十分显著的影响。管理好课堂是开展教学活动的基石,教师要想顺利完成教学任务,就必须对课堂进行有效的管理。优质的课堂管理不仅是课堂教学顺利进行的基本保证,更是提高课堂教学质量的有效途径。教师对课堂教学的管理能力和水平直接影响到教学目标的实现,而教师课堂教学的质量又影响着学校的教学质量。当前新课程的教学与课堂管理紧密联系在一起,怎样遵循人性化的原则来实施课堂教学与管理是摆在我们面前的重要课题。为适应新课程的挑战,教师必须对传统教学中的管理行为进行全面创新,构建多元的、全新的课堂管理行为。因此，教师必须不断地提高课堂管理技能。

一、课堂管理及其功能

所谓课堂管理就是教师为了达成教学目标、顺利完成教学任务而调控课堂人际关系、协调教学环境、引导学生学习的一系列课堂教学行为组合。

课堂是教学的基本场所，课堂中集结、交织着各种影响教学的因素以及由这些因素相互作用而形成的各种关系。而课堂管理的主要任务就是协调、控制、整合这些教学因素及其关系，使之形成一个有序的整体，进而保证课堂教学活动的顺利进行。通常情况下课堂教学效率的高低，取决于教师、学生和课堂情境等三大要素的相互协调。重视课堂管理，学会课堂管理，对于有效提高课堂教学质量具有十分重要的意义。

有的人将课堂管理等同于抓课堂纪律，其实不然，有效课堂管理不仅包括了教师对学生纪律的管理，还包括教师对课程教学内容的管理、教师对课堂环境的管理以及教师的自我管理等。我们先分析一下课堂管理的功能：

首先，课堂管理具有维持功能。课堂管理的维持功能是指教师在课堂教学中运用管理措施持久地维持良好的课堂教学秩序，并通过师生互动，完成正常教学任务，实现教学目标。在课堂活动过程中经常会产生各种冲突与矛盾，出现各种偶发的干扰事件，课堂活动的正常进行受到干扰。教师常常要面对许多新的情境，处理并排除各种干扰。如果处理不当，课堂就有可能出现冲突，影响正常教学秩序。因此，教师在教学过程中必须协调班级集体的需要，预见并排除影响课堂正常教学的各种因素，维持班级集体的长期稳定，不断适应各种新情境、新问题。

当课堂秩序出现问题时，传统的课堂教学做法是实施压制，运用教师的"权威"来进行课堂控制。这种方法表面上会让学生变得比较安静，但事实上，是抑制了学生的创造、探索精神以及学习活力，极不利于课堂的持久发展，课堂秩序也就失去了其应有的价值或意义。有效的课堂管理是要创立良好的课堂环境，维持优良的班风，缓和、解决各种冲突，不断巩固班级集体，帮助班级所有学生适应环境的变化，减少课堂教学过程中的紧张和焦虑，等等。

其次，课堂管理具有促进功能。促进功能是指教师在课堂里创设对教学起促进作用的组织良好的学习环境，最大限度地满足课堂内个人和集体的合理需要，激励学生的参与精神，激发学生潜能的释放，圆满地达成教学目标，完成教学任务。

课堂管理的这种促进功能，可以通过以下途径来实现：有效地设计和组织课堂教学活动，根据学生注意变化规律及思维特点调整学生的注意，巧设疑问，启发诱导；采取一定的激励手段，调动学生学习的主动性，促进学生积极参与；形成和谐民主、团结合作的师生关系，共同努力完成教学任务；制定合理的课堂行为规范，协调课堂教学的各影响因素，养成学生的自律意识和行为习惯；帮助学生获得解决课堂群体问题的技能；调整班级集体的结构，正确处理正式群体与非正式群体的关系；形成积极向上的良好班风，在学生间形成团结友爱合作的人际关系等等。

总之，课堂管理的主要目的就是为了促进和维持课堂的教学环境，及时处理课堂教学过程出现的种种突发事件，形成稳定的课堂教学环境，即能在不断变化的教学条件下，保持一种动态平衡，促进教学相长。

二、课堂管理的目标

在课堂管理中，预先设定完善、可行、有效的管理计划，是教师创建和谐课堂的基础。在设定明确的课堂管理目标的前提下，教师在实施教学以及课堂管理过程中，就能更好地履行自己的职责，强化学生的积极行为。课堂管理基本目标大致有以下几个方面。

1. 维持良好教学秩序，争取更多学习时间。课堂教学是教学活动的重要环节，建立良好的课堂教学秩序，是提高课堂教学质量的基本保证。要做到这点，教师要预先制定课堂教学程序，安排学生学习步骤，同时加强课堂监控，以制度和规范的形式来约束学生在课堂上的学习与行为。此外，教师还要依据教学规范落实课堂教学的各个环节，确保课堂教学的实施，恰当地分配教学时间，尽可能地让学生在课堂上完成学习任务。学生的学习成效与其在课堂上投入学习的时间有明显的正相关，投入学习的时间越多，学生的学业成绩明显较好，相反则学业成绩较差。当然这里所指的学习时间是指学生投入有价值的学习活动的时间，即主动投入学习材料，对学习材料进行深入加工的学习。

2. 优化课堂教学环境。课堂教学环境的布置，对于学生的学习情绪有着较大的影响。课堂教学环境包括物质环境和心理环境两部分。物质环境是指教室布置、教学设备、教学工具等，物质环境的优化对教学活动能产生促进作用。教室布置包括色调、照明、温度、噪音、空间设计等，教室环境应保持整洁卫生，温度适宜，光线充足，通风透气，特别要注意避免过多的装饰分散学生注意力。心理环境则是指对学生的心理行为发生实际影响的各种因素形成的氛围。良好的课堂气氛能充分发挥境教功能，教师必须努力尝试，以新的教育理念和教育措施，致力于课堂氛围的营造。教师要调动每个学生的积极性，激发学生的求知欲，培养学生的学习兴趣，让学生的思维和行动都处在活跃状态。在课堂上，教师要及时消除不利因素和消极因素，通过引人入胜的教学安排、动听的教学语言及适度的肢体语言，创建一和积极向上的、令人愉悦的、和谐的课堂心理氛围，激发学生的学习动机。教师应当彻底摆脱以教师为中心、片面灌输的教学模式，尊重并确立学生的主体地位，在课堂教学中以学生为中心，激发学生的学习兴趣；还要有意识地设计学习情境，给学生提供更多的探索、思考、创造的机会，让学生真正成为学习的主体，积极参与学习过程，充分发挥学生的主体性与创造性，切实改变教师的角色，变"传授者"为"辅导者"。

3. 加强课堂监控。课堂监控就是教师对课堂教学情况情况实施全程监督、收集反馈信息并予以调控。课堂教学的影响因素有很多，包括教师、学生、教学设备、教学内容、周边环境等。教师要紧紧围绕课堂教学目标，通过有计划、有目的、全方位的监控手段达到课堂教学信息收集与反馈、整改与提高、效果与评价的课堂教学质量监控目的,从而提高教学质量。只有把教学活动本身作为意识的对象,并且不断积极主动地实施检查,并根据反馈调整教学,才能有效地控制课堂教学系统的发展与优化,教师才能顺利实现教学目标。

  课堂监控包括课堂教学的前期监控、课堂教学过程的监控、课堂教学结果的监控。课堂教学的前期监控就是要注意积累日常教学工作的经验,学习必要的监控知识,并加强学科教学知识、技能以及策略的学习。课堂教学过程的监控主要是通过教师生动的教学内容、合理的教学设计、现代技术的教学手段和探究式教学方法在课堂教学中的实施,使学生保持高度的注意力,认真听讲,积极思考并回答问题。同时还可帮助学生自我管理。任何管理系统中,帮助学生很好地管理自己都是一个重要的目标。教师可以让学生参与课堂规范的制定,协助学生反省出现课堂不良行为的原因以及如何改正,引导学生思考他们将怎么计划、监视和调节自己的课堂行为。

  4. 提高教学质量。加强课堂管理其根本目的就是保证课堂教学质量,教师要从总体上把握课堂教学内容的数量、难度,合理分配课堂时间,针对教学内容设计出最佳的教学方案。与此同时,教师还要在教学方法和手段上有所创新,注重课堂教学过程的有效教学,保证教学质量和学习质量,同时采用科学合理的评价体系,对影响质量的因素进行分析和纠正,从而保证整体教学质量。在课堂教学中还应当注意,学生才是学习的主体,教学质量必须要靠学生卓有成效的学习来提高,因此,教师在课堂上应调动学生学习热情,帮助学生更好地理解新知识,要结合学生已有的知识体系来进行新知识的传授,并根据学生注意变化规律及思维特点调整学生的注意,巧设疑问,启发诱导,增强学生学习的自信心。

三、课堂管理的基本模式

  课堂教学影响因素比较复杂,教师对课堂行为、课堂管理的认识和理解不尽相同,因此在现实中存在多种课堂管理模式。比较常见的是以下几种模式:

  (一)权威型管理模式

  采取这种模式对课堂进行管理的教师认为,课堂教学应当由教师把握与控制,教师对课堂中学生的行为负有不可推卸的责任,因此教师必须通过建立和强化课堂规则和有关规定来约束学生的课堂行为。这种教师将管理过程等同于对学生的课堂行为的控制过程,强调教师对于运用控制策略建立和维持课堂秩序的重要作用,较多地采用主控的方式来控制学生,规则倾向于周密而严谨,约束多且弹性少。权威型管理模式的做法主要有:

  1. 建立并强化课堂规则。教师对学生提出明确的课堂行为要求,并拟定具体的课堂行为规范,以此作为学生的课堂行为准则,规范学生的行为,指导和限定学生在课堂中的表现。

  2. 具体化的指令和要求。教师将课堂行为规则通过简洁明了的语言转化为具体的指令和要求，明确告诉学生应该做什么以及怎么做，学生必须按照教师的指令行事。

3. 运用激励机制。教师运用奖励与惩罚对学生的课堂行为进行约束，以此强调遵守课堂规则的重要性。教师表扬遵守规则的学生，树立榜样；对违反规则的学生则实施惩戒，以告诫其他学生，同时使犯错的学生在认识错误的基础上对其行为进行纠正。但严重的惩罚对于控制课堂行为不会产生积极效果。

4. 走近控制。当教师发现学生有不良行为或即将要出现问题行为时，可通过走近学生的方式来实施警告，显示教师的权威性，从而达到控制学生不良行为的目的。

5. 采取隔离措施。对于出现严重问题行为的学生实施隔离。这是对学生问题行为的最严厉处罚，让学生在隔离时反省自己的错误行为，使用这一措施必须慎重。

（二）教导型管理模式

采取这种模式对课堂进行管理的教师认为，通过对教学过程进行预先的设计与良好的教学实施，是可以预防和解决大多课堂行为问题的，有效的课堂行为管理是高质量教学计划的必然结果。因此，教师的首要任务是认真设计教学过程，力求将教学变得更加生动有趣，切合学生的能力、知识结构、认知方式以及需要，要为每一个学生提供获得成功的恰当机会，有效激发学生的兴趣和动机。教导型管理模式的做法主要有：

1. 生动有趣的课堂教学。引人入胜的教学活动是预防和纠正问题行为的关键因素。在设计教学活动时要充分考虑到学生的水平、能力和兴趣，在有趣的课堂学习中学生会全身心地投入，而问题行为也就自然得到控制。因此教师在讲课时要注意知识性和趣味性的结合，形成张弛有度、变化有序的课堂节奏。

2. 优化课堂秩序。良好的课堂秩序能保持课堂稳定而有活力，是顺利进行教学的重要保证。适当运用教师的亲和力，营造和谐温馨的课堂氛围，可提高学生的自我约束能力，把注意力集中到学习任务上。

3. 浓厚的教学兴趣。教师在课堂教学中应表现出对学生课堂活动的浓厚兴趣，建构课堂活动的良好气氛，同时不断改变活动方式或内容，吸引学生的注意重心，学生专注于课业，就不会出现行为问题。

4. 积极的课堂环境。积极的课堂环境本身在很大程度上就是对学生行为的有效管理。教师应当提供给学生自主学习、活动的时间和空间，使学生有机会创新，提高学生学习的积极性、主动性。

（三）矫正型管理模式

矫正型管理模式是建立在行为主义理论基础上的，认为学生的行为无论好坏都是习得的，行为的发生实质上就是行为选择的结果，而在其中发挥重要作用的就是强化。因而，教师的主要任务在于掌握和运用行为主义原理，正确运用强化塑造学生良好课堂行为，鼓励、发展期望行为和削弱、消除非期望行为。矫正型管理模式的做法主要有：

1. 正确运用强化。教师要运用行为主义强化原理来对学生的课堂行为实施监控，对课堂表现良好的学生予以奖励，对有课堂不良行为的学生实施惩戒，从而达到课堂管理的目的。但是，使用奖励与惩罚的方法要正确，否则，不但收效甚微，甚至会出现负面效应。

2. 利用榜样的作用。要想让学生保持良好课堂纪律，获得良好的课堂行为，教师就应当给学生提供好的榜样示范，让学生模仿学习。教师可以采用随堂评价的方式，发现认真学习的学生就及时予以表扬，树立学习榜样。

3. 善于利用强化物。在课堂活动中要根据学生的身心特点和课堂特定的活动情境，选择适宜的强化物。如果强化物选择不当，就难以起到激励作用，甚至还有可能起反作用。同时还要掌握强化的时间和频率，以增强强化的有效性。

4. 开展行为咨询。教师要多与学生进行个别交谈，深入了解学生课堂行为问题的成因，这样才能有针对性地帮助学生分析问题，使其明白不良课堂行为造成的后果，从认知上转变学生固有观念，同时与学生探讨如何改正不良的课堂行为。

（四）关系型管理模式

关系型管理模式比较注重健康的课堂心理气氛的建立，认为健康的课堂气氛是建立在与学生培养良好关系的基础之上的，而健康的课堂气氛又能促进学生的学习积极性，从而减少不良课堂行为的发生率。因此，教师的首要任务就是建立良好的、积极向上的师生以及同学关系，促成建设性的课堂气氛，这也是关系型管理模式的主要内容。关系型管理模式的做法主要有：

1. 悦纳学生。作为一名教师，无论自己学生的行为表现如何，教师都应该诚恳地接纳学生、理解学生，同时要向学生准确表达自己的这种思想。通过这种方式，学生能体会到教师对他的信任和尊重，从而强化其自我价值。如果教师能表现出对学生能力和潜能的信任，就更容易建立良好的心理气氛。

2. 善于沟通。面对有课堂行为问题的学生，教师在对其进行教育时，应该说出自己的所见、所闻、所感、所想，帮助学生分析其课堂问题行为所造成的不良后果，帮助学生认识问题的严重性，达到教育的目的。在这过程中，教师必须认真听学生的表述，从学生的角度、立场思考问题，及时回应，共同探讨、分析问题，以协商的方式解决问题。

3. 营造民主氛围。教师应该以辅导者的角色出现，不能用领导者的身份来压制学生。在课堂上出现问题时，教师和学生都能有机会发表自己的看法，以双方平等的合作关系共同解决问题。教师与学生之间应该相互沟通、相互理解、相互支持和配合。

4. 互利合作。教师应当本着互利合作的观念来处理学生课堂出现的问题行为，能设身处地地为学生着想，对学生采取宽容、理解和信任的态度。对学生的问题行为，更多的是关注解决而不是指责。应该认识到良好的课堂教学环境是需要教师与学生共同来维护的，教师教学目标的达成也是要靠学生的努力学习才能实现的。因此在处理课堂行为问题的学生时，不要讽刺挖苦学生，要为有行为问题的学生创造一种非惩罚性的氛围。

（五）文化型管理模式

文化型管理模式认为课堂也是一种特殊的社会群体，也具有社会群体共有的特点，也具有相应的群体规范、群体态度、价值观念等。教师的任务在于建立和维持有效的、积极的课堂群体，因此课堂行为管理要符合社会群体的特点，从精神文化层面的高度来统领课堂。文化型管理模式的做法主要有：

1. 明确群体价值。教师要经常与学生沟通，了解学生群体的价值观、群体有关个人价值的观念以及群体成员的相关看法，要在肯定学生的基础上对群体价值观予以引导，使其士气更加积极向上，从而收到用群体价值观指引学生良好课堂行为的效果。

2. 充分发挥小群体的作用。班级中常常存在一些小群体，教师要充分利用小群体的凝聚力与号召力，为小群体领袖安排班级领导工作的任务，要注意避免小群体之间的恶意竞争，协调学生工作，帮助学生提高领导技能。教师要善于利用学生的自主管理，因为同龄群体之间更容易沟通、协调。

3. 促进班集体的合作。教师不仅要理解和接纳所有学生，更要帮助学生之间相互理解和相互接纳。教师可以为学生提供集体协作活动的机会，发展学生之间的友善关系以及教师与学生之间的亲善行为。

4. 协调群体冲突。学生的群体规范、个人态度与课堂规则之间经常发生冲突，教师要帮助学生解决此类问题。可以让学生参与课堂规则的探讨，从而制定出一套适合学生发展的、建设性的、切合学生实际的课堂规范和行为标准，并鼓励学生对其自身的行为负责。

5. 加强沟通对话。要了解学生的真实情况，教师就得创造开放的交流渠道，让学生有机会表达自己的观点与情感。教师还要帮助学生发展有效的交流技能，为学生提供公开讨论的机会，鼓励学生自由和建设性地表达其观点和情感，让学生相互交流，相互影响，促进学生的相互理解和相互接受。

6. 培养学生归属感。学生对班集体产生依附和满足感后，班集体的凝聚力会大大增强。一个拥有目标指向的、规范的、富有凝聚力的群体会更有利于课堂管理目标的实现。

第二节 课堂群体的管理

群体是指由两个或两个以上的人为了共同的目标以一定的方式组成的、有着紧密联系的团体。群体是相对于个体而言的，但并不是任何几个人简单组合就能构成群体。群体的基本特征有三个：其一，群体由两个以上的个体组成，群体有其自身的内部结构。其二，群体成员根据一定的目的承担任务，相互交往，协同活动，成员对群体有认同感和归属感。其三，群体成员受共同的社会规范制约，有共同的价值观等。

一、课堂里的群体及其对个体的影响

课堂里的每个学生不是孤立存在的个体,他们通过相互交往,形成各种群体。课堂教学中的学生是为了学习这一目标而组合在一起的,他们有纪律、有组织、有较强的心理凝聚力,他们之间的联系甚至较一般的社会群体更为紧密,相互之间的影响也更大。

社会群体互动过程经常出现两种情况——社会助长与社会惰化。社会助长是指因他人在场或与别人一起参与活动从而使个人的行为水平与工作效率提高的现象,也称为社会助长作用。社会惰化则是指因他人在场或与别人一起参与活动,个体付出的努力减少而使个体的活动积极性与效率下降的现象,也称为社会惰化作用。

1920年,阿尔波特(F. H. Allprort)让被试分别在单独情境和社会情境里工作,结果发现,被试在社会情境里进行连锁联想、乘法运算、解决问题以及思维判断等活动所取得的成绩都比单独一人活动好。该研究表明,群体对个人活动起到促进作用。但有时群体也会对个人的活动起阻碍作用。学生群体的学习气氛,会有形或无形地影响个体的学习,影响他们的学习态度与个性品质。因为学生群体有其特殊性,他们的心理状态较为类似,认知水平较为相近,相互价值观、理解水平也较为贴近,个体之间的沟通、交流就更为切合实际、有效。可以说同龄学生之间的相互帮助、促进、引导,往往对教学起着重要推动作用,这点是教师不容忽视的。

学生群体中个体之间的影响与作用很大程度上在于相互之间的竞争,竞争能促进学生对学习内容进行积极思考,激发他们的学习动力,指引学生取得更好的学习成绩。但是也有的学生过分依赖群体,学习动力不足,或者存在嫉妒、自卑等不良心理状态,因此教师要努力调动全体学生的学习积极性。

学生群体对个体的活动是产生促进助长还是惰化作用,取决于四个因素。一是教学活动的难易;二是竞赛动机的激发;三是被他人评价的意识;四是注意的干扰。

二、正式群体与非正式群体的协调

正式群体是指由正式文件规定,具有严密的组织结构,群体的成员有固定的编制,有明确的职务分配,有特定的权利和义务的群体。正式群体为了组织目标的实现,都有统一的规章制度和组织纪律。而学校中的正式群体则是指按教育行政部门相关文件组织起来,其成员有固定的编制,组织地位明确,职责权利清晰的群体。在学校里,班级、小组、少先队、共青团等都属于正式群体。

正式群体的发展经历了松散群体、联合群体和集体等三个阶段。松散群体是指学生们因为组织关系,只在空间和时间上结成群体,但成员间尚无共同活动的目的和内容。联合群体的成员已有共同目的的活动,但活动还只停留于个人层面。集体则是群体发展的最高阶段,成员的共同活动不仅对每个成员有个人意义,而且还有重要的社会意义。

非正式群体是指成员为了满足个体需要,以感情纽带为基础自然结合形成的多样的、不定型的群体。非正式群体既没有严密的组织结构，也不是由组织规定的联合体，它是由心理动力方向一致的个体，由于同情、信念、态度、观点、价值观念等方面的相似而在工作和生活环境中自然结合而成的。在学校里学生们会在相互交往的基础上，形成以个人好恶、兴趣爱好、观念态度为联系纽带，具有强烈情感色彩的非正式群体。他们没有特定的群体目标及职责分工，缺乏稳定的结构，但却有不成文的规范和自然涌现的领袖。

课堂中的非正式群体主要是由一些班级同学自发组成的，是通过密切接触，在心理模式相似的基础上，彼此充分选择而组成的。任何的正式群体中都不可避免地会产生各种组合形式的非正式小群体，学生班级群体也不例外，这取决于个体的需要和某些客观的促成因素。他们常因学习成绩相近、兴趣相同、共同的活动、共同话题等走到一起。这种班级非正式群体的特点是：人数较少；成员的性格、态度、观念、爱好基本一致；经常聚集在一起活动；一般都有一个号召力强的"领袖人物"；群体制约性强，稳定性差，可塑性大。

课堂群体中的非正式群体可能有积极作用，也可能有消极作用，这取决于非正式群体的性质以及与正式群体目标一致的程度。教师应善于利用和引导，使其对正式群体起到拾遗补缺的作用，管理课堂必须注意协调非正式群体与正式群体的关系。

首先，教师要不断增强班级正式群体的凝聚力，根据班级学生的共同利益制定班级目标，建立健全班级成员应共同遵守的群体规范，以此协调成员的行动，满足成员的归属需要和彼此之间的相互认同。当班级正式群体凝聚力强，发挥积极的主导作用时，非正式群体也会被吸引过来，协助班级完成一些有益有效的工作，甚至能起到班主任、班干部不能起到的特殊作用。

其次，要正确对待各种非正式群体。对于积极型的非正式群体，教师应该支持和保护，发挥其对班级的促进与推动作用。对于中间型的非正式群体，教师处理时要持谨慎态度，积极引导，联络感情，将其吸引到班级共同的目标与任务中。对于消极型的非正式群体，教师要有耐心地引导、教育、争取和改造。对于破坏型的非正式群体，则要依据校规和法律，给予必要的取缔与制裁。

再次，教师要善于引导非正式群体。一般来说，学生的非正式群体通过细心引导都是能融入班集体的。教师要先仔细观察他们的言语动作，了解班级非正式群体的情况。教师要主动与非正式群体沟通，特别是非正式群体的"核心人物"，要表现出对他们的关心并支持他们正当的活动，甚至可利用他们的兴趣激发正式群体的学习动力。对于非正式群体与班级目标有冲突的，应该耐心劝导，循循善诱，言明其中的利害关系，将其导入正轨。

三、群体动力的表现

不管是正式群体还是非正式群体，都有群体凝聚力、群体规范、群体气氛以及群体成员的人际关系等方面特征。而这些特征也会对群体与成员个人行为的发展与变化起着较大影响作用，这就是所谓的群体动力。

最早研究群体动力的是心理学家勒温。他认为，由人们组合而成的群体不是静止不变的，群体成员之间在不断地相互作用和相互适应，在这种互动作用下，群体也在发生着某种变化。教师在课堂管理过程中要善于利用这些群体动力，实现课堂管理的促进功能。

（一）群体凝聚力

群体凝聚力指群体成员之间互相吸引，互相接纳，能为达到群体的目标而共同努力的程度，也就是群体对成员的内在吸引力。凝聚力按群体成员之间协作的对象不同，又分为合聚力和向心力。合聚力是指群体成员之间为着共同的目标团结协作的程度，而向心力则是指群体成员以群体领导为中心团结协作的程度。

群体凝聚力可以通过群体成员对群体的忠诚、责任感、荣誉感、成员间的友谊感和志趣等方面表现出来。群体凝聚力对课堂管理功能的实现有重要的影响。成员关系融洽、具有威信的教师、优秀的班干部等，会使班级同学产生强烈的班级认同感、归属感与有力感，从而形成较强的班级凝聚力。所谓认同感是指群体成员面对问题时会表现出共同的认识与评价；归属感是指群体成员都认可自己是群体的成员；有力感是指当成员做出符合群体期望的行为时会得到群体的鼓励与支持，从而得到强化。在凝聚力强的班级，教师比较容易完成课堂教学任务，因此，班级凝聚力常常成为衡量一个班级集体优劣的重要标志。

教师应采取措施提高课堂里群体的凝聚力，以提高课堂教学效率。首先，教师要在学生群体中树立威信，要以身作则，处事公正，敢于批评与自我批评，赢得学生的尊重与支持；其次，组建优秀的学生干部队伍，他们是教师管理班级的好助手，特别要善于利用非正式群体"核心人物"的号召力，这还能使非正式群体融入班集体；再次，要建立健全班级规范，使班级管理"有法可依"，学生也知道什么样的行为是符合群体期望的、被接纳的，什么样的行为是不被认可的；最后，要制定班级共同目标，有了明确的目标，同学才有行动的方向，在实现目标的过程中自觉地走到一起，形成良好班风。

（二）群体规范

群体规范是约束群体内成员的行为准则，包括成文的正式规范和不成文的非正式规范。非正式规范的形成是成员们约定俗成的结果，受模仿、暗示和顺从等心理因素的制约。正式规范是有目的、有计划地教育的结果。美国专家谢里夫的研究表明，群体规范的形成经历三个阶段：第一阶段是相互影响阶段，每个成员发表自己对某一事物的评价与判断。第二阶段是出现一种占优势的意见。第三阶段，由于趋同倾向而导致评价、判断和相应行为上的一致性。

群体规范会形成群体压力，对学生的心理和行为产生极大的影响。在群体压力下，成员有可能放弃自己的意见而采取与大多数人一致的行为，这就是从众。从众现象的发生，一般认为由两个原因导致。一是人们往往相信大多数人的意见是正确的，觉得别人提供的信息将有助于他。二是个人为了避免他人的非议或排斥，避免受孤立，因而出现从众行为。

群体规范通过从众使学生保持认知、情感和行为上的一致，并为学生的课堂行为划定了方向和范围，成为引导学生行为的指南。在课堂教学中，教师应自觉地帮助学生形成良好的规范。

（三）课堂气氛

课堂气氛作为教学过程的软情境，通常是指课堂里某些占优势的态度与情感的综合状态。课堂气氛具有独特性，不同的课堂往往有不同的气氛。即使是同一个课堂，也会形成不同教师的气氛区。一种课堂气氛形成后，往往能维持相当长的一段时间，而不同的课堂活动也可能会被同样的课堂气氛所笼罩。

在通常情况下，课堂气氛可以分成积极的、消极的和对抗的三种类型。积极的课堂气氛是恬静与活跃、热烈与深沉、宽松与严谨的有机统一。消极的课堂气氛通常以紧张拘谨、心不在焉、反应迟钝为基本特征。而对抗的课堂气氛则是失控的气氛，学生过度兴奋，各行其是，随便插嘴，故意捣乱。

积极的课堂气氛不但有助于知识的学习，而且也会促进学生的社会化进程。课堂气氛会使许多学生追求某种行为方式，从而导致学生间发生连锁性的感染。所以，创造良好的课堂气氛是实现有效教学的重要条件。

由于教师在课堂教学中起着主导作用，教师的领导方式、教师对学生的期望以及教师的情绪状态便成为影响课堂气氛的主要因素。

教师的领导方式是教师用来行使权力与发挥其领导作用的行为方式。勒温曾在1939年将教师的领导方式分为集权型、民主型和放任型等三种类型。这三种不同的领导方式会使学生产生不同的行为反应，从而形成不同的课堂气氛，其中民主型的课堂气氛最佳。

现有的研究表明，教师期望通过四种途径影响课堂气氛。第一是接受。教师通过接受学生意见的程度，为不同学生创造不同的社会情绪气氛。第二是反馈。教师通过交往频率、目光注视、赞扬和批评等向不同期望的学生提供不同的反馈。第三是输入，教师向不同期望的学生提供难度不同、数量不等的学习材料，对问题做出程度不同的说明、解释、提醒或暗示。第四是输出，教师允许学生提问和回答问题，听取学生回答问题的耐心程度等等，都会对课堂气氛产生不同的影响。

教师的积极情绪状态往往会投射到学生身上，使教师与学生的意图、观点和情感连结起来，从而在师生间产生共鸣性的情感反应，有利于创造良好的课堂气氛。焦虑是教师对当前或预计到对自尊心有潜在威胁的任何情境所具有的一种类似于担忧的反应倾向。只有当教师焦虑适中时，才会激起教师努力改变课堂现状，避免呆板或恐慌反应，从而推动教师不断努力以谋求最佳课堂气氛的出现。

（四）课堂里的人际交往与人际关系

人际交往是教师和学生在课堂里传递信息、沟通思想和交流情感的过程。这个过程必须以一定的符号系统为交往工具才有可能实现，语言符号系统和非语言符号系统是主要的人际交往工具。

人际关系是人与人之间在相互交往过程中所形成的比较稳定的心理关系或心理

距离。它的形成与变化,取决于交往双方满足需要的程度。课堂里的人际关系将直接影响课堂气氛,教师应该成为善于处理人际关系的艺术家。吸引与排斥、合作与竞争是课堂里主要的人际关系。

1. 吸引与排斥

人际吸引是指交往双方出现相互亲近的现象,它以认知协调、情感和谐及行动一致为特征,人际排斥则是交往双方出现关系极不融洽、相互疏远的现象,以认知失调、情感冲突和行动对抗为特征。

研究表明,距离的远近、交往的频率、态度的相似性、个性的互补性以及外形等因素是影响人际吸引和排斥的主要因素。

人际吸引和人际排斥使学生在课堂里处于不同的地位,导致出现人缘好的学生、被人嫌弃的学生和遭受孤立的学生。课堂管理中必须重视课堂里的被嫌弃者和被孤立者。

2. 合作与竞争

合作是指个体为了共同目的在一起学习和工作或者完成某项任务的过程。合作是实现课堂管理促进功能的必要条件。

竞争指个体或群体充分实现自身的潜能,力争按优胜标准使自己的成绩超过对手的过程。适量和适度的竞争,不但不会影响学生间的人际关系,而且还会提高学习和工作的效率。但是,竞争有可能使一部分学生过度紧张和焦虑,忽视活动的内在价值和创造性。

不少的心理学家提倡开展群体间的竞争。一般说来,群体间竞争的效果取决于群体内的合作。

竞争与合作是对立统一的。在课堂的人际交往中,有时可能同时发生合作与竞争,有时则交替地引起合作与竞争。有效的课堂管理应该协调合作与竞争的关系,使两者相辅相成,成为实现促进功能的有益手段。

第三节 课堂纪律的管理

课堂纪律管理是课堂管理的又一项重要内容。在课堂教学中,难免会出现各种课堂问题行为,干扰正常的教学活动,因此教师在教学中有必要对课堂纪律进行管理,以维持良好的课堂教学环境。

一、课堂纪律的性质

(一)课堂纪律的概念

为了维持正常的教学秩序,协调学生的行为,以求课堂教学目标的最终实现,必然要求学生共同遵守课堂行为规范,这就形成了课堂纪律。课堂纪律是对学生课堂行为所施加的准则与控制。

（二）课堂纪律的类型

根据课堂纪律形成的原因，可以将课堂纪律分成四种类型：

1. 教师促成的纪律

刚入学的小学生往往需要教师给予较多的监督和指导，需要教师为他们的学习设置一个有结构的情境。这样的"结构"就是教师促成的纪律。即使是比较成熟的青少年学生，他们还是需要教师为他们的行为提供指导。所以，在课堂管理中，教师促成的纪律是不可缺少的。

教师促成的纪律应该包括结构的创设和体贴。教师的指导、监督、惩罚、规定限制、奖励、操纵、组织、安排日程和维护标准等，都属于结构的创设。而体贴则包括同情、理解、调解、协助、支持、征求和采纳学生的意见等。

2. 集体促成的纪律

从入学开始，同辈人的集体在学生社会化方面起着越来越大的作用。他们开始对同学察言观色，以便决定应该如何思考、如何信仰和如何行事。

3. 任务促成的纪律

每一次任务都有其特定的纪律，有时某一项任务会引起学生的高度注意，使其对其他诱人的活动置之不理。任务促成的纪律是以个人对活动任务的充分理解为前提的。学生卷入任务的过程，就是接受纪律约束的过程。

4. 自我促成的纪律

当外部的纪律控制被个体内化之后成为个体自觉的行为准则时，自律便出现了。

二、影响课堂纪律的因素

应该说每一种课堂问题行为的背后都隐藏着某种原因。教师只要找到这些原因，就可以有效地处理课堂问题行为，改善课堂秩序，提高教学效率。英国心理学家科恩（L. Cohen）研究认为，导致课堂问题行为的主要原因有不安的家庭环境、同伴压力、缺乏科学兴趣等。我们认为影响课堂纪律的原因大致可分为以下三方面：

（一）学生因素

1. 情绪问题

情绪是人们对客观事物是否符合自己的需要所产生的态度体验。情绪对个体的心理与行为都有着重要的调节作用。学生在生活与学习中的某些需要没有得到满足，或者某一教学情境让其感受到需要被威胁或破坏时，就会产生挫折感，引起紧张和焦虑等不良情绪，而这些不良情绪会直接影响学生的课堂表现，出现注意力分散、思想不集中、走神、容易疲倦、小动作等。情绪问题是导致学生违反课堂纪律的主要原因之一。

2. 学习动力问题

学习动力不足是造成课堂问题行为的又一影响因素。有的学生对学习目的的认识不甚明确，不知道为什么要学习，有的学生认为学习就是为了找到一份好工作，有的认为学习成绩好没什么，有的觉得是家长要求自己来学习的，等等。加上随着社会生活水平的提高，一些家庭条件比较优越的学生认为学习不重要，学习动力很弱。这些学生缺乏积极进取的斗志和学习的动力，于是便在课堂学习中表现出对学习不感兴趣、注意力分散，各种课堂问题行为也随之出现了。还有些学生接受能力差，上课听不懂，缺乏学习兴趣，便以违反课堂纪律来获取老师与同学的注意。

3. 学生个性问题

学生对课堂纪律认识不够，不了解维护课堂纪律的重要性，或对教师的具体要求把握不准确，特别是年龄小的学生，就容易出现违反纪律的行为。有些个性强的学生在课堂上依旧我行我素，不顾其他同学与教师的反对，经常做出一些影响课堂纪律的行为。有些学生意志薄弱、自控能力较差，上课容易分心、走神、做小动作而影响正常课堂秩序。有些学生接受能力较强，对于面向全体学生授课的课堂教学反感，觉得自己学会了，因而出现违反纪律的行为。还有些学生没有养成良好的遵守课堂纪律的习惯，听课时比较容易做出违反课堂纪律的行为，等等。教师要根据学生的具体情况进行分析，要有针对性地对不同原因导致的课堂违纪行为予以处理。

4. 对课程的认识问题

有些学生存在严重偏科倾向，认为一些课程比较次要，于是上课不专心听讲，导致课堂违反纪律的行为发生。有的则认为一些课程只需在学期末强化记忆就能够应付考试，上课不需要认真听讲。

5. 对教师的期望

每个学生都会按照自己的理解对教师存有不同的期望，期望教师以某种方式进行教学和课堂管理，包括对教师所表现出的课堂教学与管理行为及其所具有的动机和意向的期望。学生会用这种期望来衡量各个任课教师的行为，这种期望必然也会影响课堂管理。

6. 生理因素

儿童的注意力是随着年龄的增长而增长的，年幼的儿童有意注意的控制能力较差，容易为无关的外部刺激吸引，出现上课分心、走神等现象，因此对于年龄较小的学生，应该了解学生的这一特点，尽量把重要内容放在前面。有研究发现，5~7岁儿童的有意注意时间可维持15分钟左右；7~10岁儿童约20分钟；10~12岁约25分钟；大于12岁的儿童可维持30分钟以上。鉴于此，教师应当通过适当的强化手段培养儿童的自我控制能力。有自我控制力的儿童也具有延迟满足的能力，相对比较成熟，责任感强，有较高的成就动机，更能遵守规则。

（二）教师因素

对于学生违反课堂纪律的问题，很多教师把原因归于学生，较少有教师对自己的课堂行为进行反思。事实上，造成课堂违纪行为也有教师的部分原因。

1. 教师素质

教师首先要具有高尚的道德修养，忠诚人民的教育事业，模范地遵守教师职业道德标准，热爱学生，为人师表。其次，教师应该具备良好的文化素质，既要有广博的专业知识，又要通晓基本的社会科学、自然科学等方面的知识，做到博学多才。

再次，教师要有创新能力，要有自身独到的见解、新颖的教法、探索的精神、民主的意识等。最后，教师要充分尊重学生的人格、兴趣爱好，尊重学生的自由发展，尊重学生的首创精神，发挥学生的主体作用，挖掘学生的创造才能。

2. 课堂管理能力

课堂管理能力是一个教师取得教育和教学成功的保证。缺乏管理能力和指导能力的教师，无论其知识多么广博，都难以完成教育和教学任务。教师在课堂管理中应该做到：提高自身处理偶发事件的能力，对课堂偶发事件要有充分的心理准备，处理事件要及时、巧妙，不要占用过多教学时间；充分了解学生发展情况，减少课堂学习过程中造成的紧张和焦虑；尊重学生，帮助学生适应课堂环境的变化，特别要注意课堂表现差的学生，要因势利导、妥善处理，对于违反课堂纪律的学生，最好不要中断教学去批评指责，而要旁敲侧击，引起注意；组建学习团队，带动班级学习风气，充分发挥学习委员等班委的带头作用，激发学习热情。

3. 教学方法

教师在教学过程中应注意观察学生，学生对课堂知识的掌握情况会以表情、语言、动作等形式表现出来，教师要根据学生学习情况适当调整教学节奏。教师要有良好的语言表达能力。无论教师的知识多渊博，都要依靠语言表达把知识传授给学生。这就要求教师的语言应该是准确清晰、简明易懂、逻辑合理、生动活泼、抑扬顿挫的。教师在教学中还要打破传统教学观念的束缚，真正把创造性、创新精神作为衡量、培养人才的标准，要善于给学生提供表达自己思想、看法、意见、思维等的机会，鼓励他们积极思考、自由探索、勇于创新。

（三）与教学相关的因素

1. 班级学风

班集体的特点也会对课堂管理造成影响，班集体的性质、特点、学习风气等直接制约着教师的课堂管理行为。不同的班级常常具有不同的班级风气、行为规范、班级小团体以及适合的管理模式等，教师必须调查分析各班级的具体特点，在了解的基础上灵活运用课堂管理的方法与技巧，针对不同特点的班级实施不同的管理。如对于具有较强自律意识的班级，教师应该尊重学生的自我管理；对有的班级要鼓励发言，而有的班级则要限制，等等。

2. 教材的选择

在教学过程中，教师必须是按照教材安排好的教学思路进行知识的组织与传授，因此，教材的选用同样会对课堂纪律造成影响。一套好教材应该注重学生基础知识的理解、掌握，能激发学生学习本学科的热情，内容丰富且形式开放，能结合实践拓展学生知识，具有基础性、丰富性和开放性。教师在备课时要认真挖掘教材资源，搜寻可用素材和资源来帮助学生增强理解，力求将课程知识以形象生动的感知材料呈现给学生，并留给学生思考的空间，让学生能充分体验学习的乐趣。

3. 校园文化

校园是师生共同学习、工作的空间，校园文化渗透于学校的教学、科研、管理、生活及各种校园活动中。校园文化是学校精神文明的一个重要组成部分，直接反映着一所学校的个性特点。校园文化在学校教育中有着广泛而深刻的内涵，学校的办学理念、教育理念、人际关系，学校的一切规章制度、教风、学风、领导风格乃至学校传统等等，都会直接影响教师的思想意识、观念和教育行为方式，从而影响课堂管理的效果。苏霍姆林斯基说过，要让校园的每一块墙壁都能"说话"，让学校的每处环境都能育人。校园文化也是教育的大课堂，要让学生视线所及地方都带有教育性。

除了这些在课堂上直接起作用的因素之外，家庭环境的影响也是不容忽视的。如，家庭的不安定直接影响学生情绪，从而影响其课堂表现；家庭教育的缺陷可导致学生对学习的错误认识，也容易引起课堂不良行为的发生，等等。

三、课堂问题行为及其应对策略

课堂问题行为是指学生在课堂中表现出来的与课堂教学目的不一致、违反课堂规则、妨碍及干扰正常课堂教学活动、影响教学效率的行为。课堂问题行为是每个教师都要面对的问题，只有处理好课堂问题行为才能保证教学任务的顺利完成，如果处理不当，既影响教学质量，又可能影响师生关系。

要处理好课堂问题行为，就要先了解问题行为本身。

（一）课堂问题行为

1. 课堂问题行为的类型

许多中外学者都从不同角度对课堂问题进行了研究。奎伊（H. C. Quay）等人在其研究的基础上，把课堂问题行为分成人格型、行为型和情绪型三种类型。（1）人格型问题行为。其课堂行为带有明显神经质特点，主要表现为退缩性行为。上课焦虑，怀疑自身能力，回答问题极度紧张等。（2）行为型问题行为。其课堂行为具有明显对抗性、攻击性或破坏性等。此类型学生常与教师对立，容易冲动，经常做小动作、交头接耳等。（3）情绪型问题行为。其主要表现为情绪失调，常因过度焦虑、紧张、冲突而导致课堂违纪行为。

我国有学者根据学生课堂行为表现特点把学生的课堂问题行为分为两大类：一类是外向攻击型行为，其行为指向外部的人或事，常常表现为扰乱课堂秩序、恶作剧、具有暴力倾向、随意迟到早退、旷课等；另一类是内向退缩型行为，其行为主要指向自身的思维、情绪等内部心理问题，主要表现为：沉默寡言、与教师授课相脱节、走神、想入非非、情绪烦躁、坐立不安、紧张焦虑、注意分散等。

2. 课堂问题行为的判定

课堂问题行为是多种多样、千奇百怪的，怎样评判一种课堂问题行为是否严重？通常我们要从几方面进行分析：（1）普遍程度。这种行为是否是这一年龄阶段的儿童普遍发生的问题行为。如，年龄较小的儿童常常出现注意力不集中的现象。（2）发生时间。此问题行为是发生在刚上课，还是中途发生，还是课将结束时发生的。（3）持续时间。该课堂问题行为持续多久，能否自行消失。（4）发生频率。该课堂问题行为在一节课上是否经常发生，共发生几次。（5）课程类别。该课堂问题行为是只在一门课程中出现，还是固定几门课，还是所有课程都不可避免。（6）行为目标。该课堂问题行为是指向行为者自身，还是指向其他同学，还是任课教师。

（二）维持课堂纪律的策略

课堂教学不可能不出现问题，面对课堂问题，教师不可采取忽视的态度，而应当认真处理。一个高水平的教师，并不有意公开纠正每一个小小的犯规。有时公开的注意，反而会强化课堂不良行为。处理课堂纪律问题的关键在于教师要知道为什么会发生，什么才是重要的，怎样防止问题发生。

教师维持课堂纪律可以采取以下措施：

1. 激发学习兴趣

教师处理影响课堂纪律的不良行为主要应以预防为主，处理为辅。要预防影响课堂纪律的行为发生，教师就要把课上得生动有趣，充分调动学生的学习热情。只有学生把全部注意都集中到教师上课的内容上来，他们才不会分心去从事其他有碍于课堂教学的活动。因此，教师在上课之前就应当做好充分的准备，把课的内容组织好。要做到这点，教师必须：（1）了解学生现有水平、知识结构，尽量让所有学生都能听懂，这是保障课堂纪律的前提条件；（2）授课内容符合学生现有知识水平、学习能力和已有经验，要让学生理解讲授内容，无挫折感；（3）鼓励学生积极发言，充分调动学生思维，尽量支持学生，使其有满足感；（4）作业难度适中，既能让学生巩固所学知识，又能让学生体验学习成就感。

2. 巧妙运用暗示

暗示就是用含蓄、间接的方式对他人的心理、行为施加影响。大多数的课堂纪律问题都是一些小事件，如做小动作、注意力不集中、擅自离开座位、交头接耳等。为了保证正常教学的顺利进行，教师必须采取措施制止。但在处理学生这些课堂问题行为时，要注意必须做到既能有效制止又不打断正常上课，因为学生的学业成绩与其在课堂上投入学习的时间有明显正相关，教师必须保障学生有充足的学习时间。要清楚，教师不是为了保证纪律才处理纪律问题的。暗示就起到了这样的作用。教师只要用目光接触、手势、身体靠近和触摸等方式，就能有效制止大多数学生的课堂不良行为。

3. 适当运用强化

教师的表扬与肯定对大多数学生来说是最好的奖赏，能增强他们的自信心，激发学习兴趣，提高自我效能感。教师可适当多鼓励并肯定学生，但要讲究方法与艺术。表扬使用不当反而产生不良影响。表扬学生要做到：（1）鼓励和表扬要及时，只有及时表扬才能提高学生的积极性和创造性；（2）要让学生知晓受到鼓励和表扬的原因，以巩固学生的良好课堂行为，甚至为其他同学树立良好榜样；（3）鼓励和表扬要适度、得当，鼓励和表扬虽在一定程度上能促进学生学习，但过度使用则适得其反，降低表扬的效价；（4）鼓励和表扬要有针对性、多样性，对不同的学生应该使用不同的表扬与鼓励方式，如常扰乱课堂秩序的学生能安静听课了，就值得表扬；（5）鼓励和表扬要合理，教师要把握鼓励和表扬的尺度，才能让所有学生信服；（6）在表扬的同时，不要放弃必要的批评，要做到有奖有罚，赏罚分明。

4. 言语提示

课堂上适量的简短言语提示，有助于把学生拉回到课堂学习上来。在暗示不起作用的情况下，教师应当在学生做出违反课堂纪律的行为时马上予以提示，延缓的提示通常对学生是无效的。教师应当立即用简短的言语提示学生要遵守的课堂规则，提醒学生跟上课堂教学步伐，认真听讲。一般情况下，教师只要给出正面提示告知学生正确行为即可。教师要尽可能采用平和、友好的方法，避免问题的激化而影响正常教学进度。

5. 纪律的强调

在大多数情况下，以上方法都能奏效，都能提示学生认真听课，但是也存在个别学生无视教师的提示与要求，坚持自己的行为，以此显示自身的"成熟"、"魅力"。对于这类学生，教师就要坚持原则，强调班级纪律的重要性，坚定自己的立场，在必要时可采取强制性措施来加强课堂管理。在执行强制措施时要注意不能影响正常教学，不能因个别学生的不良表现而打击了大部分学生的学习热情。不能对学生进行人身攻击，其行为表现再差也是班级一分子，也需要同学的接纳与肯定，因此教师教育应该对事而不对人。

思 考 题

1. 什么是课堂管理？课堂管理的功能有哪些？
2. 简述课堂管理的目标。
3. 课堂管理有哪些模式？
4. 什么是群体？怎样协调非正式群体与正式群体之间的关系？
5. 什么是群体动力？群体动力在课堂管理中起什么作用？
6. 怎样合理运用合作与竞争？
7. 什么是课堂纪律？课堂纪律有哪些类型？
8. 影响课堂纪律的因素有哪些？
9. 教师如何维持良好的课堂纪律？

第十四章 教学测量与评价

1. 识记教学评价的概念与分类,教学测量与评价及测验的关系,非测验性评价技术的种类。
2. 理解标准化成就测验的含义与优越性以及有效测验的基本特征。
3. 运用自编测验技术编制成就测验试题;正确地对教学评价结果进行处理与报告。

教学评价　　标准化成就测验　　自编测验　　非测验评价　　结果报告

第一节　教学测量与评价的意义和作用

上完某一单元或某一学期的课程后,学生掌握知识的程度如何?作为教师可采用何种测评方法来了解学生的知识或技能状况?学生是否已达到教学目标所规定的要求?这些都是要借助教学测量与评价才能回答的问题。本节主要介绍教学测量与评价所涉及的基本概念,根据不同标准划分的教学测评的种类,以及教学测评对于教育教学的重要意义。

一、教学测量与评价的基本概念

(一)教学评价的概念

教学评价是指系统地收集有关学生学习行为的资料,参照预定的教学目标对其进行价值判断的过程,其目的是对课程、教学方法以及学生培养方案做出决策。具体而言,教学评价是一种系统化的持续的过程,包括确定评估目标、搜集有关的资料、描述并分析资料、形成价值判断以及做出决定等步骤。

首先,教学评价的依据是教学目标。教学目标是在教学活动中所期待的学生的学习结果,它规定了学习者应达到的终点行为。教学之后,学习者在认知、情感和动作技能等方面是否产生了如教学目标所期望的变化,这是要通过教学评价来回答的。因此，教学评价的标准是教学目标。离开了明确具体的教学目标就无法进行教学评价。如果教学评价的标准和教学目标不一致，教学目标将会失去它自身的作用。

其次，教学评价包括了价值判断的过程。教学评价需要通过观察与测量来收集资料，但测量不等于评价，评价是测量的最终目的。通过评价，教育者可以对进一步的教育工作进行调整和改进。

（二）测验、测量与评价的关系

我们平时常用的测验（test）一词，既指测量（measurement），又指评价（evaluation）。测验是由一组题目组成，并在相同的条件下通过施测来测量一个行为样本的工具或系统的方法。这里"系统的方法"是说测验在编制、施测和评分等方面均依据确定的法则；"行为"是指受测者对测验的题目所作的反应；"样本"则指测验所包含的只是所有题目总体中的一个代表性部分，不是全部。

测量是指以各种各样的测验或考试对学生在学习和教学过程中所发生的变化加以数量化，给学生的学习结果赋予数值的过程，它所要回答的问题是："某学生在某学科的测验分数是多少？"或者："他的成绩比同龄组同伴的成绩高多少？"评价是对测量结果进行价值判断的过程，其结果可以用一个形容词、一个短语或一句评语来表示。评价要回答的问题是："某学生在某门学科中的成绩好到什么程度？"例如，张老师给六年级某班的同学进行一次数学测验，学生小明的成绩是70分，班级平均成绩为86分，最低分为65分，这些都是测量的结果。张老师根据这些测量结果将学生区分为甲乙丙丁四个等级，并认为小明的成绩属于丙级，这就是评价了。

另外，除了通过测验进行测量之外，教师还可通过一些非测量的方法，如观察、谈话、收集学生的学习作品等手段来收集有关资料，从而做出更全面的评价。

二、教学测量与评价的分类

（一）形成性评价和总结性评价

根据实施教学评价的时机，有形成性评价（formative evaluation）和总结性评价（summative evaluation）之分。形成性评价是指在教学过程中为了解学生的学习情况，及时发现教和学中的问题而进行的评价。形成性评价常采用非正式考试或单元测验的形式来进行。测验的编制必须考虑单元教学中所有重要目标。通过形成性评价，教师可以随时了解学生在学习上的进展情况，获得教学过程中的连续反馈，为教师随时调整教学计划、改进教学方法提供参考。

例如，在某些课结束后，进行经常性的小测验并及时评分，这就是一种形成性评价，它给教师和学生提供了反馈，有助于改善学生的学习。

总结性评价是指在教学结束后为全面了解教学目标的实现情况所进行的评价。通常在一门课程或教学活动（如一个单元、章节、科目或学期）结束后进行，是对一个完整的教学过程进行测定。通过总结性评价，教师可以检验本学期教学目标的实现程度，从而判断教学效果的好坏，是否需要对教学做进一步的改进，以及为制定新的教学目标提供参考。总结性评价可以经常进行，也可以偶尔进行。总结性评价应该与形成性评价以及课程目标紧密相连。

简单而言，形成性评价回答的问题是："你现在做得怎样？怎样才能做得更好？"总结性评价回答的问题是："你做得怎么样了？"

(二) 常模参照评价和标准参照评价

根据教学评价资料的处理方式，有常模参照评价（norm-referenced interpretation）和标准参照评价（criterion-referenced interpretation）之分。常模参照评价是指评价时以学生所在团队的平均成绩为参照标准（即常模），根据其在团体中的相对位置或名次来报告评价结果。简单而言，就是将学生的分数与其他学生进行比较。在某些标准化测验中，学生的分数可能是与全国代表性的常模群体的成绩进行比较。标准参照评价是基于某种特定的标准，来评价学生对与教学密切关联的具体知识和技能的掌握程度。也就是说，标准参照评价主要评价学生对某一具体技能的掌握程度，而不考虑其他人在该技能上的成绩如何。二者的区别见表 14-1。

表 14-1　常模参照评价和标准参照评价的比较

特点	常模参照评价	标准参照评价
适用的范围	调查性测验	掌握性测验
强调的重点	测查个体之间的成绩差异	描述学生能够完成的任务
结果的解释	将学生的成绩与其他个体相比较	将学生的成绩与明确、具体的成绩标准进行比较
内容覆盖面	一般包括较广泛的内容	一般集中在有限的一些学习任务上
测验设计的特性	经常使用细目表	经常使用详细的内容说明
题目选择程序	所选题目应最大程度地区分不同个体，简单的题目通常被删除	包括所有的能充分反映其成绩的题目，无需为提高分数变异而改变题目难度或删除简单题目
标准	成绩水平由学生在某一群体中的相对位置决定（如，在20名学生中排第5）	成绩水平通常由绝对的标准决定（如，学生掌握了所有技术术语的90%）

(三) 配置性评价和诊断性评价

根据教学评价的功能，有配置性评价（placement evaluation）与诊断性评价（diagnostic evaluation）之分。配置性评价又称准备性评价，一般在教学开始前进行，摸清学生的现有水平及个别差异，以便安排教学。通过配置性评价，教师可以了解学生对新学习任务的准备状况，确定学生当前的基本能力和起点行为。

诊断性评价可分两种情况来理解。它可以指用于了解学生的学习基础与个体差异的评价，目的在于分析学生的起点行为，确定学生对新任务的准备情况，在这种情况下它与配置性评价意义相当。它也可用于专指对经常表现学习困难的学生所做的评价，这种评价多半在形成性评价之后实施。

（四）正式评价和非正式评价

根据教学评价的严谨程度，有正式评价和非正式评价之分。正式评价（formal evaluation）指学生在相同的情况下接受相同的评估，且采用的评定工具比较客观，如测验、问卷等。非正式评价（informal evaluation）则是针对个别学生，且评价的资料大多是采用非正式方式收集的，如观察、谈话等。有时，教师也会采用非正式评价作为正式评价的补充。例如，为了对小明的智力水平进行更全面的评价，教师在对他进行智力测验之后，如果能再结合平时的观察以及与小明面谈的情况，就有可能获得更详细的信息，如，小明可能只是因为比较好动、注意力不易集中，导致在智力测验中表现较差，而并不是由于能力低下。

三、教学测量与评价的功能

在学校教育中，教学测量与评价的功能主要体现在如下方面：

第一，为师生调整和改进教学提供充足的反馈信息。

教学评价是以教学目标为依据的，如果评价所反映的学生学习结果与教学目标相符合，则表示教学目标适当，而且也显示出教学策略的成功。相反，如发现两者之间不相符合，那就必须重新考虑教学目标的适当性与教学策略的有效性。

第二，测量和评价时所包含的测验对学习的有效性有极大的促进作用。

近来，国外研究者关于测试效应（testing effect）的研究将测验的作用提高到一个新的高度。测试效应指学习（记忆）某一内容时，进行测试或提取练习比额外学习能更好地提高后来对它的记忆保持水平，即便在测试无反馈时也是如此。理解这一概念应先区分测试的间接作用和直接作用，测试的间接作用指测试可通过各种方式促进学习，如，课堂测试可促使学生在一堂课中不断地学习，测试还可使学生从测试结果中得到反馈，学习过程中的自我测试可引导学生下一步应学什么等。而测试的直接作用指测试这一行为本身提高了学习和长时记忆，即测试效应。

Karpicke 和 Roediger 在 2008 年发表的一项研究有力地阐明了记忆过程中的提取练习（测试）对记忆保持的重要意义。研究让大学生被试在四种条件下记忆：（1）S-T-S-T-S-T-S-T（ST；S 表示学习，T 表示测试）；（2）S-T-S_N-T-S_N-T-S_N-T（S_NT；S_N 指学习未成功回忆的词对）；（3）S-T-S-T_N-S-T_N-S-T_N（ST_N；T_N 指先前回忆成功的词对将不再参加随后的测试）；（4）S-T-S_N-T_N-S_N-T_N-S_N-T_N（$S_N T_N$）。结果发现，ST 组和 S_NT 组的回忆率都约为 80%，而 ST_N 组和 $S_N T_N$ 组的回忆率分别仅为 36% 和 33%。首次学习之后的重复编码对回忆无显著促进作用，而重复测试则极大地促进了回忆。

第三，是学校鉴别学生学业成绩、家长了解学生学习情况的主要方式。

教学评价结果（测验分数、奖状、小红花以及成绩单等）反映了子女在校期间的情况或表现，能够使家长了解到自己孩子在学校的学习情况。如果某个学生的成绩下降了，家长或许能够了解其中的原因，并有可能帮助孩子跟上学习进度。另外，有研究发现，定期地将学生的好成绩告知家长，并让家长对学生的良好表现进行强化，这种方式可改善学生的行为，提高学习成绩。

第四，是教学过程的一个重要组成部分。

根据 Floom 在 1962 年发表的基本教学模式，教学系统包括了"教学目标→起点行为→教学活动→教学评价"四个环节或因素，它们影响着教学活动的成效。教学目标是教学活动的基础，后三项是达到目标所需的手段或途径。而其中，教学评价的功能非常独特而关键，对另三项具有重要的反馈作用。在教学活动中，评价根据预期的教学目标对教学效果进行价值判断，确定教学行为在多大程度上接近预定目标，判断教学活动的效果与效率。教学过程是一个需要教学评价不断向教学目标、起点和教学活动提供反馈、反复循环上升不断逼近教学目标的过程。若教学评价表明教学已经达到了既定的目标，就标志着旧教学过程的终结，而新的循环又会产生。因此，成功的教学除了合理可行的教学目标、对起点行为的准确把握、适当的教学活动外，有效的教学评价的方式方法是非常重要的。

第二节 教学测量与评价的方法和技术

与教学目标一致，教学评价也应包括认知、情感和技能三个方面。对于认知和技能领域的学业成就，最常用的教学评价手段是标准化成就测验和教师自编测验。而对于情感以及道德行为表现则常常用非测验性的评价手段，如案卷分析、观察、问卷量表以及谈话等。当然，这些非测验性的评价手段也可作为成就评价的补充。

一、标准化成就测验

（一）标准化成就测验的含义及特点

标准化成就测验（Standardized Achievement Test，SAT）是指由专家或学者们所编制的适用于大规模范围内评定个体学业成就水平的测验。这种测验的命题、施测、评分和解释都有一定的标准或规定，测验是由专门机构或专家学者按一定测验理论和技术，根据全国或某一地区所有学校的共同教育目标来编制的。另外，所有受试人所做的试题、时限等施测条件相同，计分手段和分数的解释也完全相同。以美国教育测验中心（ETS）为例：在 ETS，测验的编制工作是在一个由学科和测量专家组成的顾问委员会指导下进行的，委员会在编制测验时往往都必须先考虑如下几个问题——需要哪种类型的测验？用于什么目的？测量哪些知识和技能？相对重点是什么？适用于哪个年龄范围？需要多少题目？需要几种分数或分测验？等等。对这些问题的决定成为编制测验的总纲和准则。实际编制工作是由学科专家与测验编制专家共同完成的，其步骤与一般心理测验的编制程序是相同的。

首先，根据测验目的，由许多人共同拟定测验计划，集中各种观点，使其具有广泛的代表性。然后是编制题目，由学科专家和测验专家进行评论、修改、再评论，如此反复，直至得到一套满意的题目为止。编写的题目应比需要的多出几倍（通常为三至四倍），然后通过试测进行项目分析。项目分析可以用经典测量理论方法，也可用项目反应理论方法。成就测验一般多用复本信度和分半信度作为信度指标，以年级为样本的测验应该给出各年级的单独的信度。成就测验的效度指标主要是内容效度。用于预测的成就测验，实证效度很重要。除常模分数外，有时还需要提供内容参照分数。最后是编写测验说明书（测验手册），并制作各种辅助材料（如作答纸格式、剖析图、记分键等），必要时还要为学生编写测验指南并提供一些模拟试题，这些对测验的有效使用来说是必不可少的。

标准化成就测验在国外得到普遍使用。比如，美国教育测验中心举办的托福考试（TOEFL），考核非英语国家学生的英语水平，决定是否录取留学和授予奖学金。目前，我国在标准化考试方面也有些规模较小的编制与试用。如汉语水平考试（HSK），外国学生通过4级才能进入中国大学，通过6级可以读硕士学位。

（二）标准化成就测验的优越性

标准化成就测验的上述特点使得它具有如下优越性：

首先，标准化测验具有较好的客观性，这也是它优越性的最重要体现。教师自己在编制和解释测验时，虽然总是尽力提高测验的客观性，但效果仍不明显。因此，在大多数情境下，标准化测验是一种比教师编制出的测验更加客观的测量工具。这是因为，教师对学生的情况了如指掌，对过去考试中很成功的学生或向来学习较好的学生，就存在着预期，相信他们在将来的考试中也会名列前茅。反之，对那些以前考试一贯成绩不佳的学生，教师的预期也较低，认为他们今后的考试成绩也会很差。由此，在批改模棱两可的答案时，教师就极有可能给学业好的学生高分，而给学业不佳的学生低分。标准化测验是由测验专家编制的，他们与接受测验的学生没有个人情感上的联系，因此可以避免此类问题。测验专家在测验的内容取样和题目编制方面，也比教师更系统、合理。

其次，标准化测验比大部分的课堂测验更有计划性。专家在编制标准化测验时，已经考虑到所需的时间和经费。

第三，标准化测验由于具有统一的参照标准，使得不同考试的分数具有可比性。标准化测验有助于将单个学生的分数与标准化样本比较，以便清楚学生在某一特定的学科领域里的优势和弱处。还可以用于比较一个班级的学生与标准化样本的区别。

（三）对标准化测验的批评

虽然大多数心理测量专家都同意标准化成就测验在各种评定个体学习和其他心理能力的手段中是最简便、有效、公正、偏见最少的手段，但标准化测验在很多方面都不尽如人意，它的缺陷不可避免。主要表现在如下方面：

第一，标准化测验与学校课程之间的关系可能会出现不协调。在我国，每个地区的教学状况之间还存在着一定的差距，一个地区的教学内容与另一个地区的可能有较大差异，因此，可能不少地区学生所学的内容与标准化样本所学的内容有差别。这就要求教师在选用标准化测验前，仔细查阅其内容范围、要求标准等，使得测验的目标与评价的目的相匹配。这种不协调可能导致的一个问题就是，标准化测验成为教学的指挥棒，使得教师为了对付考试而进行教学。例如，高考给教师和学生带来了巨大的压力，教学和课程都主要围绕着高考进行，以至于一些正常的教学活动被打乱，影响了学生的全面发展。

第二，我们常利用标准化成就测验对学生分类和贴标签，对个体造成了不良影响。它们的使用对得低分的学生伤害尤大。罗森塔尔（Robert Rosenthal）关于期望效应的研究已表明，教师对学生的预期或期望将潜移默化地影响学生，使学生朝着其"期望"方向发展。如果一位老师在几次标准化成就测验之后给某位学生贴上了"差生"的标签，那么他在随后的教育教学过程中，就很可能以他印象中的"差生"的所有特征来验证该学生的各种行为。而且，被贴上标签的学生还必须忍受来自各方面的歧视和自尊心的伤害，身心健康发展将受影响。

二、教师自编测验

调查发现，学生5%～10%的课堂时间是在做测验。这些测验中除了一些是标准化成就测验之外，有很大一部分是教师或所在学科教研组自编的。由于科目繁多，教学检查需经常进行，而教师自编测验操作过程容易，应用范围一般限于本班、本年级，施测方便，因此，在实际的教学过程中为教师所广泛采用。表14-2说明了自编测验与标准化测验的不同。

表14-2 教师自编测验与标准化成就测验的比较

	教师自编测验	标准化成就测验
施测及计分方面	通常没有统一、具体的规定	有特别的标准化施测和计分方法的说明
内容取样	内容及其取样全部由任课教师决定	内容由课程及教材专家决定，包含对教学大纲、教科书和教学发展计划的深入研究，并对教材内容做了系统的取样
编制过程	可能仓促随意编成，通常没有测验计划、题目测试、项目分析或修订，测验品质可能较差	有细心策划的编制程序，包括编制目标及测验计划，并经过题目测试、项目分析及项目修订和筛选步骤
常模	只采用本班常模	除了本班常模，标准化测验必须具备全国性常模或学区性常模
目的及应用	最适合用于测量教师设定的特殊教学目标，作为班内比较的依据	最适合用于测量广泛的课程目标，作为班级、校际及地区性比较的依据

（一）自编测验的含义与特点

教师自编测验是由教师根据具体的教学目标、教材内容和测验目的，自己编制的测验，是为特定的教学服务的。教师自编测验通常用于测量学生的学习状况，而标准化成就测验则用来判断学生与常模相比时所处的水平。

教师自编测验是在学校教学评价中应用最多，也是教师最愿意用的测验。这是因为，教师自编测验操作容易，教师可根据学科特点和教学检查的需要随时编制，并在本年级或本班小范围内施测，较为灵活方便。虽然教师自编测验未经过标准化，但其编制也须遵循一定的方法和原则。

（二）设计测验前的计划

教师在设计测验前应做好如下准备工作：

1. 确定测验目的

不同的测验目的，其测验长度、题目取样、测验题型等都相应不同。例如，如果教师想在教学活动之前了解学生原有知识掌握情况，则应采用诊断性测验，而这一测验性质的确定，也就大致框定了测验的内容、题型等。如，教师确定了要对小学生解答分数题目的水平进行诊断性测验，那么约分、同分母相加、通分等规则作为考核内容；要对中学生对力学问题的掌握水平进行诊断，则可将摩擦力的计算、牛顿第二定律、能量守恒等规则作为考核内容。

2. 确定测验要考查的学习结果

教师必须依据特定的教学目标和布卢姆以及其他心理学家划分的教学目标等级。如果在教学前已经有了明确的目的，那么考试的重点与该目标应该基本一致。例如，教师在教课时主要讲解了某方面的内容，在后继的考试中，大部分的试题应该与这方面的内容有关。

3. 列出测验要包括的课程内容，并写出考试计划或细目表

将所要测查的课程内容整理出来，作为出题范围。但是确定了出题范围之后，要使得课程内容与测验的内容和形式保持一致，还要做很多工作，否则就容易出现问题，比如：课堂教学中的一些次要内容在测验中可能有多个与之相关的题目，而一些重要内容所对应的题目反而较少；某些在课堂上是讨论其应用的学习内容，在测验时却只停留在知识水平上（填空题）。这些问题都可能降低测验的效度。要避免出现上述问题，使得测验能够与教学的目标和内容保持一致，并使出题者能将考试具体化，一个有效的办法就是使用细目表（specification grid）。细目表的形式是两维表，例如，可用纵栏表示学习结果，横栏表示课程的内容或范围。中间的栏目，就是教师根据自己的情况填上在测验中计划测量多大比例的学习结果和课程内容。表 14-3 是关于本章部分内容的考试细目表的例子。横栏列出的是课程的内容，纵栏是布卢姆教学目标分类中的认知领域的六级目标。表中测验题的类型和数目，用来反映所要测量的课程内容与教学目标的权重或重要性。教师应该将双向细目表与学生分享，以便学生了解他们的学习目标，更有效地指导自身的学习。

表 14-3　"测验编制技术"的双向细目表

课程内容	项目分析技术	论文式问题的特点	多重选择题的特点	匹配题的特点	是非题的特点	填空题的特点	合计题数
知识	1个是非题	1个是非题	1个是非题	1个是非题	1个是非题	1个是非题	6
领会	2个选择题			1个选择题	1个选择题	1个选择题	5
运用		2个选择题	2个选择题	1个选择题	1个选择题	1个选择题	7
分析		1个论文式问题	1个论文式问题				2
综合	1个论文式问题						1
评价	1个论文式问题						1
合计题数	5	4	4	3	3	3	22

在编制出与细目表相一致的考试题目后，还要审查整个测验的完整性，并按照下列标准对测验进行评价：

(1) 测验所考查的内容与日常教学中所强调的内容是否一致？

(2) 是否忽视了重要的内容或目标？或者对此强调得不够？

(3) 测验是否包含了课程中所涉及的所有水平的教学目标？

(4) 题目所用的言语表述方式与你在课堂中所用的方式以及学生阅读水平是否一致？

(5) 测验的测量与学生回答这些内容所需的时间之间是否有一个合理的权衡？

(6) 每个简述题是否有标准答案或答案要点？每个题目是否反映了它在整个测验中的相对重要性？

(三) 自编测验的编制原则

编制测验的基本原则，从测验本身角度看主要涉及：(1) 测验内容符合评价目的。例如，用于形成性评价的测验只能包括新近学习内容，而用于总结性评价的测验必须包括一个阶段的学习内容。(2) 测验编制的科学性。自编测验也必须符合测量学的各项指标，如效度和信度等。除了以教材内容为根据外，测验还可通过以下方式提高其科学性：明确题目意义；增加测验题目；避免题目内部或之间存在暗示正确答案的线索；答案无异议；施测和评分要标准化，等等。(3) 测验的使用必须具备一定效果。教师自编测验不仅要有助于教师的教学，更要有助于学生的学习。所以教师应及时给予学生测验的反馈信息，帮助其纠正学习中的偏差，达到知识内容进一步深化掌握。

从题目角度看则主要涉及：(1) 测验题目与目标、内容的一致性。测验题目必须反映教学目标以及教师教过的重要知识，测量出学生的学习结果；同时，测量范围必须不超出教材的知识范围；(2) 题目具有代表性。题目必须代表教材内容中的重要知识；在题目数量的分配上，必须均衡教材中各个重点。为达到这一要求，教师可根据教学大纲来列出教材内容和教学目标的双向细目表，并根据考试的性质和目的，确定题目取材范围、形式和数量。(3) 题目形式与测验目的一致。在课堂学习后，学生对同一知识可形成不同的能力，如辨别能力、理解能力和记忆能力等。根据不同的测验目的，教师可选择不同的题目形式，如用是非题、选择题、填空题来测量学生的知识辨别能力或再现能力，用论述题或操作题来测量学生的综合分析能力。

基于上述基本原则，教师自编测验时可遵循以下六个步骤：

1. 确立测验目的，即测量什么或测量对象是什么。

2. 选择测验材料。选材时教师应注意材料的普遍性、目的性、代表性，既符合测验目的，能代表教材的全部内容，又不偏向某类学生。

3. 命题。命题时教师应注意题目的各种要求，如取样应具代表性，难度要有一定分布，文字要浅显易懂，各试题彼此独立，等等。根据测量目标，教师还应注意选取最合适的题目形式，而备选题目的数目最少应是所需数目的两倍，以便日后筛选。

4. 预试和题目分析。预试是指把初步选定的题目向一组学生实施的过程。在这一过程中，教师应注意：学生样组应具备代表性；预试过程力求正规；学生有时间完成所有题目；随时记录学生的所有反应。题目分析过程包括两部分：一是在预试前，教师对题目内容、形式、取材的适合性、制定题目的技术等加以分析；二是在预试后，教师根据学生的反应，分析题目的难度和鉴别力。

5. 题目的选择、编排及标准化。这一环节教师应注意三点：题目的鉴别力、测验的难度和各类题目的比例。在这三点上，不同测验的要求各不相同。题目选好后，编排方式一般是由易到难。而对题目进行标准化，就是规定题目的内容、实施、计分及分数的解释应符合什么要求等。

6. 鉴定测验的基本特征，即信度和效度等。

根据不同的测验目的，教师在编制测验时不必经过每一步骤，但大多要经过前三步。标准化测验则必须严格按照测验的编制程序进行。

（四）教师自编测验的具体形式

1. 客观题

（1）选择题

选择题（multiple-choice item）是指针对某一问题，让学生从多个可能的答案中选择一个或若干个正确答案作为回答的试题形式。按照要求勾选的答案的数量，可分为单项选择题、多项选择题和不定项选择题等多种形式。多项选择或不定项选择题的难度大大高于常规的单项选择题，可以有效地检查高一级的学习成果，在测验中也有广泛的使用。

选择题由题干和选项两部分组成。题干是要求学生回答的问题，通常用一般疑问句或不完整陈述句来表达；选项包括一个或若干个正确答案和几个干扰项（错误答案）。干扰项一般为3～5个，干扰项越多，学生猜测出正确答案的概率越小。下面的例子说明了两种形式的题干。

例1 将等量的黄色和蓝色颜料混合，会得到什么颜色？

A. 黑色　　　　B. 灰色　　　　C. 绿色　　　　D. 红色

例 2　在心理学流派中，_____主张整体大于部分之和。

A. 行为主义　　B. 人本主义　　C. 格式塔　　　D. 机能主义

选择题的优点是：有较大的灵活性；试题取样范围广，能够涵盖课程的主要内容；易于计分，客观性强。但它也存在缺点：编写困难、费时；难以排除学生猜测的成分；由于选择题的答案是固定的，因而不易测量学生的创造力、组织和综合能力；学生在选择正确答案或排除错误选项的过程中，对干扰项的思考有可能使学生产生错误记忆（false memory）。

教师在自编选择题时应注意，所编制的选择题应使有能力的学生能够选出正确的答案，不受错误选项的干扰。另外，错误答案要具有迷惑性，要避免不了解相关知识的学生仅凭猜测就能选对答案，否则就降低了测验的信度和效度。

（2）是非题

是非题（true/false item）是要求学生对一则陈述的命题给予是非（正误）判断的一种试题形式，也叫正误题或判断题。

例：请判断下列各项陈述是否正确，并将"√"或"×"写在后面的括号中。

① 植物没有神经系统。（　　）

② 各种植物的生长都离不开光合作用。（　　）

是非题可用于测量不同水平的教学目标，而且形式简单，能够在一份试卷内覆盖大量的内容，教师在评判时也较客观，计分简便省时。但是非题测量的常常是一些较低水平的细节性的知识点，不易测量一般原理或对知识的应用、分析、综合、评价等。编写是非题时，应注意每一个题目都应该清晰地表达出某种观点，而不是模棱两可的看法。在是非题中，尤其要注意避免使用特殊限定词，如，"总是"和"从不"，因为学生有可能由此得到答题信息。

（3）匹配题

匹配题（matching item）是选择题的一种变式，让学生将一栏前提项（通常是左侧的一栏单词或短语）与一栏反应项（右侧的一栏单词或短语）相互匹配。可采用填写选项代码或连线等不同方式作答。匹配题是评价某种类型的事实性知识的一种可靠、客观而有效的方式。

例：从右栏中找出左栏所列作者的作品，并把相应的字母填在括号中。

① 吴承恩（　　）　　A.《窦娥冤》

② 蒲松龄（　　）　　B.《三国演义》

③ 关汉卿（　　）　　C.《红楼梦》

④ 曹雪芹（　　）　　D.《梦溪笔谈》

⑤ 罗贯中（　　）　　E.《水浒传》

⑥ 施耐庵（　　）　　F.《聊斋志异》

　　　　　　　　　　G.《西游记》

匹配题可以涵盖较广泛的内容，形式简单、容易编制，且易于计分。但它只能用于测查彼此存在着简单关系的知识，对于较低水平的学习更为有效。而且匹配题要求项目之间具有内在联系，属于同一类型，这使得项目编写的难度较大。另外，匹配题答题所需时间较长。

编制匹配题时，既要注意方便减少学生寻找的时间，提高答题效率，又要注意降低学生猜测的可能性，因此要运用适当的命题技术。编制匹配题的技术要点如下：

① 前提项与反应项均需采用同类资料，如用人名时都用人名，用书名时都用书名。
② 在项目的数目上，提供的反应项目可多于前提项目。
③ 要讲清每一选项可用一次还是可用多次。
④ 前提项或反应项的数量一般不应超过10个或12个。
⑤ 题干与前提项和反应项的文字必须出现在同一页上。

(4) 填空题

填空题（fill-in-the-blank item）是要求学生在一个留有空白的未完成句子中填上适当的词或短语以构成一个完整的句子的答题形式。当教师的目的只是让学生写出事实时，填空题十分有用。填空题经过认真设计后，也可以要求学生构想出一个有意义的论点。它的优点首先在于考查了学生的回忆和再认能力。其次，它把学生猜测的可能性降到最小。但是，填空题往往要求学生扼要地写出答案，因此经常只能考查较低层次的信息加工产品。此外，其评分还会受到笔迹、用词等无关因素的影响。

编写填空题时要注意以下几点：

① 填空题让学生填的应该是一些关键字句，并与上下文有密切的关系。
② 在一个题内不要留有过多的空白，否则会失去意义上的连贯性，使学生无法理解题意。
③ 一般留有一个或两个空白为宜。
④ 各题留出的横线空格的长度应相符，而不要过长或过短，以免横线的长度对正确答案的字数产生暗示作用。
⑤ 为每题准备一个正确答案和可接受的变式标准，并具体规定是否答案部分正确也可适当给分。

2. 主观题

主观题要求学生自己组织材料，并采用合适的方式表达陈述出来，这一题型主要可分为论文题及问题解决题两大类。教师在评分时，对学生的回答需要给出不同量的分值，而不仅仅是满分或零分。

(1) 论文题

论文题是指要求学生用文字论述方式阐述相关观点的题目，回答字数可以从几段到几大页不等。一般较常使用的有两种类型，即有限制的问答题和开放式论文。有限制的问答题是指对回答的内容和长度都有规定，如平时测验中的简答题（"请简要说明生理方面新陈代谢的含义及其过程。"）。开放式论文，则允许学生在内容上自由选材，自由发挥，而且篇幅较长，如一般置于试卷最末尾的论述题（"就中国加入

WTO所面临的机遇和挑战，陈述自己的看法。"）。两类论文题虽然在答案长度和考核的内容范围上有所不同，但编制和评分的原理是基本相同的。

论文题的优点主要在于，不容易通过猜测来回答，可以测验知识、理解或运用水平，分析、综合、类比和评估知识的能力，以及创造能力。此外，它还可考查学生组织信息或表达陈述某项意见的能力，这是论文题较为独特的功能。

但是在测验中使用论文题时也要注意如下问题：① 评分信度。一些研究发现，让不同的教师对同一道论文题的答案分别评分，其评分差异跨度可从"优秀"到"不及格"，这就难以保证测验的公平和准确。评分者应注意防止"晕轮效应"——如果教师知道这是某个学生的答案，就容易根据对该生的印象而改变评分的标准。② 低估学生能力。论文题的回答在很大程度上依赖于学生的写作技能以及表达思想的能力，如果只使用论文题而不考虑其他测验题型的话，应有可能低估那些不善于写作，但确实掌握了所学内容的学生的知识水平和努力程度。③ 答题耗时。学生通常要用大量的时间来回答问题，因此不宜用于考查大量的学习内容。不过另一方面，通过这类题目，教师可以有机会了解学生对所学材料的运用情况。论文题目以牺牲考查的广度换取了考查的深度。

编制论文题时较容易出现的一个错误是，未明确规定回答问题的详细程度以及答案的长短。如果只说明某道论文题在整张试卷中的分值，学生就很难明确回答到什么程度才算达标。例如："述评加拿大总理在政治领域中的作用。"这种题目未阐明具体要求（答案长度、需要考虑的要点、阐述的方向等），较难引导学生做出正确回答。而像"从三个方面来比较加拿大总理和美国总统对选民承担的不同义务，并就每方面来对比解释其差异（字数不超过五段）"这样的题目，就显得较为具体，有针对性。有些老师不愿意在题目中提及学生将要论述的具体内容，因为他们担心如果在题目中提及学生将要论述的具体内容，就有可能遗漏太多的信息。但实际二，如果题目不明确，不同的学生可能会做出不同的解释，容易出现答非所问的情况。表 14-4 是关于论文题目好与差的两个样例。

表 14-4　论文题目好与差的样例

差	好
1. 根据早老性痴呆症病人的变化，描述其生命历程。	1. 区分有关早老性痴呆症病人生命历程阶段模型的六个阶段。至少说明三个阶段，并举例说明每个阶段可观察到的病人的行为和生理变化。
不好的原因：含义不清，不知要求回答的是什么。生命历程是一个宽泛的概念，学生几乎可以写出任何东西。	
2. 描述黑猩猩的社交机制。	2. 从独立等级、战略智慧、互利互惠这几个方面，描述黑猩猩群落中的社会机制。举一个行为例证来说明黑猩猩群落中的社交模式。
不好的原因：问题过于宽泛，不确定，不知要测查哪一种机制。	

为了克服论文题的不足，避免上述错误，教育心理学家对如何编制这类测验题做了如下建议：
① 论文题的用语必须简单、清楚、明确；
② 论文题的设计要尽量涵盖相对多的知识点；
③ 标出每一问题的分值和限定回答的时间；
④ 事先拟出每题的答案要点和评分标准；
⑤ 对同一试题的评分一次性集中完成。
⑥ 评分时不看学生的姓名。

（2）问题解决题

在数学、物理、社会科学等学科的教学目标中一般都包括解决问题的技能，因此对学生问题解决能力进行评价是很重要的。问题解决题是向学生提供一定的问题情境和目标情境，要求学生通过对知识进行组织、选择和运用等复杂的程序来解决问题。问题解决题通常有两种形式，一种是间接测验，与前面提到的几种测验形式一样，采用纸笔测验来评价学生的学业成就或能力。学生在完成时，通常必须写出若干步骤或过程，以展现他的思路。评分时，按照步骤计分，如果缺少某些步骤就不能得分。平时的理科性质的考试多出这种类型的问题解决题。

问题解决题的另一种方式是直接测验。例如，为了考查学生学习本章内容的情况，让学生编制一份测验小学两步应用题的测验题。由于它考查了学生处理实际问题的能力，有时也称之为操作评价。比如教师可以要求学生设想一个可以解决本市垃圾处理问题的方案（要求只写可行性措施，不超过500字），或者要求学生去测量学校操场的面积。操作评价对于考查高级思维技能十分有效，但是往往费时费钱，而且主观性较大，并且效度也经常受到质疑。

采用问题解决题应注意的一个要点问题是：如何对学生的解答进行客观的评估？其实与评估论文题相似，教师应当事先写出一个标准答案，或写出问题解决过程中所必需的关键成分或步骤。还需注意的是，问题解决的方式也许各不相同，但可能都是正确的。所以，答案要点要具有灵活性，能够兼容所有可能正确的回答。下面是小学生数学问题解决题评分纲要的一个例子：

题目：
在网球淘汰赛中，有40名选手角逐单打冠军。请问需要进行多少场比赛可以决出冠军？

评分：
A. 通过学生所用的图形、图表、方程式等来判断其对问题的理解。（3分）
B. 运用了一种有可能正确地解决问题的方法，如系统地尝试错误、经验归纳、排除法、逆推法等。（5分）
C. 得出了正确答案。（3分）

（五）有效自编测验的特征

教育与心理测量学表明，良好的测评必须具有较高的信度、效度和区分度等指标。只有具备较好的测量学指标，测评所提供的信息才能准确地估计学生的学业成就水平，从而使教师或教学管理人员可以进行恰当的教学调整或教学策略的改变。

1. 信度

信度（reliability）反映的是测评的可靠性程度，即多次测验分数的稳定、一致的程度。它回答的问题是：某一个体或团体（班级）的评定结果是否跟某段时间内的测评结果大致相同？是否跟另一环境下的测评结果大致相同？是否跟另一个评分者的测评结果大致相同？例如，假如你用直尺测量身高，星期一测得的身高是175cm，星期二仍然是175cm，那么用这把直尺测量身高就是可信的。而如果星期一测得的身高是175cm，星期二再测时是160cm，那么这把直尺就是不可信的，因为一般情况下，人的身高不会在那么短的时间内发生那么大的变化。又如，采用性格量表测量学生性格，他们在这一个月的结果，如果大致等于六个月前和三个月前的得分，那么我们就可以较有信心地认为这一性格量表的信度是较高的。

2. 效度

效度（validity）是指测量的正确性，即一个测验能够测量出其所要测量的东西的程度。它回答的问题是：测验测量什么？测验对测量目标的测量精确性和真实性有多大？如果测量的不是要测量的概念，那么就谈不上对该概念进行准确测量的程度了。

例如，某人自行编制了一份智力量表，小明的智力水平用标准化的智力测验测得为100，用该自编智力量表测得为90。虽然存在一定误差，但如果这一量表所测量的的确是应该要测量的概念（智力），我们通过一定的修订还是能使它成为有效的智力量表。但如果他所编制的是测量其他概念（如人格特征）的量表，用它来测量小明的智力，那就是无效的，即使其分数碰巧也为100，也仍然是无效的。因此，一种测量工具是否测得了所欲测的概念对其而言，是非常重要的。此外，一份测验的效度还与测评的目的有关：一份测验对某一目的或许有效，但对另一目的则可能是无效的。例如，常规的数学测验对于评定学生加减运算的掌握水平是适宜的，但并不适用于评价数学天才儿童。

（六）自编测验的注意事项

1. 测验应与教学目标密切相关，反映教学内容

自编测验不能脱离教学目标和内容，它应考查学生对教学或课程中最重要的概念、知识和技能的掌握状况。如果一份测验所测量的内容对学生而言是陌生的、没有学过的，或者不是教学所着重的内容，那么这份测验的编制应当说是失败的。测验的目的之一即在于测查学生对所学内容的掌握情况，通过即时反馈，补缺补漏，从而使教学更有针对性。如果测验不能反映教学目标和教学内容，也就失去了它的价值。

当然，一份测验不可能考核所有的教学内容，它总是从中抽取部分样本内容来代表总体。取样的代表性也在一定程度上体现测验的水平以及它所能产生的作用。例如，教师在讲授应用题时，如果重点是讲述两步式应用题，那么这部分知识在试卷中所占的比重就应适当大一些。测验内容的"取样性"并不会导致学生片面地进

行复习，因为他们只有全面地进行复习，才可能取得好成绩。

2. 根据测验目的，确定测验的结构

首先，教师应明确测验后所获得的相关信息是用于做何评价的。形成性评价要求测验的内容与最近的教学内容相关；总结性评价的测验涉及的知识和技能的范围则更广泛一些。诊断性测验可用于判断某一班级学生中存在应用题解题困难的原因何在；而要评定学生的一般能力和知识水平，则可采用预测性测验。确定了测验目的后，还需根据学生所学内容的特点，选择适当的题目类型。例如，选择题对于考查学生的再认能力比较有效，但如果用它来评价学生的问题解决能力，则不太合适。

3. 注意测验的信度，慎重解释测验结果

信度是测验良好程度的一项指标。教师可以通过增加题目量、减少区分度小的题目等方法来提高测验的信度。但即便某一测验本身信度很高，学生在测验上的得分仍然可能因为受到其他因素的影响，而出现与其水平不一致的情况。在一次测验中，学生的考试技巧、考试情绪、考场环境等因素都会对测验成绩产生影响。因此，教师在解释测验结果时，应明确：测验分数只是大致地反映了学生的学习水平，不可能是绝对准确的标准值。教师一般不要下绝对的定论，诸如"通过这次测验，我发现小明偏科越来越严重"、"小红不善于解答有一定难度的题目"，更多的时候应当思考为什么会是这样的结果。

4. 测验应能促进学生的学习

测验的作用并不仅是单纯地检测学生的学习水平，传统意义上，它的主要功能是鞭策学生努力学习，对学生的进步和他们的最后成绩和成就进行客观检验。要是检验到某方面不能令人满意，便可制订适当的方法进行补救。一个好的测验，不仅可以估计学生的成绩和成就在多大程度上实现了教育目标，而且还可以解释成就的不良是因为教材不合适、教师教法有问题，还是由于学生的准备和才能不足、动机和情绪不恰当。

三、非测验的评价技术

（一）案卷分析

1. 案卷分析的含义

案卷分析（portfolio assessment），也称档案袋评价，是一种常用的评价策略，其内容主要是按照一定标准收集起来的学生认知活动的成果。portfolio 有"代表作选辑"的意思，最初使用这种形式的是画家、摄影家等，他们为了特定的目的（如升学、展览、找工作等）把自己有代表作的作品汇集起来进行展示。这是 20 世纪 90 年代伴随着西方"教育评价改革运动"而出现的一种新型质性教育教学评价工具。案卷是学生在长时间学习过程中的表现的集合，而不是瞬间的、片断的资料。案卷可以是成品，如学生的家庭作业或课堂练习、论文、日记、手工制作的模型等各种作品，也可以是各种辅助性信息，如学生作品的草稿、学生对作品的自评、家长的评价等。对这些材料进行考查分析，并就学生的能力和学业状况形成某种判断和决策的过程就是案卷分析。案卷分析在一定程度上克服了传统评价方法的一些弊端，强调评价与教学的有机结合、学生的学习过程评价、学生的参与等，对于促进学生发展和教学相长有重要的现实意义。

2. 案卷分析的实施过程

案卷分析的实施过程可分为组织计划、资料收集和成果展示三个阶段。

（1）组织计划阶段：是档案评价的最初阶段，也是最重要的阶段。在这个阶段，教师需要做周密的准备。一是明确教学目标，目标能够为学生有效收集信息资料提供方向；二是要评定评价的具体对象，包括年级和学科以及学生的人数；三是确定要收集的信息形式与内容；四是信息收集的次数与频率；五是要向学生进行必要的解释，如案卷分析的内涵及其在个人学习过程中的重要作用等，以便使学生在心理上认同自己的成长，在案卷中展示自己学习的实际状况。

（2）资料收集阶段：根据前一个阶段所确定的计划和方案在学习和教学过程中具体收集学生的有关信息和作品。

（3）成果展示阶段：案卷分析的最后阶段。在该阶段学生把自己的学习成果以板报、橱窗、家长汇报会等形式展示出来，教师根据学生的展示，给学生以总结性评价。

（二）观察

通过观察进行评价是指教师在教学过程中对学生的学习表现和学习行为进行自然观察，并对所观察到的现象做客观和详细的记录，然后根据这些观察和记录对教学效果做出评价。观察评价常采用行为检查单、轶事记录和等级评价量表等方式进行。

1. 行为检查单

行为检查单（checklist）是教师根据教学目标和对学生日常的学习、劳动和纪律等方面的行为要求而设计的，对学生的行为进行观察并随时加以记录。检查单一般包括一系列教师认为重要的目标行为。将这些目标行为按照逻辑和内在关系排序，再加上需要填写的学生个人资料，便形成一份检查单。检查单可采用"有/无"的方式记录（在相应栏目内打"√"），也可记录目标行为出现的次数。例如，学生一周纪律行为检查单（见表14-5）。

表 14-5　学生一周纪律行为检查单

姓名：		时间：第　周			
行为表现	周一	周二	周三	周四	周五
上学迟到		√	√		√
上课随便讲话	√			√	
上课时做与学习无关的小动作			√		
上课趴在桌子上睡觉				√	√
课间休息时与同学打闹			√		
自习课上大声喧哗	√		√	√	

2. 轶事记录

轶事记录（anecdotal records）是指教师客观地观察在学校和课堂中所发生的一

些与学习和教学有关的事件，对其经过和结果进行详细的记录。一般而言，可以使用轶事记录法进行评价的学生发展领域主要有技能、习惯、兴趣、自我概念、适应等。采用轶事记录法可以将学生评价置于真实的生活与学生情境之中，从而为教师提供有关学生发展的翔实信息，有助于发现对不同孩子的发展起作用的因素。另外，轶事记录的资料还可以为教师继任以及家长的交流奠定良好的基础。

采用这一方法时应特别注意以下事项：（1）应尽量避免可能有的偏见。轶事记录理应忠实记录所发生的事件，但在实际操作中，学生的性别、外貌、社会背景以及学生留给教师的整体印象或某一突出特点，往往会影响教师观察和记录的真实性和客观性。例如，由于某个学生很少在课堂上举手发言，教师就会片面地认为这个孩子在学习和交往中也是被动的，他所收集的事件就会成为这种认识的佐证，甚至记录的文字风格也会打上同样的烙印。（2）记录要及时。观察记录拖延的时间越长，就越可能遗忘一些重要的细节，从而影响事实的客观性。（3）轶事记录应该以单一事件的简短描述为主。可以采用表格或卡片的形式，以便于存档和使用。如图14-1所示。（4）要注意将对事件的实际描述和对事件的解释区分开来。（5）不要草率对学生的行为做出结论。只有在不同的背景下多次观察某个学生，多方面收集其他资料，才能正确地发现他的基本行为模式。

轶事记录卡

姓名：松松（5岁4个月）

时间：2002年10月14日上午9：53

地点：结构区

事件实录：

松松用纸卷了两个长短不一的桥墩，然后将积塑插成的桥面放到桥墩上，桥塌了。他又试了两次，桥还是塌了。松松停了下来，拿起桥墩看了看，又竖着比了比。他站起身，左右瞧瞧，最后眼光停在了明明搭的桥上。一会儿，松松举手对老师说："闻老师，我想要纸杯子。"松松将老师给的一次性纸杯子排起来，再把桥面小心地放上去。这一次，桥没有塌。

事件解释：

松松发现了桥塌的原因，并能通过观察、借鉴别人的经验、向老师寻求支持的方式来解决问题。

图14-1 轶事记录卡

3. 等级评价量表

评价量表（rating scales）可用于判断某种行为的发生频率，以及某种操作或活动的质量，使得观察信息量化。通过量化所观察的信息，研究者可以迅速获得概括化的信息。评价量表和行为检查单有一定关系。二者都要求教师对学生的行为进行判断，可以在观察过程中或结束后使用。但它们的评定标准不同，检查单只需要做定性的判断，而等级评价量表是做定量的判断。评价量表对于连续性的行为可能更为有效。

评价量表一般将备择选项按一定的标准列出若干个等级，从中做出一个选择。例如：

学生姓名：	评定日期：				
	1	2	3	4	5
	少	较少	一般	较长	长
看黑板时间					
记笔记时间					
回答问题					
……					

在设置评定等级时，要注意避免两个问题：(1)对评定等级的文字说明过于含糊，使得评分不好操作；(2)评定等级太多或过少，等级过多导致评定无从着手，等级过少又使得行为特质的鉴别力低。评定等级一般为3~7个。

（三）情感评价

课堂教学目标除了包含知识和技能之外，态度、兴趣、习惯、品德、审美等情感教学也是不可缺少的成分，如果缺少对这些内容的测量，就不能全面评价一个学生。我国新一轮基础教育课程改革在各科教学的课程标准里明确提出了三大教学目标：知识与能力目标，方法与过程目标、情感态度与价值观目标。在学科教学中重视情感目标，对于扭转教学实践活动中长期以来所形成的重知轻情的失衡状况，促进学生素质的全面提高，具有极为重要的意义。

情感评价必须符合情感教学目标。情感教学目标的范围较广，而且不同情感教学目标的测量方式也有差异，较常采用的有观察法、情境法、问卷法、谈话法等。表14-6是采用情境法评价学生学习态度的例子。

表14-6　情境法举例

题目类型	举例
造句测验	当……时，我对老师的讲课非常感兴趣。
不完全故事	说明文比较枯燥，如果你是语文老师，如何吸引学生听课？
两难问题	我对外语很感兴趣，喜欢在上面花更多的时间。可是觉得数学很枯燥，不爱学。我是应该在外语上多花些时间以发展特长呢，还是应当在数学上更努力些？

四、教学评价结果的处理与报告

教师利用一定的技术和工具测量与评价学生的学习情况之后，可得到一份结果，例如最常见的成绩报告单，并将之向学生和家长报告。评价结果对教育者而言有着重要意义，学生和家长也是极为重视的。

（一）评分

国内外的研究表明，给学生评分是教师所面对的一个最复杂和最具有争议的任务。但目前大多数研究者都认为，对学生进行总结性评价是必要的，而且大多数学校往往都将某种评分方式作为一种主要的评分形式。通过测验所获得的结果必须按照某种评分标准予以解释和处理。一般而言，学校教育中对学生学业成就的评分标准包括绝对评分标准和相对评分标准两种。

1. 绝对评分标准

绝对标准以学生所学的课程内容为依据，学生的分数与其他同学的分数没有关系。绝对评分标准由一些预先设定的、达到某一等级所必需的百分数组成。例如，我们所熟悉的60分为及格线，低于60分就是不及格、60～69分为中下水平、70～79分为一般水平、80～89分为中上水平、90～100为优秀水平，就是一种绝对标准。

绝对评分标准的优点是简单易懂，只要测验的命题确实能够与教学目标相符，就可以根据学生的分数来评价他对教材的掌握程度。但是，绝对评分标准存在一个问题，即学生的分数依赖于测验的难度。例如，在是非测验中，一个学生即使只能回答正确20%的题目，剩余题目全靠猜测（50%的概率），那他也有可能通过这次考试（20+80×50%=60）。而如果测验很难，不可能靠猜测来完成，那达到60%的正确率已是一个很高的标准。

2. 相对评分标准

相对标准是以其他学生的成绩为依据，对应于常模参照评价。相对评分是按照统计学上的正态分布原理，将学生分数的高低，按比例分配为五个等级。各等级所占的百分比分别为：优7%、良24%、中38%、及格24%、不及格7%。

相对评分的优点是可以让每个学生从自己所得的等级看出在班上的相对位置。例如，小明的数学考了80分，按绝对评分标准来看属于中上水平了，但如果其他同学的分数都在90—100分之间，那么他的相对分数是比较低的，甚至属于不合格水平。但相对评分标准也存在弊端：由于获得优秀的人数是固定不变的（7%），与平均水平较差班级的学生相比，平均水平较高班级中的学生必须取得更高的分数才能取得优秀，这是不公平的。另外，相对评分容易引发学生间的竞争，因为一个学生在优秀之列时，就会减少其他学生跻身优秀的机会。这一关系如果处理不好，很可能阻碍学生间的互助，损害人际关系。

（二）合格与不合格

有些课程采用合格或不合格来评定学生的学业成就。这种评分方法的最大优点就是，它降低了学生之间的竞争性，从而减轻了学生考试焦虑；由此，它还创造了比较轻松、宽容的学习气氛，鼓励学生敢于尝试有挑战性的学习任务；此外，由于它的评分标准大多是由教师和学生一起商议得出的，有助于加强师生合作，协调师生关系。

与传统的评分方式相比，合格不合格的方式所能提供的信息较少，教师、家长和学生不能更多地从评定结果中了解学生在学习中存在的问题和不足。而且由于没有分数的压力，受地板效应的影响，部分学生可以很轻松地通过评定，所以他们可能由此而放松对自己的要求。有研究表明，对学生采用分数评定时，学生的学习状况普遍好于采用合格不合格评定方式下的状况。

一般在对考察性的选修科目进行考核时，教师较倾向于采用这种方法。

（三）其他报告方式

除了常用的评分方法，教师还可以使用其他方式来报告评定结果。

1. 撰写学生的个人鉴定或定期的综合评定。例如，很多学校在期中及期末都会向学生和家长发成绩报告单，上面除了有学生的各科成绩之外，还有班主任和科任教师对学生在各方面的操行评语，包括学生的优、缺点，提出改正的建议和教育对策。并且还留有空栏让家长和学生写下自己的想法和意见。这项工作有助于教师重视每个学生的表现，但比较费时，有较强的主观性，而且对教师的书面表达能力要求较高。

2. 观察报告。例如，教师可以使用检查单来报告评定结果。同撰写个人鉴定的方法相比，它对信息进行了初步的量化，但又比分数提供的信息更具体详细。学生可以从检查单上看到，自己完成了哪些学习内容，哪些方面还需要努力。检查单易于理解，可以考查态度、行为等非学业方面的内容，在教学中有较广泛的应用。

3. 家访或家长会形式。通过与家长面谈，可以交流关于学生的学习、行为和态度等方面的资料。教师采用家访或家长会的形式与家长会面，一起探讨学生的学习状况和适合他的教育计划。虽然这种方式比较费时，也不够正式，但有经验的教师都十分重视和家长的面谈。通过谈话，教师可以向家长通报学生在学校的表现，而且还能了解到学生课外的情况，从而对学生在学习中的某些问题找到可能的解释。从这个意义上看，面谈也是一种收集资料的有效途径。此外，与家长面谈还有助于加强学校和家庭的联系与合作，提高对学生教育的有效性。

思 考 题

1. 教学测量与评价有何功能？
2. 评价、测量、测验有何区别？
3. 解释诊断性评定、形成性评定和总结性评定的区别与联系。
4. 标准化成就测验的优越性有何体现？科学正确地使用标准化成就测验应注意哪些问题？
5. 有效的自编测验要符合哪些要求？
6. 绝对评分标准和相对评分标准各有何特点？

第十五章　教师心理

1. 阐述教师的角色。
2. 了解教师应具备的知识结构和教学能力。
3. 了解优秀教师的人格特征。
4. 举例说明教师的期望效应。
5. 简要陈述专家型教师与新教师在课前、课中和课后教学行为的差异。
6. 解释专家型教师的基本特征。
7. 了解熟手型教师的心理特点。
8. 根据教师成长的历程，分析自己所处的教师成长阶段。
9. 运用教师成长的基本途径进行自我发展设计。

教师角色　　教师心理特征　　专家型教师　　教师成长

第一节　教师的心理特征与职业成就的关系

在学生的发展过程中，教师无疑是一个重要的影响因素。但教师究竟是如何影响学生的呢？教师主要通过他的人格特征对学生起作用，还是通过他的知识、教学能力，或是其他因素？研究者们不断地尝试回答这些问题，并为我们提供了揭晓答案的丰富资料。

一、教师的角色

在心理学中，角色是指个体在社会关系中的特定身份和与之相关联的行为模式。当个体产生为自己的社会身份所规定的行为模式时，便充当了角色。在传统教学中，教师的角色是比较单一的，其基本职责主要限于阐明事理、监督学生。然而今天，科技的飞速发展和社会的急剧变革使得教育在各方面都发生了巨大的变化，教师的角色也相应地向多重性转变。具体而言，教师要扮演以下重要角色。

（一）学习的指导者和促进者

教师一直被认为是知识的传授者，但现代教育心理学的研究表明，学生的学习是一个积极主动的知识建构过程，教师所应充当的是学生学习的指导者和促进者的角色。作为学习的指导者，教师要引导学生去掌握基础知识和基本技能，指导学生在获得科学知识的同时学会如何学习并发展各种能力；作为学习的促进者，教师要善于调动学生学习的积极性，为学生的学习提供帮助和支持，促进学生的自主探究活动。

（二）行为规范的示范者

在学生道德品质和健康人格的培养过程中，教师的示范是至关重要的。尤其对正处于成长过程中的中小学生来说，他们不仅善于模仿，而且出于对教师的一种特殊的信任感，更是常常把自己尊敬与爱戴的教师视为效法的楷模。教师必须充分意识到自己的榜样作用，不断反省自己的思想品德、行为作风和处世态度，使自己的一言一行都成为学生的表率。

（三）班集体的管理者

在学校教育情境中，学生的学习活动一般都以集体方式进行，为了保证教学活动的顺利进行，促进学生的全面发展，教师还要充当好管理者的角色。首先，要通过管理为学生创设一个良好的学习环境，使学生养成自觉遵守纪律的习惯。其次，要通过管理营造良好的集体气氛和舆论，使班集体成为一个人际和谐的群体。再次，要通过管理建立民主的师生关系，使师生关系成为一种教育力量。

（四）心理健康的维护者

学生正处于身心发展的重要阶段，由于各方面因素的影响，难免会产生一些心理问题和心理障碍。这些心理问题或障碍若不及时消除，轻者会影响学生的学习和生活，重者会导致心理疾病，严重影响学生的身心健康发展。因此，维护学生的心理健康，发展学生健全的人格，是现代教师的重要职责。一方面，教师要掌握心理健康的基本知识和技能，以帮助学生防止各种心理问题的产生，或当学生出现心理障碍时能给予及时的帮助，另一方面，教师要善于创设有利于学生人格成长的环境，促进学生人格的和谐完整，使其主动地适应和探索环境，发挥自身的潜能。

（五）教学的研究者

由于教师工作的复杂多样性，教师在实际工作中会遇到一些依靠现有理论和自身经验无法解决的问题，这就要求教师能够开展教学科研活动，成为"科研型"的教师，从而能够以一定的理论为基础，灵活地解决教学中的各种实际问题。要扮演好教育科研人员的角色，首先要求教师具有探讨问题的意识，注意收集资料，勤于动脑思考和反思，不满足于工作中的"轻车熟路"；其次，要求教师能够掌握教育科研方法，并注重运用所掌握的方法来解决自己在教育实践中所遇到的问题。

二、教师的心理特征与职业成就的关系

现代教师扮演着多样化的角色，而这些角色是否成功，则取决于教师的心理特

征。一个优秀的教师必须具备良好的认知特征与人格特征。

(一)教师的认知特征

教师的认知特征主要决定其能否有效地塑造学生的认知结构,使其形成相应的能力。一般来说,教师在认知方面的素质主要指其知识结构和教学能力。

1. 教师的知识结构

教学是一种认知活动,要求教师必须具备良好的知识结构。在众多的关于教师知识结构的研究成果中,舒尔曼(L. S. Shuliman)所建构的教师知识结构是最具有影响的;斯腾伯格(R. J. Sternberg)对专家型教师的专业知识进行了分析,提出了一个较有代表性的教师知识结构;申继亮和辛涛等人把教师的知识结构视为教师认知活动的基础,提出了一个具有中国特色的教师知识结构。详见表15-1。[①]

表15-1 教师的专业知识结构

研究者	教师知识分类
舒尔曼	① 学科内容知识;② 一般教学法知识;③ 课程知识;④ 学科教学法知识;⑤ 有关学生的知识;⑥ 有关教育情境的知识;⑦ 其他课程知识
斯腾伯格	① 内容知识;② 教学法的知识(具体的,非具体的);③ 实践的知识(外显的、缄默的)
申继亮、辛涛	① 本体性知识(教师所具有的特定的学科知识);② 实践性知识(教师在面临实现有目的的行为中所具有的课程情境知识与之相关的知识);③ 条件性知识(教师所具有的教育学和心理学知识)

2. 教师的教学能力

一般认为,教师的教学能力应包括:组织和运用教材的能力;言语表达能力;组织教学的能力;对学生学习困难的诊治能力;教学媒体的使用能力等。申继亮等人则采用内隐理论的研究范式,对教师的教学能力进行了系列研究,把教师的教学能力分成以下几个方面:

(1)教学认知能力

教学认知能力是指教师对所教学科的定理法则和概念等的概括化程度,以及对所教学生的心理特点和自己所使用的教学策略的理解程度。它包括四个方面:① 概念,指揭示出概念的本质特征;② 类同,指概括出两者的共同特征;③ 运算,指关系转化和推理;④ 理解,指对学生的动机水平、年龄特点、个体差异以及教学策略的理解。

(2)教学操作能力

教学操作能力是指教师在教学中使用策略的水平,其水平高低主要看他们是如何引导学生掌握知识、积极思考、运用多种策略解决问题的,它所要解决的不是做什么,而是如何做的问题。具体而言,它包括这几个方面的教学策略:① 制定教学目标的策略。重点是具备制定课堂教学目标的能力,即能制定各教学单元的具体目

---

① 教育部师范教育司.教师专业化的理论与实践[M].北京:人民教育出版社,2001:35—36.

标,并且生成一堂课的教学目标。② 编制教学计划的策略。教师要编一个课程、教学单元以及各堂课的教学计划,都要有一定的策略。③ 教学方法的选择及运用。在教学中要安排各种具体的活动,各种教学活动都要求教师有一定的方法和策略。④ 教学材料和教学技术的选择设计。教师要能够正确地对所教的教材做分析评价,看到其内容序列和结构等方面的优劣,并帮助学生选择合适的辅导材料。⑤ 课堂管理策略。不管教师控制学生的能力如何,他总是要在课堂教学中对学生进行一定的管理,要激发学生的学习兴趣,组织学习小组,调控教学进程以及学生的合作讨论等活动,并处理课堂中的偶发事件。⑥ 对学习和教学进行测试和评价的策略。教师要根据教学目标、教学内容,选择或编制一定的测验,并恰当选择测验的各种形式,在测验的基础上,对学生的学习给予恰当的反馈评价。

教师综合运用各种策略解决问题和冲突的能力常常表现为教育机智,这是教师面临复杂的教育情境时所表现出来的机敏、迅速而准确的判断和反应能力,它源于教师敏锐的观察、灵活的思维和果敢的意志,也源于他的教育经验和知识的积累以及对学生的了解和关爱。

(3) 教学监控能力

教学监控能力是指教师为了保证教学达到预期的目的而在教学的全过程中将教学活动本身作为意识对象,不断对其进行积极主动的计划、检查、评价、反馈、控制和调节的能力。这种能力主要可分为三个方面:一是教师对自己的教学活动的事先计划和安排;二是对自己的实际教学活动进行有意识的监察、评价和反馈;三是对自己的教学活动进行调节、校正和有意识的自我控制。

在这个教学能力结构中,教学认知能力是基础,教学操作能力是教学能力的集中体现,而教学监控能力是关键。

(二)教师的人格特征

教师具备了一定的知识和能力,其人格特征就成为影响教学的重要因素,教师优良的人格特征是影响和塑造学生健康人格的重要途径。

1. 职业信念

教师的职业信念是具有动力作用的观念系统,它支配、调节着教师的教育教学活动,影响着教师的教育教学成效。目前,有关教师职业信念的心理研究主要集中于以下两方面:

(1) 教学效能感

教学效能感是指教师对自己影响学生行为和学习结果的能力的一种主观判断,它包括一般教育效能感和个人教学效能感。前者指教师对教与学的关系,对教育在学生发展中的作用等问题的一般看法和判断,后者指教师对自己的教学效果的认识和评价。教师的教学效能感是解释教师动机的关键因素,它影响着教师对教育工作的积极性、努力程度以及克服困难的坚持程度等等。

阿什顿(Ashton)等人的研究表明,教学效能感高的教师对学生寄予较高的期望,认为自己对学生的成长负有责任并相信自己能教好学生;在课堂教学中,效能感高的教师注意对全班学生的指导,不断探索新的教学方法;在对学生进行指导时,效能感高的教师比较民主,更多地鼓励学生自由探索解决问题的方法,而不是以表扬、批评等外部强化来控制学生;当学生失败时,效能感高的教师表现得很有耐心,他们会通过重复问题、给予提示等方法去促进学生对问题的理解等等。

(2)教学归因倾向

教学归因倾向主要是指教师将学生的学业表现归于外部或内部原因的倾向。这种稳定的倾向是教师的人格特征之一,对教师的教学活动以及学生的学业成绩都会产生明显的影响。其中,具有外部归因倾向的教师认为学生的学业表现多由学生的能力、学生的家庭、教学条件等外部因素决定,自己无法控制和把握,因此,在教学上他们往往不愿投入更多的精力和作出更多的努力,在面对挫折时易于采取职业逃避策略,做出怨天尤人或者听之任之的消极反应。具有内部归因倾向的教师则认为学生的学业表现是由教师决定的,因此,他们更愿意对学生的学业成败承担个人责任,能比较主动地调节自己的教学行为,积极地影响学生的学习活动。

2. 职业性格

关于优秀教师的职业性格的研究已经积累了大量的资料,盖兹达(Gazda)等人在综合这些研究的基础上,指出优秀教师性格品质的基本内核是"促进"。所谓"促进",是指对学生的行为有所帮助,包括:提高学生的学习能力,增强他们的自尊心和自信心,缓和他们的焦虑感,提高他们的果断性,以及形成并巩固他们待人处世的积极态度等等。"促进"包括以下三个成分。

(1)理解学生

有效的教学,在很大程度上取决于教师对学生的理解。一个教师只有具备宽容、敏感性、移情理解和客观性的品质,才有可能更深刻地认识自己的教育对象。

① 宽容。宽容是指个人具有灵活的认知参照系,能够体察他人且不带任何偏见。对教师而言,宽容能够使他摆脱固定的先入之见,不受自身的期待所限制,接纳学生的各种不同价值观念、信息与看法,对身体、智力、感知、运动、社交及情绪上各自有异的学生表示关切,从而与他们和睦相处。教师的宽容特质在很大程度上鼓励了学生的独立性、自主性和人格的发展。

② 敏感性。敏感性是指一个人对其人际关系中出现的变化能够及时作出情绪反应的特质。这种特质是有效教育的一个主要因素。因为尽管宽容的特质可以使教师对学生作出全面和确切的了解,但他却未必能对已知的学生的困难、情感和需要作出情绪反应。具有敏感性的教师则有可能在学生产生某种需要、情感、冲突以及困难时,作出更迅速、更深入、更自然的反应。

③ 移情理解。移情理解是敏感性的特殊表现,指能够深入别人内心,并"同情"他们的情绪反应。在教学情境中,移情理解使教师能够将自己置于学生的位置,充分体验学生的思想和情感,从而给予学生一定的建议和指导,帮助他们解决问题。

④ 客观性。客观性指能够退后一步,并以一种中性、无强加的参照系来看待所发生的事件。这种品质使教师在教学情境中能够更好地控制自己情绪,避免主观随意性的诱惑,从而适当地思考与行动,促进学生的发展。

(2) 与学生相处

教学是一个师生交往的过程，要与学生有效地交往，教师除了要具备理解学生的品质之外，还需要其他一些特殊品质。

① 真诚。真诚指开诚布公，行事不伪饰，不以个人的权威或职业地位作掩护。有的教师时常以个人的职业地位或权威掩饰自己的弱点，这样做无疑会脱离学生。

② 非权势。非权势指不持居高临下、盛气凌人的态度。非权势的教师力戒对学生时时刻刻采取不必要的帮助态度，而是允许学生犯错误、认识错误，允许学生跌倒了再爬起来，让学生通过自身的努力去获得发展。

③ 积极相待。积极相待基于这样一种设想，如果帮助者对要帮助的人持积极、认可的态度，那么发展和变化最有可能发生。教师对学生的认可和亲切的积极态度，会使学生感到更安全，更有价值，更向往成功和发展。

④ 沟通技能。教育基本上是一个沟通的过程，要用言语来传达各种抽象的情感、见解与观念。对教师而言，沟通不仅意味着具有词汇充分、合乎逻辑与明确清楚的表达方式，而且意味着要针对学生的水平，在各种情境下用学生最能理解的语言来表达思想和观点，同时懂得倾听也是不可缺少的。

(3) 了解自己

教师应该对自己执教过程中产生的心理状态有所了解和控制，这是教师保持心理健康和有效施教的一个重要问题。教师应关注自己两方面的情绪和心境：

① 安全感和自信。教师的工作是极富挑战性的，他必须与众多的学生有效交往并完成教学任务，因此，情绪上的安全感与自信对教师尤为重要。具有安全感与自信的教师不会产生不必要的紧张与害怕情绪，能够从容地面对众多的学生，镇静、客观地解决出现的问题，并安定学生的情绪。同时，其在情绪上的成熟感和安全感常常会感染学生，从而成为学生喜欢并乐意追随的楷模。

② 教师的需要。爱的需要、求成和自尊的需要是人的两个基本的心理需要。教师要得到学生的爱，不仅需要持续地爱护学生，而且要在思想上以平等的态度对待学生，重视学生的爱并乐于接受学生的爱。只有这样，教师才能真正爱学生从而也爱自己。求成和自尊也是如此。教师如果能始终关心学生，有效地教学，学生总会作出积极的反应，教师才能从中感受到自身的价值，获得职业的自尊和自豪感。

三、教师的期望对学生的影响

教师除了以其认知特征和人格特征影响学生之外，研究表明，教师的期望也会影响学生的发展。

(一) 教师的期望效应

教师的期望是指教师对学生未来发展潜力的推测。教师如果根据自己对学生的了解而形成一定的期望，就会使该学生的学习成绩和行为表现发生符合这一期望的变化，这被称为教师的期望效应。

对教师期望效应进行经典研究的是罗森塔尔（R. Rosenthal）等人。他们对一所学校中1~6年级的小学生作了一次所谓的预测未来发展的测验（实际只是普通的智力测验）。然后，随机地在各个班级抽取少数学生，故意告诉教师说，他们是班级里最有发展潜力的学生，要求教师注意长期观察，但不要告诉学生本人，以此方式使教师对这些学生的发展产生积极的期望。八个月后，当再次对这些学生进行智力测验时，奇迹出现了。那些被说成是发展潜力大的学生与其他学生相比，在智商上有了明显的提高，而且表现出更有适应能力、更具魅力、求知欲更强、智力更活跃等倾向。这一结果表明，教师的期望会传递给学生，使学生朝着教师期望的方向变化。罗森塔尔把这一现象称作皮格马利翁效应。皮格马利翁是古希腊神话中一个主人公的名字，相传他是塞浦路斯的国王，善雕刻。他对自己用象牙雕刻的女像产生了爱恋之情，日夜祈祷，希望和她生活在一起。他热诚的期望竟然使雕像复活并与他结为伴侣。研究者借用这个典故来生动地说明教师的期望效应，意指期望会带来期望对象的戏剧性变化。

（二）教师期望效应产生的过程

那么，教师的期望是如何对学生产生影响的呢？

首先，教师综合获得的有关学生各方面的信息，结合自己的经验对学生的未来发展作出预想，形成一定的期望，并通过言行表现出来。研究表明，教师对不同期望的学生所表现出的行为有很大差异。对于高期望的学生，教师更多地表现出积极和肯定的行为。例如，更易于创造一种亲切温暖的心理氛围，与这些学生有更多的交往，授予他们更多较难的学习材料，给予他们更多的表扬和鼓励等等。而对于低期望的学生，教师则更容易表现出消极和否定的行为。

然后，当学生获得教师传来的不同期望信息以后，产生自我认知和自我评价，并据此对教师作出不同的行为反应，从而强化了教师原先形成的期望。于是，教师坚持按自己的期望去影响学生，而学生则逐步朝着教师期望的方向发展。

背景资料

当教师对学生不抱什么期望时，主要是通过以下方式反馈给学生的：(1) 对不抱期望的学生提问时，不肯耐心地等待他作出回答。这是由于对该生过分同情或过分焦虑而引起的。(2) 该生一旦作了错误的回答，不让他再采取对策，而马上告诉正确答案，或是叫别的学生作答。(3) 对不抱期望的学生，即使他们认认真真作答，也会吹毛求疵，这是因为许多教师认为这种学生妨碍了他的教学计划。(4) 对不抱期望的学生，即使他作出正确的回答，也不像对自己抱有期望的学生那样给予表扬。(5) 对不抱期望的学生的回答，不作反馈。(6) 对不抱期望的学生不那么注意，对他们漠不关心。(7) 对不抱期望的学生，提问次数少。(8) 将不抱期望的学生的座位安排得离讲台远远的。(9) 对不抱期望的学生在学习上不提任何要求。当学生接收到教师对自己不抱期望的信息后，就会改变对自我的认知，形成消极的自我概念，这严重地损害了其个人的自尊心和自信心。有的学生为了维护自尊，甚至会产生消极的防御机制，表现出逃学、不交作业等行为，从而导致学业进一步失败。学业的进一步失败，必然会进一步强化教师原有的低期望，从而形成恶性循环。

[资料来源：转引自张大均.教学心理学[M].重庆：西南师范大学出版社，1997:619.]

（三）建立积极的期望

很多研究指出，教师的期望对学生的影响并不是一个有意识的过程，有很多教师并没有明确意识到自己的期望，也没有特意去控制自己的行为，只是在不知不觉中表现出自己的期望，而对学生的影响也是在潜移默化的过程中发挥着作用。因此，教师应该了解教师期望的效果，并有意识地运用教师期望去影响学生。为了充分发挥教师期望的积极影响，教师应注意以下两点：

第一，要认真了解每个学生的特点，发现他们的长处，对每个学生都建立起积极的期望。

第二，教师要不断反省自身的行为和态度，不要由于自己的不公正而贻误了学生的发展。

第二节　专家型教师与新手型教师的比较研究

专家—新手比较研究是认知心理学家研究专门领域的知识时经常采用的方法。这一方法最初应用在象棋、物理、数学、医学等研究领域，至20世纪70年代后期被应用于研究教师的认知。心理学家试图通过对专家型教师和新手型教师的对比研究，找出两者之间的差异，发现从新手型教师成长为专家型教师的规律，以促进新手型教师尽快成长为专家型教师。

一、专家型教师与新手型教师的表现差异

研究发现，专家型教师与新手型教师在课前计划、课堂教学过程和课后教学评价等三个方面都存在显著差异。[①]

（一）课时计划的差异

对教师课时计划的分析表明，与新手型教师相比，专家型教师的课时计划简洁、灵活、以学生为中心并具有预见性。

专家型教师的课时计划只是突出了课的主要步骤和教学内容，并未涉及一些细节，因为他们认为教学的细节方面是由课堂教学活动中学生的行为决定的。相反，新手型教师在制订课时计划时却把大量的时间花在一些细节上，如怎样呈现教学内容、针对具体问题设计方法、仔细安排某些课堂活动等，而不能够把课堂教学计划与课堂情境中的学生行为联系起来。

专家型教师在制订课时计划时，能根据学生的先前知识来安排教学进度，因此，他们的课时计划有很大的灵活性。而新手型教师则仅仅按照课时计划去做，并想办法完成它，却不会随着课堂情境的变化来修正他们的计划。

在备课时，专家型教师表现出一定的预见性。他们会在头脑中形成包括教学目标在内的课堂教学表象和心理表征，并且能够预测执行计划时的情况。而新手型教

[①] 皮连生.学与教的心理学[M].上海：华东师范大学出版社，1997：14—18.

师则不能预测计划执行时的情况，因为他们往往更多地想着自己做什么，而不知道学生将要做什么。

（二）课堂过程的差异

1. 课堂规则的制定与执行

专家型教师制定的课堂规则明确，并能坚持执行；而新手型教师的课堂规则较为含糊，不能坚持执行下去。有研究认为，专家型教师能够鉴别学生的哪些行为是合乎要求的，哪些行为是不合乎要求的，从而集中关注于学生应该做的和不应该做的事情。同时，专家型教师知道许多课堂规则是可以通过练习与反馈来习得的，是一种可以习得的技能，所以他们会采取一些措施和方法，如言语表达和暗示，帮助学生尽快学会规则。而新教师却不会这样去做，在阐述规则的时候，新手型教师往往是含糊其词的。

2. 吸引学生注意力

专家型教师有一套完善的维持学生注意的方法，新手型教师则相对缺乏这些方法。有研究表明，专家教师采用下述方法吸引学生注意：在课堂教学中运用不同的"技巧"如声音、动作及步伐的调节来吸引学生的注意力；预先计划好每天的工作任务，使学生一上课就开始注意和立即参与所要求的活动；在一个活动转移到另一个活动时，或有重要信息时，能提醒学生注意。而新手型教师的表现是：往往在没有暗示的前提下，就要变换课堂活动；遇到突发的事情，如有课堂活动之外的事情的干扰，就会自己停下课来，但却希望学生忽略这些干扰。

3. 教材的呈现

专家型教师在教学时注重回顾先前知识，并能根据教学内容选择适当的教学方法，新手型教师则不能。在讲授新内容之前，专家型教师常常说："记得我们已经学过……"，以此来激活学生原有的相关知识；而新手型教师则说："今天我们开始讲……"，直接进入新课内容。在教学内容的呈现上，专家型教师通常采用导入式的方法，从几个实例出发，慢慢地引入要讲的教学内容；而新手型教师一上课就讲一些较难的和使人迷惑的教学内容，而不注意此时学生还未进入课堂学习状态。

4. 课堂练习

专家型教师将练习看做检查学生学习的手段，新手型教师仅仅把它当作必经的步骤。在学生做练习时，专家型教师往往是这样做的：提醒学生在规定的时间内做完练习；帮助他们把握做作业的速度；在课堂上来回走动，以便检查学生的作业情况；对练习情况提供系统的反馈；关心学生是否习得了刚才教的知识，而不是纪律问题。而新手型教师则是这样做的：对课堂练习的时间把握不准，往往延时；只顾自己关心的学生，不顾其他学生；对练习无系统的反馈；要求学生做作业时要安静，并把这看做是课堂中最重要的事情。

5. 家庭作业的检查

专家型教师有一套检查学生家庭作业的规范化、自动化的常规程序。例如，一项研究发现，专家型教师是这样检查家庭作业的：首先，教师开始点名，学生做完了作业回答"有",反之,就回答"没有",并把自己的名字写在黑板上,这样,教师就知道完成作业与未完成作业的学生人数;接着,教师提问每道题的答案,要求全体学生回答,如果学生回答的声音减弱下来,说明这道题较难,教师就记录下这个问题,同时,学生也记录自己的作业情况;在给出所有的正确答案后,教师询问并记录下每道题做对的学生人数;整个过程只需要两分钟。而新手型教师则要花上6分钟来检查家庭作业:首先,他问全班"谁没有做作业?",于是学生的行为各异;接着,教师要求他认为最差的学生回答各题的答案,但是此生回答得相当慢;最后,教师纠正并给出正确答案,但没有记录每道题上学生的作业情况。

6. 教学策略的运用

专家型教师具有丰富的教学策略,并能灵活运用;新手型教师则缺乏或者不会运用教学策略。

在提问与反馈策略上,专家型教师与新手型教师存在着许多不同的地方。首先,专家型教师比新手型教师提的问题更多,从而使学生能够获得更多的反馈。其次,在学生正确回答后,专家型教师比新手型教师更易提出另外一个问题,以促使学生进一步思考。再次,对于学生错误的回答,专家型教师也更易提出另一个问题,或者是给出指导性反馈(即教师确定学生学习过程中哪一步导致错误,而不是仅仅说出答案是错的)。最后,专家型教师比新手型教师在学生自发的讨论中更可能提出反馈。

在对学生发出的非言语线索上,专家型教师常利用这种线索来判断和调整教学。研究发现,新手型教师往往只注意课堂中的细节,也难以解释他们看到的事情间的联系,而专家型教师则试图从这些活动中作出一些推论。他们能运用经验和教学法知识来解释这些活动,推测活动与活动、活动与情境的关系,集中于一些异常行动并试图加以解释。

在处理学生纪律问题上,专家型教师常常采用一些课堂管理策略。他们通常在纪律问题真正发生之前就处理掉潜在的问题。例如,当觉察到某个学生注意力不集中时,专家型教师能够巧妙地提醒学生,使该生的注意重新回到课堂,且没有打乱课堂上其他人的学习。而新手型教师最初是忽略这种行为,等到这种行为将要扰乱整个课堂时,他就中断教学,去惩罚这个学生,而这样的惩罚往往是影响整个班级的。

(三)课后评价的差异

在课后评价时,专家型教师和新手型教师关注的焦点不同。专家型教师是以学生为中心的,他们对学生的学习效果尤为关注;而新手型教师则以自己为中心,更多地考虑自己的教学状况如何。研究发现,新手型教师在课后主要关心他们所作的解释是否清晰、板书是否规范以及回答学生问题的能力如何等细节问题,他们十分关注自己的教学表现。而专家型教师则主要集中于那些对完成教学目标有影响的事件,关心学生是否了解教材。他们很少提及自己的教学是否成功。

通过以上比较可知,专家型教师与新手型教师在教学中的表现有很大的差异。但教学行为的差异只是表面现象,导致这些差异的内部原因是什么呢?这就是我们接下来要讨论的问题。

二、专家型教师的基本特征

美国心理学家斯腾伯格（R. J. Sternberg）在总结前人研究的基础上指出，专家型教师具有三个方面的基本特征（见表15-2），这些特征使得专家型教师表现出了不同于新手型教师的教学行为。

表15-2　专家型教师的基本特征①

特	征		例　子
知识（数量和组织）	内容知识		知道坐标几何的原理
	教学法知识	具体内容的	知道教授坐标几何原理的课程计划和日程表
		非具体内容的	知道用最小的中断来布置和收回家庭作业的常规
	实践知识	外显的	知道学区为特殊教育服务的标准
		缄默的	知道怎么为一个不符合成绩标准的学生申请获得特殊教育的服务
效率	自动化		一边提前思考课程计划，一边思考布置和回收家庭作业
	自我调节	计划	预想到在执行课程计划时的困难
		监控	在执行课程计划时发觉学生不能理解或缺乏兴趣
		评价	根据所遇到的困难，修正课程计划以便将来使用
	认知资源的再投入		利用布置和回收家庭作业的机会观察并评价某个特殊学生的举动
洞察力	选择性编码		注意到学生在坐标上的右上象限的外面绘点有困难
	选择性联合		注意到将右上限的外面绘点的困难和计算内点距离的困难综合在一起，反映了学生没有掌握负数的概念
	选择性比较		将负数和欠债进行类比，以便清除学生的错误概念

（一）丰富的和组织化的专门知识

专家与新手之间最基本的差异在于专业知识方面。斯腾伯格认为，专家型教师具备以下三类知识：

1. 内容知识，即有关所授学科内容的知识。这部分的知识主要来自以内容为基础的课程和学校外的经验。例如，一位数学教师的内容知识，既来自他学过的数学课程，也可以来自他在校外运用数学、阅读和讨论有关数学问题的经验。

---

① 斯腾伯格·霍瓦斯.专家型教师教学的原型观[J].高民,张春莉,译.华东师范大学学报（教育科学版），1997(1):35.

2. 教学法知识，包括一般的教学法知识和具体的教学法知识。前者指怎样进行教学的知识，包括如何提高学生的动机，如何在课堂上管理不同水平的学生，以及如何设计和实施测验等，这部分知识主要来自教育学、心理学等课程。后者指怎样对所教的具体内容进行教学的知识，包括怎样解释一个具体概念（比如负数），怎样说明和解释某个过程和方法，怎样纠正学生在学科知识上的一些错误的理论和概念等。当教师将所学的教学法知识运用到所教的特定学科内容中时，他就会逐渐获得这些具体的教学法知识。

3. 实践知识，即教学赖以产生的社会和政治背景的知识，包括外显知识和缄默知识两个方面。例如，专家型教师要懂得怎样争取有限的学校资源来为自己的学生提供所需的材料、物资、器材和其他工具。而且在学校资金紧缺的时期，专家型教师必须能够很熟练地进行活动，以便获得自己的学生所需要的服务。这类知识对专家型教师适应教学中遇到的实际情况——包括教师被认可和保持专家型教师头衔都十分重要。

专家型教师与新手型教师在以上三类知识中都存在明显差异。例如，一般的教学法知识的缺乏使得新手型教师要花更多的时间来维持课堂秩序、进入教学内容、保持课堂纪律和抓住学生的注意力。而具体的教学法知识的缺乏则使新手型教师在没有事先准备的情况下，很难想出一些合适的课题例子或解释。

专家和新手的差别不仅在于他们拥有的知识量，而且在于他们是如何在记忆中组织这些知识的。例如在物理问题解决中，专家和新手对物理问题进行分类的方式是不同的。专家型教师对物理问题的深层结构敏感，往往根据与问题解决途径有关的物理原理对问题进行分类。新手型教师则对物理问题的表层结构更敏感，常常根据问题陈述中的实体对问题归类。

总之，与新手型教师相比，专家型教师不但知识丰富，更具有一个组织良好且易于提取的知识实体，拥有更多的从教学过程中获取的知识，这保证了他们能更好地理解和解决问题。

(二) 解决教学问题的高效率

在专家擅长的领域里，专家解决问题的效率比新手更高，他们能在较短的时间内完成更多的工作，或是明显地只需要更少的努力。专家解决问题的高效率不仅和他们将熟练的技能自动化的能力有关，而且和他们有效地计划、监控和修正问题解决途径的能力有关。

1. 专家型教师拥有自动化的教学技能。心理过程可以分为两种，一种是要花费大量的思考和能量的，另一种是相对容易、自动化的。有些心理技能经过广泛的练习逐渐自动化，最初存在的困难随着练习逐渐消失，变得很自然、相对不需要消耗多少资源。这样，专家型教师就可以凭借他们所拥有的丰富经验的优势，不费什么力气便可以表现得很出色，而新教师则需要花费巨大的努力来完成工作。这就好比有经验的司机驾车时不需要考虑如何操纵汽车、换档和刹车等基本的技术问题，因此在开车去工作的路上他们可以同时思考一天的计划，而新司机则必须全神贯注于运用驾驶技术开车。

2. 专家型教师善于监控自己的心理过程。与新手型教师相比，专家型教师更善于做计划、监督自己的进步以及评价自己的表现。在解决工作中的问题时，专家型教师花更多的时间去理解需要解决的问题，而新手型教师则把大量的时间用于尝试各种解决问题的办法，很少花时间来考虑问题本身。同时，专家型教师也更可能监督自己解决问题的过程，确保其正确性。当出现新情况时，专家型教师更可能更新和仔细思考问题的表征。

3. 专家型教师善于将"节约"的心理资源再投入到高水平的认知活动。由于技能自动化而节省下来的心理资源并没有简单地使专家更容易解决问题。Scardamalia 和 Bereiter 认为这种能量和心理资源的"再投资"是成为专家的关键，这也是真正的专家和有经验的非专家人员的区别所在。在解决问题时有经验的非专家力图使问题适合已有的方法，而真正的专家却在连续不断利用自己的知识和技能，逐渐建立更复杂的图式，寻找更多、更巧的解决办法。

总之，专家型教师能够高效地解决问题。由于具有丰富的经验，专家型教师能够迅速有效地且只需花费很少的认知努力来完成各种教学任务。这些自动化了的技能使他们能够将注意集中于更高水平的推理和问题解决中。在接触问题时他们具有计划性且善于自我觉察，时机不成熟时，他们不会提前进行尝试。

（三）创造性的洞察力

专家和非专家都要运用知识，通过分析来解决问题，但专家更能创造性地解决问题，他们的解决方法既新颖又恰当，往往能够产生独创的、富有洞察力的解决办法。那么他们是如何对问题进行思考的呢？研究者发现三方面的原因使得专家型教师在问题解决上优于新手。

1. 专家型教师善于区分与问题解决有关的信息和无关的信息。例如，别人认为无关紧要的细小环节，专家型教师会发现它事实上非常重要；反过来，对于人人紧抓不放的某些细节，专家型教师会发现它其实并不重要。这种对信息与问题解决有关还是无关的判断，就是专家型教师能够发现更具洞察力办法的原因。

2. 专家型教师善于按照有利于问题解决的方式对信息进行结合。他们能够发现单独看来与问题解决无关的两个信息结合在一起可能就是相关的。例如，专家型教师认识到将看似无关的"昂贵的新衣服"与"成绩下降"现象结合起来，就可能说明该学生花很多时间在校外工作上。这种从综合信息中抽取新意义的能力是专家型教师较之新手型教师能够发现更具洞察力的办法的另一原因。

3. 专家型教师善于将其他情境中获得的知识应用在教学领域。他们在解决问题时善于观察和类比。他们也常常在学生比较熟悉的事物和比较陌生的事物之间运用类比，如把负数比作欠债，以便清除学生的错误观念。

总之，专家型教师在解决教学领域内的问题时是极富洞察力的。他们能够鉴别出有助于问题解决的信息，并能够有效地将这些信息联系起来。而且，专家型教师还能借助观察和类比的方法，形成和完善对问题的思考。通过这些过程，专家型教师总是能够找到既新颖又恰当可行的问题解决方案。

三、新手型教师—熟手型教师—专家型教师的比较①

连榕等人在系列研究的基础上认为，在从新手型教师到专家型教师的转变过程中，有一个重要的发展阶段，即熟手型教师。所谓熟手型教师（proficient teacher），是指能按常规熟练地处理教学问题但教学创新水平不高的教师。一般来说，新手型教师经过3～5年的教学实践，在获取了必需的教学经验后，大都可以顺利地成长为熟手型教师，但却未必能发展成为专家型教师。与新手型教师和专家型教师相比，熟手型教师有以下几个特点：

1. 认知：课堂中的教学策略水平较高，常规的教学操作程序已熟练掌握，对课堂教学的调节和控制的水平比新手高，胜任常规的教学，但对教学全过程的监控能力不如专家，因而，熟手型教师的教学创新水平不高。

2. 人格特征：具有随和、能关心他人、合群、宽容的人格特点，但情绪的稳定性和自我调节能力不如专家，因而，熟手型教师的专长发展的自主性不强。

3. 工作动机：成就目标已从新手型教师的以绩效目标为主转化为以任务目标为主，对教学问题的理解比新手更深入，但与专家型教师强烈而稳定的内部动机相比，熟手型教师的内部动机还不强，教师的角色信念还可能动摇，从教学工作中获得的乐趣与满足不如专家型教师。新手型教师虽然以绩效目标为主要工作动机，但由于外部动机强烈，反而在教学行为上表现得比熟手型教师更加热情。因而，熟手型教师的工作满意度不高。

4. 职业心理：熟手型教师在职业承诺上低于专家型教师，在职业倦怠水平上高于专家型教师，主要表现为情感投入程度不如专家型教师，教师职业的责任感、荣誉感、义务感和成就感不如专家型教师，因而，熟手型教师的教师职业信念还未牢固确立。

5. 学校情境心理：熟手型教师的心理契约（指教师所感知到的学校与教师的相互责任和期望）低于专家型教师，比专家型教师更少感受到学校领导、同事群体和相关物质条件的支持，比新手型教师和专家型教师都更多地产生苦恼、烦闷、抑郁、无助、疲倦、焦虑等消极情绪。因而，熟手型教师是心理问题较多的一个教师群体（见表15-3）。

表15-3 新手型—熟手型—专家型教师成长心理的比较

	新手型教师	熟手型教师	专家型教师
教学策略	以课前准备为中心	课中教学操作熟练	以课前的计划、课中的灵活、课后的反思为核心
人格特征	活泼、热情、外向	随和、能关心他人、合群、宽容	情绪稳定、善于自我调节、理智、重实际、自信和批判性强

---

① 莫雷.教育心理学[M].北京:教育科学出版社,2007:391—392.

续表

	新手型教师	熟手型教师	专家型教师
工作动机	以绩效目标为主	开始以任务目标为主	内部动机强烈且稳定
职业承诺职业倦怠	承诺低而倦怠较低	承诺低而倦怠较高	职业的情感投入程度高，师生互动好，职业的义务感、责任感、成就感强
情境心理	能感受到支持，有满意感，心理契约和主观幸福感较高	支持感和满意感不高，心理契约和主观幸福感较低	支持感和满意感强，心理契约和主观幸福感高

第三节 教师的成长与发展

一、教师成长的历程

从第一次走上讲台到成为一名专家教师，将要经历什么样的心路历程呢？福勒（Fuller）等人根据教师在不同时期所关注的焦点问题，提出著名的教师成长三阶段论。

（一）关注生存阶段

处于这一阶段的新教师，非常关注自己的生存适应性，总是希望得到学生、同事以及领导的认可。因此，他们时刻关心这样的问题："学生喜欢我吗？""同事们如何看我？""领导是否觉得我干得不错？"等等。出于这种生存忧虑，新教师可能会把大量的时间花在如何与学生搞好个人关系上，或者想方设法把学生控制得老实听话以获取校方或同事的承认，而不是想着如何教学生并让他们取得学习上的进步。

（二）关注情境阶段

当教师感到自己完全能够生存时，便把关注的焦点投向了提高学生的成绩方面。在这一阶段，教师关心的是如何教好每一堂课的内容，以及一些与教学情境本身有关的问题。例如："材料是否充分得当？""如何呈现教学信息？""如何控制教学时间？"等等。一般来说，在职年限较长的教师比新教师更关注这一类问题。

（三）关注学生阶段

当教师顺利地适应了前两个阶段后，他们开始关注学生的个别差异以及个别需要的问题。在这一阶段，教师认识到不同发展水平的学生有不同的需要，同样的教学材料和教学方法并不一定适合所有学生，所以教师必须因材施教。事实上，不但新教师容易忽视学生的个别差异，就连一些有经验的教师也未必能自觉地关注学生间的不同需要。因此，能否自觉关注学生是衡量一个教师是否成长成熟的重要标志之一。

二、成长的促进

连榕等人在对新手型教师—熟手型教师—专家型教师研究的基础上认为，应构建促进教师成长的两段式教师教育模式。[①]

（一）构建初级教师教育模式，促进新手型教师向熟手型教师转变

研究表明，课堂中基本教学技能（课中策略）的熟练掌握是新手型教师转化为熟手型教师的关键变量，而影响这种转变最重要的心理因素是任务目标定向成为重要的工作动机，以及良好的精神质（随和、关心他人、合群、宽容）人格特点的形成。因此，在教师教育中，应帮助新手型教师将注意力集中于教学的内在价值的认同上，尽快树立现代教师角色观；应充分发挥新手型教师重视课前准备策略的优势，使之与课中策略有机地结合起来，促使他们尽快地获得调节课堂教学行为的程序性知识。

（二）构建高级教师教育模式，促进熟手型教师向专家型教师转变

研究表明，高水平的课后评估和反思能力的获得是熟手型教师转化为专家型教师的关键变量，而影响这种转变最重要的心理因素是良好的神经质（情绪稳定、善于自我调节、理智、重实际、自信、批判性强）人格特点的形成，对教师职业高水平的情感承诺和规范承诺，具有强烈的职业义务感、责任感和成就感。因此，在教师教育中，应重视提高熟手型教师调控自己情绪的能力，加深他们对教师职业的情感认同，形成职业的自尊和自信，使之不断获得成功的体验；重视他们的教师职业角色的自我完善，使熟手型教师尽快走出停滞期而获得新的发展。

三、教师成长与发展的基本途径

根据国内外的现有研究，促进教师的成长与发展，使之成为专家型教师的基本途径，概括起来主要有以下四种。

（一）观摩和分析优秀教师的教学活动

对优秀教师的课堂教学活动进行观摩和分析，这是当前采用较多的训练教师的一种方法。观摩有两种方式：组织化观摩和非组织化观摩。组织化观摩是指有计划、有目的的观摩。这种观摩一般事先制订较详细的计划，确定观察的主要行为对象、角度以及观察的大致程序，也可以进行有组织的讨论分析。非组织化观摩则没有这些特征。一般来说，为了培养新教师和教学经验欠缺的年轻教师，宜进行组织化观摩。这种观摩可以是现场观摩如组织听课，也可以观看优秀教师的教学录像。非组织化观摩要求观察者具备相当完备的理论知识和洞察力，否则难以达到观摩学习的目的。

对优秀教师的观摩和分析是一种有效的教师训练方法。新教师可以通过观摩分析，学习优秀教师驾驭专业知识、进行教学管理、调动学生积极性等方面的教育机

[①] 莫雷.教育心理学[M].北京:教育科学出版社,2007:393—394.

智和教学能力。研究表明，经过这种训练的教师更能理解学生的想法，而且也可以使教师的课内行为变得更加自然。

（二）开展微格教学

微格教学是指以少数的学生为对象，在较短的时间内（5～20分钟），尝试做小型的课堂教学。可以把这种教学过程摄制成录像，课后再进行分析。这是训练新教师、提高教学水平的另一重要途径。

微格教学虽有各种方法，但基本采用这样的程序：（1）明确选定特定的教学行为作为着重分析的问题（如解释的方法、提问的方法等）。（2）观看有关的教学录像。指导者说明这种教学行为具有的特征，使实习生或新教师能理解要点。（3）实习生和新教师制订微格教学的计划，以一定数量的学生为对象，实际进行微格教学，并录音或摄制录像。（4）和指导者一起观看录像，分析自己的教学行为。指导者帮助新教师和实习生分析一定的行为是否合适，考虑改进行为的方法。（5）在以上分析和评论的基础上，再次进行微格教学，这时要考虑改进教学的方案。（6）进行以另外的学生为对象的微格教学，并录音录像。（7）和指导者一起分析第二次微格教学。

微格教学对在职教师来说是很有效的。它使教师更加直接和深入地分析自己的教学行为，增强了改进教学的针对性，因而往往比正规课堂教学的经验更有效。研究表明，微格教学的效果在四个月后仍很明显。

（三）进行教学决策训练

教师的教学过程也是一个采取决策的过程，如判断自己的教学行为所引起的学生的反应是否符合期望，如果符合，就继续维持自己的行为，如果不满意，就要采取一定的预防和矫正措施，等等。通过让新教师或实习生进行教学决策的训练可以提高其教学能力。Twelker 在 1967 年设计了决策训练的程序：首先向接受训练的新教师或实习生提供有关所教班级的各种信息，包括学业水平、学习风格、班级气氛等等，然后让他们观看教学实况录像，从中吸取自己认为重要的成分。在此过程中，指导者一边呈现出更恰当的行为，一边给以说明。通过这种方法，新教师和实习生可以获得近乎实际上课的经验，而且可以获得指导者的及时说明解释。这种方法不仅可以改善他们的教学行为，而且可以使他们对决策的有效线索更加敏感，而这正是专家教师的重要特征。

（四）反思教学经验

教师要想成为专家，除了学习学科知识和教育心理学，接受以上传统培训外，还应该学会反思。通过反思来提高教师的教学水平，这是近年来教师心理研究的一个重要课题。反思是教师着眼于自己的活动过程来分析自己做出的某种行为、决策以及所产生的结果的过程，是一种通过提高参与者的自我觉察水平来促进能力发展的手段。波斯纳（Posner）提出了一个教师成长公式：经验＋反思＝成长。他还指出，没有反思的经验是狭隘的经验，至多只能形成肤浅的知识。如果教师仅仅满足于获得经验而不对经验进行深入思考，那么他的发展将大受限制。

1. 教学反思的内容与作用

J. P. Killion & G. R. Todnem 在 1993 年提出，教师的反思包含三个方面的内容：(1) 对于活动的反思 (reflection-on-action)，这是个体在行为完成之后对自己的活动、想法和做法进行的反思。(2) 活动中的反思 (reflection-in-action)，个体在做出行为的过程中对自己在活动中的表现、自己的想法和做法进行反思。(3) 为活动反思 (reflection for action)，这种反思是以上两种反思的结果，以上述两种反思为基础来指导以后的活动。

教师对自己的教学进行反思，有助于自身教学能力的提高。首先，教师计划自己的活动，通过"活动中的反思"观察所发生的行为，就好像自己是局外人，以此来理解自己的行为与学生的反应之间的动态的因果联系。而后，教师又进行"对于活动的反思"和"为活动反思"，分析所发生的事件，并得出用以指导以后决策的结论。如此更替，成为连续的过程。教师在反思过程中具有双重角色：演员和批评家。反思成为理论和实践之间的对话，是它们两者之间相互沟通的桥梁。

2. 教学反思的环节

教学反思是怎样进行的呢？K. F. Osterman & R. B. Kottkamp 在 1993 年以经验性学习理论为基础，将教师反思分为以下四个环节：具体经验→观察分析→重新概括→积极的验证。

(1) 具体经验阶段。这一阶段的任务是使教师意识到问题的存在，并明确问题情境。在此过程中，接触到新的信息是很重要的，他人的教学经验、自己的经验、各种理论原理，以及意想不到的经验等都会起作用。教师一旦意识到问题，就会产生心理冲突，并试图改变这种状况，于是进入到反思环节。但要使教师发现自己教学中的问题和不足并非易事，因为这是对个人能力和自信心的一种威胁。教师反思活动的促进者在此时要创设轻松、信任、合作的气氛，帮助教师看到自己的问题所在。

(2) 观察与分析阶段。在这一阶段，教师开始广泛收集并分析有关的经验，特别是关于自己教学活动的信息，以批判的眼光反观自身，包括自己的思想、行为、信念、价值观、目的、态度和情感。获得观察数据的方式可以有多种，如自述与回忆、他人的观察模拟、角色扮演，也可以借助录音、录像、档案等。在获得一定的信息之后，教师要对它们进行分析，看驱动自己的教学活动的各种思想观点到底是什么，它与自己所倡导的理论是否一致，自己的行为与预期效果是否一致等，从而明确问题的根源所在。这个任务可以由教师单独完成，但合作的方式往往更有效。

(3) 重新概括阶段。在观察分析的基础上，教师反思旧思想，并积极寻找新思想与新策略来解决面临的问题。由于针对教学中的特定问题，而且对问题有较清楚的理解，这时寻找知识的活动是有方向的、聚焦式的，是自我定向的，因而不同于传统教师培训中的知识传授。同样，这一过程可以单独进行，也可以通过合作的方式进行。

(4) 积极的验证阶段。这时要检验上面阶段所形成的概括的行动和假设，它可能是实际尝试，也可能是角色扮演。在检验的过程中，教师会遇到新的具体经验，从而又进入具体第一阶段，开始新的循环。

在以上四个环节中，反思最集中体现在观察和分析阶段，但它只有和其他环节结合起来才会更好地发挥作用。在实际的反思活动中，以上四个环节往往前后交错，界限不甚分明。

3. 教学反思的几种方法

既然反思对教师成长如此重要，那么教师应当怎样对自己的教学进行反思呢？布鲁巴奇（J. W. Blubacher）等提出了四种反思的方法：（1）写反思日记：在一天的工作结束后，要求教师写下自己的经验，并与其指导教师共同分析。（2）详细描述：教师观摩彼此的教学，详细描述他们所看到的情景，并对此进行分析讨论。（3）职业发展：来自不同学校的教师聚集在一起，首先提出课堂上发生的问题，然后共同讨论解决的办法，最后得到的方案为所有的教师及其他学校所共享。这是学校利用反思的方法支持、促进教师发展的一种方式。（4）行动研究：为弄明白课堂上遇到的问题的实质，探索用以改进教学的行动方案，教师以及研究者合作进行调查和实验研究。它不同于研究者由外部进行的旨在探索普遍法则的研究，而是直接着眼于教学实践的改进。行动研究不仅在改善教学实践上有重要作用，而且有助于在整个学校教师中间形成一种调查研究的氛围。

4. 教学反思的外部支持

反思并不是教师个人的事情，没有支持合作，教师的反思很难进行。如前面提及的职业发展和详细描述两种反思方法，就需要学校和其他教师的支持。因此，一个支持性的环境对教师的反思是非常重要的。对新教师而言，反思的支持与合作主要来自两方面。

（1）合作教师。将新教师安置在那些经验丰富而又肯于指导的合作教师的班上，可使新教师得到支持、指导与反馈。为促进新教师专业知识的发展，合作教师可解释他们所使用的教学常规与策略，提供系统的反馈，并与新教师共同解决教学法方面的一些问题。他们也可以通过示范自己的思维，向新教师解释采用何种形式能使特定的教学内容容易为学生所接受。他们还可以借助出声思维的方法，给新教师指出他们用来调整教学的学生的非言语线索。通过思维的外显化，可以揭示出合作教师的教学与他们的知识结构之间的联系。

（2）大学指导教师。大学指导教师在帮助新教师发展与整合有关教学的知识上也有重要作用。合作教师倾向于关注新教师教学的实践方面，大学指导教师则从理论角度提出问题，帮助新教师将他们的教学实践与他们的各种知识基础（教学法知识、课程知识、教育心理学的知识）联系起来。合作教师运用他们的教学经验，大学指导教师运用他们的教育理论，共同帮助新教师分析当时的教学情境，以形成关于教学的图式。[①]

---

① 皮连生.学与教的心理学[M].上海：华东师范大学出版社，1997：23.

教学反思是当前教师心理研究中的新进展，它与传统的教师培训模式形成了鲜明的对比：它强调教师作为主体而不是被动的受训者；它关注理论与实践之间的相互促进而不仅仅是所倡导的理论本身；它的目标在于教学行为的改变而不是知识的获得。通过反思，教师成为教学活动的研究者，在实际教学经验的基础上，建构自己对教学和学习的理解，从而积极地提高自己的教学能力，改进自己的教学。

思 考 题

1. 现代教师要扮演哪些角色？
2. 试比较几种教师的知识结构观的异同。
3. 教师的教学能力包括哪些方面？
4. 教师"促进"的性格品质包括哪些方面？
5. 什么是教师的期望效应？它对教师有哪些启示？
6. 专家型教师与新手型教师在教学活动前、中、后的表现有什么差异？
7. 专家型教师有什么基本特点？
8. 熟手型教师有什么特点？
9. 教师的成长可分为哪些阶段？
10. 促进教师成长与发展的基本途径有哪些？

参 考 文 献

1. David R. Shaffer. 发展心理学——儿童和青少年(第六版)[M]. 邹泓,译. 北京:中国轻工业出版社,2004.
2. Jeanne Ellis Ormrod. 教育心理学[M]. 彭运石,译. 西安:陕西师范大学出版社,2006.
3. Thomas L. Good & Jere Brophy. 当代教育心理学[M]. 李素卿,译. 台北:五南图书出版公司,1999.
4. 陈会昌. 道德发展心理学[M]. 杭州:浙江教育出版社,2004.
5. 陈琦,刘儒德. 当代教育心理学[M]. 北京:北京师范大学出版社,1997.
6. 陈琦,刘儒德. 教育心理学[M]. 北京:高等教育出版社,2005.
7. 陈永胜. 小学生心理咨询[M]. 济南:山东教育出版社,1994.
8. 陈允成. 教育心理学:实践者——研究者之路[M]. 何洁等,译. 上海:上海人民出版社,2007.
9. 程利国. 儿童发展心理学[M]. 福州:福建教育出版社,1997.
10. 崔丽娟,赵鑫等. 网络成瘾对青少年的社会性发展影响研究[J]. 心理科学,2006,29(1):34—36.
11. 崔丽娟,才源源. 社会心理学[M]. 上海:华东师范大学出版社,2008.
12. 董奇. 儿童创造力发展心理[M]. 杭州:浙江教育出版社,1993.
13. 段继扬. 创造力心理探索[M]. 开封:河南大学出版社,2000.
14. 高平. 对中学生自我意识发展水平的调查分析[J]. 天津师范大学学报(基础教育版),2001,2(3):48.
15. 龚少英. 学习迁移研究的历史与发展[J]. 内蒙古师大学报(哲社版),2001,4.
16. 郭德俊. 动机心理学:理论与实践[M]. 北京:人民教育出版社,2005.
17. 韩进之. 教育心理学纲要[M]. 北京:人民教育出版社,1989.
18. 教育部人事司,教育部考试中心. 教育心理学考试大纲(第二版)[M]. 北京:北京师范大学出版社,2002.
19. 教育部人事司. 中小学生心理健康教育[M]. 北京:科学普及出版社,2002.
20. 李伯黍. 道德发展与德育模式[M]. 上海:华东师范大学出版社,1999.
21. 李丹. 人际互动与社会行为发展[M]. 杭州:浙江教育出版社,2008.
22. 李定仁,刘旭东. 教学评价的世纪反思与前瞻[J]. 教育研究,2001(2):44—49.
23. 李红. 教育心理学[M]. 武汉:武汉大学出版社,2007.

24. 李毅红.创造力的培养[M].北京:北京大学出版社,1998.

25. 李幼穗.儿童社会性发展及其培养[M].上海:华东师范大学出版社,2004.

26. 理查德·迈耶.教育心理学的生机——学科学习与教学心理[M].姚梅林等,译.南京:江苏教育出版社,2005.

27. 连榕.发展与教育心理学[M].福州:福建教育出版社,2007.

28. 林崇德.教育心理学[M].北京:人民教育出版社,2000.

29. 林崇德.发展心理学[M].杭州:浙江教育出版社,2002.

30. 刘海燕,邓淑红,郭德俊.成就目标的一种新分类:四分法[J].心理科学进展,2003,11(3):310—314.

31. 刘海燕,闫荣双,郭德俊.认知动机理论的新进展:自我决定论[J].心理科学2003,26(6):1115—1116.

32. 刘翔平.中小学生心理障碍的评估与矫正[M].南京:江苏教育出版社,1999.

33. 刘艳.关于心理健康的概念辨析[J].教育研究与实验,1996(3).

34. 刘云.中学生道德行为表现现状的调查与思考[J].素质教育大参考,2006,(8A):21—23.

35. 卢家楣,魏庆安,李其维.心理学[M].上海:上海人民出版社,1998.

36. 卢家楣.教学领域情感目标的形成性评价研究[J].教育研究,2007,(12):85—89.

37. 路海东.学校教育心理学[M].长春:东北师范大学出版社,2000.

38. 莫雷,张卫.青少年发展与教育心理学[M].广州:暨南大学大学出版社,1997.

39. 莫雷.教育心理学[M].广州:广东高等教育出版社,2002.

40. 莫雷.教育心理学[M].北京:教育科学出版社,2007.

41. 潘菽.教育心理学[M].北京:人民教育出版,1980.

42. 潘玉腾.大学生心理健康教育研究[M].北京:人民出版社,2001.

43. 彭聃龄.普通心理学[M].北京:北京师范大学出版社,2001.

44. 皮连生.学与教的心理学[M].上海:华东师范大学出版社,1997.

45. 皮连生.教学设计——心理学的理论与技术[M].北京:高等教育出版社,2000.

46. 皮连生.教育心理学(第三版)[M].上海:上海教育出版社.2004.

47. 全国十二所重点师范大学联合编写.心理学基础[M].北京:教育科学出版社,2002.

48. 邵瑞珍,皮连生,吴庆麟.教育心理学参考资料选辑[M].上海:上海教育出版社,1990.

49. 邵瑞珍.教育心理学[M].上海:上海教育出版社,1997.

50. 申克.学习理论:教育的视角[M].韦小满等,译.南京:江苏教育出版社,2003.

51. 时蓉华.现代社会心理学(修订版)[M].上海:华东师范大学出版社,2007.

52. 斯莱文.教育心理学[M].姚梅林等,译.北京:中国人民邮电出版社,2004.

53. 斯腾伯格.教育心理学[M].张厚粲,译.北京:中国轻工业出版社,2003.

54. 汪凤炎,燕良轼.教育心理学新编[M].广州:暨南大学出版社,2006.

55. 王重明.心理学研究方法[M].北京:人民教育出版社,1996.

56. 王振宇.儿童心理发展理论[M].上海:华东师范大学出版社,2003.

57. 吴国庆,陈丽玫.态度改变:说服策略研究的回顾与展望[J].社会心理科学,2008,23(6):490.

58. 吴庆麟.教育心理学——献给教师的书[M].上海:华东师范大学出版社,2003.

59. 吴增强.现代学校心理辅导[M].上海:上海科学技术文献出版社,1998.

60. 伍新春.高等教育心理学[M].北京:高等教育出版社,1998.

61. 夏靖.轶事记录法在幼儿评价中的应用[J].学前教育研究,2007(7):50—52.

62. 谢贤扬.创造性思维训练[M].武汉:武汉大学出版社,2000.

63. 徐芬,赵德成.档案袋评价在中小学教育中的应用[J].教育研究与实验,2001(4):50—54.

64. 杨建华.中学生心理教育原理与教程[M].南京:南京大学出版社,2000.

65. 杨丽珠,刘文.毕生发展心理学[M].北京:高等教育出版社,2006.

66. 杨卫星,张梅玲.迁移研究的发展与趋势[J].心理学动态,2000,(1):46—52.

67. 叶浩生.西方心理学的历史和体系[M].北京:人民教育出版社,2005.

68. 叶一舵.新课程背景下的公共心理学教程[M].北京:高等教育出版社,2004年.

69. 俞国良,辛自强.社会性发展心理学[M].合肥:安徽教育出版社,2004.

70. 约翰·桑切克.教育心理学[M].周冠英等,译.北京:世界图书出版公司,2007.

71. 章志光.学生品德形成的动态研究与方法探索[J].北京师范大学学报,1988(1):50—51.

72. 张大均.教育心理学[M].北京:人民教育出版社,1999.

73. 张承芬,孙维胜.学生心理健康教育[M].北京:警官教育出版社,1997.

74. 张春莉.从建构主义观点论课堂教学评价[J].教育研究,2002,(7):37—41.

75. 张厚粲.大学心理学[M].北京:北京师范大学出版社,2001.

76. 张进辅.现代青年心理学[M].重庆:重庆出版社,2002.

77. 张军富.加强迁移教学,完善学生认知结构[J].教育实践与研究(中学版).2007,(2B):46—47.

78. 张明,陈彩琦.基础心理学[M].长春:东北师范大学出版社,2002.

79. 郑和钧,邓京华等.高中生心理学[M].杭州:浙江教育出版社,1993.

80. 郑全全.社会认知心理学[M].杭州:浙江教育出版社,2008.

81. 郑日昌等.心理测量学[M].北京:人民教育出版社,1999.

82. 周燕.关于我国学生心理健康研究的几点思考[J].教育研究与实验,1995(1).

83. 周宗奎.青少年心理发展与学习[M].北京:高等教育出版社,2007.

84. 邹萍,杨丽珠.父母教育观念类型对幼儿个性相关特质发展的影响[J].心理与行为研究,2005,3(3):182—187.